V&R Academic

Transkulturelle Perspektiven

Band 14

Herausgegeben von

Sylvia Hahn, Dirk Hoerder,

Stan Nadel und Marlou Schrover

Verena Lorber

Angeworben

GastarbeiterInnen in Österreich in den 1960er und 1970er Jahren

Mit 7 Abbildungen

V&R unipress

STADT GRAZ

UNI GRAZ

www.akstmk.at

MIX
Papier aus verantwortungsvollen Quellen
FSC www.fsc.org FSC® C083411

Bibliografische Information der Deutschen Nationalbibliothek

Die Deutsche Nationalbibliothek verzeichnet diese Publikation in der Deutschen Nationalbibliografie; detaillierte bibliografische Daten sind im Internet über http://dnb.d-nb.de abrufbar.

ISSN 2198-6355
ISBN 978-3-8471-0657-9

Weitere Ausgaben und Online-Angebote sind erhältlich unter: www.v-r.de

Gedruckt mit freundlicher Unterstützung der Stadt Graz, der Karl-Franzens-Universität Graz und der Arbeiterkammer Steiermark.

Printed in Germany.
Titelbild: Privatbesitz, © Vida Lipnik
Druck und Bindung: CPI buchbuecher.de GmbH, Zum Alten Berg 24, D-96158 Birkach

Gedruckt auf alterungsbeständigem Papier.

Inhalt

Danksagung

Bei der vorliegenden Arbeit handelt es sich um eine redigierte und mit neuer Literatur ergänzte Fassung meiner 2015 an der Karl-Franzens-Universität Graz eingereichten Dissertation. An dieser Stelle möchte ich mich bei all denjenigen bedanken, die mich dabei unterstützt haben.

Ganz besonders danke ich meiner Betreuerin Prof.in Karin M. Schmidlechner für ihre hervorragende fachliche und persönliche Betreuung. Ihre konstruktive Kritik und ihr stetes Nachfragen haben mich dazu gebracht, über meine Grenzen hinaus zu denken. Prof. Helmut Konrad möchte ich für die Übernahme der Zweitbetreuung danken. Die Fürsprachen und Gutachten meiner BetreuerInnen trugen wesentlich zur Realisierung des Forschungsprojektes bei. Ein JungforscherInnenstipendium der Steiermärkischen Sparkasse, ein Frauenstipendium der Karl-Franzens-Universität Graz und der Theodor-Körner-Preis ermöglichten es mir, mich intensiv meiner Forschungsarbeit zu widmen.

Ein herzliches Dankeschön gilt den HerausgeberInnen der Reihe »Transkulturelle Perspektiven« – im Besonderen Prof.in Sylvia Hahn und Prof. Dirk Hoerder für ihre kritische und fachkompetente Auseinandersetzung mit meiner Arbeit. Ohne deren wohlwollende Unterstützung wäre dieses Buchprojekt nicht zustande gekommen.

Daneben gilt mein Dank den InterviewpartnerInnen. Nur durch ihre Bereitschaft, mich an ihren Erfahrungen teilhaben zu lassen, war diese Forschung erst möglich. Ich möchte aber auch den folgenden Institutionen und Einrichtungen meinen Dank aussprechen, die mir bei meinen Recherchearbeiten freundlich und kompetent geholfen haben: Archiv der Wirtschaftskammer Österreich, Steiermärkisches Landesarchiv, Archiv der Caritas der Diözese Graz-Seckau, Diözesanarchiv der Diözese Graz-Seckau, Statistik Austria, Wiener Wirtschaftskammer, Arbeiterkammer Steiermark und Arbeitsmarktservice Graz.

Meinen Eltern und meiner Großmutter danke ich dafür, dass ich stets auf deren Rückhalt und Hilfe vertrauen konnte. Für moralische Unterstützung, aufbauende Gespräche, Korrekturlesen und konstruktive Kritik möchte ich mich auch ganz herzlich bei Rita, Ute, Cornelia, Christina, Christian, Maria, Franz, Theresa, Mario und den TeilnehmerInnen des Doktoratsprogramms »Migration, Diversität und globale Gesellschaften« der Karl-Franzens-Universität Graz bedanken.

Nicht zuletzt gilt mein Dank auch der Karl-Franzens-Universität Graz, der Stadt Graz und der Arbeiterkammer Steiermark, die einen wesentlichen Beitrag zur Finanzierung der Publikation geleistet haben.

Einleitung

Wanderungsbewegungen sind ein grundlegendes Element der Menschheitsgeschichte, seit sich »der *Homo sapiens* als *Homo migrans* über die Welt ausgebreitet hat« (Oltmer 2010, 1). Sie gehören zum menschlichen Leben und sind als Sozialprozesse, die »Antworten auf mehr oder minder komplexe ökonomische und ökologische, soziale und kulturelle Existenz- und Rahmenbedingungen« (Bade 2000, 11). Migrations- und Integrationsprozesse prägten die Geschichte, die von Aus- und Einwanderungen sowie internen Wanderungsbewegungen gekennzeichnet ist, und trugen wesentlich zur gesellschaftlichen Vielfalt bei. Sie sind »Teil der allgemeinen Geschichte und nur vor ihrem Hintergrund zu verstehen« (Bade 2002, 55).Wenn man nun den Fokus auf die europäische Arbeitsmigration richtet, wird deutlich, dass diese »nicht nur ein ganz aktueller, sondern auch ein historisch relevanter Themenbereich« (Hahn 2008a, 245) ist. Große Bauvorhaben und Märkte zogen bereits zwischen dem 13. und 16. Jahrhundert Arbeitskräfte an.[1] Die Grenzen zwischen Sesshaftigkeit und Mobilität waren seit jeher fließend. Die entstehenden Haupt- und Residenzstädte entwickelten sich zu Zentren des Handwerks, des Handels, des Gewerbes wie auch der Zuwanderung. Seit dem 17. Jahrhundert war die überregionale Anwerbung von Arbeitskräften für die Entwicklung lokaler Arbeitsmärkte[2] von zentraler Bedeutung.

Bereits zur Zeit der merkantilistischen Wirtschaftspolitik im 17. und 18. Jahrhundert erfolgte die Anwerbung qualifizierter Arbeitskräfte, die ihr Wissen und ihre Fertigkeiten an die ansässige Bevölkerung weitergaben. Im Gegenzug erhielten die angeworbenen Arbeitskräfte diverse wirtschaftliche und rechtliche Privilegien oder die Möglichkeit zur freien Religionsausübung. Auch

1 Der italienische Baumeister Domenico dell' Allio (1515–1563) übernahm 1545 die Oberleitung für die Neubefestigung der Stadt Graz. Die bedeutendsten Überreste seiner Baumaßnahmen sind das Paulustor und die Stallbastei auf dem Schlossberg. Das zivile Hauptwerk dell'Aglios ist das im Stil der oberitalienischen Renaissance ausgeführte Grazer Landhaus mit seinem eindrucksvollen Arkadenhof (http://www.graz.at/cms/beitrag/10095943/1869835/).

2 Die Arbeitsmärkte unterlagen einer branchen- und geschlechtsspezifischen Nachfrage.

die Wanderung von DienstbotInnen war seit der Frühen Neuzeit eine weit verbreitete Migrationsform. ›In den Dienst zu gehen‹, war für viele Menschen Teil ihres Erwerbs- und Lebenszyklus.[3] Zünfte schrieben die Wanderung von Gesellen sogar vor. Diese Form der Arbeitsmigration diente nicht nur zum Wissens- und Technologietransfer, sondern stellte auch ein Instrument zur Steuerung von Arbeitsmärkten dar. Infolge der Industrialisierung im Laufe des 19. Jahrhunderts verloren die Zünfte ihre Monopolstellung. Die Wanderung von Gesellen beschränkte sich nur mehr auf einige wenige Spezialgewerbe[4]. Industrielle Betriebe traten als neue ArbeitgeberInnen in Erscheinung.[5]

Migrationsbewegungen trugen demnach auch dazu bei, den Bedarf an Arbeitskräften zu decken und Wissen sowie Erfahrungen auszutauschen. Neue Technologien im Bereich des Maschinenbaus, der Textil-, der Montan- oder der Schwerindustrie wurden auf diesem Weg verbreitet. Der Ausbau der Eisenbahnverbindungen im 19. Jahrhundert vereinfachte die Überwindung größerer Distanzen. Die Mobilität von Menschen erfuhr so eine enorme Ausweitung. Zahlreiche Arbeitskräfte fanden in den Groß-, Mittel- und Kleinstädten Europas oder in ihrem agrarischen Umland aufgrund ihrer ökonomischen, gesellschaftspolitischen und kulturellen Bedeutung eine Beschäftigung. Es kam zur Bildung von regionalen Migrationssystemen. Auch die Modernisierung der Landwirtschaft beeinflusste das Wanderungsgeschehen. Neue Zentren der Agrarwirtschaft bildeten sich, die neben den entstehenden Industriezentren ebenfalls viele Arbeitskräfte anzogen (Hahn 2008a, 168–170, 249–251; Oltmer 2010, 20, 28).

Nicht nur wirtschaftliche, sondern auch soziale Rahmenbedingungen und revolutionäre Dynamiken trugen zur verstärkten Mobilität von Menschen ab den 1840er Jahren bei. Zudem bestand eine enge Verbindung zwischen der Organisation des Produktionsbereichs, der Anwerbung von Arbeitskräften und der Form der Arbeitsmigration. Einzel-, Gruppen- oder Familienwanderung sowie die Kettenmigration stellten die häufigsten Formen der Wanderung von Arbeitskräften dar.[6] Parallel zu der verstärkten Arbeitsmigration innerhalb

3 Im 16. und 17. Jahrhundert war der Anteil an Männern an der DienstbotInnenmigration relativ hoch. Erst die Einführung höherer Steuern und das vergrößerte Arbeitsplatzangebot in industriellen Betrieben führten in Mitteleuropa ab den 1850er Jahren zu einer ›Feminisierung‹ des DienstbotInnenwesens. Ab diesem Zeitpunkt waren fast 90 % der DienstbotInnen Frauen (Hahn 2008a, 205–208).

4 Unter anderem konnten die über die Jahrhunderte gewachsenen Arbeitswanderungssysteme im Bauhandwerk fortbestehen.

5 Mithilfe dieses besonderen Wanderzwangs konnten Betriebe die Beschäftigung von Gesellen flexibel an wirtschaftliche Entwicklungen anpassen. Zudem erhöhte die zirkuläre Migration von Gesellen ihre Chancen, am Arbeitsmarkt Fuß zu fassen (Hahn 2008a, 160, 177–179, 205–208, 252; Düvell 2006, 34; Oltmer 2010, 28; Hoerder/Lucassen/Lucassen 2008, 29–30).

6 Im Bereich des Bauhandwerks dominierte die Migration von Gruppen, im Unterschied zur

Europas gewann die bestehende Auswanderungsbewegung aus Europa im Laufe des 19. Jahrhunderts immer mehr an Bedeutung. Die USA und Südamerika bildeten die wichtigsten Zielgebiete für MigrantInnen (Düvell 2006, 36–37; Hahn 2008a 168–170, 249–251; Oltmer 2010, 20, 28).

Einhergehend mit der Gründung von Nationalstaaten und der Entwicklung von nationalen Identitäten zur Legitimation von Herrschaftsansprüchen im 19. Jahrhundert erfolgte auch die Verbindung von ›Staatsvolk‹ und Staatsterritorium. Migrationsprozesse waren ein konstitutives Element zur »Reproduktion nationalstaatlicher Grenzziehungen« (Geisen 2005, 24), und zwar nicht nur innerstaatlich, sondern auch »im äußeren Verhältnis der Nationalstaaten zueinander« (Geisen 2005, 24). Mit der Entstehung des Passwesens im 19. Jahrhundert wurde in vielen europäischen Staaten ein Legitimationspapier eingeführt, das einerseits zur Kontrolle der StaatsbürgerInnen in Form eines Ausweisdokuments und andererseits zur Überwachung der Ein- und Ausreise in das Staatsterritorium diente. Damit war es nicht nur möglich, die Grenzübertritte der eigenen StaatsbürgerInnen zu kontrollieren, sondern auch jene von Angehörigen anderer Länder. Der Nationalstaat als territoriale und politische Ordnungsinstanz strukturiert ab diesem Zeitpunkt bis heute sowohl die Migrationsbewegungen im eigenen Staatsgebiet als auch die zwischenstaatlichen Wanderungen. »Die Regulierung von Zugehörigkeiten wird von modernen Staaten dazu benutzt, sich als Nationalstaaten zu begreifen und Geltung zu verschaffen« (Geisen 2005, 24). Dabei ist diese Ordnung nicht nur auf jene begrenzt, die einwandern möchten bzw. bereits zugezogen sind, sondern gilt auch für die eigenen StaatsbürgerInnen. Dadurch erfolgt die Überwachung des Zugangs zum Nationalstaat und die der eigenen Bevölkerung, die im Gegensatz zu den ›ZuwanderInnen‹, den ›Anderen‹, als homogene Einheit entworfen wird.[7] Sesshaftigkeit und Mobilität werden dabei als sich widersprechende Lebensformen einander gegenübergestellt. Migration gilt nunmehr als Ausnahme. Sesshaftigkeit wird als die ›richtige‹ Kultur imaginiert. Für ArbeitsmigrantInnen bedeuteten diese Entwicklungen strengere Passkontrollen an den Grenzen. Für sie galten oftmals ausgrenzende Sondervorschriften und ihr Aufenthalt wurde als zeitlich befristet konzipiert. Sie wurden zur Minderheit und galten als nicht

---

Wanderung von DienstbotInnen, die vorwiegend als Einzelmigration erfolgte. Für die Textilindustrie hingegen wurden nicht nur Gruppen und Einzelpersonen angeworben, sondern häufig ganze Familienverbände rekrutiert. Kennzeichnend für die Eisen- und Metallverarbeitung war die fast ausschließliche Beschäftigung von männlichen Arbeitskräften. Facharbeitskräfte waren seit jeher eine sehr mobile ›Gruppe‹. Sie nahmen je nach wirtschaftlicher Lage und Auftragsangebot in ganz Europa Arbeitsstellen an (Hahn 2008a, 168–170, 249–251; Oltmer 2010, 20, 28).

7 Diese ›homogene Einheit‹ ist »sozialen Konstruktionsprozessen unterworfen, in denen das Eigene erst über die Wahrnehmung und Abgrenzung von Anderem Gestalt annehmen kann« (Geisen 2005, 34).

national zugehörig. Eine Degradierung, die vielfach auch mit Diskriminierungen einherging. Die Ausgrenzung von Minderheiten und die Fremdenfeindlichkeit wurden durch den Ersten Weltkrieg mit seinem ausgeprägten Nationalismus verstärkt. Diese Entwicklungen förderten eine restriktivere Zuwanderungs- und Minderheitenpolitik in vielen europäischen Staaten. Grenzsperren und Kontingentierungen waren in der Nachkriegszeit die wichtigsten Instrumente zur Kontrolle und Steuerung von Wanderungsbewegungen. Zudem wurde die Arbeitsmigration durch zwischenstaatliche Wanderungsabkommen[8] geregelt (Rass 2010, 34; Hoerder/Lucassen/Lucassen 2008, 30–31; Oltmer 2009, 13–19, 24–25).

In Bezug auf die gezielte zwischenstaatliche Anwerbung von Arbeitskräften gilt der Vertrag zwischen Italien und Frankreich aus dem Jahr 1904 zur Regulierung ihrer Arbeitsmarktbeziehungen als Ausgangspunkt der institutionalisierten Migrationsbeziehungen innerhalb des europäischen Anwerbesystems. Im Laufe des Ersten Weltkriegs wurden Spanien und Portugal zu den wichtigsten Migrationspartnern für Frankreich. Ab dem Jahr 1919 entstand ein dichtes Netz an zwischenstaatlichen Migrationsabkommen zur Anwerbung von Arbeitskräften. Frankreich, Deutschland, die Schweiz, Belgien und Luxemburg waren in der Zwischenkriegszeit die bedeutendsten Zuwanderungsländer für Arbeitskräfte (Rass 2009, 98–134, 114–125).[9] Die Weltwirtschaftskrise am Ende der 1920er Jahre und die folgende ›Große Depression‹ beendeten die Nachfrage an Arbeitskräften. Die Einführung restriktiver Gesetze schränkte die Arbeitsmigration in den Folgejahren weiter ein. Nach dem Zweiten Weltkrieg wurde das europäische Migrationssystem wieder aufgebaut, obwohl durch den ›Eisernen Vorhang‹ wichtige Entsendeländer von Arbeitskräften vom europäischen Wanderungssystem getrennt wurden. Dabei nahmen die europäischen Anwerbestaaten eine aktive Rolle im Wanderungsprozess ein, indem sie Arbeitskräfte rekrutierten bzw. versuchten, die Migrationsbewegungen zu kontrollieren. Die Interessen der Zielländer an Arbeitskräften und jene der Entsendeländer an der Senkung der Arbeitslosigkeit, der Qualifizierung von Arbeitskräften und der Gewinnung von Einnahmen aus den Devisenrücküberweisungen für den Aufbau der eigenen Wirtschaft waren dabei zentral. Für die Staaten der Europäischen

8 Bilaterale Wanderungsverträge beeinflussten den Verlauf und die Organisation der internationalen Arbeitsmigration im 20. Jahrhundert entscheidend. Diese waren ein wichtiges Hilfsmittel zur Regelung der Arbeitsmigration und europäische Staaten wurden dadurch zu wichtigen AkteurInnen innerhalb des Migrationsprozesses. Damit wurden der Austausch zwischen zwei Arbeitsmärkten, die ausgewählte Mobilisierung von ArbeitsmigrantInnen und deren Kontrolle am Arbeitsmarkt des Ziellandes geregelt. Sie sind die institutionelle Verbindung zwischen Arbeitsmärkten (Rass 2010, 11–12).

9 Das Wanderungsabkommen zwischen Frankreich und Polen im Jahr 1919 stellt diese neue Art zwischenstaatlicher Wanderungsabkommen dar.

Wirtschaftsgemeinschaft (EWG) waren auch politische Motive zur Forcierung der europäischen Integration und staatlichen Wirtschaftsförderung im Zusammenhang mit der Etablierung eines Migrationssystems mitbestimmend. Durch geregelte Transferbeziehungen wollte man das wirtschaftliche Zusammenwachsen Europas fördern, indem die Zollbeschränkungen aufgehoben und die Freizügigkeit am Arbeitsmarkt gewährleistet wurde (Bade 2000, 314–323; Nuscheler 1995, 48–54; Parnreiter 1994, 142; Rass 2010, 14, 23; Münz/Zuser/Kytir 2003, 22).

Kennzeichnend für die Anwerbepolitik mittel-, nord- und westeuropäischer Industriestaaten in der Nachkriegszeit waren ihre selektive Nachfrage an Arbeitskräften und die Bildung eines institutionellen Rahmens zur gezielten, organisierten und kontrollierten Anwerbung von ArbeitsmigrantInnen. Ökonomisch beruhte das Migrationssystem auf der verstärkten Nachfrage an Arbeitskräften im Zuge der Nachkriegskonjunktur.[10] Am Beginn dieses Wanderungsprozesses standen Anwerbeabkommen zwischen den Ziel- und Herkunftsländern. Zu den wichtigsten Abgabeländern von Arbeitskräften zählten der euromediterrane Raum (Portugal, Spanien, Italien, Jugoslawien[11] und Griechenland), die Türkei sowie die afromediterrane Zone des Maghreb (Marokko, Tunesien und Algerien).[12] Wie bereits zur Zeit der wirtschaftlichen Expansion gegen Ende des 19. Jahrhunderts bis zum Ersten Weltkrieg nahmen die angeworbenen Arbeitskräfte wichtige Ersatz-, Erweiterungs- und Pufferfunktionen in den Zielländern ein. Sie wurden zumeist als un- und angelernte Arbeitskräfte in der Textilindustrie, der fisch- und fleischverarbeitenden Industrie, der Baubranche, im Reinigungssektor, im Gastgewerbe und im Tourismus sowie

10 Unmittelbar nach dem Zweiten Weltkrieg rekrutierte Großbritannien Arbeitskräfte aus den Flüchtlingslagern wie auch aus Italien. Belgien begann ebenfalls gleich nach Kriegsende mit der Anwerbung italienischer Arbeitskräfte, die vorwiegend für Kohleminen sowie in der Eisen- und Stahlindustrie benötigt wurden. In Frankreich wurden ab 1945 Arbeitskräfte aus dem Südosten Europas beschäftigt. Aber auch die Schweiz, die Niederlande, Luxemburg, Schweden und die BRD warben ab diesem Zeitpunkt zahlreiche Arbeitskräfte für ihre Wirtschaft an (Castles/Miller 2003, 69–73).

11 Jugoslawien wird synonym für die »Föderative Volksrepublik Jugoslawien« bzw. ab 1963 die »Sozialistische Föderative Republik Jugoslawien« verwendet. Das Gebiet umfasste die Teilrepubliken Slowenien, Kroatien, Bosnien-Herzegowina, Serbien, Montenegro und Mazedonien sowie die beiden autonomen Provinzen Kosovo und Vojvodina.

12 Die Zuwanderung aus den ehemaligen Kolonien war für Frankreich, Großbritannien und die Niederlande von Bedeutung. Diese kann auf den Prozess der Entkolonialisierung zurückgeführt werden. Mit ihr setzte eine postkoloniale Kettenmigration aus den ehemaligen Kolonien ein. Zahlreiche Personen aus Irland, der Karibik, Indien, Pakistan und Bangladesch wie auch Afrika migrierten nach Großbritannien. Viele aus Algerien, Marokko, Tunesien und Westafrika erreichten Frankreich. In die Niederlande kamen Arbeitskräfte aus den ehemaligen Kolonien Indonesien und Surinam. Diese Migrationsbewegungen waren im Unterschied zur Gastarbeitsmigration eher spontan (Bade 2000, 304; Castles/Miller 2003, 73–75, 77).

für landwirtschaftliche Saisonarbeiten eingesetzt. Rechtlich basierte diese Form der grenzüberschreitenden Arbeitsmigration auf bilateralen Anwerbeverträgen. Sie erreichte ihren Höhepunkt zwischen 1967 und 1972, als das Migrationssystem 18 Staaten umfasste, die durch mehr als 40 zwischenstaatliche Anwerbeabkommen miteinander verbunden waren. Von 1955 bis 1973 wurden auf diesem Weg rund 15 Millionen sogenannte ›GastarbeiterInnen‹[13] europaweit angeworben (Bade 2000, 314–323; Nuscheler 1995, 48–54; Parnreiter 1994, 142; Rass 2010, 14, 23).

Auch zahlreiche österreichische Arbeitskräfte waren aufgrund der besseren Job- und Verdienstmöglichkeiten als GastarbeiterInnen vor allem in der BRD und der Schweiz tätig. Anfang der 1960er Jahre veränderte sich die Rolle Österreichs in diesem Migrationssystem, das mit der internationalen Ölkrise 1973/74 und der einsetzenden Rezession in dieser Form aufhörte zu existieren. Österreich wandelte sich von einem Herkunfts- zu einem Zielland von Arbeitskräften und rekrutierte zahlreiche ArbeitsmigrantInnen für den eigenen Arbeitsmarkt. Im Zeitraum von 1961 bis 1973 kamen rund 265.000 MigrantInnen nach Österreich (Münz/Zuser/Kytir 2003, 22).

Die Ölkrise 1973/74 führte zu einer Änderung der Anwerbepolitik vieler europäischer Staaten. Die Anwerbestopps in den 1970er Jahren gingen einseitig von den Zielländern aus und wurden teilweise schon vor der Ölkrise gefordert bzw. umgesetzt.[14] Die Gründe dafür waren das Wissen um die Begrenztheit der Ressourcen sowie die Angst vor der wirtschaftlichen Stagnation. Im Zuge dieser Entwicklung kam es auch zu einer steigenden politischen und gesellschaftlichen ablehnenden Haltung gegenüber dem Wandel von einer temporären Arbeitsmigration zu einer dauerhaften Zuwanderung. Ethnische Gemeinschaften bildeten sich in den europäischen Anwerbestaaten und der Familiennachzug, der durch die Europäische Sozialcharta[15] gesichert war, entwickelte sich in den

13 Im deutschsprachigen Raum werden ArbeitsmigrantInnen dieser spezifischen Form der Arbeitsmigration als ›GastarbeiterInnen‹ bezeichnet. Der historische Begriff impliziert durch das Bestimmungswort ›Gast‹ den kurzfristigen Aufenthalt von ArbeitsmigrantInnen. Zudem handelt es sich dabei um einen Euphemismus. Gäste werden im Sinne der Gastfreundschaft von der Gesellschaft aufgenommen und betreut, also anders als ›GastarbeiterInnen‹ behandelt. Aus diesem Grund ist der Begriff in der vorliegenden Arbeit unter Anführungszeichen gesetzt zu verstehen und bezieht sich auf ArbeitsmigrantInnen aus jenen Ländern, mit denen Österreich ein Anwerbeabkommen schloss (Spanien, Türkei und Jugoslawien). Die Bezeichnung ›ArbeitsmigrantIn‹ wird in diesem Kontext synonym für ›GastarbeiterInnen‹ verwendet.

14 Die Wirtschaftskrise gilt in diesem Kontext nur als auslösendes Moment. Die Ansätze zur verstärkten Kontrolle und Regulierung der Arbeitsmigration reichen weiter zurück. In der Schweiz wurde beispielsweise bereits ab 1970, in Schweden ab 1972 ein Anwerbestopp verhängt (Rass 2010, 18).

15 Diese wurde im Oktober 1961 in Turin unterzeichnet und ist seit 1965 in Kraft. Sie garantiert in 19 Artikeln zahlreiche soziale Grundrechte, die in zwei Kategorien unterteilt werden

Folgejahren zur stärksten Zuwanderungsbewegung.[16] Dadurch änderten sich die Beschäftigungsstrukturen von ZuwanderInnen. Die Zahl der nichterwerbstätigen MigrantInnen stieg in den Zielländern erheblich an (Rass 2010, 14, 23; Moch 2003, 163–164). Die geschaffenen Zuwanderungsbegrenzungen blieben zumeist bis in die 1980er Jahre hinein aufrecht. Zwar schlugen die einzelnen Zielländer getrennte Wege hinsichtlich ihrer Migrationspolitik ein, jedoch zeichnete sich »in der Vielfalt restriktiver Maßnahmen gegen Zuwanderung erstmals ein Konsens der Abwehr ab, mit dem die historische Spur begann, die nach dem Ende des Kalten Krieges in der ›Festung Europa‹ enden sollte« (Bade 2000, 320). Heute haben sich viele Entsendeländer von Arbeitskräften zu Einwanderungs- und Transitländern gewandelt.[17] Neue Migrationsbewegungen aus Asien, Afrika und dem Nahen Osten erreichen derzeit Europa (Bade 2000, 319–320).

1. Ziele und Aufbau

Dieses beschriebene europäische Anwerbesystem von Arbeitskräften stellt den Ausgangspunkt der vorliegenden Forschung dar, die sich mit der GastarbeiterInnenmigration im Spannungsfeld zwischen ökonomischen, politischen und gesellschaftlichen Aspekten sowie den Lebenswelten von jugoslawischen ArbeitsmigrantInnen im Zeitraum vom Beginn der staatlichen Anwerbepolitik im Jahr 1961 bis zur Einführung des »Ausländerbeschäftigungsgesetzes« (AuslBG) 1976 auseinandersetzt. Zentral dabei ist es, diese Migrationsbewegung aus unterschiedlichen Blickwinkeln zu betrachten und auf ihren transnationalen Charakter zu verweisen. Zudem zielt die Forschung darauf ab, die Arbeitsmigration als Teil der österreichischen Geschichte in der Geschichtsschreibung zu verankern. Die Geschichte Österreichs ist geprägt von Arbeitsmigrationen, die wesentlich zur gesellschaftlichen Vielfalt beitrugen und -tragen. Wanderungsbewegungen stellen keine gegenwartsbezogenen Phänomene dar, sondern haben in den Ziel- wie auch in den Herkunftsländern von ArbeitsmigrantInnen eine lange Tradition.

können: Beschäftigungsbedingungen und soziale Kohäsion. Sie stellte somit im Bereich der wirtschaftlichen und sozialen Grundrechte das Gegenstück zur Europäischen Menschenrechtskonvention dar. Österreich unterzeichnete die Europäische Sozialcharta im September 1969 (http://www.sozialministerium.at//site2/Arbeit/Arbeitsrecht/Europarat_und_Europaeische_Sozialcharta/).

16 Hollifield beschreibt diese Entwicklung mit dem ›liberalen Paradoxon‹. Dadurch ist es liberalen Rechtsstaaten nicht möglich, bereits etablierte Migrationsprozesse zu trennen. Der Staat ist dazu verpflichtet, sich für marginalisierte Gruppen einzusetzen und diese durch seine grundlegende humanitäre Verpflichtung zu schützen bzw. nicht gegen menschenrechtliche Grundsätze zu verstoßen (Hollifield 1992, 28).

17 Siehe Initiative Minderheiten (2010).

Im Zentrum der Arbeit steht der vielschichtige Prozess der Arbeitsmigration. Dabei wird die Darstellung von GastarbeiterInnen als ›homogene Gruppe‹ infrage gestellt und auf ihre Heterogenität verwiesen. ArbeitsmigrantInnen unterscheiden sich nicht nur hinsichtlich ihrer Herkunftsregion, ihres Alters, ihres Bildungsstandes, ihrer Religion, ihres Berufs, ihrer sozio-ökonomischen Situation und ihres Geschlechts. Ihre Migrationsmotive, -verläufe und Lebensrealitäten sind genauso vielfältig. Ein wesentlicher Aspekt dabei ist, dass entgegen dem im öffentlichen und wissenschaftlichen Diskurs lange Zeit vorherrschenden Bild des männlichen Gastarbeiters viele Frauen an der Arbeitsmigration partizipierten. Ihre Migrationsbiografien sowie jene von Männern sind Teil dieser Untersuchung. Es wird auf die unterschiedlichen Bedingungen, Voraussetzungen, Anforderungen und Besonderheiten für beide Geschlechter innerhalb des Migrationsprozesses Bezug genommen.

Diese spezifische transnationale Arbeitsmigration basierte auf bilateralen Anwerbeabkommen und Gesetzen sowie Vereinbarungen auf nationalstaatlicher Ebene, um eine kontrollierbare Migrationsbewegung zwischen Ziel- und Herkunftsstaaten von ArbeitsmigrantInnen sicherzustellen. In der Forschungsarbeit wird davon ausgegangen, dass diese transnationalen und nationalen Maßnahmen zur Kontrolle, Steuerung und Regelung der Arbeitsmigration nur bedingt wirksam waren. Die GastarbeiterInnenmigration verlief zunehmend abseits der festgesetzten Rahmenbedingungen zur Einreise und Arbeitsaufnahme. Vor allem der bürokratische Ablauf des Anwerbeprozesses stand den Interessen der ArbeitsmigrantInnen und ArbeitgeberInnen nach einer raschen Vermittlung entgegen. Aus diesem Grund wurde der vorgeschriebene Weg der Beschäftigung von GastarbeiterInnen immer weniger genutzt. Private Netzwerke zur Vermittlung von ArbeitsmigrantInnen gewannen an Bedeutung. Erst migrantische Handlungs- und Lebensweisen sowie Netzwerke trugen zur Aufrechterhaltung und zum Fortbestand des Migrationsflusses bei. Dies führte zur Verselbstständigung der Migrationsbewegung und eine weder von Österreich noch von den Herkunftsländern erwünschte Kettenmigration setzte ein.

Im Falle Österreichs entwickelte sich die Sozialpartnerschaft zur entscheidenden Bestimmungsinstanz im Bereich der Migrationspolitik. In der Arbeit wird aufgezeigt, dass die Frage der GastarbeiterInnenbeschäftigung nicht unabhängig vom Prozess der Institutionalisierung der Sozialpartnerschaft beantwortet werden kann. Des Weiteren wird von der Annahme ausgegangen, dass für die Sozialpartner auf Bundesebene, die Regierung und staatliche Institutionen der Kosten-Nutzen-Faktor von ausländischen Arbeitskräften vordergründig war und diese auf ihre ökonomische Funktion reduziert wurden. Es bestand daher wenig Interesse an den konkreten Lebensrealitäten von ArbeitsmigrantInnen in Österreich. Diözesane Zusammenschlüsse, migrantische Selbstorganisationen und auch sozialpartnerschaftliche Kooperationen auf Landesebene versuchten diese Lücke zu schließen und stellten den Menschen in den Mittelpunkt ihrer Tätigkeiten. Sie setzten zahlreiche Maßnahmen zur Verbesserung der Lebens- und Arbeitsbedingungen von GastarbeiterInnen und deren Integration.

Die Bedeutung dieser Zusammenschlüsse und ihre Maßnahmen können vor allem durch eine regionalgeschichtliche Analyse aufgezeigt werden. Damit knüpft die Arbeit an neueste Ansätze innerhalb der Historischen Migrationsforschung an, die verstärkt die Bedeutung regionalgeschichtlicher Perspektiven zur Erforschung von Migrationsprozessen berücksichtigt.[18] Erst im regionalen Kontext wird sichtbar, wie diese wirken, und der komplexe Zusammenhang zwischen Ursachen, Motiven, Formen und Auswirkungen von Migrationsprozessen und regionalen Mobilitätsbedingungen erkennbar. Regionen sind stets in übergeordnete nationalstaatliche, kontinentale oder globale Netzwerke und Zusammenhänge integriert und bestehen nicht autonom. Ein Aspekt, der gerade im Bereich des steirischen Arbeitsmarktes sichtbar wird.

Des Weiteren kann mithilfe eines regionalgeschichtlichen Zugangs dargestellt werden, in welcher Form nationale bzw. transnationale Gesetze, Regelungen und Verträge auf lokaler Ebene zur Anwendung kommen. In der Untersuchung wird angenommen, dass diese auf regionaler Ebene in abgewandelter bzw. abgeschwächter Form umgesetzt werden. Im Falle der Steiermark trifft dies vor allem für den Bereich der Anwerbung von ArbeitsmigrantInnen zu.

Es gilt somit, den komplexen Zusammenhang von globalen und regionalen Entwicklungen sowie deren wechselseitige Beeinflussung in Bezug auf die Arbeitsmigration darzustellen. Zudem rückt die regionale Fokussierung auf die Steiermark die bislang kaum erforschte Migrationsbewegung abseits der großen Zentren der GastarbeiterInnenbeschäftigung in Wien oder Vorarlberg in den Mittelpunkt der Untersuchung. Aufgrund der Grenzlage der Steiermark und der daraus resultierenden Tatsache, dass vorwiegend jugoslawische Arbeitskräfte dort beschäftigt waren, ist sie als Gegenstand der Untersuchung besonders relevant. Ihre geografische Lage erleichterte Heimatbesuche. Viele GastarbeiterInnen pendelten regelmäßig zwischen ihrem Herkunftsland und den steirischen Arbeitsplätzen. Eine weitere Besonderheit stellt die Beschäftigung von GrenzgängerInnen in der Landwirtschaft der steirischen Grenzregionen dar.

In Bezug auf die Steiermark ist diese Migrationsform vor allem durch die sogenannte ›Gastarbeiterroute‹ im kollektiven Gedächtnis verankert – ein Verkehrsweg, den Millionen Arbeitskräfte nutzten, um an ihre Arbeitsstellen in den

18 Siehe Geisen (2001). Leslie Page Moch wählte in ihrer 1992 erschienenen Studie über die Migration in Westeuropa seit 1650 die Region als Untersuchungsebene, um ökonomische und demographische Veränderungen zu analysieren. Auch Schmidlechner verweist auf die Bedeutung der Erfassung regional unterschiedlicher Migrationserfahrungen zur Erforschung des europäischen Migrationsraumes als Gesamtraum (Hahn 2008a, 73; Schmidlechner 2015, o. S.).

Anwerbeländern zu gelangen. Der steirische Streckenabschnitt führte von der jugoslawischen Grenze in Spielfeld circa 300 Kilometer quer durch die Steiermark bis Mandling und war neben der Brennerautobahn die wichtigste Verkehrsverbindung über die Alpen (Pfaffenthaler 2012, 154–159).

Viele SteirerInnen assoziieren mit der GastarbeiterInnenmigration das hohe Unfallgeschehen entlang des steirischen Streckenabschnitts der Route. Zudem blieben die langen Wartezeiten an den Grenzen vielen Personen in lebhafter Erinnerung. Weit weniger im kollektiven Gedächtnis präsent ist hingegen die Tatsache, dass zahlreiche ArbeitsmigrantInnen auch in der Steiermark beschäftigt waren. In die Geschichtsschreibung fanden jene Menschen, die einen wesentlichen Beitrag zur Entwicklung der Wirtschaft leisteten und zur Vielfalt der Gesellschaft beitrugen, bisher kaum Eingang (Lorber 2013, 32).

Bei der vorliegenden Forschung handelt es sich um eine deskriptiv-analytische Untersuchung, die quantitative und qualitative Forschungsmethoden miteinander verbindet. Die historische Aufarbeitung des Themenkomplexes erfolgt durch ganzheitliche Betrachtung der GastarbeiterInnenmigration auf einer Makro-, Meso- und Mikroebene. Ausgehend von der Beschreibung der gesetzlichen Rahmenbedingungen, Reglementierungen, Migrationspolitik und wirtschaftlichen Machtstrukturen auf einer Makroebene, erfolgt die Analyse auf einer Mesoebene. Bei dieser stehen die wirtschaftlichen und arbeitsmarktpolitischen Entwicklungen in der Steiermark sowie die GastarbeiterInnenmigration in ihrer regionalen Ausprägung im Mittelpunkt des Interesses. Abschließend wird der Fokus auf eine mikrogeschichtliche Erfassungsebene gerichtet. Dabei werden die Lebenswelten von ArbeitsmigrantInnen untersucht. Mithilfe dieser Zugangsweise können die verschiedenen Facetten der Arbeitsmigration abgebildet werden. Dadurch kann die Verwobenheit ökonomischer, politischer, gesellschaftlicher und kultureller Aspekte der Migrationsbewegungen auf globaler und lokaler Ebene dargestellt und Rückschlüsse auf die Bedeutung der Arbeitsmigration für Österreich, Jugoslawien wie auch ArbeitsmigrantInnen selbst gezogen werden.

Ausgehend von diesen forschungsleitenden Überlegungen gliedert sich die Forschung in sieben Untersuchungsbereiche: Historische Migrationsforschung, Zielland Österreich, Herkunftsland Jugoslawien, Anwerbung von ArbeitsmigrantInnen, Wirtschaft, Politik und Arbeitsmarkt in der Steiermark, GastarbeiterInnen in der Steiermark und individuelle Lebenswelten.

Im ersten Kapitel wird auf die Historische Migrationsforschung Bezug genommen. Es werden die für die vorliegende Arbeit relevanten Forschungsentwicklungen und Theorien diskutiert und den Fragen nachgegangen, inwiefern Kategorisierungen von Migrationsbewegungen für die Forschung relevant sind und ob Arbeitsmigration einen eigenen Migrationstyp darstellt. Zudem wird die

Bedeutung von Gender als Analysekategorie in der Migrationsforschung und die Relevanz einer gendergerechten Forschung erörtert.

Das zweite Kapitel behandelt Österreich als Zielland für ArbeitsmigrantInnen. Es werden jene Entwicklungen, die dazu führten, dass Österreich ausländische Arbeitskräfte anwarb, und die österreichische Migrationspolitik dargestellt. Des Weiteren wird der Fokus auf die österreichische Sozialpartnerschaft gerichtet und die Positionen der am Anwerbeprozess beteiligten AkteurInnen nachgezeichnet. Zentrale Fragen in diesem Kapitel sind: Welche Entwicklungen führten zur Anwerbung von GastarbeiterInnen? Welche Migrationspolitik wurde verfolgt? Welche unterschiedlichen Phasen lassen sich dabei feststellen? Wer waren die HauptakteurInnen der österreichischen Migrationspolitik? Welche Position nahm die Sozialpartnerschaft bei der Gestaltung der Anwerbepolitik ein? Welche Bedeutung hatte die GastarbeiterInnenfrage in Bezug auf die Institutionalisierung der Sozialpartnerschaft?

Im dritten Kapitel rückt Jugoslawien in den Mittelpunkt der Untersuchung. Es wird die Bedeutung der Arbeitsmigration für Jugoslawien, jenes Land, aus dem fast 99 % aller GastarbeiterInnen in der Steiermark stammten, beschrieben. Dabei werden die ökonomischen, politischen, rechtlichen, sozialen wie auch arbeitsmarktpolitischen Entwicklungen erörtert, die dazu führten, dass ein sozialistischer Staat sich für die Entsendung von Arbeitskräften entschied, und die Bedeutung der Arbeitsmigration für Jugoslawien beschrieben. In diesem Kapitel werden folgende Fragen behandelt: Was waren die Hauptmotive, die Grenzen für ArbeitsmigrantInnen zu öffnen? Welche Phasen lassen sich innerhalb der jugoslawischen Migrationspolitik feststellen und welche wirtschaftliche Bedeutung hatte die Arbeitsmigration für Jugoslawien? Lässt sich eine wechselseitige Einflussnahme Österreichs und Jugoslawiens auf die jeweilige Migrationspolitik feststellen? Welchen Einfluss hatte der jugoslawische Staat auf ArbeitsmigrantInnen?

Das vierte Kapitel widmet sich den Möglichkeiten der Anwerbung und Beschäftigung von ausländischen Arbeitskräften. Nach einem Vergleich der Anwerbeverträge mit Spanien, der Türkei und Jugoslawien folgt die Darstellung der Praxis der amtlichen Anwerbung über die Vermittlungsstellen der Bundeswirtschaftskammer (BWK). Es wird der offiziell vorgeschriebene Verlauf der Anwerbung nachgezeichnet, auf die gesundheitliche und fachliche Überprüfung der potenziellen Arbeitskräfte sowie auf die Spezifika und Herausforderungen bei der Anwerbung von ausländischen Arbeitskräften Bezug genommen. Es gilt, zu verdeutlichen, dass ausländische Arbeitskräfte vorwiegend auf ihren ökonomischen Nutzen für die österreichische Wirtschaft reduziert und als ›Arbeitsobjekte‹ ohne Anspruch auf Mitsprache wahrgenommen wurden. Des Weiteren erfolgt eine Analyse der bei der BWK eingelangten Anwerbeaufträge steirischer DienstgeberInnen für jugoslawische und türkische Arbeitskräfte. In diesem Abschnitt der Forschung wird folgenden Fragen nachgegangen: Wie waren der Ablauf, die Strukturen und die Praxis des ›offiziellen‹ Wegs der Anwerbung? Welche weiteren Möglichkeiten der Arbeitsaufnahme in Österreich gab es? Wie gestaltete sich der Anwerbeprozess für steirische ArbeitgeberInnen und wie wurden ArbeitsmigrantInnen im Zuge des Anwerbeprozesses wahrgenommen?

Im Fokus des fünften Kapitels steht die Situation in der Steiermark. Anhand ökonomischer und arbeitsmarktpolitischer Entwicklungen wird der Einsatz von ArbeitsmigrantInnen erörtert, um die Spezifika der GastarbeiterInnenmigration in die Steiermark festzustellen. Durch die Beschreibung der wirtschaftlichen und arbeitsmarktpolitischen Entwicklungen werden jene Bedingungen dargestellt, die zur Beschäftigung von ausländischen Arbeitskräften führten. Das Ziel ist es, wirtschaftliche und arbeitsmarktpolitische Entwicklungen auf regionaler Ebene darzustellen und in Verbindung mit nationalen und globalen Vorgängen zu setzen. Zentrale Fragen dabei sind: Welche Voraussetzungen, Entwicklungen und Bedingungen waren für die Beschäftigung von ArbeitsmigrantInnen in der Steiermark gegeben? Wie gestaltete sich die Situation am steirischen Arbeitsmarkt?

Das sechste Kapitel befasst sich mit der Beschäftigungssituation von GastarbeiterInnen in der Steiermark und der Bedeutung von kirchlichen Einrichtungen und Interessensvertretungen von ArbeitgeberInnen und -nehmerInnen auf regionaler Ebene. Wesentliche Fragen in diesem Kontext sind: Was kann mithilfe statistischer Auswertungen über die Beschäftigung von ArbeitsmigrantInnen ausgesagt werden? Spiegeln die statistischen Auswertungen globale, nationale und regionale Entwicklungen wider? Welche Formen der Betreuung gab es? Welche Bedeutung haben kirchliche, sozialpartnerschaftliche Interessensvertretungen auf Landesebene und migrantische Selbstorganisation für die Unterstützung und Integration von ArbeitsmigrantInnen?

Der bislang transnationalen und nationalstaatlichen Betrachtung der Migrationsbewegung werden im siebten Kapitel die Perspektiven von ArbeitsmigrantInnen gegenübergestellt. Dadurch können Entwicklungen und Ereignisse besser eingeordnet und die Bedeutung der staatlich initiierten Arbeitsmigration für die betroffenen Personen aufgezeigt werden. Hierbei werden, anknüpfend an aktuelle Forschungstendenzen, die Komplexität und Diversität von Migrationsbiografien dargestellt und GastarbeiterInnen als aktiv Handelnde innerhalb des Migrationsprozesses in die Forschung einbezogen. Mithilfe der Methode der *Oral History* wird das Alltagsleben von ArbeitsmigrantInnen in den 1960er und 1970er Jahren erfasst und auf die Heterogenität von ArbeitsmigrantInnen verwiesen. Durch Kurzbiografien werden die Wanderungsentscheidung und die wichtigsten Wegmarken im Leben der interviewten ArbeitsmigrantInnen skizziert und ihre Lebensrealitäten in der Steiermark anhand folgender Themenbereiche untersucht: Arbeit, Wohnen, Freizeit, Sprache und Herkunftsbeziehungen. Zentrale Fragestellungen diesbezüglich sind: Wie gestaltete sich das Leben von GastarbeiterInnen in der Steiermark? Welche Lebens- und Arbeitsstrategien entwickelten ArbeitsmigrantInnen, um den Herausforderungen des Alltags zu begegnen? Wie wirkte sich die Migrationspolitik auf das Leben von ArbeitsmigrantInnen aus?

Die Thesen und Forschungsfragen werden anhand von 15 Interviews mit ehemaligen GastarbeiterInnen aus Jugoslawien und 8 ExpertInneninterviews, Gesetzestexten, dem Aktenbestand der Bundeswirtschaftskammer (BWK) bezüglich der Anwerbung von ausländischen Arbeitskräften, dem Aktenbestand der Caritas der Diözese Graz-Seckau und des Diözesanarchivs Graz-Seckau zur Gastarbeit, Unterlagen des jugoslawischen Vereins für Steiermark, Jahresberichten des Landesarbeitsamtes Steiermark, der Arbeiterkammer Steiermark und der Handelskammer Steiermark, Volkszählungsdaten und diversen statistischen Erhebungen für die Steiermark, Zeitungsberichten aus der Kleinen Zeitung und der Neuen Zeit aus dem steiermärkischen Landesarchiv sowie diversen Zeitungsberichten aus dem Archiv der Wiener Wirtschaftskammer für den Zeitraum von 1961 bis 1976 überprüft. Zudem werden Erkenntnisse aus der Forschungsliteratur zur Aufarbeitung der Thematik herangezogen.

2. Stand der Forschung in Österreich

Wanderungsbewegungen wurden in der Nachkriegszeit bis zum Ende der 1970er Jahre in der österreichischen Geschichtsforschung kaum untersucht. Nur einige Studien zur Bevölkerungs- und Siedlungsgeschichte thematisierten Migrationen von ethnischen Bevölkerungsgruppen bzw. religiösen Glaubensgemeinschaften im 16. und 17. Jahrhundert.[19] Bis in die 1950er Jahre hinein dominierten Forschungen über die Auswanderung aus Europa. Dabei wurde der Fokus vor allem auf Fernwanderungen, im Speziellen auf die Überseemigration, gerichtet. Erst die Rezeption neuer Forschungsperspektiven und methodischer Zugänge[20] aus der französischen und angelsächsischen Geschichtswissenschaft in den 1970er und 1980er Jahren beeinflusste die historisch-sozialwissenschaftlichen For-

19 Sylvia Hahn weist darauf hin, dass die österreichische und deutsche Geschichtsforschung zum Teil unter den ideologischen Nachwirkungen des Nationalsozialismus standen und die Festschreibung der ›Sesshaftigkeit‹ in Abgrenzung zur wandernden Bevölkerung fortgeführt wurde. Zudem wurden Fragen, die ein Thema des Nationalsozialismus waren, etwa die Geschichte der jüdischen Bevölkerung, nicht aufgegriffen (Hahn 2008a, 76–77).

20 Auch der Computer wurde ab den 1970er Jahren zu einem bedeutenden Hilfsmittel für historische Analysen und Geschichte von unten – *Oral History*.

schungen in Österreich. Neue Themen, wie Migration und Frauengeschichte, fanden vermehrt Beachtung (Hahn 2008a, 76–77).

Infolge griffen vor allem sozialwissenschaftliche ForscherInnen und GeographInnen das Thema Migration in den 1980er Jahren auf. Heinz Fassmann weist in seinen Studien über die Habsburgermonarchie auf die Relevanz der Binnenmigration hin (Fassmann 1985, 69–94; 1988). Auch der US-Amerikaner William H. Hubbard legt in einer Fallstudie zur Grazer Geschichte (1850–1914) dar, dass die Zuwanderung ein zentraler Aspekt für das Stadtwachstum war. Er kommt zum Schluss, dass die Binnenmigration auch in der Donaumonarchie wesentlich zum Wachstum der Großstädte beitrug (Hubbard 1984; Hahn 2008a, 78–81).

Die wichtigsten Forschungsthemen der Historischen Migrationsforschung in Österreich in den 1980er und 1990er Jahren bildeten die Überseemigration des 19. Jahrhunderts und die Zuwanderung nach Wien. Die meisten historischen Studien orientierten sich am Push-Pull-Modell[21] und sahen in der Armut und der ungleichen Verteilung von Ressourcen die auslösenden Faktoren für eine Wanderungsbewegung in Richtung urbaner-industrieller Zentren. Dadurch blieben die heterogenen Migrationsmotive, entstehenden Migrationsnetzwerke und transkulturellen Räume, in denen sich MigrantInnen bewegten, vielfach unbeachtet. Seit den 1980er Jahren hat die Migrationsforschung in Österreich an Dynamik gewonnen. Unterschiedliche Arbeiten zur Ein- und Auswanderung sind entstanden. Eine Entwicklung, die auch mit gesellschaftspolitischen Ereignissen einherging (Hahn 2008a, 78–81; Rupnow 2013, 8–9).[22] »Es hat den Anschein, dass sowohl die Aktualität des Themas Migration als auch ein unbefangener Umgang der jüngeren HistorikerInnengeneration mit den Themen, die in den unmittelbaren Nachkriegsjahrzehnten tabuisiert wurden, dazu geführt haben, dass es, verstärkt seit den 1990er Jahren, zu einer Welle von interessanten Publikationen gekommen ist« (Hahn 2008a, 84).

Mittlerweile hat sich die Historische Migrationsforschung zu einem anerkannten Forschungsfeld innerhalb der Geschichtswissenschaft in Österreich entwickelt und ist durch internationale Kooperationen und transnationale Forschungsansätze gekennzeichnet. Trotz dieser positiven Tendenzen bestehen nach wie vor erhebliche Forschungsdefizite.[23] Es gilt, historisierende Betrach-

21 Die Theorien von Ravenstein und Lee werden häufig unter dem Push-Pull-Modell zusammengefasst, das Migration als eine einmalige, auf ein einziges Ziel gerichtete Bewegung versteht. Der Entschluss zur Migration entsteht demnach durch sogenannte Push-Pull-Faktoren (Sog- und Schubfaktoren) (siehe Ravenstein 1885, 167–235; Lee 1966, 47–57; Düvell 2006, 80).

22 Detaillierte Beschreibung der veröffentlichten Studien siehe Hahn (2008a, 80–84).

23 In diesem Kontext muss kritisch angemerkt werden, dass zwischen österreichischen und deutschen Forschungsarbeiten nur wenig gegenseitige Rezeption stattfindet und es auch

tungen der Migrationsgesellschaft und historische Kontinuitäten der Wanderungsbewegungen verstärkt zu untersuchen.[24] Zudem stellen die Einwanderung von Flüchtlingen und Kriegsvertriebenen aus Ostmittel- und Südosteuropa, die GastarbeiterInnenmigration und die auf ihr beruhenden nachfolgenden Wanderungsbewegungen, die österreichische Migrationspolitik sowie die Bedeutung des sozialen und kulturellen Kapitals von MigrantInnen erhebliche Forschungslücken dar. Auch bestehen noch zahlreiche Forschungsdesiderate, unter anderem zur Migration von Frauen. Studien, die Binnen- und Überseemigrationen verbinden, und Untersuchungen zu kleinräumigen grenzüberschreitenden Arbeitsmigrationen fehlen ebenfalls. Zudem gibt es in der österreichischen Forschungslandschaft ein Defizit an interdisziplinär orientierten Herangehensweisen und Studien, die qualitative und quantitative Forschungsmethoden verbinden (Weigl 2009a, 211–212; Hahn 2008a, 84; Ehmer 2011, 89).

Hinsichtlich der Historischen Migrationsforschung beschränkten sich die Studien zur Arbeitsmigration in Österreich auf einen Zeitraum bis in die erste Hälfte des 20. Jahrhunderts. Migrationen nach 1945 wurden erst relativ spät Gegenstand historischer Untersuchungen. In der österreichischen zeitgeschichtlichen Forschung ist das Thema Gastarbeit kaum erforscht. Es gibt nur wenig empirisch belegbares Wissen darüber. Die Anwerbung von ausländischen Arbeitskräften wurde seit den frühen 1970er Jahren vor allem in sozialwissenschaftlichen Forschungen[25] untersucht. Zu einem »interdisziplinären Boom« (Weigl 2009a, 211) kam es in der Migrationsforschung allerdings erst in den 1980er und 1990er Jahren, als sich zeigte, dass es sich bei ArbeitsmigrantInnen vielfach nicht um ein temporäres Phänomen handelte und sich gesellschaftspolitische Herausforderungen für die Anwerbe- und Herkunftsländer von GastarbeiterInnen ergaben. Die Studien untersuchten vor allem die ökonomischen und sozialen Aspekte der Arbeitsmigration (Schmidlechner 2013, 19–32; Rupnow 2013, 8–9; Weigl 2009a, 211).

Erste Auseinandersetzungen mit dem Forschungsfeld Gastarbeit erfolgten in Österreich durch die Geographinnen Helga Leitner und Elisabeth Lichtenberger[26] sowie durch eine vom Bundesministerium für Wissenschaft und Forschung in Auftrag gegebene Studie über ausländische Arbeitskräfte[27]. Diese setzt sich

kaum beide Länder umfassende bzw. vergleichende Studien in Bezug auf das Thema Gastarbeit gibt.

24 Eugène Richard Sensenig-Dabbous (1998) veröffentliche eine umfassende Studie über die Immigration und Einwanderungspolitik in Österreich (http://www.ndu.edu.lb/lerc/publications/Von_Metternich_bis_EU_Beitritt.pdf).

25 Siehe Pflegerl (1977), Arbeitskreis für ökonomische und soziologische Studien (1973), Beirat für Wirtschafts- und Sozialfragen (1976), Studnitz (1976).

26 Siehe Leitner (1983), Lichtenberger (1984).

27 Siehe BM für soziale Verwaltung (1985). Diese Studie wurde von Wimmer herausgegeben (siehe Wimmer 1986).

aus zwei Teilen zusammen. Der wirtschaftswissenschaftlich orientierte Abschnitt behandelt rechts-, betriebs- und volkswirtschaftliche Aspekte der Arbeitsmigration, der sozialwissenschaftliche Teil beschäftigt sich mit der sozialen Lage türkischer und jugoslawischer GastarbeiterInnen in Österreich. Besonders zu erwähnen ist der Beitrag von Gerda Neyer, die sich erstmals mit der Situation von ausländischen Frauen auseinandersetzt.[28] In weiterer Folge wurde das Forschungsthema vor allem von GeographInnen, SoziologInnen, DemographInnen, ErziehungswissenschaftlerInnen sowie PolitologInnen erforscht. Quantifizierende wie auch sozialwissenschaftliche Zugänge dominierten die österreichische Migrationsforschung. Im Mittelpunkt dabei stehen ökonomische sowie rechtliche Aspekte der Arbeitsmigration und die Verortung der Migration jeweils im Jetzt.[29] Dirk Rupnow beschreibt die Forschungssituation in Österreich wie folgt: »Die Absicht des Großteils dieser Forschungen ist, Wissen bereitzustellen, das politikberatend und sozialtechnisch eingesetzt werden kann. Ökonomische Aspekte und die/der MigrantIn als Arbeitskraft stehen häufig im Vordergrund. (…) Individuelle Erfahrungen werden meistens ausgeblendet, alltagsgeschichtliche Fragestellungen setzen sich erst langsam durch« (Rupnow 2013, 9).

Im Jahr 2003 wurde ein erster historischer Migrations- und Integrationsbericht herausgegeben, der neben der Beschreibung der sozialen, demographischen, rechtlichen und ökonomischen Gegebenheiten auch auf die Fremdenfeindlichkeit in der österreichischen Gesellschaft eingeht. Der zweite Migrations- und Integrationsbericht erschien 2007.[30] Zur öffentlichen Sichtbarmachung der Arbeitsmigration trug die im Jahr 2004 eröffnete Ausstellung »Gastarbajteri – 40 Jahre Arbeitsmigration« im Wien Museum bei. In diesem Projekt wurde das Leben von ArbeitsmigrantInnen dargestellt und Arbeitsmigration als ein wichtiger Bestandteil der österreichischen Geschichte aufgearbeitet.[31] Zudem wurde die weibliche Dimension der Arbeitsmigration thematisiert und das Bild des männlichen Gastarbeiters kritisch hinterfragt. Ein Nachfolgeprojekt stellte die Publikation »Viel Glück! Migration heute« dar, die die Bedeutung der Herkunftsräume von MigrantInnen einbezog und die Wandlung ehemaliger Herkunfts- zu Einwanderungsländern aufzeigte.[32] Seit den 1980er Jahren wird innerhalb der Geschichtswissenschaft der Blick auf das Untersuchungsfeld Mi-

28 Siehe Neyer (1986, 433–459).

29 Siehe Matuschek (1985, 159–198), Fassmann/Münz (1995), Bauböck (1996), Fassmann/Hintermann/Kohlbacher/Reeger (1999), Fassmann/Matuschek/Menasse (1999), Gächter (2008, https://www.zsi.at/attach/p1208vukovic.pdf), Reinprecht (2006).

30 Siehe Fassmann/Stacher (2003), Fassmann (2007).

31 Die ForscherInnen betrieben dabei erste Grundlagenforschung.

32 In das Ausstellungsprojekt waren ArbeitsmigrantInnen aktiv eingebunden (siehe Gürses/Kogoj/Matil 2004; Initiative Minderheiten 2010).

grationsgeschichte gerichtet. Umfassende Darstellungen, speziell von den Arbeitsmigrationen seit 1945, stellen aber nach wie vor ein Forschungsdesiderat dar. Indes existieren Forschungs- und Ausstellungsprojekte zum Thema, die zumeist aber auf regionale Aspekte begrenzt sind.[33]

Die historische Auseinandersetzung mit der GastarbeiterInnenbewegung gestaltet sich zudem regional sehr unterschiedlich. Neben einigen aktuellen gesamtösterreichischen Darstellungen[34] dominieren Forschungsarbeiten über Wien und Vorarlberg.[35] Für die Steiermark hingegen besteht generell noch ein sehr großer Bedarf an Forschungen über Wanderungsbewegungen, im Speziellen zur Arbeitsmigration nach 1945. Im Jahr 1972 veröffentlichte der bereits erwähnte William H. Hubbard eine historisch-demographische Untersuchung über Wachstumsprozesse in den österreichischen Großstädten, 1997 reichte Johann Meisterl eine Dissertation über ›Italiener‹ in der Steiermark ein, 2008 Barbara Krump eine über Migrationsgeschichten im Zeitalter des Ersten Weltkrieges.[36] 2010 erschien die Monographie »Haustochter gesucht«.[37] Diese setzt sich mit steirischen Frauen, die in den 1950er und 1960er Jahren als Gastarbeiterinnen in die Schweiz migrierten, auseinander. 2013 erschien der Sammelband »Migration und Arbeit in der Steiermark«.[38] ExpertInnen aus verschiedenen Bereichen der Wissenschaft und Verwaltung sowie aus Bildungs- und Beratungseinrichtungen beleuchten darin das Thema aus unterschiedlichen Blickwinkeln. Neben einem historischen Überblick wird dabei der Schwerpunkt vor allem auf die aktuelle Situation gelegt. Von 2013 bis 2014 führte die Autorin

33 Siehe Sparkling Science Projekt »Hall in Bewegung. Feldforschung und Ausstellung zur Arbeitsmigration in Hall und Umgebung (1960er Jahre bis heute)«, Şahin (2006), Koch/u. a. (2013), Özbaş/Hainzl/Özbaş (2014), Volkshilfe Oberösterreich/migrare (2014), Settele/Sauermann (2014, 78–86), Ausstellungsprojekt »Lebenswege. Slowenische ›Gastarbeiterinnen‹ in der Steiermark« des Artikel-VII-Kulturvereins für Steiermark 2015 (wissenschaftliche Leitung: Karin M. Schmidlechner, Kuratorin: Verena Lorber), FWF Forschungsprojekt »Deprovincializing Contemporary Austrian History. Migration und die transnationalen Herausforderungen an nationale Historiographien (ca. 1960-heute)« (Projektleitung: Dirk Rupnow), Ausstellung »Angekommen! Hiergeblieben! 50 Jahre ›Gastarbeit‹ in der Region St. Pölten« des Zentrums für Migrationsforschung St. Pölten in Kooperation mit dem Stadtmuseum St. Pölten 2014, Ausstellungen »Kommen-Gehen-Bleiben« der Universität Salzburg in Kooperation mit dem Stadtarchiv Salzburg im Rahmen der Wissensbrücke am Markartsteg (2014: »Arbeitsmigrationen«, 2016: »50 Jahre Anwerbeabkommen mit Jugoslawien«), Ausstellung »Unter fremdem Himmel. Das Leben der ›GastarbeiterInnen‹ aus Jugoslawien« des Vereins JUKUS 2016.

34 Siehe Fischer (2009, 248–266), Ivanovic (2013, 35–48; 2015, 146–164).

35 Siehe Thurner (1997), Nikolaus/Kundeyt (1991), Payer (2004, 1–19), Wiener Integrationsfonds (2002).

36 Siehe Hubbard (1972, 386–418), Meisterl (1997), Krump (2008).

37 Siehe Ziegerhofer-Prettenthaler/Schmidlechner/Sonnleitner (2010). Zur Erfassung der Gender-Perspektive führte Ute Sonnleitner ein von Spectro finanziertes Forschungsprojekt durch (siehe Sonnleitner 2012a).

38 Siehe Schmidlechner/Sprung/Sonnleitner (2013).

dieser Arbeit ein Forschungsprojekt über die Lebensbedingungen ehemaliger GastarbeiterInnen in der Steiermark von 1961 bis zur Gegenwart durch.[39] 2014 reichte Manfred Pfaffenthaler eine Dissertation über die ›Gastarbeiterroute‹ ein.[40] In seiner Untersuchung behandelte er die Frage nach der Bedeutung von Migrationswegen in Bezug auf die Arbeitsmigration und legte den Fokus auf den steirischen Streckenabschnitt der Route. 2015 erschien ein Beitrag von Isabella Skrivanek, Lydia Röss und Anna Faustmann zur Erwerbsintegration von Migrantinnen in der ländlichen Steiermark.[41] Die Grazer Historikerin Karin M. Schmidlechner stellt eine Zunahme an Diplom- und Masterarbeiten zu regionalen Migrationsthemen fest (Schmidlechner 2013, 23–24). Die Schwerpunkte liegen dabei im Bereich der Genderforschung und des Transnationalismus, wobei Flucht ein zentrales Thema darstellt. Zudem werden auch zunehmend die Lebensverhältnisse von MigrantInnen in Graz in Bezug auf Wohnen, Bildung, Integration und Gesundheit in Abschlussarbeiten behandelt.[42]

39 Siehe Lorber (2014). Dieses Forschungsprojekt wurde von Spectro finanziert.
40 Siehe Pfaffenthaler (2014).
41 Siehe Skrivanek/Röss/Faustmann (2015, 199–224).
42 Siehe Feiner (2010), Wlasak (2012), Amsüss (2013), Schrammel (2013), Hauer (2013), Zacharias (2013), Novak (2015), Mauch (2016).

1. Historische Migrationsforschung

Wanderungsbewegungen sind historische Realität und betreffen alle Bereiche des menschlichen Lebens. Sie sind weder eine Erscheinung der Moderne noch das Ergebnis von Krisen. Sie müssen als Grundkonstante der »*conditio humana*« (Bade 2000, 11) in die Forschungen einbezogen werden. Daraus ergibt sich auch die inter- und transdisziplinäre Ausrichtung der Historischen Migrationsforschung, die als *boundary object* zu verstehen ist (Bade 2002, 63–64). Es gilt, die Erkenntnisse von Migrationsforschungen in die lokale, regionale, nationale und globale Geschichte einzubetten[43], denn »*Migration is present in every level of historical study*« (Moch 2003, 21). In diesem Kapitel werden die für die vorliegende Arbeit relevanten Ansätze der Historischen Migrationsforschung und die theoretischen Zugänge diskutiert.

1.1 Neues – Altes Feld?

Eine einheitliche Definition von Migration gibt es nicht. Das Spektrum reicht von einem einfachen Wohnungswechsel bis hin zur Verlagerung des Aufenthaltsortes über Staatsgrenzen hinweg. Auch in Bezug auf die zeitliche Dimension unterscheiden sich die Definitionen erheblich. Lange Zeit wurden Wande-

43 Aus diesem Grund plädieren auch Leo und Jan Lucassen dafür, eine allgemeine Definition von Migration zu entwickeln, um Migrationsforschung endgültig in den Mainstream der Sozial-, Wirtschafts-, Politik- und Kulturgeschichte zu integrieren. Außerdem soll der Fokus verstärkt auf die Ähnlichkeiten zwischen den verschiedenen Migrationsformen gerichtet und vergleichende Untersuchungen sowie Langzeitstudien angestrebt werden. Dabei sollen nicht nationale oder ethnische ›Gruppen‹ miteinander verglichen werden. Es gilt, neue Vergleichsebenen zu schaffen, wie die Position von MigrantInnen in speziellen Arbeitsmarktsektoren in verschiedenen Ländern oder die Erfassung von Mustern sozialer Mobilität über einen längeren Zeitraum hinweg. Des Weiteren muss das Forschungsinteresse auf die Bedeutung von Migrationsnetzwerken, vor allem in Bezug auf Familien und Arbeitsmärkte, gerichtet werden (Lucassen/Lucassen 1997, 25–37).

rungsbewegungen als dauerhafte Verlagerung des Wohnortes definiert.[44] Diese Wahrnehmung von Migration als linearer Prozess prägte auch die Historische Migrationsforschung (Hahn 2012a, 24–25).

Erst in den letzten Jahrzehnten haben ForscherInnen ihren konzeptuellen, zeitlichen und geografischen Bezugsrahmen erweitert. Eine breitere Definition von Migration als »die auf einen längerfristigen Aufenthalt angelegte räumliche Verlagerung des Lebensmittelpunktes von Individuen, Familien, Gruppen oder auch ganzen Bevölkerungen« (Oltmer 2010, 1) ermöglicht es, sowohl Wanderungsbewegungen mit dauerhaftem Charakter als auch unterschiedliche Formen temporärer Wanderungen zu erfassen.

Diese breite Begriffsauslegung eignet sich besonders zur Beschreibung der GastarbeiterInnenmigration, die eine große Bandbreite an zeitlich und räumlich unterschiedlichen Wanderungsformen aufweist. Vielfach wich die Wanderungsabsicht von dem Wanderungsergebnis ab. Orte, die als Zwischenstationen gedacht waren, boten neue Chancen. Zielregionen erwiesen sich als ungeeignet und führten zur Weiterwanderung oder Remigration. Aus temporären Aufenthalten entwickelte sich eine dauerhafte Zuwanderung. Aber auch eine auf Dauer angelegte Arbeitsmigration musste nicht definitiv sein. Eine Remigration oder weitere Migrationen konnten folgen.

Einhergehend mit der breiten Auslegung des Migrationsbegriffs wurde der Fokus auf das Alltagsleben von MigrantInnen, Gruppen oder Familien gerichtet und vermehrt die Perspektive von MigrantInnen in den Forschungsprozess einbezogen (Hoerder/Lucassen/Lucassen 2008, 32).

> Das neue Forschungsparadigma ging aus von einer ganzheitlichen Sicht familiären oder kommunalen Zusammenwirkens (Mikro-Ebene) in kulturellen, sozialen und wirtschaftlichen Räumen (Meso-Ebene), reglementiert durch landesweit gültige Gesetze, Machthierarchien zwischen Geschlechtern, Altersgruppen, Generationen, Klassen, durch wirtschaftliche Machtstrukturen (Makro-Ebene). In der Erfahrungswelt der potenziellen Migranten sind diese drei Ebenen durch miteinander verschränkte Verhaltensnormen integriert (Hoerder/Lucassen/Lucassen 2008, 32).

Dadurch ist eine vielschichtige Forschungsrichtung[45] entstanden, die auch im internationalen Vergleich unterschiedliche Schwerpunkte und Verlaufsformen aufweist.[46]

---

44 Andere Begriffe wie ›GastarbeiterIn‹ werden verwendet, um eine klare Abgrenzung zur dauerhaften Niederlassung zu schaffen. Die Tatsache, dass es sich bei vielen GastarbeiterInnen um EinwanderInnen handelte, wird dabei begrifflich nicht berücksichtigt (Fassmann 2003, 430).

45 Diese Entwicklung hat aber auch dazu beigetragen, dass das Forschungsfeld heute in viele Spezialforschungsbereiche, sowohl innerhalb der historischen Forschung als auch zwischen den Disziplinen, unterteilt ist. Zudem ist eine Trennung zwischen MigrationsforscherInnen, die ihren Fokus auf Migrationsbewegungen von Menschen richten, und jenen, die den

Ein wesentlicher Aspekt bei der Erforschung von Migrationen ist, diese als Prozess zu verstehen, der sich aus folgenden drei Phasen zusammensetzt: die Wanderungsbereitschaft, die Umsetzung des Migrationsvorhabens und die Eingliederung in die Aufnahmegesellschaft. Der Entschluss zur Migration wird in der Herkunftsgesellschaft, oftmals innerhalb der Familie, getroffen. Im Falle von GastarbeiterInnen stellten vor allem die Aussicht auf Arbeitsplätze, bessere Verdienstmöglichkeiten und individuelle Entfaltungsmöglichkeiten jene wanderungsentscheidenden Faktoren dar. Daneben spielen auch soziale, gesellschaftliche, politische, wirtschaftliche oder religiöse Rahmenbedingungen eine zentrale Rolle. Aber auch Informationsflüsse, regionale Wanderungstraditionen und verwandtschaftliche/bekanntschaftliche Netzwerke beeinflussen die Wanderungsentscheidung, die Wahl des Zielgebietes und die Reiseroute von MigrantInnen. Der Entschluss zur Migration unterliegt somit diversen Motiven und Einflüssen (Hoerder/Lucassen/Lucassen 2008, 32–33; Oltmer 2009, 8–12).

Die Reise kann direkt an einen Zielort oder in unterschiedlichen Etappen erfolgen. Sie ist von den jeweiligen Ab- und Einreisebestimmungen, den finanziellen Ressourcen und der gewählten Route abhängig. Während der Reise werden sprachliche, kulturelle und politische Grenzen wie auch jene zwischen Stadt- und Landleben, Kommunen oder Provinzen überschritten.[47] Den Abschluss des Migrationsprozesses bildet die Eingliederung in die Aufnahmegesellschaft, die zeitlich unterschiedlich verläuft. Sie ist bei jedem Menschen anders und häufig von der Unterstützung durch Netzwerke, Ein- und Auswanderungsorganisationen, MigrantInnenselbstorganisationen und religiöse oder staatliche Institutionen abhängig. Diese gesellschaftlichen Strukturen und die Politik der Zielländer können dabei »integrierend, marginalisierend oder ausschließend wirken« (Hoerder/Lucassen/Lucassen 2008, 35). Bei erneuter oder mehrfacher Migration wiederholen sich die erwähnten Phasen des Wanderungsprozesses (Hoerder/Lucassen/Lucassen 2008, 32–36; Oltmer 2009, 8–12).

Niederlassungsprozess erforschen, festzustellen (Lucassen/Lucassen 1997, 10, 21; Wadauer 2008, 6; Oltmer 2009, 6; Harzig/Hoerder/Gabaccia 2009, 3, 69).

46 Mithilfe eines breiter ausgelegten Migrationsbegriffs rücken auch in der Migrationsforschung lange vernachlässigte kleinräumige Wanderungsprozesse innerhalb politischer Bezirke oder städtischer Ballungszenten in den Fokus. Denn auch nationale und regionale Migrationsbewegungen werden durch die gleichen ökonomischen und sozialen Bedingungen ausgelöst wie internationale Wanderungen. Arbeits-, Freizeit- und Studienreisen sind davon ausgenommen, da der politisch-rechtliche Wohnsitz beibehalten wird. Dabei stellt sich die Frage, ob PendlerInnen MigrantInnen seien. Sylvia Hahn weist in diesem Kontext darauf hin, dass die zeitliche Dimension ausschlaggebend ist. Eine Unterscheidung zwischen temporären/saisonalen MigrantInnen und Wochen-, Monats- oder JahrespendlerInnen kann nicht immer eindeutig getroffen werden (siehe Oltmer 2009, 6; Hahn 2012a, 26–27; Moch 1997, 43).

47 GastarbeiterInnen reisten zumeist direkt zu den vermittelten Arbeitsstellen in den Zielländern, wobei der Arbeitsmigration vielfach eine Binnenmigration vorausging.

Demnach ergeben sich drei elementare Aufgaben der Historischen Migrationsforschung. Wanderungsgeschehen und -verhalten sollen untersucht und differenziert werden sowie beide Untersuchungsfelder mit der Wirtschafts-, Bevölkerungs-, Gesellschafts-, Kultur-, Rechts-, Politik- und Umweltgeschichte in den geografischen und sozialen Ausgangs- und Aufnahmeräumen verknüpft werden (Bade 2002, 62, 63).

Dabei lassen sich zwei Forschungsbereiche feststellen: das Wanderungsgeschehen und das Handeln im Wanderungsprozess. Zentral dabei ist es, jeweils das historisch zeitgleiche Migrationsgeschehen einzubeziehen.[48] Zudem gilt es, auch Migrationsregime[49] in der Forschung zu erfassen. Dabei werden die sich verändernde staatliche Haltung zu den sich wandelnden Migrationsprozessen und der sich daraus ergebende staatliche Einfluss auf die Entwicklung von Wanderungsbedingungen untersucht – ein zentraler Aspekt dieser Forschungsarbeit (Oltmer 2009, 7).[50]

Nicht nur Aufnahmegesellschaften und MigrantInnen verändern sich durch Wanderungen. Sie wirken sich auch auf die Daheimgebliebenen und die Ausgangsgesellschaften aus. Ohne ein differenziertes Verständnis der Herkunftskultur können Migrationsentscheidungen, postmigrantische Lebensphasen und Formen der Integration nicht erfasst und leicht missinterpretiert werden (Bade 2002, 63; Harzig/Hoerder/Gabaccia 2009, 4).

Diese Forschungsansprüche sollen dazu beitragen, bei der Fokussierung auf Einzelaspekte die Komplexität der Migrationsprozesse nicht außer Acht zu lassen. Die genannten Aufgaben und Fragenkomplexe der Historischen Migrationsforschung »sind nicht als jeweils konkret einlösbares Forschungsprogramm zu verstehen. Sie geben nur heuristische Fluchtpunkte in einem weit-

48 Damit »Wanderungsentschlüsse nicht als Entscheidungen ohne Alternativen und die jeweils untersuchten Wanderungsrichtungen nicht als historisch alternativlose Einbahnstraße ohne Einmündungen, Abzweigungen und Gegenströmungen erscheinen« (Bade 2002, 62).

49 Diese verweisen auf das Wechselverhältnis von Staaten und Wanderungsbewegungen. Dabei kann zwischen Grenz- und Aufnahmeregimen unterschieden werden. Nach dem Ersten Weltkrieg entstand ein neues Migrationsregime, das durch stärkere staatliche Eingriffe und Kontrollen gekennzeichnet war. Ein weiteres Merkmal dieses Regimes war die gezielte Anwerbung von Arbeitskräften durch staatliche Institutionen. Dieses Migrationsregime wurde in den 1950er und 1960er Jahren weiterentwickelt. Es bildete sich ein neues, das vom Zuzug von GastarbeiterInnen geprägt war (Oltmer 2009, 12–19; Hoerder/Lucassen/Lucassen 2008, 39–45).

50 Um das Wanderungsgeschehen und -verhalten mit den Entwicklungen in den Ausgangs- und Aufnahmeräumen zu verknüpfen und die sich durch die Migration ergebenden Wechselbeziehungen zu untersuchen, müssen laut Klaus Bade drei Fragenkomplexe auf und zwischen den Seiten beantwortet werden. Zuerst nach den »Bestimmungsfaktoren und Entwicklungsbedingungen des Wanderungsgeschehens auf beiden Seiten«, dann nach der »daraus resultierende(n) Rangspannung zwischen beiden Seiten und deren Rückwirkung auf Wanderungsverhalten und Wanderungsgeschehen« und schließlich nach den »Folgen des Wanderungsgeschehens für beide Seiten« (Bade 2002, 63).

gespannten Orientierungsnetzwerk« (Bade 2002, 63). Sie sollten aber stets reflektiert werden, um monokausale Darstellungen und vereinfachende Verkürzungen zu vermeiden (Bade 2002, 63).

1.2 Transnationalismus

Zur Erfassung der Dynamik des Migrationsprozesses wurde für die vorliegende Forschung das Konzept des Transnationalismus herangezogen.[51] Dabei rücken Fragen nach der Bewegung, der Positionierung und den Beziehungen von MigrantInnen in das Blickfeld der Forschung.[52] Ein wesentlicher Aspekt ist, dass die Grenzen zu zirkulären Migrationstypen sowie dauerhaften Ein- und Auswanderungen zwar vorhanden, aber fließend sind. Aus diesem Grund eignet sich dieser Ansatz besonders zur Erforschung der GastarbeiterInnenmigration, die ein breites Spektrum an verschiedenen Wanderungstypen aufweist. Kennzeichnend für die GastarbeiterInnenmigration ist, dass die Beziehungen zur Herkunftsgesellschaft bestehen bleiben und ArbeitsmigrantInnen an mehreren Orten soziale Beziehungen knüpfen. Es kommt zu keinem eindeutigen Verlassen der Herkunftsgesellschaft. Migration stellt dabei eine Sowohl-als-auch-Entscheidung dar.

GastarbeiterInnen sind grenzüberschreitend in verschiedene familiäre, ökonomische, politische oder kulturelle Netzwerke und Organisationen eingebunden. Sie leben zwischen ihrem ursprünglichen und dem gewählten Wohnort. Sie sind gegenüber jenen Staaten und auch den sozialen Gruppen in diesen, zu denen soziale Bindungen bestehen, loyal. Sie identifizieren sich »sowohl mit der Kultur und Gesellschaft der Herkunfts- als auch der Zielregion« (Fassmann

51 Transnationalismus wird häufig als typisches Globalisierungsphänomen dargestellt. Allerdings lassen sich auch historische Wanderungsprozesse mit diesem Konzept erklären. ›Neu‹ an den aktuellen transnationalen Migrationen sind nur ihre Regelmäßigkeit und kurze Dauer, die auf verbesserte Verkehrs- und Kommunikationsmöglichkeiten zurückgeführt werden können. Auch ist zu beachten, dass die transnationale Mobilität nicht die klassische Aus- und Einwanderung ersetzt. Sie ergänzt lediglich die unterschiedlichen Migrationsformen (Becker 2010, 42; Harzig/Hoerder/Gabaccia 2009, 83–85, 123–126; Fassmann 2003, 436, 448).

52 Im Unterschied zu klassischen Migrationstheorien, die bis ins 19. Jahrhundert zurückgehen. Diese beziehen sich bei der Erklärung von Wanderungsbewegungen und -entscheidungen vorwiegend auf ökonomische Faktoren und demografische Überlegungen. Ihnen liegt die klassische Definition von Migration als dauerhafter Wechsel des Wohnortes zugrunde. Dabei wird der Fokus auf Regel- und Gesetzmäßigkeiten gelegt. Es geht dabei nicht darum, den Prozess der Migration an sich zu hinterfragen oder zu analysieren. Neuere Migrationstheorien verstehen Wanderungsbewegungen als sozialen Prozess. Sie verfolgen einen weniger universalistischen und deterministischen Ansatz (siehe Düvell 2006, 79–123; Fassmann 2003, 431; Hoerder/Lucassen/Lucassen 2008, 28–29).

2003, 435). Sie oszillieren zwischen beiden Lebenswelten und sind Teil der Herkunfts- und Aufnahmegesellschaften.[53] EhepartnerInnen und/oder Kinder verbleiben in den Herkunftsregionen. Vielfach werden Haushalte geteilt, zwei Lebensmittelpunkte beibehalten oder Geld vom Ziel- in das Herkunftsland transferiert. Somit ist das Pendeln zwischen den Lebenswelten kennzeichnend für das Leben von GastarbeiterInnen.

Beim Konzept des Transnationalismus stehen nicht nur die Handlungspraktiken von MigrantInnen, ihre transnationalen Lebensweisen und -wege im Mittelpunkt des Forschungsinteresses, sondern auch ihre Netzwerke.[54] Durch bestehende Netzwerke machen sich neue ArbeitsmigrantInnen Erfahrungen und geschaffene Infrastrukturen von bereits Migrierten zunutze. Das verringert nicht nur das Risiko für MigrantInnen und erhöht den Nutzen der Migration, sondern begünstigt auch eine Kettenmigration (Düvell 2006, 102–108; Haug 2000, 19–20). Für GastarbeiterInnen waren vor allem soziale Netzwerke bei der Vermittlung von Arbeitsstellen und dem Aufbau eines Lebens in den Zielgebieten von Bedeutung. Zudem trugen Migrationsnetzwerke Ende der 1960er Jahre zur Verselbstständigung der Migrationsbewegung bei.

Beim Transnationalismus steht die aktive Rolle, die MigrantInnen bei der

53 Demnach treffen Integrationskonzepte, die sich ausschließlich an Aufnahmegesellschaften orientieren, nicht zu. Klassische Assimilationskonzepte beziehen sich auf ein traditionelles Verständnis von Wanderungsbewegungen. Die Studien der Chicagoer Schule der Soziologie in den 1920er Jahren zählen zu den Klassikern dieser Auffassung. Das von ihr angewandte Konzept des *race-relation-cycle* geht davon aus, dass eine Anpassung an die Aufnahmegesellschaft über Lernprozesse erfolgt. Zuerst leben MigrantInnen in ihrer *ethnic community*, erlernen dann Schritt für Schritt die Sprache, die Kultur und die Symbolik der Aufnahmegesellschaften und legen dabei die Kultur der Herkunftsgesellschaft ab. Demnach ist Integration nur durch Assimilation möglich, wobei auch partielle Eingliederungsformen vorkommen können. Ziel ist es, Teil der aufnehmenden Gesellschaft zu werden. Alle Assimilationsmodelle gehen davon aus, dass die Anpassung an die Aufnahmegesellschaft die Endstufe einer Reihe von Interaktionen zwischen ZuwanderInnen und aufnehmender Gesellschaft ist. Das wird nicht als beidseitiger Prozess verstanden. Im Laufe dieses Assimilationsprozesses verändern sich ausschließlich die MigrantInnen. Diese Denkrichtung wurde durch vor allem temporäre oder Pendelwanderungsbewegungen infrage gestellt und durch neue Konzepte der Akkulturation, Akkommodation, Inklusion sowie Anpassung ersetzt. Bei der transnationalen Migration steht daher vielmehr die »Gleichzeitigkeit von Rückbesinnung und gesellschaftlicher Anpassung« (Fassmann 2003, 436) im Vordergrund. Bezogen auf die GastarbeiterInnenmigration betont Fassmann: »Wer so denkt, wird auch verstehen, warum vielen bereits vor Jahrzehnten zugewanderten TürkInnen in Deutschland und Österreich Traditionen und die Religion wichtig sind und gleichzeitig eine Anpassung an westliche Lebensformen und Konsumstandards erfolgte« (Fassmann 2003, 436). Dazu siehe Treibel (1990, 54–83), Harzig/Hoerder/Gabaccia (2009, 102–110), Fassmann (2003, 433–447).

54 Hinsichtlich der Netzwerke kann zwischen Marktnetzwerken und sozialen Netzwerken sowie zwischen Netzwerken, die bereits vor dem Migrationsprozess bestanden, und jenen, die erst im Laufe der Migration entstehen, differenziert werden (Düvell 2006, 102–104, 107–108; Haug 2000, 19–20).

Überwindung nationaler Grenzen und im Umgang mit nationalen Bestimmungen einnehmen, im Mittelpunkt. Dabei wird die Relevanz der klassischen Nationalstaatsordnung als Referenzsystem für die Migration infrage gestellt. Allerdings dürfen jene strukturellen Vorgaben und Einschränkungen bzw. Probleme, mit denen MigrantInnen konfrontiert sind, nicht außer Acht gelassen werden. Es müssen auch Faktoren, die außerhalb des Einflussbereiches von MigrantInnen liegen, aber dennoch ihr Leben beeinflussen, in die Untersuchungen einbezogen werden. Demnach erfordern die Fokussierung auf migrantische Unabhängigkeit und die Betonung ihrer Selbstbestimmtheit eine kritische Reflexion, da gerade politische sowie ökonomische Bedingungen, Entwicklungen, Vorgaben einen bedeutenden Einfluss auf Art und Quantität von Wanderungen haben (Karakayali 2010, 29).[55] Nationalstaaten bilden einen zentralen Bezugspunkt in ihrer Funktion als Initiatoren und Kontrollinstanzen von Wanderungsbewegungen.

1.3 Arbeitsmigration als Sonderfall?

Migrationsbewegungen sind durch »stete Veränderungen individuellen und kollektiven Erlebens, Deutens und Handelns gekennzeichnet« (Oltmer 2009, 27) und somit ergebnisoffen. Aufgrund des Prozesscharakters sind die Grenzen zwischen den einzelnen Migrationsformen fließend und überschneidend. Deshalb ist eine Einteilung nach bestimmten Merkmalen nur bedingt möglich. Dennoch können Typologien[56] hilfreich sein, um Wanderungsprozesse zu beschreiben und Forschungsarbeiten einen theoretischen Rahmen zu geben.[57]

Der Begriff ›Arbeitsmigration‹ ist fester Bestandteil des allgemeinen und wissenschaftlichen Sprachgebrauchs. Damit wird nicht nur der Zweck der Migration ausgedrückt, sondern auch ein bestimmter Migrationstyp beschrieben,

55 Auch die inflationäre Verwendung des Begriffs ›transnational‹ sollte kritisch reflektiert werden. Durch die Benennung erlangt das ›Nationale‹ erneut definitorische Macht und führt zur Fort- bzw. Festschreibung jener Größe, die durch das Konzept des Transnationalismus vermieden werden sollte. Zur Kritik am Konzept des Transnationalismus siehe Bommes (2002, 91–105).

56 Siehe Ravenstein (1885, 167–235), Hahn (2012a, 27–29), Treibel (1990, 13, 19–20), Hoerder/Lucassen/Lucassen (2008, 37).

57 Sie dürfen nur nicht den Blick auf die Zusammenhänge und das Gesamtbild von Migrationsbewegungen einschränken. Bei Kategorisierungen muss berücksichtigt werden, dass diese durch staatliche Verwaltungs- und Steuerungsabsichten oder Forschungsinteressen geleitete Zuschreibungen darstellen. Außerdem passen MigrantInnen ihre Selbstzuschreibungen diesen amtlichen Kategorien an, um beispielsweise einreisen zu dürfen. Daher gilt es, zwischen Fremdzuschreibungen und Selbstzuschreibungen von MigrantInnen zu unterscheiden sowie auch die Folgen staatlicher Begriffsbestimmungen zu erforschen (Lucassen/Lucassen 1997, 32; Bade 2002, 57; 2007, 116–117; Wadauer 2008, 6–7).

der sich von anderen Wanderungsformen unterscheidet. Dadurch wird Arbeitsmigration als Ausnahme definiert. Bei der Betrachtung des allgemeinen Migrationsgeschehens wird allerdings ersichtlich, dass fast alle MigrantInnen an sich ArbeitsmigrantInnen sind. Denn ungeachtet ihrer Migrationsmotive müssen sie ihren Lebensunterhalt im Zielland auf irgendeine Weise bestreiten. Arbeitsmigration kann aber auch einen Sonderfall darstellen. Beispielsweise dann, wenn MigrantInnen zwecks Arbeitsaufnahme ›angeworben‹ werden, wie es im Rahmen des GastarbeiterInnensystems der Fall war. Das heißt, Arbeitsmigration kann sowohl eine Ausnahme als auch ein grundlegender Bestandteil von Migrationsprozessen sein. Damit stellt sie »eine spezifische Form räumlicher Zuordnung und Lokalisierung von MigrantInnen dar, und zwar aus der doppelten Perspektive ihrer strukturellen Einbindung in die ökonomischen Verwertungsprozesse und ihres Bezugs auf individuelle Formen der Erwerbstätigkeit von MigrantInnen« (Geisen 2005, 27).

In der Migrationsforschung wird Arbeitsmigration zumeist als Sonderfall behandelt, der im wirtschaftlichen Bereich verortet ist und durch Angebot und Nachfrage bestimmt wird (Geisen 2005, 27). Das hat einen doppelten Ausschluss von MigrantInnen innerhalb der Aufnahmegesellschaft zur Folge. Einerseits durch die Annahme, dass Arbeitsmigration einen temporären bzw. nicht abgeschlossenen Migrationsprozess darstellt. Diese Wahrnehmung führt zur Ausgrenzung von MigrantInnen, die dauerhaft in einer Gesellschaft leben. Die Beziehungen zwischen Aufnahmegesellschaft und MigrantInnen werden hier als ein »funktionales Moment« (Geisen 2005, 28) wahrgenommen und MigrantInnen auf ihre Bedeutung für die Wirtschaft reduziert. Andererseits wird Arbeitsmigration aber auch ideologisch genutzt, um neu ankommende MigrantInnen auszugrenzen. Andere Migrationsmotive wie etwa bei Flüchtlingen werden dabei zum Teil nicht anerkannt.[58] Einige Beweggründe zur Migration können gegenüber der Migration zum Zweck der Arbeitsaufnahme aber auch aufgewertet werden (Geisen 2005, 27–28; Sonnleitner 2011, 298–299).

Zudem wird die Diskussion um Migration »nicht nur von materiellen Interessen bestimmt, sondern zugleich auch von symbolischen Konstruktionen und rassistischen, nationalistischen und sexistischen Unterscheidungen und

58 Wie schwierig Klassifikationen sind, zeigt sich besonders bei der Unterscheidung zwischen freiwilliger und erzwungener Migration. Im Migrationsdiskurs wird vorwiegend zwischen erzwungener und ökonomischer Wanderung unterschieden. Dabei werden Flüchtlinge und Vertriebene »in Abgrenzung zur ökonomischen Migration definiert« (Düvell 2006, 18). Dies hat zur Folge, dass ökonomisch bedingte Wanderungsbewegungen, wie Migration von GastarbeiterInnen, grundsätzlich als freiwillige Migration angesehen werden. Doch auch diese kann Zwängen unterliegen, wenn beispielsweise durch wirtschaftspolitische Entscheidungen Menschen die Existenzgrundlage entzogen wird. Aus diesem Grund sieht Klaus Bade zwischen freiwilligen und unfreiwilligen Wanderungen die eigentliche historische Wirklichkeit (Lucassen/Lucassen 1997, 11; Düvell 2006, 18; Bade 2002, 56–57).

Ideologien strukturiert« (Geisen 2005, 25). Demzufolge werden ArbeitsmigrantInnen nicht nur aufgrund ihres ökonomischen Nutzens definiert, da auch spezifische Formen rassistischer Stereotypisierungen bereits bei der Entstehung dieser ›Nutzenkalkulation‹ wirksam sind. Somit kann Arbeitsmigration nicht ausschließlich auf ihre wirtschaftliche Funktion beschränkt werden. Nationalstaatliche Ansprüche werden dadurch ebenfalls ausgedrückt bzw. vermittelt. Daher ist Arbeitsmigration in ein »vielfältiges und ambivalentes Beziehungsgeflecht eingebunden, das die politischen, kulturellen, sozialen und ökonomischen Faktoren – scheinbar unauflöslich – miteinander verbindet« (Geisen 2005, 25).

Bei der transnationalen Arbeitsmigration migrieren hauptsächlich erwerbsfähige Personen von ihrem Wohnort in ein anderes Land, um dort zu arbeiten. Die Migrationsmotive sind in erster Linie ökonomisch begründet. Vielfach werden der temporäre Charakter und die Tatsache, dass die Migration anfänglich nicht die ganze Familie umfasst bzw. den Familiennachzug einschließt, als Kennzeichen der transnationalen Arbeitsmigration angeführt.[59] Grundsätzlich kann zwischen saisonaler, temporärer und permanenter Arbeitsmigration unterschieden werden.[60]

Die rechtliche Stellung von ArbeitsmigrantInnen in den Zielländern ergibt sich durch einen »kausalen Zusammenhang zwischen ihrer normativ geregelten Berechtigung zur Ausübung einer bezahlten Tätigkeit und zum Aufenthalt« (Rass 2010, 13). Das heißt, Beschäftigungs- und Aufenthaltsgenehmigungen sind miteinander verbunden und bedingen sich gegenseitig. Demnach kann Arbeitsmigration zum einen durch die Rechtsstellung von ArbeitsmigrantInnen in den Zielländern, zum anderen durch das zeitliche Ausmaß des Migrationsprozesses charakterisiert werden.

Bei der GastarbeiterInnenmigration handelt es sich um eine spezifische Form der transnationalen Arbeitsmigration. Dieses Anwerbesystem, basierend auf zwischenstaatlichen Wanderungsverträgen[61], entstand bereits am Ende des 19. Jahrhunderts. Vier Hauptmerkmale kennzeichnen diesen Migrationstyp: Erstens sahen sich Zielländer mit einer verstärkten Nachfrage an Arbeitskräften durch die Hochindustrialisierung bzw. den Bedarf an Arbeitskräften im se-

59 Böhning weist bereits 1984 darauf hin, dass der Umfang der internationalen Arbeitsmigration die Ansicht widerlegt, dass es sich dabei um eine temporäre sowie Einzelmigration handelt (Böhning 1984, 33).

60 SaisonarbeiterInnen arbeiten einige Monate im Zielland. Sie decken eine sich wiederholende, aber nicht ständige, Nachfrage an Arbeitskräften in bestimmten Arbeitsmarktsegmenten. Dazu zählen vorwiegend Landwirtschaft, Dienstleistungssektor und Baugewerbe. Temporäre ArbeitsmigrantInnen sind für einen bestimmten Zeitraum im Ausland tätig und können in allen Arbeitsmarktbereichen beschäftigt sein. Zur weiteren Differenzierung siehe Böhning (1984, 33).

61 Siehe Kapitel 4.1.

kundären oder tertiären Arbeitsmarktbereich konfrontiert. In den Herkunftsländern von ArbeitsmigrantInnen herrschten hingegen ›Entwicklungsmängel‹. Damit bestand ein Ungleichgewicht auf den Arbeitsmärkten der Ziel- und Herkunftsländer. Um den Bedarf an Arbeitskräften in den Industrieländern auszugleichen, wurden diese aus weniger ›entwickelten‹ Ländern angeworben.[62]

Zweitens fand diese spezifische Form der Arbeitsmigration von wirtschaftlichen Randgebieten in die Richtung europäischer Industriestaaten statt. Sie übertraf die Auswanderungsbewegung aus Europa sowie die Arbeitsmigration zwischen den einzelnen Staaten. Drittens bildete sich in einem kurzen Zeitraum ein spezifisches Migrationssystem, das die selektive Nachfrage an Arbeitskräften durch Regierungen bzw. durch von diesen ermächtigte Stellen in den Herkunftsländern zuließ. Die Ursprünge dieses institutionell geregelten Migrationssystems liegen in makroökonomischen Entwicklungen. Es vollzog sich aber nicht unter den Voraussetzungen eines freien Marktes.[63] Durch die Gründung spezieller Institutionen, die diese gezielte Migration regelten, entstanden »neuartige Formen der Organisation und Kontrolle von Wanderungsbewegungen. Diese Mechanismen waren sowohl als Teil des institutionellen Rahmens von Arbeitsmärkten als auch von Migrationsprozessen eine wichtige Innovation« (Rass 2010, 14).

Viertens wurden die Gesellschaften der Ziel- und Herkunftsländer durch diese Migrationsform verändert, da sich aus einer temporären Arbeitsmigration häufig ein dauerhafter Aufenthalt entwickelte. Gesellschaften werden somit durch die transnationale Arbeitsmigration miteinander verbunden. Das beeinflusst ihre sozioökonomischen Strukturen und Institutionen (Rass 2010, 13–14).

Anwerbestaaten ermöglichten ArbeitsmigrantInnen einen temporären und selektiven Zugang zum Arbeitsmarkt. Dies bedingte aber nicht eine Aufnahme in die Gesellschaft und stellte somit ein wichtiges Unterscheidungsmerkmal zur Einwanderung dar. Jedoch auch Herkunftsländer nahmen die Arbeitsmigration

62 Die Entwicklung dieses Migrationstyps steht somit in enger Verbindung zur Ausformung eines komplexen Arbeitsmarktes im Industriezeitalter. Im Zuge dieses Prozesses erfolgte in den nationalen Arbeitsmärkten der Zielländer eine Verschiebung von Arbeitskräften aus dem landwirtschaftlichen Bereich zum industriellen/gewerblichen und Dienstleistungssektor. Dem folgte die Beschäftigung von Arbeitskräften aus anderen, zumeist weniger entwickelten Ländern (Rass 2010, 13).

63 Europäische Anwerbestaaten verschoben teilweise die Regulierung von Angebot und Nachfrage auf ausländische Arbeitsmärkte. Dadurch unterlag die Arbeitsmigration einer staatlichen Steuerung und determinierte die Regulierung durch Marktkräfte. Das heißt, Anwerbeländer organisierten und regelten die Arbeitsmigration im Ausland, Herkunftsländer von ArbeitsmigrantInnen ›wachten‹ über ihre StaatsbürgerInnen im Ausland. »Ein zwei Arbeitsmärkte integrierender internationaler Arbeitsmarkt entsteht also nicht nur durch die Austauschbeziehungen zwischen diesen beiden Sphären, sondern auch durch die Ausdehnung ihrer Institutionen auf den jeweils anderen Teil« (Rass 2010, 15).

als zeitlich limitierten Aufenthalt von StaatsbürgerInnen im Ausland wahr, um einer hohen Arbeitslosigkeit entgegenzuwirken, von Devisenrücküberweisungen zu profitieren und durch Remigration qualifizierter Arbeitskräfte die eigene Wirtschaft zu stärken (Rass 2010, 12). Des Weiteren wurden Netzwerke[64] gegründet, unterstützt und ausgebaut, die diese in den Zielländern betreuten, um die Bindung zum jugoslawischen Staat aufrechtzuerhalten (Brunnbauer 2009, 45–46; Novinšćak 2009, 127–128).

> Je stärker der Transfer von Arbeitskraft zwischen zwei Staaten formalisiert wird, desto wichtiger werden neben ihren Ein- und Auswanderungsvorschriften zusätzliche Vereinbarungen, in denen die Aufgaben, Rechte und Pflichten der in- und ausländischen Arbeitsmarktparteien definiert und praktische Regelungen für die Umsetzung des dadurch etablierten Migrationsregimes festgelegt werden (Rass 2010, 17).

Das hat zur Folge, dass sich der Einfluss des Ziellandes zur Steuerung der Migrationsbewegung in die Richtung des Herkunftslandes von Arbeitskräften verschiebt. Es gewinnen jedoch auch die Herkunftsländer als migrationspolitische Akteure in den Zielländern an Bedeutung. Wie weit sich der jeweilige Einflussbereich erstreckt, ist von der Machtverteilung zwischen den Staaten abhängig.[65] Diese wird zwischen den Herkunfts- und Zielländern durch das Netz multipolarer Migrationssysteme beeinflusst, die entweder zu Konkurrenzsituationen oder zur Herausbildung gemeinsamer Normen und Richtlinien führen. Daraus ergibt sich, dass durch die Arbeitsmigration verschiedene Arbeitsmärkte zu einem Migrationssystem verbunden werden und Wanderungsverträge am Anfangs- und Endpunkt von Migrationsprozessen an die dort bestehenden Gesetze, Normen und Traditionen anknüpfen (Rass 2010, 17–18). Es gilt, diese gegenseitige Beeinflussung anhand der Betrachtung der Migrationsbewegung aus österreichischer und jugoslawischer Perspektive sichtbar zu machen.

1.4 Gender und Arbeitsmigration

Gustav Adolf Schimmer kommt in Bezug auf die Habsburgermonarchie 1872 zum Schluss, dass das »männliche Geschlecht seiner Natur nach weit mehr geneigt (ist), die Heimat zu verlassen und anderwärts Erwerb zu suchen« (Schimmer 1872, V–XIV). Bei der Betrachtung der statistischen Erhebungen

64 Zahlreiche jugoslawische Klubs und Vereine entstanden. Die Präsenz der Konsulate, Botschaften und Gewerkschaften in den Zielländern stieg.

65 So ergibt sich für Österreich, dass Jugoslawien im Vergleich zur Türkei eine stärkere Verhandlungsposition aufgrund der besseren Stellung im internationalen Schichtungssystem einnehmen konnte (Matuschek 1985, 171).

wird allerdings ersichtlich, dass der prozentuale Unterschied zwischen migrierenden Männern und Frauen nur sehr gering ist. Diese Nichtbeachtung der weiblichen Migration kann auf die Reproduktion der seit der Aufklärung vorherrschenden Geschlechterkodierung zurückgeführt werden. Diese traditionellen Geschlechterdichotomien und -stereotype und männliche Denkmuster wurden kaum infrage und bis weit in das 20. Jahrhundert hinein fortgeschrieben.[66] Frauen wurden vielfach im Migrationsprozess als »Ehefrauen, als abhängige Personen, die oft durch den Entschluss des Haushaltsvorstandes gezwungen (waren) mitzugehen« (Heberle 1972, 72) dargestellt. Selbst durch die sich in den 1970er und 1980er Jahren etablierende Sozialgeschichte und die damit einhergehende Erforschung des Alltagslebens veränderte sich dieses Bild kaum. Im angloamerikanischen und europäischen Raum dominierte weiterhin eine androzentrische Forschungsperspektive (Hahn 2008a, 90–94).

In der Historischen Migrationsforschung entstand oftmals das Bild der mehrfach unterdrückten Frau. Dieser Wahrnehmung lag die Vorstellung zugrunde, dass Frauen aus traditionellen Gesellschaften in moderne migrierten und sie vor der Migration keiner außerhäuslichen Beschäftigung nachgingen. Sie wurden in diesem Kontext als Opfer dargestellt, die aufgrund tragischer Lebensumstände zur Migration gezwungen waren. Andere Migrationsgründe, wie eine unglückliche Ehe, uneheliche Kinder, Selbstverwirklichungswünsche, das Ziel, eigenes Geld zu verdienen, Liebe oder das Erwirken einer Scheidung, blieben dabei unberücksichtigt. Dadurch kam es häufig zu einer Festschreibung einer Dreifachunterdrückung von Migrantinnen – als Frau, Arbeiterin, Migrantin. Im Migrationsdiskurs etablierte sich daher ein stereotypes Bild der ›unterdrückten Frau‹ und die Darstellung der Migrantin als Opfer bildete den Ausgangspunkt zahlreicher Untersuchungen (Huth-Hildebrandt 2002, 76–83; Hahn 2000, 89–90).

Mithilfe regionaler Detailrecherche und biografischer Interviews konnte die Stereotypisierung der Migrantin als Opfer aufgebrochen werden und ein vertiefender Einblick in gelebte Migrationsprozesse erfolgen. Das führte zu einem umfassenden Verständnis von Wanderungsbewegungen, ebenso auch zur Erkenntnis, dass es sich dabei nicht um einen monokausalen, linearen, aus-

66 Zwischen den Geschlechtern bestand eine klare Aufgaben- und Arbeitsteilung. Der Mann war für Erwerb, die Frau für Haushalt und Kinderbetreuung verantwortlich. Diese Zuschreibung der verschiedenen sozialen Bereiche entsprach der sich im 18. Jahrhundert herausbildenden bürgerlichen Familienideologie. Diese sah eine klare Rollenaufteilung zwischen den Geschlechtern vor. Daraus ergaben sich Zuschreibungen unterschiedlicher Eigenschaften von Männern und Frauen, wie stark/schwach, öffentlich/privat oder rational/gefühlvoll, die sich im Laufe der Zeit in das gesellschaftliche Bewusstsein einschrieben. Demnach wurde der Mann als wanderungsbereiter Familienernährer betrachtet. Frauen stellte man hingegen als immobil, passiv und auf den Mann im Herkunftsland wartend dar (Hahn 2008a, 85–94; 2012b, 83).

schließlich ökonomischen Prozess handelt. Es war das Ziel, Frauen als aktiv Handelnde in die Forschungen einzubeziehen und Gender als analytische Kategorie in die Historische Migrationsforschung zu integrieren.[67]

Die Frauen- und Geschlechterforschung lieferte wichtige Anstöße zur Erforschung der weiblichen Dimension von Migrationsprozessen.[68] Dabei ging es anfänglich darum, die Beteiligung von Frauen am Wanderungsgeschehen aufzuzeigen und weibliche Migrationsmuster zu erfassen. Infolge rückten die spezifische Situation, die Migrationserfahrungen und die Rolle von Frauen im Migrationskontext in den Mittelpunkt des Forschungsinteresses. Ein Ansatz, der bis heute am weitesten verbreitet ist. Seit den 1980er Jahren werden die Macht- und Geschlechterverhältnisse, die sich durch die Migration ergeben, immer mehr berücksichtigt. Einhergehend mit der Etablierung von Gender als Analysekategorie werden zunehmend Fragen nach der Konstruktion von Männlichkeit und Weiblichkeit, dem Einfluss von Migrationserfahrungen auf die Beziehungen zwischen den Geschlechtern sowie nach den Machtunterschieden zwischen Migrantinnen und ›einheimischen‹ Frauen behandelt. Aktuelle Forschungen beschäftigten sich zunehmend mit Fragen der Neudefinition der Kategorie Ethnizität als soziale Positionierung und Merkmal sozialer Differenzen (Aufhauser 2000, 99; Lutz 2001, 215–230).

Ziel ist es, die Lebenssituation und Erfahrungen von Migrantinnen in einem mehrdimensionalen und ineinandergreifenden Bezugsrahmen von Geschlecht, Ethnizität und sozialer Herkunft zu untersuchen. Damit werden neben der Heterogenität von Migrantinnen und ihrem familiären Umfeld auch die Vielfältigkeit ihrer Lebensformen und -strategien sowie ihre Handlungskompetenzen erkennbar, die sie im Laufe des Migrationsprozesses entwickelt haben. Diese gilt es, in der vorliegenden Forschung darzustellen. Die Forschungen zeigen, dass vielfach Frauen mit ihren sozialen und familiären Netzwerken, ihrer Arbeit und ihrem Einkommen für das Überleben der Familie sowohl im Herkunfts- als

67 Siehe Schrover/Moloney (2013, 7–55).

68 Die Studien entstanden hauptsächlich in der in den USA institutionell verankerten *immigration history*. Die meisten Forschungen konzentrierten sich dabei vor allem auf weiße Mittelschichtsfrauen, weswegen sich in den USA weitere wissenschaftskritische Forschungsrichtungen wie die *Queer Studies*, *Black Studies*, *Critical Whiteness Studies* oder *Postcolonial Studies* etablierten. Diese weisen darauf hin, dass Lebensverhältnisse nicht ausschließlich mit der Kategorie Geschlecht zu erfassen sind, und fordern die Berücksichtigung weiterer Faktoren wie Rasse, Klasse, Sexualität, Bildungsstand oder Religion. Eine neue Forschungsperspektive stellt in diesem Zusammenhang der Intersektionalitätsansatz dar, der die Schnittstellen, Wechselwirkungen und Überlappungen zwischen den Differenzkategorien Geschlecht, Klasse, Rasse und Sexualität untersucht, anhand dieser Diskriminierungen und Privilegierungen aufgezeigt werden können (Ingelfinger 2011, 16–18; Hahn 2012b, 95; International Migration Review 1984).

auch im Zielland verantwortlich sind.[69] Auch wird der Fokus vermehrt auf Integrationsprozesse gerichtet. Die Tatsache, dass weibliche Migrationsprozesse nicht die Abbilder männlicher sind und Geschlechterbeziehungen einen wesentlichen Einfluss darauf haben, wer migriert, welche Erwerbsmöglichkeiten sich ergeben und wie sich das Leben im Zielland gestaltet, wird zunehmend berücksichtigt. Geschlechterbeziehungen, deren Dynamiken und Gegensätze in den Ziel- sowie in den Herkunftsländern rücken dabei in den Fokus der Untersuchungen (Schrover/Moloney 2013, 10–11; Ingelfinger 2011, 16; Lutz/Huth-Hildebrandt 1998, 159–173; Lutz 2008, 570–571; Appelt 2003, 145–147; Aufhauser 2000, 97–122).

Forschungen, die das Konzept des Transnationalismus mit der Genderperspektive verbinden, haben eine Vielfalt an Vereinbarungen zwischen den Geschlechtern in transnationalen Lebensweisen und -strategien nachgewiesen. Gerade in diesem Zusammenhang ergeben sich viele neue Forschungsfragen, translokale Lebensweisen sowie -wege. Interkulturelle Begegnungen, veränderte Geschlechterbeziehungen und -regelungen treten immer stärker in das Blickfeld der ForscherInnen (Prodolliet 1999, 95–106; Appelt 2003, 145–147; Aufhauser 2000, 97–122).

Im deutschsprachigen Raum erfolgte die Auseinandersetzung mit ausländischen Frauen, Arbeitsmigrantinnen oder Angehörigen ethnischer Minderheiten bis in die 1990er Jahre hinein vor allem in soziologischen und politikwissenschaftlichen Studien. Das Forschungsfeld wurde vielfach von Betroffenen (Töchter von MigrantInnen) in die wissenschaftliche Diskussion eingebracht.[70] In Bezug auf die GastarbeiterInnenmigration wurden die ersten Migrantinnen unter der Kategorie ›Gastarbeiter‹ zusammengefasst. Frauen gerieten erst in das Blickfeld von ForscherInnen, als ihre ökonomische Bedeutung in den europäischen Zielländern nicht mehr ausgeblendet werden konnte. Die Nichtbeachtung weiblicher Mobilität in den Anfängen der Auseinandersetzung mit den Folgen der Gastarbeit führte dazu, dass eine Einschränkung des Blicks auf nichterwerbstätige Ehefrauen und Mütter erfolgte. Daher standen Schwangerschaft,

69 Wichtige Forschungen dazu entstanden unter anderem von Donna Gabaccia, Leslie Moch, Jackson James, Christiane Harzig, Marlou Schrover and Edward Higgs.

70 Morokvasic verweist 1991 auf den systematischen Mangel bisheriger europäischer Forschungen, die auf die Phasen vor und nach der Migration Bezug nehmen. Erst im Laufe der 1990er Jahre lässt sich ein Perspektivenwechsel in der europäischen bzw. deutschsprachigen Migrationsforschung feststellen, in der die Kategorie Geschlecht nun vermehrt Berücksichtigung fand. Für Deutschland waren die Studien von Harzig wegweisend. Zahlreiche weitere empirische Untersuchungen setzten sich mit Migration und Geschlecht auseinander (siehe Forschungsarbeiten von: Helma Lutz, Monika Mattes, Saskia Sassen, Elisabeth Aufhauser, Lydia Potts, Brigitte Young oder Ilse Lenz). Für die Historische Migrationsforschung in Österreich besteht nach wie vor großer Nachholbedarf (Morokvasic 1991, 69–84; Hahn 2012b, 94–98).

Geburt und Kinderbetreuung im Mittelpunkt der Wahrnehmung. Untersuchungen zur Vereinbarkeit von Erwerbs- und Familientätigkeiten oder zur spezifischen Situation von Arbeitsmigrantinnen am Arbeitsmarkt fehlten gänzlich. Der Fokus richtete sich auf die Unterschiede zwischen Gastarbeiterinnen und deutschen bzw. österreichischen Frauen. Das im öffentlichen wie auch wissenschaftlichen Diskurs überwiegende Bild war jenes der rückständigen und unterdrückten Frau.

Zur Zeit der Beschäftigung von Gastarbeiterinnen versuchten deutsche und österreichische Frauen, sich von dem vorherrschenden Modell des Mannes als Familienernährer zu lösen. Aus diesem Grund wurde die ausländische Frau als besonders rückständig und unterdrückt präsentiert (Castro Varela 2003, 20–25). Viele Arbeitsmigrantinnen trugen zur Besserstellung von einheimischen Frauen am Arbeitsmarkt bei, da dort bestehende Geschlechterhierarchien ihre Beschäftigungsoptionen auf den unqualifizierten und informellen Sektor beschränkten. Dieser Prozess wurde von Ausgrenzung und Ausbeutung begleitet.[71]

Für die Erforschung von Gastarbeiterinnen kann festgestellt werden, dass trotz der Tatsache, dass die Bedeutung der Kategorie Geschlecht für die Forschungstätigkeit erkannt wurde, das Klischee des männlichen ›Gastarbeiters‹, der Frau und Kinder zu einem späteren Zeitpunkt ›nachholt‹, auch in neueren Forschungsarbeiten fortgeschrieben wird (Mattes 2005, 18–20). Daher besteht die Aufgabe einer gendersensiblen Migrationsforschung darin, jede Form der Stereotypisierung sichtbar zu machen und kritisch zu reflektieren (Appelt 2003, 145–147; Aufhauser 2000, 97–122).

Diese Konstruktion der Migrantin als abhängige Ehefrau versperrte lange Zeit den Blick auf die hohe Erwerbstätigkeit jugoslawischer[72] und türkischer Frauen in Österreich (Aufhauser 2000, 115–116). Dort wurden Gastarbeiterinnen erst im Jahr 1986 in einem Beitrag von Gerda Neyer im Sammelband »Ausländische Arbeitskräfte in Österreich« erstmals thematisiert.[73] Sie geht davon aus, dass Migration die Lebenssituation von Frauen stark verändert und Migrantinnen in kurzer Zeit »all jene Stufen industrieller und kultureller Anpassung durchlaufen, für die den Männern und Frauen westlicher Gesellschaften Jahrzehnte zur Verfügung standen« (Neyer 1986, 455). Zudem gibt sie an, dass

71 Das führte zur Initiation einer Reihe von Beratungs- und Bildungsprojekten, die zur Emanzipation ausländischer Frauen beitragen sollten (Huth-Hildebrandt 2002, 69–72; Herwartz-Emden 2000, 27; Castro Varela 2003, 20–25).

72 Im Unterschied zu anderen Anwerbeländern gab es in Jugoslawien eine institutionalisierte Gleichstellung der Geschlechter. Diese hatte eine erhöhte Frauenerwerbstätigkeit zur Folge. Aufgrund der Tatsache, dass im Jahr 1965 rund 63 % der jugoslawischen Arbeitslosen weiblich waren, ergibt sich auch ihre starke Beteiligung an der Arbeitsmigration (Huth-Hildebrandt 2002, 84).

73 Siehe Neyer (1986, 433–459).

die meisten Frauen vor ihrer Migration nicht erwerbstätig waren. Die Darstellung von Gastarbeiterinnen entspricht dem im Entstehungskontext typischen Topos der mehrfach unterdrückten Frau, die von einer rückständigen Gesellschaft in eine moderne migriert. Fast 20 Jahre später wurde im Rahmen der Ausstellung »Gastarbajteri« auf weibliche Migration Bezug genommen und die Sichtbarmachung von Frauen als handelnde Subjekte im Migrationsprozess gefordert (Korun 2004, 69).

Hale Şahin beschreibt in ihrer sozialpsychologischen Studie die Lebensgeschichten von acht Pioniermigrantinnen aus der Türkei.[74] Sie zeigt damit, dass die Biografien nicht der vorherrschenden öffentlichen Meinung der unselbstständigen, vom Mann abhängigen Migrantin entsprechen. Im Jahr 2013 erschien eine Studie über Gastarbeiterinnen in Kärnten, in der mithilfe von Zeitzeuginnengesprächen und einer Analyse der Kärntner Medien die heterogenen Lebens- und Arbeitsrealitäten von Arbeitsmigrantinnen beschrieben werden.[75] Es ist das Ziel der Autorinnen, Arbeitsmigrantinnen als selbstbestimmt Handelnde in das Zentrum der Untersuchung zu rücken. Ein Forschungsanspruch, der auch in vorliegender Forschungsarbeit umgesetzt wird. Es gilt, aufzuzeigen, dass Frauen einen wichtigen Anteil an der Migrationsbewegung in die Steiermark hatten, und ihre Lebensrealitäten und -strategien daher sichtbar zu machen. Ein Ansatz, der auch in einem Ausstellungsprojekt der Autorin zur Lebenssituation von Gastarbeiterinnen aus Slowenien in der Steiermark 2015 umgesetzt wurde.[76]

74 Siehe Şahin (2006).
75 Siehe Koch/u. a. (2013).
76 Die Ausstellung »Lebenswege« wurde am 29.5.2015 eröffnet und war bis 6.11.2015 im Pavelhaus in Laafeld/Bad Radkersburg zu sehen (Arlt/Lorber 2015).

2. Zielland Österreich

In diesem Kapitel wird auf jene politischen und rechtlichen Rahmenbedingungen Bezug genommen, die dazu führten, dass Österreich nicht nur Arbeitskräfte abgab, sondern auch GastarbeiterInnen für den eigenen Arbeitsmarkt aktiv anwarb. Der Hauptfokus ist auf den Zeitraum vom Beginn der staatlichen Anwerbepolitik im Jahr 1961 bis zur Einführung des »Ausländerbeschäftigungsgesetzes« 1976 gerichtet. Die wichtigsten Entwicklungen in dieser Periode werden anhand von drei unterschiedlichen Phasen der Migrationspolitik dargestellt: Liberalisierung des Arbeitsmarktes (1950 bis 1961), aktive Anwerbepolitik (1961–1973) und Minimierung der Anzahl an ArbeitsmigrantInnen infolge der internationalen Ölkrise 1973/74. Die österreichische Sozialpartnerschaft nahm dabei eine zentrale Stellung bei der Gestaltung des Arbeitsmarktes und der Anwerbung von ausländischen Arbeitskräften ein. Aus diesem Grund wird in diesem Kapitel auch der Frage nachgegangen, warum die Sozialpartner in Österreich einen so großen Einfluss auf die Gestaltung des Arbeitsmarktes hatten und ihre heterogenen Standpunkte hinsichtlich der Beschäftigung von ArbeitsmigrantInnen diskutiert.

2.1 Migration kein neues Phänomen

Aufgrund der geografischen Lage Österreichs am Schnittpunkt der Ost-West- und Nord-Süd-Handelsrouten in Europa ist das Gebiet seit jeher durch Zu-, Ab- und Transitwanderungen geprägt und »weder das Bevölkerungswachstum der Klein- und Mittelstädte sowie der ehemaligen habsburgischen Haupt- und Residenzstadt Wien noch deren kulturelle Vielfalt (wären) ohne die Zuwanderung und das kulturelle Gepäck vorstellbar, das die Migranten im Laufe der Jahrhunderte mitbrachten« (Hahn 2008b, 171). Das 19. Jahrhundert kann als jenes der innereuropäischen und transatlantischen Massenmigrationen beschrieben werden. Die Industrialisierung und der Ausbau der Transitverbindungen bedingten die Mobilisierung von Arbeitskräften in großem Ausmaß. Viele BewohnerInnen der österreichisch-ungarischen Monarchie verließen ihre Herkunftsregionen, um in den Industriezentren Nieder- und Oberösterreichs, der Steiermark, Vorarlbergs oder Wiens einer Beschäftigung nachzugehen.[77] Die Zahl der ausländischen Bevölkerung in Österreich stieg in der zweiten Hälfte des 19. Jahrhunderts von rund 200.000 auf über eine halbe Million an, wobei grenzüberschreitende Nahwanderungen überwogen.[78] Das Heimatrecht und Passwesen bildeten dabei die zentralen Steuerungselemente der Binnenmigration.[79]

Erst die Einführung des Staatsgrundgesetzes im Jahr 1867 ermöglichte StaatsbürgerInnen die grenzüberschreitende Aus- und Zuwanderung. Ab diesem Zeitpunkt setzte eine starke Migrationsbewegung nach Übersee, vor allem in die USA, aber auch nach Kanada und Südamerika (Argentinien und Brasilien) ein.[80] Der Erste Weltkrieg schränkte die Überseemigration ein und interne Arbeitsmigrationen[81] wurden durch Flüchtlingswellen abgelöst. Der Zerfall des Habsburgerreiches, die Grenzverschiebungen und Staatsneugründungen nach

77 Erd- und Ziegelarbeiter aus Italien migrierten in die Steiermark. Auch Tschechisch, Südslawisch und Italienisch sprechende ZuwanderInnen wurden in der Glas- und Torferzeugung in der Steiermark und Salzburg sowie Personen aus Böhmen in der Berg- und Hüttenindustrie der Steiermark beschäftigt. Der Großteil der benötigten ArbeitsmigrantInnen stammte aus Gebieten der Habsburgermonarchie. Der von Österreich annektierte Teil Polens wurde zum wichtigsten Rekrutierungsgebiet des Deutschen Kaiserreiches sowie anderer europäischer Staaten (Rass 2010, 122; Sensenig-Dabbous 1998, 119–121).

78 Die größte Gruppe unter den ZuwanderInnen war jene aus Ungarn, gefolgt von Personen aus deutschen Gebieten, Italien und Russland. Auch die Anzahl der inländischen Bevölkerung stieg in diesem Zeitraum stark an, wodurch der Anteil an AusländerInnen nur circa 2 % betrug (Hahn 2008b, 176–179).

79 Bereits in der Mitte des 18. Jahrhunderts wurde das Heimatrecht zur Regelung der Zugehörigkeit zu einer Gemeinde eingeführt. In enger Verbindung dazu stand die StaatsbürgerInnenschaft. Der Begriff »Staatsbürger« fand erstmals im Allgemeinen Bürgerlichen Gesetzbuch von 1811 Anwendung. Bis ins frühe 20. Jahrhundert konnten diese nur jene Personen erlangen, die in einer Gemeinde das Heimatrecht besaßen, das wiederum auf österreichische StaatsbürgerInnen beschränkt war. Bei Verlust der Arbeitsstelle drohte die Abschiebung in die Heimatgemeinde. Erst ab dem Jahr 1901 war es möglich, nach zehnjährigem Aufenthalt das Niederlassungsrecht am neuen Wohnort zu beantragen (Hahn 2008a, 139–155).

80 Im 19. Jahrhundert verließen rund fünf Millionen Personen die österreichisch-ungarische Monarchie. 70 % migrierten nach Übersee. Zur Wende vom 19. zum 20. Jahrhundert stellten Tschechen und Slowaken den größten Teil der AuswanderInnen, gefolgt von polnischen, serbokroatischen, slowenischen, ungarischen, deutschen und jüdischen Personen. Dabei handelte es sich oftmals um zeitlich befristete Wanderungen, da nicht alle AuswanderInnen dauerhaft in den Zielländern blieben. Von den 1,2 Millionen Menschen, die die österreichisch-ungarische Monarchie zwischen 1908 und 1913 nach Übersee verließen, kehrten rund 460.000 wieder zurück. Circa 30 % der AbwanderInnen migrierten in diesem Zeitraum in andere europäische Länder, vor allem nach Deutschland und Ungarn (Hahn 2008b, 177–181).

81 Vor dem Ersten Weltkrieg wurden beispielsweise italienische Arbeitskräfte für Abbruch- und Bauarbeiten in Wien angeworben oder Arbeitskräfte aus dem Balkan.

dem Ersten Weltkrieg führten zu zahlreichen Ab- und Rückwanderungen in verschiedenste Richtungen. Flüchtlingsbewegungen und die Remigration ethnischer Minderheiten prägten das österreichische Migrationsgeschehen.[82] Nach Kriegsende sank die Zahl der Überseemigrationen wie auch jene der innereuropäischen Wanderungen. Der Zuzug von Arbeitskräften wurde in der krisenhaften Zwischenkriegszeit nicht gefördert. Als Ausdruck dieser Politik verabschiedete man im Jahr 1925 das »Inländerarbeiterschutzgesetz«.[83]

Ab dem Jahr 1937 erfolgte eine vermehrte Arbeitsmigration aus Österreich in das Deutsche Reich. Bereits während des Austrofaschismus (1933–1938)[84] kam es zu Vertreibungen der jüdischen Bevölkerung und der Emigration politischer GegnerInnen.[85] Aus der Republik Österreich wanderten von 1931 bis 1937 rund 75.000 Menschen in außereuropäische Länder ab.[86] Durch den Anschluss Österreichs an das nationalsozialistische Deutschland wurde eine restriktive Regelung der Arbeitsmigration übernommen. Kriegsvorbereitungen ließen auch in Österreich die Zahl der ausländischen Arbeitskräfte ansteigen. Zahlreiche ZwangsarbeiterInnen wurden für die Kriegswirtschaft eingesetzt (Weigl 2009b, 36).

Nach dem Zweiten Weltkrieg war Österreich vor allem Transitland für circa 1,6 Millionen ZwangsarbeiterInnen, Kriegsgefangene und KZ-Überlebende. Bis 1955 kamen etwa eine Million an Flüchtlingen bzw. Displaced Persons (DPs)[87]

82 Die Auswanderungen aus Österreich und den Nachfolgestaaten der Habsburgermonarchie stiegen an, blieben aber deutlich unter der Zahl der Emigration vor dem Ersten Weltkrieg. Die wichtigsten Ziele der AuswanderInnen waren weiterhin die USA, Brasilien und Argentinien. Die österreichische Regierung versuchte, die Auswanderung durch zwischenstaatliche Verträge abzusichern, um eine kontrollierte Ansiedlung österreichischer KolonistInnen zu erreichen – allerdings nur mit mäßigem Erfolg (Rass 2010, 122–123).

83 Demnach durften ArbeitsmigrantInnen in Österreich nur mehr mit behördlicher Genehmigung beschäftigt werden, sofern es die Arbeitsmarktlage erforderte. Dadurch wurde die Beschäftigung ausländischer ArbeitnehmerInnen erstmals von der Erteilung einer Genehmigung abhängig gemacht und die Bevorzugung von österreichischen StaatsbürgerInnen am Arbeitsmarkt gesetzlich verankert. Die Zu- und Abwanderung wurde ab dem Jahr 1925 durch ein dem Bundeskanzleramt angeschlossenes Wanderungsamt geregelt (Weigl 2009b, 36; Hinterberger 2000, 6).

84 Siehe Sonnleitner (2012b, 17–25).

85 Nach dem Anschluss Österreichs an das Deutsche Reich wurden 129.000 Juden und Jüdinnen zur Emigration gezwungen. Von 1938 bis 1945 wurden 65.459 österreichische Juden und Jüdinnen in Konzentrationslagern getötet (Hahn 2008b, 181–182).

86 Heinz Fassmann führt die Emigrationsbewegung auf die Verarmung von Klein- und Kleinstlandwirtschaften, die hohe Arbeitslosigkeit infolge der industriellen und gewerblichen Betriebsstillegungen sowie die Pensionierung und Entlassung von Offizieren und Beamten der Habsburgermonarchie zurück. Es waren vorwiegend ökonomische Gründe für die Abwanderung ausschlaggebend, wobei auch die Tatsache eine Rolle spielte, dass das Vertrauen in die Überlebensfähigkeit der neu gegründeten Republik Österreich fehlte (Fassmann 1995, 29–32).

87 Das nationalsozialistische Regime, der Zweite Weltkrieg und das Kriegsende lösten eine der

hinzu, für die Österreich eine Durchreisestation vor allem nach Übersee und Israel darstellte. Infolge der Kriegszerstörungen und wirtschaftlichen Situation migrierten in der Nachkriegszeit viele ÖsterreicherInnen nach Kanada und Australien sowie in mittel- und westeuropäische Länder. Viele gingen auch einer saisonalen Beschäftigung in Deutschland oder der Schweiz nach. Rund 50.000 ÖsterreicherInnen arbeiteten in den 1950er Jahren dort. Die Arbeitsmigration in die BRD und die Schweiz setzte sich auch in den folgenden Jahrzehnten fort. Im Zeitraum zwischen 1961 und 1991 gingen rund eine halbe Million ÖsterreicherInnen nach Deutschland. 1970 lebten und arbeiteten über 44.000 ÖsterreicherInnen in der Schweiz. Einige migrierten in den 1960er und 1970er Jahren auch nach Schweden und ein geringer Anteil an ÖsterreicherInnen nahm in Großbritannien, Frankreich und Italien eine Beschäftigung auf. Des Weiteren war die USA weiterhin das wichtigste nicht europäische Zielland, gefolgt von Brasilien, Australien und Kanada.[88]

Seit den 1960er Jahren hat sich der Wandel Österreichs zum Einwanderungsland vollzogen. Neben dem Zuzug von GastarbeiterInnen kamen auch zahlreiche Flüchtlinge nach Österreich, 1956/57 aus Ungarn, 1968/69 aus der damaligen Tschechoslowakei und 1981/82 aus Polen, wovon nur 5 % bis 10 % dauerhaft blieben. Österreich fungierte weiterhin als Transitland, vor allem für Juden und Jüdinnen aus der Sowjetunion auf ihrem Weg nach Israel oder in die USA. Auch nach der Öffnung des Eisernen Vorhanges 1989 und im Zuge der Balkankriege in den 1990er Jahren nahm Österreich die Rolle eines Transitlandes ein. Viele Menschen aus den osteuropäischen Staaten, der Sowjetunion und den Balkanländern passierten Österreich auf dem Weg in Richtung Westen. Aber auch in Österreich selbst kam es zu einem Anstieg der Zuwanderung durch die ›Ostöffnung‹. Viele Flüchtlinge fanden in Österreich Zuflucht infolge der kriegerischen Handlungen sowie der Verfolgung und Ermordung Angehöriger ethnischer Minderheiten in Kroatien, Bosnien-Herzegowina und im Kosovo. Etwa zwei Drittel der Flüchtlinge[89] erhielten eine Niederlassungsbewilligung und

größten Wanderungs- und Flüchtlingswellen aus. Neben deutschen, ungarischen, kroatischen, ukrainischen Soldaten sowie jenen der Besatzungsmächte hielten sich in Österreich 400.000 volksdeutsche Flüchtlinge und Vertriebene, 200.000 Reichsdeutsche und 590.000 DPs (Zwangsdeportierte, befreite Häftlinge, ausländische Juden und Jüdinnen sowie Kriegsgefangene) auf. Durch das ›Anlaufen‹ der Konjunktur wurde die Bedeutung der ZuwanderInnen für den österreichischen Wiederaufbau immer deutlicher. So waren beispielsweise am Beginn des Jahres 1948 13 % aller unselbstständigen Beschäftigten Flüchtlinge oder DPs, obwohl sie nur 8,7 % der österreichischen Wohnbevölkerung bildeten (Sandgruber 2005, 442–443).

88 In die BRD migrierten vorwiegend Männer im Unterschied zur Schweiz. In den 1950er Jahren waren drei Viertel der österreichischen ArbeitsmirgantInnen in der Schweiz Frauen (Hahn 2008b, 182–184).

89 Österreich nahm zwischen 80.000 und 90.000 Flüchtlinge aus Bosnien und 13.000 kroatische

blieben dauerhaft in Österreich. Die »klassische Gastarbeiterpopulation wurde durch bosnische und kroatische Kriegsflüchtlinge ergänzt« (Volkshilfe/migrare 2014, 13).

2.2 Liberalisierung des Arbeitsmarktes (1950–1961)

In den 1950er Jahren besserten sich die materiellen Lebensbedingungen für viele ÖsterreicherInnen. Die Integration Österreichs in das fordistische Akkumulationsprinzip nach dem Zweiten Weltkrieg führte zur Ausweitung der Produktion. Durch die Beschäftigung von Kriegsvertriebenen und DPs sowie durch die Aufnahme von Flüchtlingen aus Staaten des Ostblocks kam es laufend zu einem Zustrom von Arbeitskräften. Bis in die 1950er Jahre konnte dadurch die Abwanderung von österreichischen Arbeitskräften[90] kompensiert und der Mangel an Arbeitskräften ausgeglichen werden. In Österreich vollzog sich der Übergang zur Nachkriegsprosperität später als in anderen europäischen Staaten. Erst ab den 1960er Jahren erfolgte der Abbau der Arbeitslosigkeit und ein zusätzlicher Bedarf an Arbeitskräften entstand. Somit stellte sich die Frage der Anwerbung von ausländischen Arbeitskräften im Vergleich zu anderen europäischen Ländern[91] relativ spät (Rass 2010, 124). Erst am Ende der 1950er Jahre wirkte sich der Arbeitskräftemangel negativ auf den wirtschaftlichen Aufschwung aus. Dadurch gerieten ArbeitgeberInnen unter Druck, die Löhne, speziell in den Niedriglohnbranchen, zu erhöhen. Vor diesem Hintergrund forderten die Verbände der

---

Kriegsflüchtlinge auf. 11.000 Menschen kehrten in ihre Herkunftsgebiete zurück. Rund 12.000 setzten ihre Flucht in ein anderes Land fort.

90 Die Abwanderung von österreichischen ArbeitnehmerInnen in die Bundesrepublik Deutschland und in die Schweiz verstärkte den Arbeitskräftemangel zusätzlich. Forderungen vonseiten der UnternehmerInnen, die Abwanderung gesetzlich zu beschränken, wurden vom ÖGB und der AK abgelehnt. Auch die geschlossenen Nicht-Anwerbeabkommen mit den UnternehmerInnenvereinigungen der Bundesrepublik Deutschland und der Schweiz erzielten nicht den erwarteten Erfolg. Aufgrund besserer Lohnverhältnisse wanderten viele ÖsterreicherInnen ab. Deshalb führte das Landesarbeitsamt Steiermark im Jahr 1959 keine Werbung mehr für offene Stellen im Ausland durch. 1962 erhielten ausländische ArbeitgeberInnen keine Genehmigung, Zeitungsinserate zur Arbeitskräfteanwerbung zu schalten (Matuschek 1985, 160; Rass 2010, 124; Landesarbeitsamt Steiermark (LAA) Jahresbericht 1959, 7; LAA Jahresbericht 1962, 18–19).

91 Frankreich und die Schweiz begannen bereits 1945 mit der Rekrutierung von Arbeitskräften. Belgien und Großbritannien warben kurz darauf Arbeitskräfte an. Ab Mitte der 1950er Jahre trat die Bundesrepublik Deutschland als Anwerbeakteur in Erscheinung. Zwischen den 1960er und den frühen 1970er Jahren reihten sich die Niederlande, Luxemburg, Schweden und Österreich als Anwerbestaaten in das Migrationssystem ein (Castles/Miller 2003, 69–73).

ArbeitgeberInnen die Erweiterung des Arbeitskräftepotenzials[92] durch eine vermehrte Beschäftigung von ausländischen Arbeitskräften sowie die Liberalisierung des Arbeitsmarktes, um das Wirtschaftswachstum weiterhin sicherzustellen (Wollner 2003, o. S.). Im Gegensatz dazu traten der Österreichische Gewerkschaftsbund (ÖGB) und die Arbeiterkammer (AK) für einen verstärkten Einsatz von österreichischen ArbeitnehmerInnen ein.[93]

Der ÖGB wollte seinen Wunsch nach einem staatlich regulierten Modell durch die enge Zusammenarbeit mit dem sozialdemokratisch geleiteten Bundesministerium für soziale Verwaltung (BMfSV) sowie durch die Institutionalisierung der Sozialpartnerschaft[94] realisieren. Die Bundeswirtschaftskammer (BWK) lehnte hingegen regulierende Maßnahmen des Staates im Bereich der Arbeitsmarktpolitik gänzlich ab (Wollner 1996, 20–25; 2003, o. S.). Allerdings strebten beide Interessensvertretungen nach einer gesetzlichen Bestätigung ihrer Politik, da die geltende »Verordnung über ausländische Arbeitskräfte«[95] den Interessen beider AkteurInnen entgegenstand.

Die Beschäftigung von ausländischen Arbeitskräften wurde nach dem Zweiten Weltkrieg durch die Übernahme der deutschen »Verordnung über ausländische Arbeitskräfte« vom 23. Jänner 1933 geregelt. Diese trat 1941 in Österreich in Kraft und wurde mittels »Rechtsüberleitungsgesetz«[96] in den Rechtsbestand der Zweiten Republik übernommen und war bis zum Inkrafttreten des AuslBG am 1.1.1976 gültig.[97] Demnach musste der Einsatz ausländischer Arbeitskräfte in jedem Einzelfall geprüft werden und DienstgeberInnen

92 Das Arbeitskräftepotenzial setzt sich laut Hauptverband der Sozialversicherungsträger aus der Summe des Arbeitslosenbestandes und der unselbstständig Beschäftigten zusammen.

93 Mittels aktiver Arbeitsmarktpolitik und Erschließung der ›stillen Reserve‹ (siehe Kapitel 5.2).

94 Dabei handelt es sich um eine Form des Zusammenwirkens der Interessensvertretungen der ArbeitnehmerInnen und -geberInnen, mit dem Ziel, durch freiwillige Zusammenarbeit Lösungen wirtschaftlicher und sozialer Herausforderungen auf überbetrieblicher Ebene zu finden. Diese ist weder gesetzlich verankert, noch kann sie durch einen Parlamentsbeschluss aufgelöst werden. Ihre TrägerInnen sind die Kammern der gewerblichen Wirtschaft, die Kammern für ArbeiterInnen und Angestellte, die Landwirtschaftskammern und die Vereinigung österreichischer Industrieller sowie der ÖGB, die zentral organisierte Einheitsgewerkschaft. Der Sozialpartnerschaft liegt ein Konkordanzmodell zugrunde, das von der Grundidee der Gleichwertigkeit von Arbeit und Kapital ausgeht. Zu ihren wesentlichen Strukturelementen zählen: die Parität der Interessenvertretungen, das Prinzip der Einstimmigkeit sowie der Nichtöffentlichkeit und die Informalität der Beziehungen in der Paritätischen Kommission (Korinek 1980, 9–14; Tàlos 1985, 42; 2008, 52, 56).

95 Diese ging auf das deutsche »Gesetz über Arbeitsvermittlung und Arbeitslosenversicherung« und die »Ausländerpolizeiordnung« von 1938 zurück (Wimmer 1986, 9).

96 StGBl. Nr. 6./1945, Verfassungsgesetz vom 1. Mai 1945 über die Wiederherstellung des Rechtslebens in Österreich (Wimmer 1986, 9).

97 Demzufolge basierte die rechtliche Grundlage der Arbeitsmigration in Österreich nach 1945 für insgesamt 16 Jahre auf einer Verordnung, die während der Zeit des Nationalsozialismus erlassen worden war.

konnten ausländische Arbeitskräfte nur mit einer Beschäftigungsgenehmigung (BG) einstellen, sofern diese über eine Arbeitserlaubnis (AE) verfügten. Die Verordnung kam allerdings in dieser Form nie zur Anwendung. Durch drei Erlässe des BMfSV (1946, 1948 und 1951) wurde diese vereinfacht und an die österreichischen Verhältnisse angepasst. Von besonderer Relevanz war der Erlass vom 26.4.1946, der die Mitbestimmung der ArbeitgeberInnen und ArbeitnehmerInnen an Entscheidungen der Landesarbeitsämter bzw. Arbeitsämter festlegte. Durch die Einrichtung paritätisch besetzter »Ausländerausschüsse« wurden die Voraussetzungen für die Einflussnahme der Sozialpartner im Bereich der Arbeitsmarktpolitik geschaffen.[98]

Die Erlässe vereinfachten zwar die Beschäftigung von ArbeitsmigrantInnen, diese stellte aber weiterhin ein umfangreiches und langwieriges Genehmigungsverfahren dar (Wollner 1996, 32–33). An politischer Relevanz gewann die Frage der Beschäftigung von ArbeitsmigrantInnen erst, als der Verfassungsgerichtshof (VfGH) am 18.12.1959 die drei Erlässe mit der Begründung aufhob, dass keine Kundmachung im Bundesgesetzblatt erfolgt war – ein verfassungswidriges Versäumnis.[99] Dadurch wurde die deutsche »Verordnung über ausländische Arbeitskräfte« erneut wirksam, wodurch die Beteiligung der Sozialpartner am Entscheidungsprozess beendet wurde. Die alleinige Entscheidungsgewalt lag nun beim BMfSV.[100] Daraufhin beschloss die Paritätische Kommission[101] im Jahr 1960, das BMfSV mit der Ausarbeitung eines Entwurfs

98 Durch den Erlass vom 9.1.1948 wurden die BG und AE zusammengelegt und auf den Befreiungsschein (BS) verzichtet, um die Organisation und Handhabung der Beschäftigung von ausländischen Arbeitskräften zu vereinfachen. Der BS berechtigte zum uneingeschränkten Zugang zum österreichischen Arbeitsmarkt und konnte erst nach einem 10-jährigen Aufenthalt in Österreich erteilt werden. Der Erlass vom 20.6.1951 definierte die Tätigkeit der 1946 eingerichteten »Ausländerausschüsse« näher. Demzufolge entschied in erster Instanz das Arbeitsamt über die Erteilung einer BG bzw. der Verwaltungsausschuss beim Landesarbeitsamt. Darüber hinaus kam dem Verwaltungsausschuss die Funktion einer endgültigen Berufungsbehörde zu. Die Entscheidungen über Anträge wurden im sogenannten Vorlageverfahren von den Arbeitsämtern bzw. Landesarbeitsämtern getroffen und mussten an das BMfSV weitergeleitet werden, an das wiederum eine Stellungnahme der Sozialpartner bezüglich der Anträge übermittelt werden musste (Wollner 1996, 26–33; Weigl 2009b, 36–37; Hinterberger 2000, 6–7; Wimmer 1986, 9; Matuschek 1985, 161).

99 Außerdem wies der VfGH darauf hin, dass innere Einrichtungen der Behörden, wie Sektionen oder Abteilungen, durch interne Verwaltungsmaßnahmen gegründet werden könnten, nicht aber neue Behördentypen geschaffen werden dürften. Um eine verfassungskonforme Regelung zu finden, wurde dem Gesetzgeber eine Frist bis zum 15.6.1960 eingeräumt. Warum die Aufhebung der Erlässe gerade zu diesem Zeitpunkt erfolgte, kann nicht mehr rekonstruiert werden (Wollner 1996, 35).

100 Diese Regelung ging auf das Wirksamwerden eines Erlasses vom 21.12.1938 zurück, wonach die Befugnisse der Verwaltungsausschüsse, aus denen die »Ausländerausschüsse« gebildet wurden, auf den Reichsarbeitsminister bzw. in der Zweiten Republik auf den Bundesminister für soziale Verantwortung übergingen (Wollner 1996, 35).

101 Die Paritätische Kommission wurde als zeitlich begrenztes Kooperations- und Akkordie-

für ein Ausländerbeschäftigungsgesetz, und äußerte den Wunsch, die Sozialpartner weiterhin einzubeziehen. Man entschied, das bislang angewandte Verfahren bis zur Einführung des neuen Gesetzes unter Einbeziehung der BWK und des ÖGB weiterhin anzuwenden sowie die Anträge auf BG ›großzügig‹ zu behandeln. Das BMfSV entschied positiv über jene Anträge, die vom ÖGB und der BWK gemeinsam gestellt wurden oder wenn der ÖGB bzw. die Gewerkschaft für Bau- und Holzarbeiter dem Antrag zustimmten (Wollner 1996, 35–37; Matuschek 1985, 163).[102]

Der vom BMfSV, dem ÖGB und dem Arbeiterkammertag erarbeitete Gesetzesentwurf entsprach nicht den Vorstellungen der BWK nach einer schnellen und einfachen Regelung der AusländerInnenbeschäftigung. Dieser richtete sich durch die Abhängigkeit von der Lage am Arbeitsmarkt und der wirtschaftlichen Situation gegen eine Ausweitung der AusländerInnenbeschäftigung. Ziel war es, vonseiten der ArbeitnehmerInnen die Kontrolle und Begrenzung der Beschäftigung von ausländischen Arbeitskräften sicherzustellen, den Einfluss des Gewerkschaftsbundes bzw. der Arbeiterkammern zu gewährleisten und die sozialpartnerschaftliche Gestaltung der Beschäftigungspolitik zu verankern (Wollner 1996, 47–49).[103]

Im Rahmen des Begutachtungsverfahrens konnte die BWK die rasche Behandlung des Gesetzesentwurfs durch das Parlament verhindern. Ihr Hauptkritikpunkt war, dass sich der Gesetzesentwurf stark an die »Verordnung über ausländische Arbeitskräfte« anlehnte. Zudem sah dieser die Beibehaltung des Einzelgenehmigungsverfahrens vor, wodurch keine Erleichterung der Beschäftigung von ArbeitsmigrantInnen erzielt werden konnte.[104] Des Weiteren bestand die BWK weiterhin auf die Erteilung von BG für nicht namentlich genannte Gruppen ausländischer Arbeitskräfte im Vorhinein und lehnte jede Form der

---

rungsinstrument am 27.3.1957 gegründet (siehe Tàlos 1993, 21, 28; Pelinka/Rosenberger 2000, 177–179; Sandgruber 2005, 521–523).

102 Die Erlässe und Stellungnahmen des BMfSV weisen darauf hin, dass deren Position mit den Zielsetzungen der Vertretungen der ArbeitnehmerInnen in Bezug auf die Arbeitsmarktpolitik weitgehend übereinstimmten und die seit der Mitte der 1950er Jahre gestellte Forderung der Bundeswirtschaftskammer (BWK) nach einer Liberalisierung des Arbeitsmarktes auf Widerstand des BMfSV, der Landesarbeitsämter und der Gewerkschaften stieß (Wollner 1996, 33–34).

103 Der Gesetzesentwurf sollte als Initiativantrag im Parlament eingereicht werden. Eine Maßnahme, die das Begutachtungsrecht der BWK erheblich eingeschränkt hätte. Die BWK forderte, den Gesetzesentwurf in Form einer Regierungsvorlage nach Abschluss des Begutachtungsverfahrens dem Parlament vorzulegen. Eine Forderung, der auch entsprochen wurde (Wollner 1996, 40–41).

104 Daraufhin wurden von der BWK zahlreiche Liberalisierungsmodelle vorgeschlagen, die das gesamte Beschäftigungsverfahren vereinfachen und den Zugang zum österreichischen Arbeitsmarkt erleichtern sollten. Zur detaillierten Beschreibung der von der BWK entwickelten Modelle zur Beschäftigung von ausländischen Arbeitskräften siehe Wollner (1996, 46–47).

staatlichen Lenkung im Bereich der Arbeitsmarktpolitik ab (Wollner 1996, 41–46, 50).

Die Sozialpartner konnten sich innerhalb der vom VfGH vorgegebenen Frist nicht auf ein gemeinsames AuslBG einigen, woraufhin das BMfSV am 13.6.1960 einen Erlass zur vorläufigen Neugestaltung des Genehmigungsverfahrens verabschiedete.[105] Somit blieben Erlässe zur weiterhin geltenden »Verordnung über ausländische Arbeitskräfte« bis zur Einführung des AuslBG 1976 die übliche Handhabung zur Regelung der Beschäftigung von ArbeitsmigrantInnen.[106]

2.2.1 »Raab-Olah-Abkommen«

Aufgrund des Arbeitskräftemangels sowie des Drucks der expandierenden Wirtschaft auf das Lohn- und Preisniveau[107] kam es zu einer ›überraschenden‹ Einigung zwischen den Sozialpartnern. Sie einigten sich im Rahmen des »Raab-Olah-Abkommens« von 1961[108] auf eine Kompromissregelung. Ab dem Jahr 1962 wurden ausländische Arbeitskräfte im Rahmen von Kontingenten am österreichischen Arbeitsmarkt zugelassen. Durch das Kontingentverfahren entfiel die Prüfung der Arbeitsmarktlage in bestimmten Wirtschaftsbranchen für eine jährlich vereinbarte Anzahl von ArbeitsmigrantInnen. Die Kontingente wurden sozialpartnerschaftlich nach Wirtschaftszweigen und Bundesländern ausgehandelt. Demnach unterlag die Beschäftigung von GastarbeiterInnen dem Prinzip der Rotation.[109] Beschäftigungsbewilligungen waren jeweils nur für ein

105 Mit dem Erlass vom 13.6.1960 wurde das BMfSV als Berufungsinstanz bestimmt, die AE und BG wieder getrennt und der Befreiungsschein (BS) abermals eingeführt. Von 1966 bis 1969 erfolgten 135 Berufungen beim Landesarbeitsamt Steiermark. In 72 Fällen wurde der Berufung stattgegeben. Berufungen an das BMfSV wurden laut Angaben des LAA im Zeitraum von 1975 bis 1979 neun Mal gestellt. Über deren weiteren Verlauf enthalten die Jahresberichte keine Angaben (LAA Jahresbericht 1966–1969; 1975–1979).

106 Bei der Erteilung der BG erfolgte in erster Instanz die Anhörung der paritätischen Ausschüsse. Die Entscheidungen der Landesarbeitsämter mussten dann an das BMfSV übermittelt und von dort den Interessensvertretungen zur Stellungnahme übergeben werden. Diese Praxis wurde erst durch einen Erlass im Jahr 1968 aufgehoben. Durch diesen mussten die Landesarbeitsämter die Stellungnahmen der beiden Sozialpartner nur mehr über die dafür zuständigen Fachinnungen bzw. -gewerkschaften einholen (Wollner 1996, 53).

107 Der Marshall-Plan trug dazu bei, dass die österreichische Wirtschaft stark expandierte. Der entstandene Arbeitskräftemangel gefährdete die weitere Wirtschaftsexpansion, die Produktion erreichte ihre Grenzen und die Verhandlungsbasis der österreichischen Arbeitskräfte wurde infolge des Mangels gegenüber den ArbeitgeberInnen erheblich gestärkt (Wollner 2010, 81).

108 Siehe Kapitel 2.2.1.

109 Bereits im 19. Jahrhundert lassen sich Formen der temporären Beschäftigung von ausländischen Arbeitskräften feststellen und im 20. Jahrhundert bildeten sich weltweit zahlreiche solcher Anwerbesysteme (siehe Hahamovitch 2003, 69–94).

Jahr gültig und wurden nicht direkt an die ausländische Arbeitskraft, sondern an den Betrieb vergeben. Das Rotationsprinzip sah zum einen vor, dass ArbeitsmigrantInnen möglichst bald wieder in ihre Heimat zurückkehrten und bei Bedarf durch neue ausländische Arbeitskräfte ersetzt werden sollten. Mit dem Ziel, durch die Rotation die Kosten für die Infrastruktur und Sozialleistungen so gering wie möglich zu halten. Zum anderen stellte die örtliche und zeitliche Beschränkung der BG das zentrale Steuerungselement der Beschäftigung von ArbeitsmigrantInnen dar, um einen längeren Aufenthalt in Österreich zu verhindern. Dadurch wurden ArbeitsmigrantInnen zu AußenseiterInnen. Ihre Ausgrenzung manifestierte sich durch ihre funktionale Festlegung auf die Bedürfnisse der Wirtschaft (Perchinig 2010, 145; Wollner 1996, 57–58; Jawhari 2000, 16; Matuschek 1985, 166–167; Geisen 2005, 27).

Die BWK erzielte durch die Kontingentregelung eine Erweiterung des ausländischen Arbeitskräftepotenzials sowie eine einfachere Handhabung durch die Vorwegnahme der Prüfung der arbeitspolitischen Lage und der wirtschaftlichen Situation. Der ÖGB konnte hingegen durch das Eingeständnis, Kontingente an ArbeitsmigrantInnen am österreichischen Arbeitsmarkt zuzulassen, zahlreiche seiner restriktiven Forderungen durchsetzen (Matuschek 1985, 165–166). Die folgenden acht Punkte[110] bildeten laut »Raab-Olah-Abkommen« die Rahmenbedingungen für die Beschäftigung von ausländischen Arbeitskräften in Österreich:[111]

1. Im Fall einer Ausweisung musste die Rückreise sichergestellt werden und es durften keine Mehrkosten für das Innenministerium entstehen. Es übernahm lediglich die Bahnkosten bis an die österreichische Grenze.
2. Bevor ausländische DienstnehmerInnen nach Österreich einreisen durften, musste ein ärztliches Gesundheitszeugnis vorliegen.

110 Die Reihenfolge der Punkte entspricht der Veröffentlichung im Jahresbericht der Arbeiterkammer Steiermark (AK). Dies verweist auf die Tatsache, dass bei der Beschäftigung von ArbeitsmigrantInnen eindeutig ökonomische Aspekte im Vordergrund standen (AK Jahresbericht 1962, 218–220).

111 Einigkeit herrschte zwischen den Sozialpartnern bezüglich folgender Punkte: gesundheitliche Unbedenklichkeit, Rückreise nach Ablauf der Kontingentlaufzeit, Beschäftigung von InländerInnen vor AusländerInnen. Somit erhielt der ÖGB Zustimmung für sein angestrebtes Rotationsmodell. Die Streitpunkte waren das Beschäftigungsverbot von AusländerInnen im Fall eines Streikes und die Forderung des Gewerkschaftsbundes, die Kontingente nicht auszuschöpfen, wenn InländerInnen vermittelt werden könnten. Diese Forderung gab der ÖGB auf und im Streikfall konnte ein Kompromiss erzielt werden (AK Jahresbericht 1962, 218–220; Wirtschaftskammer Österreich Archiv (WKÖ Archiv), Bestand SP-A Kommission Istanbul E, Berichte, Merkblätter, Diverses (E 2/E 6/E 7/E 8), Merkblatt über die Anwerbung und Beschäftigung von ausländischen Arbeitskräften 1970; Wollner 1996, 66–68).

3. Die Zahl der ArbeitsmigrantInnen wurde jeweils nur für ein Jahr fixiert. Die Laufzeit der Kontingente erstreckte sich von 1. 1. bis 31. 12., konnte aber nach Vereinbarung auch kürzer sein.
4. BG im Rahmen der Kontingente waren nur jenen Betrieben zu erteilen, die die vorgeschriebenen Lohn- und Arbeitsbedingungen einhielten. Wenn der Antrag auf BG innerhalb einer Frist von zehn Tagen nicht abgelehnt wurde, galt er als bewilligt. Neben der Beschäftigung von ausländischen ArbeitnehmerInnen im Rahmen der festgelegten Anzahl stand es Dienstgebenden auch frei, das Einzelgenehmigungsverfahren[112] zu nutzen.
5. Während eines Streiks durften ausländische nicht anstelle österreichischer Arbeitskräfte beschäftigt werden. Allerdings war während seiner Dauer ihre Versetzung in nicht bestreikte Abteilungen möglich.
6. Ausländische mussten vor österreichischen Beschäftigten entlassen werden.
7. Die Betriebe waren gegenüber ArbeitsinspektorInnen auskunftspflichtig.
8. Die DienstgeberInnen waren für die Unterbringung der angeworbenen Personen verantwortlich.

Das erste Kontingent für das Jahr 1962 umfasste 37.120[113] ausländische Arbeitskräfte. Die Kontingente wurden in den Folgejahren kontinuierlich aufgestockt[114] und auf weitere Berufsgruppen ausgedehnt. Parallel zur Kontingenterhöhung stieg ihre Ausschöpfungsquote[115] von 23,7 % im Jahr 1962 auf 94,9 % im Jahr 1973. 1968 wurden bereits 70 Berufsgruppen des Gewerbes und der Industrie in die Kontingentvereinbarung einbezogen. 1974 kam es zur Erhöhung des festgesetzten Gesamtkontingents auf 162.989[116] ausländische Arbeitskräfte (Matuschek 1985, 167–173).

112 Das »Raab-Olah-Abkommen« war eine Einigung zwischen den Interessensvertretungen der ArbeitnehmerInnen und -geberInnen. Es stellte den Bestimmungsfaktor der Beschäftigung von ArbeitsmigrantInnen dar. Dennoch war das Abkommen keine gesetzliche Regelung. Somit blieb die Verordnung von 1933 bis zur Einführung des AuslBG im Jahr 1976 in Kraft und kam als Einzelgenehmigungsverfahren zur Anwendung.

113 Im Gegensatz zu Matuschek bestand das erste Kontingent laut Wimmer aus 47.000 ArbeitsmigrantInnen und die Ausschöpfungsrate betrug 38 %. Er bezieht sich auf die Angaben von Neuhauser aus dem Jahr 1966 (Wimmer 1986, 6–7; Matuschek 1985, 173).

114 Der ÖGB kam der Forderung der BWK nach Aufstockung der Kontingente nach, um dadurch eine neue Überstundenregelung zu erreichen. Die Paritätische Kommission beschloss eine Aufstockung der Kontingente um 25 % sowie deren branchenmäßige und regionale Lockerung (Matuschek 1985, 167).

115 Die Ausschöpfungsquote gibt Auskunft über das Verhältnis der tatsächlich beschäftigten GastarbeiterInnen zur Gesamtzahl der vereinbarten Personen.

116 Bis einschließlich 1971 wurden nur die im Rahmen der Kontingentvereinbarung, inklusive Überziehungen, zugelassenen ausländischen Arbeitskräfte statistisch erfasst. Ab 1972 zählte man alle Arbeitsbewilligungen für ausländische ArbeitnehmerInnen und ab 1976 auch BefreiungsscheininhaberInnen. Dabei wurden Arbeitsplatzwechsel einer Person innerhalb eines Jahres nicht berücksichtigt. Erst ab 1974 versuchte man, die Mehrfachzäh-

Ab dem Jahr 1962 konnten ArbeitsmigrantInnen im Rahmen der Kontingentvereinbarung sowie weiterhin mittels Einzelgenehmigungsverfahren beschäftigt werden.[117] Die Sozialpartner bestimmten über den Umfang sowie die berufliche und regionale Verteilung von ausländischen Arbeitskräften in Österreich.[118] Dadurch waren diese Sozialpartner maßgeblich am Prozess der politischen Willensbildung und Durchführung beteiligt. Die Migrationspolitik, als Unterbereich der aktiven Arbeitsmarktpolitik, wurde 1969 durch den paritätisch besetzten »Arbeitsausschuss für Fragen der Ausländerbeschäftigung« institutionalisiert und im übergeordneten »Beirat für Ausländerpolitik« gestaltet sowie umgesetzt.[119]

Vonseiten der Ministerien wurden die sozialpartnerschaftlichen Entscheidungen realisiert. Das BMfSV übernahm dabei die Rolle einer Vermittlungsinstanz. Es stellte seinen Verwaltungsapparat zur Verfügung und koordinierte die Interessen der Sozialpartnerschaft mit anderen staatlichen Einrichtungen wie etwa dem Innen- oder Außenministerium. Diese waren für die Grenzkontrolle bzw. Erteilung von Sichtvermerken verantwortlich. Mithilfe der Kontingentregelung konnte die österreichische Migrationspolitik an die wirtschaftlichen Bedürfnisse angepasst und durch ein Minimum an staatlicher Kontrolle und Steuerung umgesetzt werden. Das BMfSV nahm ausnahmslos alle beschlossenen Kontingente der Sozialpartner an und übermittelte diese an die entsprechenden Dienststellen. Dadurch waren das Parlament und die Parteien nur peripher mit dieser Thematik befasst (Wimmer 1986, 7; Wollner 1996, 70; Matuschek 1985, 197). Bis 1985 wurde in keiner Regierungserklärung eine Stellungnahme zur AusländerInnenbeschäftigungspolitik abgegeben.[120]

lungen auszuschalten. Aus diesem Grund differieren auch die Angaben über die Anzahl an ArbeitsmigrantInnen in Österreich (Matuschek 1985, 167–168).

117 Das Einzelgenehmigungsverfahren musste für jene Branchen gewählt werden, für die keine Kontingente vereinbart worden waren.

118 Angesichts der anhaltenden Hochkonjunktur erwiesen sich steuernde Eingriffe zunächst als nicht notwendig. Selbst Überziehungen riefen beim ÖGB keine Proteste hervor und ausländische Arbeitskräfte erhielten unabhängig von der Kontingentierung eine BG (Rass 2010, 125).

119 Die ersten Vorentscheidungen über das Ausmaß und die Zusammensetzung der Kontingente wurden von den Fachorganisationen der Interessensvertretungen für ihren Geltungsbereich in den einzelnen Bundesländern getroffen und die Ergebnisse an die jeweilige Bundeszentrale übermittelt. Daraufhin legten ÖGB und BWK ihre Verhandlungsstrategien fest. Die Kontingente wurden auf Einladung der Arbeitsmarktverwaltung verhandelt. Die festgesetzten Kontingente wurden an das BMfSV übermittelt. Dieses erteilte die entsprechenden Erlässe an die Landesarbeitsämter. Für den Fall, dass Kontingente überzogen werden mussten oder für eine Branche kein Kontingent festgelegt wurde, richtete man Verwaltungsausschüsse der Sozialpartner bei den Landesarbeitsämtern ein, die in diesen Fällen entschieden (Wimmer 1986, 7–8; Matuschek 1985, 181).

120 Die Parteien waren durch die Kontingentvereinbarung nur peripher mit der Anwerbepolitik betraut. Weder im Parteiprogramm noch in der Regierungserklärung der SPÖ von

2.2.2 Sozialpartnerschaft

Die verschiedenen Interessensvertretungen der ArbeitgeberInnen und -nehmerInnen beeinflussten und bestimmten in Form einer sozialpartnerschaftlichen Kooperation wesentlich die Wirtschafts- und Sozialpolitik der Zweiten Republik, und somit auch die Art und Weise der Beschäftigung von ausländischen Arbeitskräften in Österreich. Nach dem Zweiten Weltkrieg herrschte unter allen politischen AkteurInnen ein Grundkonsens über die Ziele der Wirtschafts- und Sozialpolitik. Die Forcierung des Wirtschaftswachstums, der Ausbau der Beschäftigung, die Preisstabilität sowie die Steigerung von Volkseinkommen und Produktion hatten oberste Priorität. Um diese Ziele zu realisieren, waren die Regierung und Großparteien bestrebt, auch die Interessensvertretungen in den Prozess des Policy-Making zu integrieren (Chaloupek 1984, 22–23; Tàlos 1993, 34; Tàlos/Kittel 1999, 137; Sandgruber 20, 521).

Wesentliche Aspekte der sozialpartnerschaftlichen Zusammenarbeit wurden bereits bei den fünf Lohn- und Preisabkommen im Zeitraum von 1947 bis 1951, die dazu dienten, der Inflation, Rezession und steigenden Massenarbeitslosigkeit entgegenzuwirken, sichtbar: die Bildung eines mehrdimensionalen Kooperationssystems zwischen Interessensvertretungen, Parteien und Regierung, unter Beachtung gesamtwirtschaftlicher Ziele,[121] die Einbindung der Interessensvertretungen in die von der Regierung, dem Parlament und den Parteien verfolgte Politik des Wiederaufbaus sowie die Verbindung staatlicher und ökonomischer Interessen. Im Jahr 1947 wurden die Zentrallohnkommission[122] zur Regelung der Löhne und die Wirtschaftskommission[123], zur Abschließung

1970 wurde auf diese Thematik Bezug genommen. Auch die ÖVP nahm eine zurückhaltende Position diesbezüglich ein. Wirtschafts- und arbeitsmarktpolitische Aspekte standen im Vordergrund. Zwar trat die ÖVP für die Verbesserung der Arbeits-, Wohn- und Familiensituation von ausländischen Arbeitskräften ein, forderte aber die Einschränkung ihrer Beschäftigung und sprach sich gegen Einbürgerungen aus. Die FPÖ ging hingegen in ihrem Manifest zur Gesellschaftspolitik (1973) auf diese Thematik ein und wies darauf hin, dass Österreich kein Einwanderungsland sei. Sie lehnte Einbürgerungen von AusländerInnen ebenfalls ab (Matuschek 1985, 181–182). Im steirischen Landtag wurde die Beschäftigung von ArbeitsmigrantInnen in den 1960er und 1970er nicht behandelt (Steiermärkisches Landesarchiv, Landtagsprotokolle 1961–1978).

121 Diese von SPÖ und ÖGB mitgetragene Konsenspolitik wurde von der österreichischen Bevölkerung nicht nur positiv aufgefasst. Das äußerte sich in der Streikbewegung vom Herbst 1950, an der nicht nur kommunistische Streikende beteiligt waren. Weitere Streikbewegungen folgten (Tàlos 1993, 20; Karner 2005, 437–438).

122 Die Zentrallohnkommission hatte die Aufgabe, Änderungen bestehender bzw. das Festlegen von Tarifordnungen durchzuführen und Löhne an die gestiegenen Preise anzupassen (Tàlos 1993, 19).

123 Dieser kam nach Abschluss des fünften Lohn- und Preisabkommens nur mehr eine marginale Rolle zu. Erst die Preissteigerungen infolge der Hochkonjunktur von 1956 bewirkten eine Wiederaufnahme der Zusammenarbeit zwischen Regierung und Interessensverbän-

der Lohn- und Preisabkommen[124], gegründet. Dadurch konnte auf freiwilliger Basis ein Instrument der Kooperation geschaffen werden (Tálos 1993, 18–20; Pribyl 1991, 16). Weitere wichtige Wegmarken zur Institutionalisierung der Sozialpartnerschaft waren: das 1951 gegründete Wirtschaftsdirektorium[125] und die 1957 ins Leben gerufene Paritätische Kommission für Lohn- und Preisfragen.

Die BWK sah in der Paritätischen Kommission nur eine zeitlich begrenzte Kooperation zur Stabilisierung der Wirtschaft. Obwohl der Gewerkschaftsbund die Institutionalisierung der Sozialpartnerschaft forcierte, gab es auch innerhalb der eigenen Reihen Kritik an der Zusammenarbeit in Form der Paritätischen Kommission, da diese den lohnpolitischen Handlungsspielraum erheblich einschränkte.[126] Als die Gegensätze zwischen den Interessensorganisationen nach dem Abschluss des Wiederaufbaus hinsichtlich der Budget-, Wirtschafts-, Sozial- und Beschäftigungspolitik an Bedeutung gewannen und sich das Konfliktniveau auf Partei- und Regierungsebene[127] erhöhte, wurde am Beginn der 1960er Jahre mit Zustimmung der Regierung die Zusammenarbeit zwischen den Interessensvertretungen ausgebaut und ihre Kompetenzen im Bereich der Wirtschafts- und Sozialpolitik ausgeweitet (Tàlos 1993, 21; 2008, 29–31).

Es bildete sich eine auf Dauer angelegte Form und Politik der Kooperation und des Interessensausgleichs heraus. Im Rahmen des »Raab-Olah-Abkommens« wurde 1961 ein wirtschaftlicher Grundkonsens bezüglich der weiteren Vorgehensweise der BWK und des ÖGB geschlossen. Des Weiteren legte man den Ausbau der Paritätischen Kommission zu einer Koordinierungsstelle für wirtschaftspolitische Fragestellungen sowie die Gründung eines Unterausschusses

---

den, die im Rahmen der bestehenden Wirtschaftskommission erfolgte (Tàlos 1993, 25, 27; Pribyl 1991, 21).

124 Das Ziel war es, die Preise und Löhne in ein normales Verhältnis zu bringen. Dazu wurden die Löhne an die gesteigerten Lebenshaltungskosten angepasst sowie der Landwirtschaft und gewerblichen Wirtschaft Löhne zugesichert, die eine Produktionssteigerung ermöglichten. Die geschlossenen Abkommen wurden vom Ministerrat genehmigt und per Erlass des BMI verlautbart (Tàlos 1993, 20–21).

125 Das Wirtschaftsdirektorium war Teil eines Paktes von Wirtschaftslenkungsgesetzen. Es stellte ein zeitlich befristetes Koordinationsinstrument auf gesetzlicher Basis dar, dessen Hauptaufgabe die Koordinierung der Aktivitäten der in ihm vertretenen Bundesministerien war (Tàlos 1993, 20; 2008, 23).

126 Durch das korporatistische System konnten das Mitwirkungsrecht und damit der Handlungsspielraum erheblich erweitert werden. Allerdings beschränkte das Konsensprinzip der Sozialpartnerschaft den Handlungsspielraum des Gewerkschaftsbundes, indem die Interessen der Mitglieder über volkswirtschaftliche Ziele gesichert und nicht für die Interessen einzelner Teilorganisationen gekämpft wurde (Wimmer 1986, 24).

127 Die Koalition konnte beispielsweise keine Einigung in Bezug auf das Arbeitszeitgesetz erzielen. Aus diesem Grund einigten sich die Sozialpartner auf einen Generalkollektivvertrag als Kompromisslösung. Aber auch Raab konnte ein Gesetz über einen Lohn- und Preisstopp nicht durchsetzen, weswegen die Regierung die Interessensvertretungen aufforderte, ein Abkommen auf freiwilliger Basis zu schließen (Tàlos 2008, 31).

für Lohnfragen fest. Dadurch veränderte sich der Stellenwert der Sozialpartner im politischen Entscheidungsprozess, vor allem im Bereich der Wirtschafts- und Sozialpolitik. Demnach trug der Kompromiss der Sozialpartner über die Beschäftigung von ausländischen Arbeitskräften in Österreich entscheidend zur Intensivierung der sozialpartnerschaftlichen Kooperation bei (Tálos/Leichsenring/Zeiner 1993, 159).

Die Einigung im »Raab-Olah-Abkommen« kam selbst für die Leitung der Regierungsparteien unerwartet, da die Ausarbeitung eines gemeinsamen AuslBG zuvor scheiterte, wie im vorherigen Abschnitt beschrieben, und der ÖGB ohne Zustimmung der BWK im Frühjahr 1961 ein Kontingent von 1.000 Arbeitskräften für den Fremdenverkehr und eines von 7.300 für die Baubranche am österreichischen Arbeitsmarkt zuließ.[128] Diesen Alleingang begründete der ÖGB mit der mangelnden Verhandlungsbereitschaft der BWK (Wollner 1996, 58–61).[129] Dies legt die Vermutung nahe, dass es sich beim »Raab-Olah-Abkommen« um eine Art Tauschgeschäft zwischen den Spitzenfunktionären handelte (Neuhauser 1966, 77–78) und das dies »der Preis (war), den Gewerkschaftspräsident Olah für die Bereitwilligung Raabs zahlen musste, die alten Wünsche des Gewerkschaftsbundes zu unterstützen« (Neuhauser 1966, 79), also die Erweiterung des Wirkungsfeldes der Paritätischen Kommission. Die Verhandlungen über die ersten Kontingente für das Jahr 1962 erfolgten unmittelbar nach der Einigung im »Raab-Olah-Abkommen« und fanden »im Rahmen von informellen Gesprächen« Neuhauser, 1966, 19) statt. Daher können diese nur schwer rekonstruiert werden.

Kennzeichnend für die Verhandlungen über die Beschäftigung von ArbeitsmigrantInnen waren, neben der institutionalisierten Zusammenarbeit der Interessensorganisationen und der Regierung bzw. der staatlichen Bürokratie in Form von Beiräten, Ausschüssen oder Kommissionen, informelle Formen der Kooperation, die bei der arbeitsmarktpolitischen Gesetzgebung zur Anwendung kamen (Neuhauser 1966, 16). Für die BWK als auch für den ÖGB stellte die Kontingentvereinbarung eine Übergangslösung bis zur Einführung eines AuslBG dar, welches erst 16 Jahre später im Zuge der wirtschaftlichen Rezession realisiert wurde (Wollner 1996, 19–20, 57–58; Tálos/Leichsenring/Zeiner 1993, 159).

128 Die Herkunft der ausländischen Arbeitskräfte wurde auf Italien, Schweiz, BRD und Jugoslawien begrenzt. Die Anwerbung musste durch die Betriebe selbst erfolgen. Die Kontrolle der Lohn- und Arbeitsbedingungen oblag den Landesexekutiven des Gewerkschaftsbundes, die Kontrollen über die Einhaltung der Vorschriften den Arbeits- und Landesarbeitsämtern (Wollner 1996, 58–61).

129 Für die steirische Bauwirtschaft wurde ein Kontingent von 1.000 Arbeitskräften beschlossen. Laut Angaben der AK Steiermark erfolgten bis Juli 1961, dem Höhepunkt der Bausaison, lediglich 68 Anträge zur Beschäftigung von ausländischen Arbeitskräften (AK Tätigkeitsbericht 1961, 304–307).

2.3 Aktive Anwerbepolitik (1961–1973)

Die Kontingentvereinbarung leitete die zweite Phase der Beschäftigung von ArbeitsmigrantInnen in Österreich nach dem Zweiten Weltkrieg ein, die der aktiven Anwerbepolitik. Zu den zentralen Elementen dieser Periode zählen der Aufbau eines Verwaltungsapparates zur Anwerbung von ausländischen Arbeitskräften und der Abschluss von Anwerbeabkommen wie auch von Abkommen zur sozialen Sicherheit. Diese Maßnahmen sollten dazu beitragen, die Beschäftigung von ArbeitsmigrantInnen zu forcieren und die Zahl der ausländischen Beschäftigten in Österreich entsprechend der Nachfrage am Arbeitsmarkt zu erhöhen.

Das erste zwischenstaatliche Anwerbeabkommen zur Förderung der Arbeitsmigration wurde 1962 mit Spanien geschlossen, welches aber für Österreich weitgehend unbedeutend blieb. Dies kann darauf zurückgeführt werden, dass in Österreich globale Trends abgeschwächter, zeitlich verzögerter und teilweise in abgewandelter Form auftraten. Demnach kam auch der wirtschaftliche Aufschwung später zum Tragen. Als Österreich aktiv mit der Anwerbung von ausländischen Arbeitskräften begann, herrschte bereits eine starke Konkurrenzsituation unter jenen europäischen Ländern, die Arbeitskräfte anwarben. Zudem bestand in Österreich ein, im europäischen Vergleich, niedriges Lohnniveau, das sich ebenfalls negativ auf die Anwerbung von ArbeitsmigrantInnen auswirkte. Deshalb verlagerte man die Anwerbetätigkeiten von österreichischer Seite vorwiegend in die Türkei und Jugoslawien (Parnreiter 1994, 116–117, 201).[130] Im Jahr 1964 erfolgte der Abschluss eines Anwerbeabkommens mit der Türkei und 1966 mit Jugoslawien.[131]

Der Vergleich der einzelnen Anwerbeverträge zeigt, dass diese in weiten Abschnitten deckungsgleich sind. Sie beinhalten die formalen Kriterien der Anwerbung und Beschäftigung. Nur die Anwerbeverträge mit Spanien und Jugoslawien enthielten einige Ergänzungen bzw. Besonderheiten. Im Anwerbeabkommen mit Spanien wurde explizit auf die Betreuung der spanischen Arbeitskräfte in Österreich Bezug genommen. Die Dienststellen des BMfSV sollten den spanischen Arbeitskräften »durch Erteilung von Auskünften allgemeiner Art behilflich sein«[132]. Des Weiteren waren die für die Anwerbung zuständigen

130 Auch Rass argumentiert, dass in einem multipolaren Migrationssystem, in dem mehr als zwei Arbeitsmärkte ausschließlich durch bilaterale Verträge verbunden werden, nicht nur ArbeitgeberInnen, sondern auch -nehmerInnen aller Länder in Konkurrenz zueinander stehen. Das Migrationsgeschehen wird somit auf der Mikro- wie auch Makroebene von Angebot und Nachfrage bestimmt (Rass 2010, 16).

131 Aufgrund der starken Konkurrenzsituation warb man vor allem im Südosten Jugoslawiens (Serbien, Bosnien-Herzegowina und Mazedonien) an (Fassmann/Münz/Seifert 1997, 734–735).

132 BGBl. Nr. 193/1962, Art. 16.

Stellen beider Staaten dafür verantwortlich, zu überprüfen, ob »Angehörige der spanischen sozialen und kirchlichen Organisationen in Zusammenarbeit mit Vertretern entsprechender österreichischer Organisationen die Eingewöhnung der spanischen Arbeitnehmer erleichtern können«[133]. Außerdem wurde die Möglichkeit der Familienzusammenführung thematisiert. Ehefrauen und Kinder, die im Besitz eines gültigen Infektionsfreiheitsscheines und eines Reisepasses waren und deren Aufenthalt den öffentlichen Interessen nicht widersprach,[134] erhielten von den österreichischen Vertretungsbehörden in Spanien einen zur Einreise und zum Aufenthalt in Österreich gültigen Sichtvermerk.[135]

Der Anwerbevertrag mit Jugoslawien weist zwei Spezifika auf. Demnach musste eine »Ständige österreichisch jugoslawische Kommission« gegründet werden, die aus maximal je drei Mitgliedern des österreichischen BMfSV und des jugoslawischen Bundessekretariates für Arbeit bestand.[136] Diese hatte die Aufgabe, zu prüfen, ob die von den jugoslawischen Arbeitsämtern ausgewählten Arbeitskräfte den gesundheitlichen, beruflichen oder anderen Anforderungen der österreichischen ArbeitgeberInnen entsprachen. Um eine endgültige Entscheidung über die Auswahl der jugoslawischen Arbeitskräfte zu treffen, bestand für den österreichischen Teil der Kommission die Möglichkeit, weitere Untersuchungen der BewerberInnen durchzuführen. Für die Fahrt- und Verpflegungskosten sowie die Kosten für den österreichischen A-Sichtvermerk und die ärztliche Untersuchung war der österreichische Teil der Kommission verantwortlich. Diese entstehenden Ausgaben durften laut Anwerbevertrag nicht vom Lohn der jugoslawischen ArbeitsmigrantInnen in Österreich abgezogen werden.[137]

Bezüglich des Dienstverhältnisses stand im Anwerbevertrag, dass, wenn jugoslawische Arbeitskräfte ohne ihr eigenes Verschulden das abgeschlossene Dienstverhältnis nicht antreten konnten oder den Arbeitsplatz verloren, die österreichischen Arbeitsämter bei der Suche eines neuen Arbeitsplatzes behilflich sein mussten. Die Kosten für die Unterkunft und die Verpflegung der Arbeitskräfte mussten, bis zum Antritt des neuen Dienstverhältnisses, vom österreichischen Teil der gemeinsamen Kommission getragen werden.[138]

133 BGBl. Nr. 193/1962, Art. 16.

134 Dies war beispielsweise der Fall, wenn der Wohnraum als zu klein eingestuft wurde, kein Nachweis zur Bestreitung des Lebensunterhaltes erbracht werden konnte oder die Rückreisekosten als nicht gesichert galten.

135 Dieser Abschnitt des Anwerbevertrages mit Spanien verweist auf die männliche Konnotation der Arbeitsmigration. Es wird nur die Möglichkeit des Nachzugs von »Ehegattinnen« erwähnt, die Möglichkeit, dass auch Ehemänner ihren Frauen folgen könnten, bleibt hingegen unerwähnt (BGBl. Nr. 193/1962, Art. 14).

136 Bzw. der von den beiden Einrichtungen ermächtigten Stellen. In Österreich war das die BWK.

137 BGBl. Nr. 42/1966, Art. 3, Art. 6.

138 BGBl. Nr. 42/1966, Art. 3, Art. 6.

Im Jahr 1970 wurde auch eine Anwerbevereinbarung mit Tunesien geschlossen. Diese sollte eine Übergangslösung bis zum Abschluss eines Anwerbeabkommens darstellen, das jedoch nie realisiert wurde. In der Anwerbevereinbarung einigte man sich, ein Kontingent von 100 tunesischen Arbeitskräften für das Jahr 1970 am österreichischen Arbeitsmarkt zuzulassen. Im Jahr 1971 kam es zu einer Aufstockung des Kontingentes auf 400 Arbeitskräfte. Diese waren »durchwegs junge, anlernfähige Kräfte, die die französische Sprache beherrschten«[139]. Allerdings stellte die »Arbeitsgemeinschaft für Anwerbung ausländischer Arbeitnehmer« (AGA) fest, dass die Erfahrungen österreichischer DienstgeberInnen mit tunesischen Arbeitskräften sehr unterschiedlich waren. Die Landeskammern der gewerblichen Wirtschaft äußerten große Vorbehalte bezüglich ihrer »beruflichen Qualität und charakterlichen Eignung«[140]. Aufgrund des bestehenden Mangels an jugoslawischen FacharbeiterInnen stimmten alle Landeskammern bis auf die burgenländische für die Anwerbung von tunesischen Arbeitskräften.[141]

Zusätzlich zu den Anwerbeabkommen wurden auch Abkommen über soziale Sicherheit mit Jugoslawien, Spanien und der Türkei geschlossen. Dabei handelte es sich um bilaterale völkerrechtliche Verträge. Diese führten und führen auch heute noch dazu, dass Personen, die grenzüberschreitend erwerbstätig sind, die gleichen bzw. ähnlichen Leistungen der Sozialversicherung aus ihren Herkunftsländern auch in anderen Staaten durch deren Sozialversicherungsträger in Anspruch nehmen können, mit dem Ziel, die sozialen Rechte von ArbeitsmigrantInnen zu wahren.[142] 1967 trat ein solches mit Jugoslawien in Kraft. Mit Spanien wurde vier Jahre nach dem Abschluss des Anwerbeabkommens, im Jahr 1966[143], und mit der Türkei 1969[144], fünf Jahre nach dem Anwerbevertrag, ein

139 WKÖ Archiv, Bestand SP-A Kommission Istanbul V, Vertraulich (V 2), Sitzungsprotokoll AGA 1972, o. S.

140 WKÖ Archiv, Bestand SP-A Kommission Istanbul V, Vertraulich (V 2), Sitzungsprotokoll AGA 1972, o. S.

141 WKÖ Archiv, Bestand SP-A Kommission Istanbul V, Vertraulich (V 2), Sitzungsprotokoll AGA 1972, o. S.

142 http://www.bmeia.gv.at/reise-aufenthalt/leben-im-ausland/gesundheit-und-soziales/abkommen-ueber-soziale-sicherheit/.

143 Im Jahr 1969 wurde ein neues Abkommen über soziale Sicherheit mit Spanien geschlossen. Der Grund dafür war eine Reform der dortigen Rentenversicherung, wodurch sich Schwierigkeiten bei der Durchführung des Abkommens ergaben (AK Jahresbericht 1969, 73–74; BGBl. Nr. 358/1970, Abkommen zwischen der Republik Österreich und dem Spanischen Staat über Soziale Sicherheit sowie Vereinbarung zur Durchführung des Abkommens).

144 BGBl. Nr. 289/1966, Abkommen zwischen der Republik Österreich und der Sozialistischen Föderativen Republik Jugoslawien über Soziale Sicherheit; BGBl. Nr. 8/1966, Abkommen zwischen der Republik Österreich und dem Spanischen Staat über Soziale Sicherheit samt Schlußprotokoll und Zusatzprotokoll; BGBl. Nr. 337/1969, Abkommen zwischen der Republik Österreich und der Türkischen Republik über Soziale Sicherheit samt Schlußprotokoll.

solches geschlossen. Die Abkommen über soziale Sicherheit bezogen sich in Österreich auf die Rechtsvorschriften über die Krankenversicherung, Pensionsversicherung, Unfallversicherung[145], Arbeitslosenversicherung und Kinderbeihilfe. In der Türkei, Spanien und Jugoslawien auf folgende Rechtsvorschriften: Gesundheitsversicherung, Alters- und Hinterbliebenenversicherung, Invalidenversicherung einschließlich der Versicherung gegen Arbeitsunfälle und Berufskrankheiten, Arbeitslosenversicherung und Kinderbeihilfe.[146]

Ziel der Anwerbeabkommen und Abkommen über soziale Sicherheit waren die Forcierung der Arbeitsmigration und die Steuerung und Kontrolle der Migrationsbewegung. In der Phase der aktiven Anwerbepolitik erhöhte sich die Zahl der ausländischen Arbeitskräfte in den Anfangsjahren nur geringfügig, wie anhand folgender Tabelle abgelesen werden kann. Sie gibt Auskunft über die Zahl der ArbeitsmigrantInnen in Österreich aus jenen Ländern, mit denen ein Anwerbeabkommen bestand.

Jahr	Jugoslawien	%	Türkei	%	Spanien	%	gesamt
1963	4.917	66,3	1.520	20,5	984	13,2	**7.421**
1964	9.782	66,3	3.793	25,7	1.176	8	**14.751**
1965	19.595	73,4	5.986	22,4	1.120	4,2	**26.701**
1966	34.662	82,0	6.767	16,0	807	2	**42.236**
1967	49.436	86,0	7.632	13,3	427	0,7	**57.495**
1968	51.020	86,7	7.561	12,8	287	0,5	**58.868**
1969	65.126	84,9	11.348	14,8	253	0,3	**76.727**
1970	83.435	83,0	16.816	16,8	232	0,2	**100.483**
1971	115.716	83,9	21.931	15,9	266	0,2	**137.913**
1972	145.267	87,0	21.356	12,8	282	0,2	**166.905**
1973	178.134	86,9	26.692	13,0	291	0,1	**205.117**
1974	169.372	84,8	29.999	15,1	261	0,1	**199.632**
1975	141.199	83,8	27.026	16,0	265	0,2	**168.490**
1976	120.543	82,9	24.616	16,9	225	0,2	**145.384**
1977	131.720	82,8	27.077	17,0	219	0,2	**159.016**
1978	121.050	82,0	26.209	17,8	215	0,2	**147.474**
1979	114.690	81,0	26.638	18,8	211	0,2	**141.539**
1980	115.215	82,2	28.244	19,6	216	0,2	**143.675**
1981	110.820	79,1	29.069	20,7	224	0,2	**140.113**
1982	96.778	77,0	28.592	22,8	210	0,2	**125.580**
1983	89.278	76,3	27.563	23,5	191	0,2	**117.032**

Tabelle 1: Ausländische Arbeitskräfte in Österreich nach Herkunftsstaat.[147]

145 Davon ausgenommen waren Sonderversicherungen für Kriegshinterbliebene und Kriegsbeschädigte.

146 BGBl. Nr. 289/1966, Art. 2; BGBl. Nr. 8/1966, Art. 2; BGBl. Nr. 337/1969, Art. 2.

147 Quelle: Fassmann/Münz (1995, 44), eigene Berechnungen.

Die Zahl der ausländischen Arbeitskräfte erhöhte sich erst ab Mitte der 1960er Jahre. Die Gründe dafür lagen darin, dass die Migrationsbeziehungen zur Türkei und Jugoslawien gefestigt und die Anwerbemechanismen etabliert waren. Lediglich in den Rezessionsjahren von 1966 bis 1968 kam es nur zu einem geringen Anstieg, wobei die Wanderungsbilanz im Vergleich zu anderen europäischen Anwerbestaaten positiv blieb. Die rasche Erhöhung ab dem Jahr 1969 kann neben den angeführten Gründen auch darauf zurückgeführt werden, dass viele Betriebe aufgrund des langwierigen, komplizierten und kostenintensiven Anwerbeverfahrens Arbeitskräfte nicht mehr über die Anwerbestellen der BWK anwarben.[148] Sie rekrutierten ArbeitsmigrantInnen vielfach über bereits im Betrieb beschäftigte ausländische Arbeitskräfte. Dies führte dazu, dass am Ende der 1960er Jahre die Arbeitsmigration in eine neue Phase der Verselbständigung trat und eine Kettenmigration einsetzte. Einhergehend mit dieser Entwicklung verloren die offiziellen Anwerbestellen der BWK immer mehr an Bedeutung.

Der Höhepunkt der Arbeitsmigration wurde im Jahr 1973 mit 205.117 Arbeitskräften aus Jugoslawien, der Türkei und Spanien erreicht (Fassmann/Münz 1995, 44). Wie aus Tabelle 1 abgelesen werden kann, dominierte im gesamten Zeitraum die Arbeitsmigration aus Jugoslawien. Im Jahr 1965 stammten 73 % der ArbeitsmigrantInnen von dort. Ihr Anteil stieg seit dem Abschluss des Anwerbeabkommens 1966 kontinuierlich an und erreichte im Jahr 1972 mit 86,9 % den Höhepunkt. Infolge der Ölkrise 1973/74 sank ihr Anteil jährlich, betrug aber weiterhin über 80 %. Gänzlich anders entwickelte sich die Arbeitsmigration aus der Türkei. Diese betrug im Jahr 1964 25,7 % und fiel dann bis zum Jahr 1968 auf 12,8 %. 1969 stieg die Zahl der ArbeitsmigrantInnen aus der Türkei um 4 % an. Bis in die 1980er Jahre stieg ihr Anteil an der Arbeitsmigration jährlich um circa 1 %, blieb aber unter 20 %. Erst ab den 1980er Jahren erhöhte sich ihr Anteil auf über 20 %.[149] Die Arbeitsmigration aus Spanien erreichte hingegen bereits im Jahr 1963, ein Jahr nach dem Anwerbeabkommen, mit 13,2 % ihren Höhenpunkt. Ab diesem Zeitpunkt fiel die Zahl an spanischen ArbeitsmigrantInnen in Österreich stetig und lag ab 1967 unter 1 %. Von 1970 bis Anfang der 1980er Jahre betrug der Anteil konstant 0,2 %.

148 Siehe Kapitel 4.3.

149 Infolge des Militärputsches von 1980 griff das türkische Militär verstärkt in die Zivilpolitik des Landes ein. Diese Entwicklung führte in den Folgejahren zu einer verstärkten Fluchtbewegung, wobei viele politische Flüchtlinge in den Zielländern den Status als ›GastarbeiterInnen‹ erhielten (www.bpb.de/gesellschaft/migration/laenderprofile /57918/entwick lung).

2.3.1 ›TouristInnenbeschäftigung‹ und Selbstanwerbung

Ab Ende der 1960er Jahre reisten viele ArbeitsmigrantInnen als TouristInnen ein. Diese Einreisevariante wurde rasch zur Grundlage der Regelbeschäftigung. In den ersten Jahren der Anwerbung kamen rund 95 % der ArbeitsmigrantInnen im Rahmen des Kontingentverfahrens nach Österreich, im Jahr 1970 wählten nur mehr 60 % diesen Weg der Einreise (Wimmer 1986, 12; Rass 2010, 125–127).

Die ›TouristInnenbeschäftigung‹[150], als Weg der Einreise und Arbeitsaufnahme, wurde durch das im Jahr 1965 geschlossene Abkommen zur Aufhebung der Sichtvermerkpflicht zwischen Österreich und Jugoslawien für Aufenthalte bis zu drei Monaten ohne Erwerbstätigkeit ermöglicht (Ivanović 2013, 46). Wenn als TouristInnen eingereiste Arbeitskräfte eine Arbeitsstelle antraten, waren die ArbeitgeberInnen dazu verpflichtet, eine Beschäftigungsgenehmigung innerhalb einer Frist von drei Tagen nach Arbeitsantritt beim zuständigen Arbeitsamt zu beantragen. Vor Erteilung einer AE musste ein entsprechendes inländisches ärztliches Zeugnis eingereicht werden, das die Gesundheitsämter der Bezirksverwaltungsbehörden ausstellten. Die meisten erhielten eine auf die Kontingente anzurechnende Beschäftigungsbewilligung, die den legalen Aufenthalt ermöglichte. Gerade in Zeiten der Hochkonjunktur wurden diese kaum versagt.[151]

Dies ist auch der Grund dafür, warum die Beschäftigungszahlen von ArbeitsmigrantInnen stiegen, obwohl die Zahlen der offiziellen Anwerbung über die BWK zurückgingen. Folglich wurde der laut den Anwerbeverträgen vorgesehene Weg der Anwerbung über die BWK in der Realität nicht in dem Ausmaß genutzt.[152] Die ›TouristInnenbeschäftigung‹ war in Österreich wie in Jugoslawien umstritten. Man befürchtete einen Kontrollverlust über die Ein- und Ausreise von ArbeitsmigrantInnen. Durch die Ausreise von Arbeitskräften als TouristInnen war es nicht mehr möglich, die Arbeitsmigration zu steuern, einzugrenzen oder zu unterbinden. Aus diesem Grund forderte die jugoslawische Arbeitsmarktverwaltung, den Bedarf an jugoslawischen Arbeitskräften in Österreich, wie im Anwerbevertrag vorgesehen, ausschließlich über den offiziellen Weg zu decken.[153] Im Oktober 1970 wurde das Problem der ›TouristIn-

150 Ursprünglich war die Anstellung einer Person, die ohne gültige Arbeitserlaubnis nach Österreich eingereist war, illegal. Aber bereits im Jahr 1962 wurde diese Regelung von österreichischer Seite ›gelockert‹ und diese Praxis 1969 schließlich legalisiert.

151 WKÖ Archiv, Bestand SP-A Kommission Istanbul E 2/E 6/E 7/E 8, Merkblatt über die Anwerbung und Beschäftigung von ausländischen Arbeitskräften 1970; Archiv WKÖ, BUKA – AGA, Mikrofilm JUG 229, 1966; LAA Jahresbericht 1968, 28–30; Weigl, 2009b, 38.

152 LAA Jahresbericht 1973, 30–36.

153 Das Thema wurde auch von der jugoslawischen Tagespresse aufgegriffen (WKÖ Archiv, Bestand SP-A Kommission Istanbul V2, Sitzungsprotokoll AGA 1972, 9). Außerdem bot die Anwerbung über die offiziellen Stellen Vorteile für ArbeitsmigrantInnen. Diese erhielten Informationen über die Arbeits- und Lohnverhältnisse im Zielland, ihre Gleichstellung mit

nenbeschäftigung‹ in der ersten Sitzung der österreichisch-jugoslawischen Kommission behandelt. Die jugoslawische Regierung verfolgte dabei das Ziel, diese Art der Arbeitsaufnahme in Österreich zu stoppen.[154] Im Rahmen einer zweiten Sitzung der österreichisch-jugoslawischen Kommission im Jahr 1971 in Wien forderte die jugoslawische Arbeitsmarktbehörde ein Verbot der ›TouristInnenbeschäftigung‹. Österreich willigte ein, die Beschäftigung von als TouristInnen eingereisten Arbeitskräften zu unterbinden.[155] Trotz dieser Zusicherung kam es zu keiner Änderung der Beschäftigungspraxis in Österreich. Daraufhin verbot Jugoslawien ohne weitere Verhandlungen die namentliche Anwerbung und die Möglichkeit der Selbstanwerbung für ArbeitgeberInnen. Zudem führte die jugoslawische Regierung einen Verteilungsschlüssel zur Vermittlung von Arbeitskräften aus den unterschiedlichen Regionen ein (Wollner 2010, 85–86; Ivanović 2013, 44). Dies bedeutete, dass das jugoslawische Bundesbüro Wünsche vonseiten österreichischer ArbeitgeberInnen bezüglich der Herkunftsregion der Arbeitskräfte nicht mehr berücksichtigte. Laut Verteilungsschlüssel sollten im Kosovo 25 %, in Mazedonien 20 %, in Bosnien-Herzegowina und Montenegro 15 %, in Serbien 10 % und in der Vojvodina, in Slowenien und Kroatien 5 % der jugoslawischen Arbeitskräfte angeworben werden.[156]

Neben der ›TouristInnenbeschäftigung‹ bestand auch die Möglichkeit der Selbstanwerbung durch österreichische ArbeitgeberInnen. Dazu mussten diese sich in Jugoslawien mit dem Bundesbüro für Beschäftigungsangelegenheiten in Belgrad in Verbindung setzen.[157] Bei der Selbstanwerbung in der Türkei musste die österreichische Anwerbekommission (AKO) in Istanbul von den ArbeitgeberInnen beauftragt werden. Auch bei diesem Anwerbeweg musste eine Zusi-

österreichischen Arbeitskräften wurde garantiert und die Reisekosten übernahmen die ArbeitgeberInnen. Des Weiteren sicherte dieser Weg der Einreise gesetzlichen Schutz und behördliche Unterstützung in Österreich und Jugoslawien (Sanz Diaz 2012, 121–125).

154 In der BRD gelang dies der jugoslawischen Regierung.

155 Diese Vereinbarung kam infolge der internationalen Ölkrise und einsetzenden Rezession nicht zum Tragen.

156 Diese Verteilung spiegelt auch die Absicht Jugoslawiens wider, vor allem Arbeitskräfte aus den wirtschaftlich schlechter entwickelten südlichen Republiken ins Ausland zu vermitteln. Diese erwünschte Verteilung konnte nur teilweise erreicht werden. Aus den Republiken Kroatien, Bosnien-Herzegowina und Serbien, ohne die autonomen Gebiete, Kosovo und Vojvodina, waren am meisten Arbeitskräfte im Ausland beschäftigt (WKÖ Archiv, Bestand SP-A Kommission Istanbul V 6, Bericht AKO Belgrad an AGA bzgl. der Anwerbung jugoslawischer Kräfte unter Berücksichtigung sozialpolitischer Aspekte 31.1.1972).

157 Beispielsweise warb die Firma Böhler & Co im Jahr 1965 rund 70 Hilfsarbeiter in Jugoslawien an, um den Bedarf an Hüttenarbeitern zu decken. Die Schweiz unterhielt keine Anwerbekommission in Jugoslawien und die Anwerbung der Arbeitskräfte erfolgte ausschließlich in Form von Selbstanwerbungen (AK Jahresbericht 1965, 324–326; Rass 2010, 195).

cherung vom jeweiligen österreichischen Arbeitsamt eingeholt werden.[158] Im Jahr 1971 forderten österreichische ArbeitgeberInnen 6.440 Arbeitskräfte in Jugoslawien an. 2.003 über die AGA und 4.437 durch Selbstanwerbung. In der Türkei hingegen war die Selbstanwerbung seit 1970 nicht mehr möglich.[159] Vor allem für steirische ArbeitgeberInnen war diese Form der Anwerbung aufgrund der Nähe zu Jugoslawien eine gängige Praxis. In Zeiten, in denen die Nachfrage an jugoslawischen Arbeitskräften das Angebot überstieg, nutzen viele ArbeitgeberInnen die Möglichkeit der Selbstanwerbung.[160] Nach dem Verbot der namentlichen Anwerbung und Selbstanwerbung ging Jugoslawien rigoros gegen österreichische Firmen vor, die eigenständig Arbeitskräfte anwarben. Diese mussten hohe Geldstrafen leisten. Außerdem mussten österreichische Betriebe ab 1970 mit der AKO Belgrad in Kontakt treten, die das Anwerbeansuchen an die zentrale jugoslawische Arbeitsmarktverwaltung übermittelte. Erst nach Einhaltung dieses bürokratischen Weges konnten sich die Betriebe an die lokalen Arbeitsämter wenden. Diese neue Handhabung verlängerte die Anwerbedauer erheblich. Trotz des strikten Vorgehens von jugoslawischer Seite gegen die illegale Anwerbung durch österreichische Betriebe war diese Form der Anwerbung weiterhin gängig (Rass 2010, 85–86). Dies belegen die steigenden Zahlen jugoslawischer ArbeitsmigrantInnen in Österreich.

2.4 Neue Anwerbepolitik (1973–1976)

Im Jahr 1973, dem Höhepunkt der Arbeitsmigration nach Österreich, betrug der Anteil an ausländischen Arbeitskräften in Österreich rund 8,7 % (Biffl 2000, 213; Matuschek 1985, 175; Fassmann/Münz 1995, 66). Die folgende Tabelle gibt Auskunft über die Beschäftigungssituation in den einzelnen Bundesländern in diesem Jahr.

	Beschäftigte insgesamt	davon ausländische Arbeitskräfte	
		absolut	in %
Wien	771.130	88.983	11,5
Niederösterreich	397.428	26.383	6,6

158 WKÖ Archiv, Bestand SP-A Kommission Istanbul E 2/E 6/E 7/E 8, BWK Merkblatt über die Anwerbung und Beschäftigung von ausländischen Arbeitskräften 1970. Die striktere Vorgehensweise kann auf die geringen Einflussmöglichkeiten der Anwerbeländer in Bezug auf die Auswahl der Arbeitskräfte zurückgeführt werden (Matuschek 1985, 171).

159 WKÖ Archiv, Bestand SP-A Kommission Istanbul V 2, Sitzungsprotokoll AGA 1972.

160 Die Einreise als TouristInnen konnte aber auch zu einer ›Übersättigung‹ des Arbeitsmarktes führen (Rass 2010, 195; Ivanović 2013, 42).

(Fortsetzung)

	Beschäftigte insgesamt	davon ausländische Arbeitskräfte	
		absolut	in %
Steiermark	369.344	15.745	4,3
Kärnten	167.850	7.873	4,7
Oberösterreich	405.341	25.712	6,3
Salzburg	157.740	19.173	12,2
Tirol	181.471	16.480	9,1
Vorarlberg	107.864	24.761	23,0
Burgenland	50.138	1.274	2,5

Tabelle 2: Anteil der ArbeitsmigrantInnen nach Bundesländern 1973.[161]

Demnach war der prozentuale Anteil an ArbeitsmigrantInnen gemessen an der Gesamtbeschäftigung im jeweiligen Bundesland im Jahr 1973 in Vorarlberg, Salzburg, Wien und Tirol am höchsten. Am geringsten war ihr Anteil im Burgenland, der Steiermark und Kärnten. Die meisten ArbeitsmigrantInnen waren in der Lederindustrie (31,3 %), der Textilindustrie (27,4 %), der Bauwirtschaft (22,5 %) und im Tourismussektor (17,4 %) beschäftigt (Biffl 2000, 213). Kennzeichnend für diese Branchen sind: großer körperlicher Einsatz, hohes Unfallrisiko, Berufsausübung bei schlechten Witterungsverhältnissen, Tätigkeiten mit nicht klar festgelegten Arbeitszeiten und eingeschränkter Freizeit, saisonale Schwankungen und hohe Fluktuation bei den Beschäftigungsständen. Diese Faktoren erschwerten eine kontinuierliche Anstellung für ArbeitsmigrantInnen und erhöhten das Risiko, durch den Verlust des Arbeitsplatzes auch die Aufenthaltsgenehmigung zu verlieren (Fassmann/Münz 1995, 66).

Der starke Anstieg der Anzahl an ArbeitsmigrantInnen in Österreich am Beginn der 1970er Jahre und die damit verbundenen Probleme der datenmäßigen Erfassung, der Unterbringung und der zunehmenden ›TouristInnenbeschäftigung‹ veranlassten den ÖGB, eine gesetzliche Regelung der AusländerInnenbeschäftigung zu fordern. Gerade die ›TouristInnenbeschäftigung‹ wurde in Österreich infolge der Energiekrise am Anfang der 1970er Jahre kontrovers diskutiert.[162] Vor allem die Kampagne der Kronen Zeitung im Herbst 1973 trug dazu bei, dass diese Form der Beschäftigung vermehrt von Seiten der ArbeitnehmerInnenvertretungen abgelehnt wurde.[163] Hingegen wies die Anwerbe-

161 Quelle: Matuschek (1985, 175).

162 Von dieser Form der Beschäftigung profitierten vorwiegend die ArbeitgeberInnen zulasten der ArbeitsmigrantInnen.

163 Dr. Pflegerl wies in einem vertraulichen Schreiben vom 26. 6. 1974 die AGA darauf hin, dass neben der Kampagne der Kronen Zeitung mit Schlagzeilen wie »Gesindelimport« auch der Anwerbestopp in Deutschland und die dort geführte öffentliche Diskussion über die Beschäftigung von ArbeitsmigrantInnen für die Verschärfung der Lage verantwortlich waren

kommission in Belgrad im Jahr 1974 darauf hin, dass »die Anwerbeorganisation nicht in der Lage sei, das bisher als Touristen eingereiste Potential jugoslawischer Gastarbeiter auf dem offiziellen Weg zu vermitteln«[164]. Viele KammervertreterInnen setzten sich für die Aufrechterhaltung dieser Beschäftigungsvariante ein. Als Argument wurde angeführt, dass es für die Bauwirtschaft teilweise unmöglich war, den Bedarf an Arbeitskräften bis zum Beginn der Bausaison über die offiziellen Anwerbestellen zu decken. Aber auch in anderen Branchen konnten vor allem Facharbeitskräfte nur mittels ›TouristInnenbeschäftigung‹ eingestellt werden, da die Anwerbung über das offizielle Anwerbeprozedere zu lange dauerte bzw. oftmals erfolglos blieb. Auch die steirische Wirtschaftskammer sprach sich für diese Art der Beschäftigung aus. Erst im Jahr 1974, als die wirtschaftliche Hochkonjunktur aufgrund der Wirtschaftskrise stagnierte, erfolgte die Einschränkung der ›TouristInnenbeschäftigung‹ von österreichischer Seite.[165]

Das Ziel der österreichischen Anwerbepolitik war es, ArbeitsmigrantInnen sehr flexibel an wirtschaftliche Entwicklungen anzupassen. Ihre geringe Rechtsstellung[166] ermöglichte eine rasche Ausweitung der Beschäftigungszahlen in Zeiten der Hochkonjunktur und einen schnellen Abbau in konjunkturschwachen Perioden. Dadurch stellten sie eine Art von ›Manövriermasse‹ für die österreichische Arbeitsmarktpolitik dar. Zu einer grundlegenden Änderung der Anwerbepolitik kam es infolge der internationalen Ölkrise 1973/74.[167] Als neues Ziel wurde die Reduktion der ausländischen Beschäftigten in Österreich formuliert. Die wirtschaftlichen Entwicklungen in den 1970er Jahren führten europaweit zu einer Änderung der Anwerbepolitik und die meisten europäischen Länder verhängten sogenannte Anwerbestopps.[168] In Österreich wurde zwar nie

(WKÖ Archiv, Bestand SP-A Kommission Istanbul V6, Schreiben Dr. Pflegerl an AGA 26.6. 1974).

164 WKÖ Archiv, Bestand SP-A Kommission Istanbul V6, Schreiben Dr. Pflegerl an AGA 26.6. 1974.

165 WKÖ Archiv, Bestand SP-A Kommission Istanbul V 2, Sitzungsprotokoll AGA 1974, 6.

166 Sie besaßen nicht das passive und nur teilweise das aktive Wahlrecht. Auch ihr Recht auf Versammlungsfreiheit war eingeschränkt. Außerdem waren im Vergleich zu ÖsterreicherInnen das Gleichheitsrecht und alle mit dem Aufenthaltsrecht einhergehenden Grundrechte nicht gewährleistet. Wimmer führt in diesem Kontext den Begriff »kalkulierte Unsicherheit« ein (Wimmer 1986, 153–155, 387).

167 Im Zuge des israelisch-arabischen Jom-Kippur-Krieges (Oktober 1973) setzten die in der Organization of Arabian Petroleum Exporting Countries (OAPEC) zusammengeschlossenen arabischen Staaten erstmals Öl als politisches Druckmittel ein. Es erfolgte eine Drosselung der Erdölproduktion und des Exports. Durch das Ölembargo wollte man die USA und die europäischen Staaten dazu zwingen, ihre israelfreundliche Haltung aufzugeben. Durch diese Maßnahmen kam es zu einem enormen Anstieg des Erdölpreises auf dem Weltmarkt (http://www.bpb.de/politik/hintergrund-aktuell/172918/autofreier-sonntag-1973).

168 Siehe Berlinghoff (2013).

offiziell ein solcher verhängt, allerdings können folgende zwei Maßnahmen als österreichische Variante eines Anwerbestopps zusammengefasst werden: die ›Einfrierung‹ der Kontingente auf dem Stand von 1973 und die Einführung des AuslBG 1976. Des Weiteren führte man vermehrt Kontrollen durch, um der illegalen Beschäftigung entgegenzuwirken. Von 1974 bis 1976 mussten insgesamt 55.000 ausländische ArbeitnehmerInnen in ihre Herkunftsländer zurückkehren.[169]

Der Beschäftigungsrückgang betraf alle Wirtschaftszweige, in denen ausländische Arbeitskräfte beschäftigt waren, besonders den industriellen und gewerblichen Sektor des Baugewerbes sowie die Metall-, Textil-, Holz- und Lederbranche. Bereiche, in denen vorwiegend männliche Arbeitskräfte beschäftigt waren. In allen österreichischen Bundesländern verringerte sich die Zahl der ausländischen Beschäftigten. Besonders stark zeigte sich der Rückgang in der Steiermark, Nieder- und Oberösterreich, Kärnten und im Burgenland. In diesen Bundesländern halbierte sich der Anteil an ausländischen Arbeitskräften von 1973 bis 1984 (Matuschek 1985, 190). Ausdruck dieser neuen Migrationspolitik war auch die Einführung des AuslBG, das vom ÖGB, dem Arbeiterkammertag, der BWK und dem BMfSV ausgearbeitet und am 20. 3. 1975 einstimmig im Nationalrat verabschiedet wurde. Das Gesetz, das die »Verordnung über ausländische Arbeitnehmer« ablöste, trat am 1. 1. 1976 in Kraft.[170] Es schrieb vor, dass österreichische Arbeitskräfte vorrangig eingestellt werden mussten. Dadurch sollte die Neubeschäftigung von ArbeitsmigrantInnen am österreichischen Arbeitsmarkt begrenzt werden. ArbeitsmigrantInnen wurden durch das Gesetz auf die Rolle von Beteiligten im Zuge des Bewilligungsverfahrens reduziert, das auf die Bedürfnisse der ArbeitgeberInnen ausgerichtet war. Sie hatten keine Möglichkeit, gegen den Widerruf der AE Einspruch zu erheben. So konnten sie stärker als vor 1976 als Manövriermasse innerhalb der Arbeitsmarktpolitik eingesetzt werden. Durch den Passus der Abhängigkeit der Beschäftigung von ArbeitsmigrantInnen von der Lage und Entwicklung des Arbeitsmarkts wurden nicht nur aktuelle arbeitspolitische Notwendigkeiten berücksichtigt, sondern

169 Dadurch waren auch österreichische Arbeitskräfte zur Remigration gezwungen. Im Jahr 1973 waren circa 101.000 ÖsterreicherInnen in Deutschland tätig, wovon 15.000 im Jahr 1975 nach Österreich zurückkehrten. Die Remigration österreichischer StaatsbürgerInnen diente als Argument dafür, die Reduktion der Zahl ausländischer Beschäftigter zu begründen (Perchinig 2010, 146). Im Zeitraum von 1973 bis 1984 wurde die Anzahl der ausländischen Arbeitskräfte um circa 110.000 reduziert. Das tatsächliche Quantum der abgebauten Arbeitskräfte dürfte aber laut Matuschek niedriger gewesen sein, da nicht die BG, sondern Personen erfasst und im gleichen Zeitraum rund 81.000 AusländerInnen eingebürgert wurden, wovon 13.000 jugoslawische StaatsbürgerInnen waren (Matuschek 1985, 189).

170 BGBl. Nr. 218/1975, Ausländerbeschäftigungsgesetz (AuslBG). Von 1989 bis 1998 wurde das Gesetz zwanzig Mal geändert.

auch, ob deren Beschäftigung in Zukunft zur Arbeitslosigkeit von österreichischen ArbeitnehmerInnen beitragen werde. Mithilfe des Gesetzes sollte »die Vollbeschäftigung der Inländer sichergestellt, die wachstumshemmende Behinderung der Umschichtung des inländischen Arbeitskräftepotenzials durch die Ausländer, die Überfremdung der Regionen, die Überlastung der regionalen Infrastruktur und die mißbräuchliche Ausnützung von Einrichtungen der sozialen Sicherheit verhindert werden« (Matuschek 1985, 185).

Des Weiteren mussten ausländische Arbeitskräfte über eine ortsübliche Unterkunft verfügen, die nach Belegdichte, Ausstattung und Miete bewertet wurde. Verstöße gegen die gesetzlichen Auflagen hatten neben Geldstrafen auch den Widerruf der BG und somit die Abschiebung zur Folge. Das System der Kontingentvereinbarung blieb weiterhin wirksam. Die Sozialpartner waren an allen Entscheidungsprozessen beteiligt. Ihre bestehenden Verwaltungsausschüsse wurden durch einen »Ausländerbeschäftigungs-Unterausschuss« ergänzt und somit der Einfluss der Sozialpartnerschaft auf Ebene der Bundesländer sichergestellt. »Es gibt kaum Rechtsmaterien in Österreich, wo sich die Sozialpartner praktisch in allen relevanten Verwaltungsverfahren einen dermaßen hohen Einfluß gesichert haben« (Wimmer 1986, 15).

Zusätzlich zu den Kontingentzahlen wurde auch die Beschäftigung für einzelne Berufsgruppen begrenzt und konnte nur in Ausnahmefällen, beispielsweise bei Bedarf als Schlüsselarbeitskraft zur Erhaltung von Arbeitsplätzen inländischer ArbeitnehmerInnen oder bei Betriebsneugründungen in strukturschwachen Regionen, überschritten werden. Anträge außerhalb der Kontingente mussten vom Arbeitsamt in jedem Einzelfall geprüft werden. Außerdem hatte das BMfSV das Recht, für das gesamte Bundesgebiet und für einzelne Landesarbeitsbezirke Höchstgrenzen festzulegen (Wimmer 1986, 13–15; Matuschek 1985, 185–187).[171]

Das AuslBG stellte ein wirksames Mittel zur Begrenzung der Arbeitsmigration dar. Das BMfSV übermittelte den Landesarbeitsämtern Landesverhältniszahlen[172], die nicht überschritten werden durften. Des Weiteren zielte man darauf ab, den Abgang von ArbeitsmigrantInnen im Folgejahr nicht auszugleichen. Für einige Landesarbeitsämter war Ende der 1970er Jahre der Ersatz von ArbeitsmigrantInnen durch inländische Arbeitskräfte einer ihrer wichtigsten arbeitsmarktpolitischen Kernbereiche. Das Landesarbeitsamt Steiermark stellte 1978 diesbezüglich Folgendes fest:

171 BGBl. Nr. 218/1975, AuslBG.

172 Die Landesverhältniszahlen setzten sich aus dem Anteil der im Jahresdurchschnitt des Vorjahres beschäftigten ArbeitsmigrantInnen an der durchschnittlichen Gesamtzahl der unselbstständigen Erwerbstätigen im Bereich des jeweiligen Landesarbeitsamtes zusammen (Wimmer 1986, 16).

> Die Ausländerbeschäftigungspolitik ist nach regionaler und branchenmäßiger Notwenigkeit zu gestalten mit dem Ziel, ausreichend Unterbringungsmöglichkeiten für das inländische Arbeitskräfteangebot auf dem Arbeitsmarkt zu erreichen. Unterstützend sind dafür auch die Möglichkeiten des Arbeitsmarktservices und der Arbeitsmarktförderung einzusetzen, die z. B. von der Substitution von Ausländern im Wege der Vermittlung bis zur Vorbereitung inländischer Arbeitskräfte mittels Schulungsmaßnahmen auf noch von Ausländern besetzte Arbeitsplätze (reichen können).[173]

Die Kontingente wurden weiterhin von den Sozialpartnern ausgehandelt. Diese basierten auf dem Niveau der gültigen BG, sodass die Kontingente bereits zu Jahresbeginn ausgeschöpft waren und weitere Anträge ausschließlich im Einzelfall durch die »Ausländerausschüsse« der Landesarbeitsämter entschieden werden mussten. Man hielt auch weiterhin am Prinzip der Rotation fest (Wimmer 1986, 16, 17). Im Zuge der wirtschaftlichen Entwicklungen gerieten ArbeitsmigrantInnen verstärkt in den Blickpunkt der Öffentlichkeit. Kritische Meinungen zu ihrer Beschäftigung wurden laut. Die Kosten, der Nutzen und die mit der Beschäftigung von ausländischen Arbeitskräften einhergehenden sozialen und gesellschaftlichen Herausforderungen standen im Mittelpunkt dieses öffentlichen Diskurses.[174]

Heftig kritisiert wurde das AuslBG von der Überdiözesanen Arbeitsgemeinschaft für Gastarbeiterfragen in Österreich (ÜDAG), einem Zusammenschluss aus VertreterInnen der diözesanen Arbeitsgemeinschaften für Gastarbeiterfragen, VertreterInnen der österreichischen Seelsorgeämter, der Katholischen Aktion und der Caritas, dem für GastarbeiterInnen in der Bischofskonferenz zuständigen Bischof, dem Oberseelsorger der GastarbeiterInnen-Sprachgruppen in Österreich sowie aus VertreterInnen anderer Organisationen, die sich 1972 mit Fragen der Beschäftigung von ArbeitsmigrantInnen in Österreich befassten.[175] Der Sitz der ÜDAG war in Wien. Die Betreuung und Unterstützung von GastarbeiterInnen standen im Mittelpunkt ihrer Tätigkeiten. Ihre Arbeit erstreckte sich auf das gesamte Bundesgebiet.[176] Die Kritik in Bezug auf das Gesetz bezog sich hauptsächlich darauf, dass der Schutzgedanke von österreichischen Arbeitskräften vorherrschend war und »ausländische Arbeitnehmer primär nach rein wirtschaftlichem Rentabilitätsdenken eingestuft und abgehandelt«[177] wurden. Vor allem der Grundgedanke, also »die jederzeit(ige) Manipulierbarkeit, das heißt die Hereinnahme und Abschiebbarkeit ausländischer Arbeitskräfte, je nach Be-

173 LAA Jahresbericht 1978, 149–150.

174 Zum Diskurs über ArbeitsmigrantInnen in Österreich siehe Fischer (2009, 247–266).

175 Archiv Caritas der Diözese Graz-Seckau (Archiv Caritas), Flüchtlingsfürsorge, ÜDAG Protokolle 1973–1979, ÜDAG Statut.

176 Arbeitsweise und Arbeitsschwerpunkte der ÜDAG siehe Kapitel 6.2.2.

177 Diözesanarchiv, Katholische Aktion, Ordner 290, Das Österreichische Ausländerbeschäftigungsgesetz, 31.

darf«[178], wurde aus humanitärer Sicht für sehr bedenklich erachtet. Dieser kam im Gesetzestext laut ÜDAG vor allem dadurch klar zum Ausdruck, dass nicht die ausländische Arbeitskraft, sondern die ArbeitgeberInnen RechtsträgerInnen der BG waren, dass der Gültigkeit der BG bestimmte ArbeitgeberInnen, Betriebsorte und Funktionen zugewiesen wurden und sie maximal 12 Monate gültig sowie jederzeit widerrufbar war. Außerdem waren laut AuslBG keine Maßnahmen vorgesehen, die ausländische Arbeitskräfte bei unverschuldetem Verlust der BG schützten. Zudem sollte »bei Entzug der BG aus Gesundheitsgründen eine Abschiebung des nun nicht mehr brauchbaren Ausländers unverzüglich erfolgen«[179]. Auch wurde von der ÜDAG Kritik an der Tatsache geäußert, dass keine Unterscheidung zwischen neu zugezogenen ArbeitsmigrantInnen und jenen, die bereits seit Jahren mit ihren Familien in Österreich lebten, arbeiteten und bereits begannen, »sich erfolgreich zu integrieren«[180], getroffen wurde. Ungeachtet dieser Kritikpunkte trat das AuslBG 1976 in Kraft.[181] Dieses Beispiel zeigt sehr deutlich, dass vor allem karitative bzw. kirchliche Stellen die von staatlicher Seite fehlende Betreuung von ArbeitsmigrantInnen übernahmen und Konzepte wie auch Maßnahmen zur Integration von ausländischen Arbeitskräften in die österreichische Gesellschaft umsetzten.[182] Erst mit der Novelle zum AuslBG von 1988 erfolgte die Abkehr vom Rotations- hin zum Integrationsprinzip. Jugendliche der zweiten Generation erhielten die Möglichkeit, einen Befreiungsschein (BS) zu beantragen. Auch für in Österreich langjährig beschäftigte ArbeitsmigrantInnen wurde seine Erlangung erleichtert und diese im Bereich der BG und des BS bessergestellt (Muttonen 2008, 165).

178 Diözesanarchiv, Katholische Aktion, Ordner 290, Das Österreichische Ausländerbeschäftigungsgesetz, 31.

179 Diözesanarchiv, Katholische Aktion, Ordner 290, Das Österreichische Ausländerbeschäftigungsgesetz, 31.

180 Diözesanarchiv, Katholische Aktion, Ordner 290, Das Österreichische Ausländerbeschäftigungsgesetz, 31.

181 Am 10.4.1975 kam es zu einem Treffen zwischen der ÜDAG und Sozialminister Rudolf Häuser bezüglich des AuslBG. Dabei wurde vereinbart, dass die Stellungnahme der ÜDAG zur Regierungsvorlage an alle Mitglieder des parlamentarischen Sozialausschusses ergehen solle. Am 11.3.1975 trat dieser zusammen. Dabei waren auch VertreterInnen der ÜDAG anwesend, die für Fragen zur Verfügung standen. Der Arbeiterkammertag sprach sich letztendlich gegen die ÜDAG-Vorschläge aus. Somit blieb die Regierungsvorlage unverändert und am 20.3.1975 wurde das AuslBG einstimmig im Parlament beschlossen (Caritas Archiv, Flüchtlingsfürsorge, UDAG 1974–1984, Protokoll Vorstandssitzung 10.4.1975).

182 Siehe Kapitel 6.2.2.

2.4.1 Aktuelle Perspektiven

Die in den 1970er Jahren geänderte Migrationspolitik führte allerdings zu einem unerwarteten Nebeneffekt. Kennzeichnend für die Migration von ausländischen Arbeitskräften war die Kombination verschiedener Phasen der Arbeitsmigration mit teilweise längeren Rückkehrperioden. Infolge der geänderten Gesetzeslage mussten ArbeitsmigrantInnen nun davon ausgehen, dass nach einer Ausreise keine weitere Möglichkeit zur Wiedereinreise zwecks Arbeitsaufnahme bestand. Somit musste man sich für ein Leben in Österreich oder eine Remigration entscheiden. Aufgrund dieser geänderten Ausgangsbedingungen entschlossen sich viele ArbeitsmigrantInnen zur dauerhaften Niederlassung in Österreich und Familienangehörige zogen zu.[183] Infolge des einsetzenden Familiennachzugs wurde die staatlich geförderte Rückwanderung größtenteils ausgeglichen. Die Anzahl der ausländischen Wohnbevölkerung in Österreich blieb relativ konstant (Bauer 2008, 6; Perchinig 2010, 146). Der Frauen- und Kinderanteil unter den MigrantInnen erhöhte sich in der Phase nach 1973, die in der Literatur als »Hochblüte des Familiennachzugs« bezeichnet wird. In diesem Jahr war der Höhepunkt der Beschäftigung von ArbeitsmigrantInnen in Österreich erreicht. Die Anzahl an ausländischen Arbeitskräften fiel in den Folgejahren kontinuierlich ab, bis diese im Jahr 1983 117.032 betrug. Erst ab Mitte der 1980er Jahre kam es zu einem erneuten Anstieg der ausländischen Beschäftigten in Österreich.[184] Zwischen 1989 und 1993 stieg die Zahl der in Österreich lebenden Personen mit ausländischer StaatsbürgerInnenschaft von 387.000 auf 690.000 an (Weigl 2009b, 39–40).[185]

Die Einführung des Fremden- und Aufenthaltsgesetzes am 1. 1. bzw. 1. 7. 1993 markierte den Beginn einer neuen Einwanderungspolitik. Durch das Aufenthaltsgesetz wurde eine jährliche Zuwanderungsquote auf Bundes- und Landesebene festgesetzt, in die bis zur Novelle im Jahr 1995 auch in Österreich geborene Kinder eingerechnet wurden. Ab diesem Zeitpunkt durfte die Anzahl der legal in Österreich beschäftigten ArbeitsmigrantInnen nicht mehr als 10 %

183 Ausschlaggebend für die Entscheidung, in Österreich zu bleiben, war, dass sich die ökonomischen Bedingungen in den Herkunftsgebieten nicht gebessert hatten und kaum Zukunftsperspektiven für RemigrantInnen bestanden. Zum anderen konnte das angestrebte Kapital nicht so schnell angespart werden, wie ursprünglich angenommen, da die Lebenshaltungskosten in Österreich wesentlich höher waren, als man erwartet hatte (Perchinig 2010, 146).

184 Zu den wirtschaftlichen und arbeitsmarktpolitischen Entwicklungen in der Steiermark siehe Kapitel 5.

185 Gründe für diesen Anstieg sind der Fall des Eisernen Vorhangs, die Kriege sowie Vertreibungen im ehemaligen Jugoslawien, Afghanistan und Tschetschenien. Dennoch kamen weiterhin 60 % der MigrantInnen aus dem ehemaligen Jugoslawien und der Türkei (Bauer 2008, 7–8).

des österreichischen Arbeitskräftepotenzials betragen.[186] Durch das Aufenthaltsgesetz wurden ausländische Arbeitskräfte einer Titelpflicht unterstellt, die an eine angemessene Unterkunft und an einen gesicherten Lebensunterhalt gebunden war. Nach quotenmäßiger Erstbewilligung konnten befristete Verlängerungen erteilt werden. Diese restriktiven Vorschriften schränkten nicht nur die Neuzuwanderung ein, sondern wirkten sich auch auf den Aufenthalt bereits in Österreich lebender MigrantInnen aus (Ali-Pahlavani 2003, 43).

Mit dem am 1.1.1993 in Kraft getretenen Fremdengesetz erfolgte eine Trennung zwischen EinwanderInnen und TouristInnen mit dem Ziel, die illegale Beschäftigung einzuschränken. Nicht-EU-BürgerInnen benötigten ab diesem Zeitpunkt eine AE (Reichel 2010a, 51; 2010b, 61–63; Volkshilfe/migrare 2014, 12–20).[187] Des Weiteren mussten sie einen Nachweis über ihren Lebensunterhalt und ihre Wohnmöglichkeit erbringen (Fassmann/Münz 1995, 87–90; Reichel 2010a, 51).

Mit der »Überführung der alten Gastarbeiterbevölkerung in die dauerhafte Niederlassung (wurde) ein neues Gastarbeitersystem geschaffen, das die gleichen Ziele mit anderen Mitteln zu erreichen versucht, wie das alte« (Gächter 2008, 12). Durch die »Saisonierbeschäftigung« wurde 1993 eine auf Quoten basierende GastarbeiterInnenbeschäftigung fortgeführt. Ähnlich wie das alte System der Gastarbeit wird auch das neue mithilfe des AuslBG über das Arbeitsmarktservice abgewickelt und untersteht dem Arbeitsministerium bzw. den Interessensvertretungen der ArbeitgeberInnen und -nehmerInnen. Diese Beschäftigungsmöglichkeit zielt darauf ab, einen vorübergehenden zusätzlichen Bedarf an Arbeitskräften auszugleichen. Mittels Verordnungen werden Kontingente für befristete Arbeitskräfte und ErntehelferInnen aus Drittstaaten geschaffen, die regelmäßig für die Bereiche Tourismus sowie Land- und Forstwirtschaft erlassen werden. Kontingentbewilligungen werden allerdings nur dann erteilt, wenn die freien Arbeitsstellen nicht mit inländischen bzw. am Arbeitsmarkt integrierten ausländischen Arbeitskräften besetzt werden können und eine Unbedenklichkeitsbescheinigung vorliegt. Die Geltungsdauer einer Bewilligung beträgt sechs Monate. Innerhalb von 14 Monaten darf eine Arbeitskraft maximal 12 Monate mit mehreren Kontingentbewilligungen in Österreich beschäftigt werden. Dadurch wird verhindert, dass sich laut AuslBG ein Anspruch auf freien Zugang zum österreichischen Arbeitsmarkt ergibt. ErntehelferInnen erhalten eine nur für maximal sechs Wochen gültige BG. Für sie wird jährlich ein eigenes Kontingent festgelegt (Gächter 2008, 12).

Das Fremdengesetz wurde 1997 reformiert und ein sogenanntes »Fremdenrechtspaket« beschlossen. Dieses fasst das Fremdengesetz sowie die Novellen des

186 Im Jahr 1994 wurde die Bundeshöchstzahl auf 8 % gesenkt.
187 BGBl. Nr. 892/1993, Durchführung des Fremdengesetzes.

AuslBG, die Bundeshöchstzahlenverordnung und das Arbeitslosenversicherungsgesetz zusammen. Dadurch wurde die Neuzuwanderung weiter beschnitten und ein System der stufenweisen Aufenthaltsverfestigung eingeführt. Diese Gesetzesänderung stand unter dem Grundsatz »Integration statt Zuwanderung«. 2002 erfolgte eine Fremdenrechtsnovelle. Dabei wurde der Nachweis von Deutschkenntnissen vorgeschrieben. Mit dem im Jahr 2006 erlassenen »Fremdenrechtspaket« ergab sich eine weitere Änderung. Der Aufenthalt von ›fremden‹ Personen wurde ab diesem Zeitpunkt durch ein Niederlassungs- und Aufenthaltsgesetz, das Fremdenpolizeigesetz und das Asylgesetz geregelt. Dadurch kam es zu einschneidenden Änderungen und zur Einführung zahlreicher neuer Aufenthaltstitel, die sich hinsichtlich des Aufenthaltsgrundes und der -dauer erheblich unterschieden. Infolge der Fremdenrechtsnovelle im Jahr 2009 kam es zu einer erneuten Verschärfung des österreichischen Fremdenrechtes, vor allem im Bereich der Schubhaft. Mit 1.7.2011 trat das neue Fremdenrecht in Kraft, das anstatt der bisherigen Quoten zur Regelung der Zuwanderung ein Punktesystem vorsieht. Ferner müssen bereits vor Einreise Deutschkenntnisse vorgewiesen werden. Im Jahr 2011 kam es zu einer erneuten Änderung des Fremdenrechtsgesetzes und zur Einführung der »Rot-Weiß-Rot-Karte«. 2014 erfolgte durch das Fremdenrechtsnovellierungsgesetz eine völlige Neustrukturierung des Fremdenwesens in Österreich (Reichel 2010b, 61–63; Volkshilfe/migrare 2014, 12–20).

Parallel zur rechtlichen Entwicklung erfolgte auch eine Verschiebung auf der Ebene der AkteurInnen hinsichtlich der Beschäftigungspolitik von ArbeitsmigrantInnen. Seit den 1990er Jahren wird diese von der Regierung und den Koalitionsparteien dominiert. Die Sozialpartner sind nur mehr formal bzw. vereinzelt in den Entscheidungsprozess eingebunden. Sofern im Rahmen von paritätisch besetzten Gesprächsforen keine Einigung erzielt werden kann, setzt die Regierung ihre Ziele mithilfe der parlamentarischen Mehrheit um. Die Mehrheitsdemokratie als politischer Stil zur Konfliktregelung nimmt eine immer wichtigere Stellung im politischen Entscheidungsfindungsprozess ein. Die Beschäftigung von ArbeitsmigrantInnen entwickelt sich zur Querschnittsmaterie von Wirtschafts- und Fremdenrechtspolitik. Dieser Prozess verringert den Einfluss der Sozialpartnerschaft auf die Beschäftigungspolitik erheblich (Tàlos/Stromberger 2005, 94–95, 99, 106).

3. Herkunftsland Jugoslawien

Die ökonomisch begründete Arbeitsmigration war jugoslawischen StaatsbürgerInnen bis in die 1960er Jahre nicht erlaubt. Erst ab diesem Zeitpunkt nahm die Regierung die Partizipation am transnationalen Anwerbesystem als eine Option wahr, um der hohen Arbeitslosigkeit entgegenzuwirken und Deviseneinnahmen für den Aufbau der eigenen Wirtschaft zu gewinnen. In den Folgejahren entwickelte sich Jugoslawien zu einem der wichtigsten Entsendeländer von Arbeitskräften für die Industriestaaten West-, Mittel- und Nordeuropas. Ziel dieses Kapitels ist es, die Bedeutung der Gastarbeit für Jugoslawien, als Herkunftsland der meisten ArbeitsmigrantInnen in Österreich, darzustellen und auf den transnationalen Charakter dieser spezifischen Migrationsbewegung zu verweisen. Einleitend werden jene wirtschaftlichen, politischen und sozialen Entwicklungen beschrieben, die dazu führten, dass der sozialistische Staat Arbeitskräfte ins Ausland entsandte. Anschließend wird auf die jugoslawische Migrationspolitik Bezug genommen. Diese kann, äquivalent zur österreichischen Anwerbepolitik, in drei Phasen unterteilt werden: vom Ausreiseverbot zur Arbeitsmigration (1950–1965), Maximierung der Arbeitsmigration (1965–1973) und Remigration und -integration (ab 1973). Zudem wird auf die ökonomische Bedeutung und die Auswirkungen der Arbeitsmigration für Jugoslawien eingegangen.

3.1 Wiederaufbau nach 1945

Nach dem Zweiten Weltkrieg übernahm die Kommunistische Partei Jugoslawiens unter der Führung Titos[188] die Macht in Jugoslawien und die Föderative Volksrepublik Jugoslawien wurde am 29.11.1945 ausgerufen. Das Land bestand aus den Republiken Kroatien, Bosnien-Herzegowina, Mazedonien, Montenegro,

188 Die Wahlen zur verfassungsgebenden Versammlung gewann am 11.11.1945 die kommunistische Volksfront unter der Führung von Josip Broz (1892–1980), genannt Tito.

Slowenien und Serbien sowie den zwei autonomen Provinzen Kosovo und Vojvodina. Jugoslawien war durch den Krieg stark zerstört, wies eine hohe Beschäftigungskonzentration im Agrarsektor auf und zählte zu den am geringsten entwickelten Ländern Europas.[189] Der jugoslawische Staat wurde zunächst Teil des Internationalen Kommunismus und es erfolgte die Verstaatlichung des Finanz- und Transportwesens, der Industrie sowie der Handelsunternehmen nach sowjetischem Vorbild. Des Weiteren wurde ein Planungsamt zur zentralen Lenkung und Bestimmung der Wirtschaftsprozesse eingerichtet. Kennzeichnend für das zentralverwaltete Wirtschaftssystem waren die Aufgabe des freien wirtschaftlichen Wettbewerbs und die Monopolisierung des Außenhandels. Mit der Umstellung auf eine Planwirtschaft und dem ersten Fünfjahresplan sollte die Umwandlung in einen Industriestaat vollzogen werden.[190] Mithilfe hoher Investitionsquoten wollte die jugoslawische Regierung die Industrialisierung vorantreiben und gleichzeitig die unterentwickelten Teile Bosnien-Herzegowina, Mazedonien, Montenegro und Kosovo fördern. Dazu mussten die Exporte (vor allem Agrarprodukte, Erze und Bauholz) erheblich gesteigert und die Produktionsleistungen ausgebaut werden. Die Überschüsse in der Dienstleistungs- und Übertragungsbilanz konnten das Handelsbilanzdefizit kaum ausgleichen. Aus diesem Grund musste Kapital aus dem Ausland eingeführt und ausländische Kredite aufgenommen werden. Diese wirtschaftlichen Entwicklungen führten dazu, dass der neu gegründete Staat von Anfang an mit einer negativen Handelsbilanz behaftet war.[191]

1948 kam es zum Bruch zwischen Stalin und Tito.[192] Dies hatte zur Folge, dass

189 Rund 3,5 Millionen Menschen wurden obdachlos und rund 289.000 bäuerliche Wirtschaften, mehr als ein Drittel aller Industrieanlagen sowie mehr als die Hälfte aller Eisenbahnanlagen, Straßen und Brücken waren zerstört (Haberl 1978, 33; Calic 2010, 184).

190 Durch den Aufbau einer Schwerindustrie, den Ausbau des Verkehrsnetzes sowie der Elektrifizierung Jugoslawiens sollte dieses Ziel erreicht werden (Künne 1979, 18–19; Rom 2004, 49; Ladan 2010, 6).

191 In den 1950er Jahren stammten diese Mittel vor allem aus den USA. In den 1960er Jahren war Jugoslawien vermehrt auf Kredite des Internationalen Währungsfonds und der Weltbank angewiesen (Haberl 1978, 34; Parnreiter 1994, 107; Künne 1979, 39–40).

192 Auslöser für den Bruch waren unter anderem Uneinigkeiten über die Stellung und Einflusssphäre im Kominform, dem »Informationsbüro der Kommunistischen und Arbeiterparteien«, das von 1947 bis 1956 ein überstaatliches Bündnis verschiedener kommunistischer Parteien war. Dieses sollte zur gegenseitigen Information und Koordination der Tätigkeiten sowie zum Erfahrungsaustausch der Mitglieder dienen. Die KPdSU dominierte es und strebte die ideologische wie auch organisatorische Gleichschaltung aller Mitglieder an. Tito forderte, dass die Kommunistische Partei Jugoslawiens als gleichberechtigter Partner anerkannt und jegliche Einmischung und Kontrolle vonseiten der Sowjetunion vermieden werde. Aufgrund der antisowjetischen Haltung Jugoslawiens sowie der Weigerung, die eigenen wirtschaftlichen Entwicklungen den Erfordernissen der Sowjetunion unterzuordnen, kam es im Jahr 1948 zum Ausschluss Jugoslawiens aus dem Kominform und der Verlegung des Hauptsitzes von Belgrad nach Bukarest (Calic 2010, 189–192).

Jugoslawien vor einer vollkommenen Wirtschaftsblockade stand und auf die Unterstützung von westlichen Industriestaaten angewiesen war. Ab den 1950er Jahren wurden Schritte zur Dezentralisierung der Wirtschaft eingeleitet und der Übergang von einer Zentralverwaltungswirtschaft zur »sozialistischen Marktwirtschaft« vollzogen.[193] In den 1960er Jahren zielten zahlreiche Wirtschaftsreformen darauf ab, den jugoslawischen Markt gegenüber dem Westen zu öffnen.[194] Um dies zu erreichen, wurde dieser für Rohstoffe, Agrar- und Zwischenprodukte freigegeben. Des Weiteren wurden Investitions- und Geschäftsbanken aus der staatlichen Vorherrschaft entlassen. Infolge erhielten Banken und Betriebe mehr Entscheidungsfreiheiten, staatliche Schutzmaßnahmen wurden minimiert und das Wechsel- und Außenhandelssystem liberalisiert. Diverse Maßnahmen zur Mechanisierung der Landwirtschaft sowie die Verbindung von Agrarwirtschaft und Industrie sollten dazu beitragen, konkurrenzfähige landwirtschaftliche Erzeugnisse für den Weltmarkt herzustellen und die Produktionsstruktur den Bedürfnissen der internationalen Wirtschaft anzupassen. Ziel war es, eine ausgeglichene wirtschaftliche Entwicklung sicherzustellen und Unternehmen zu mehr Effizienz in ihrer Produktion zu verhelfen. Die Konsequenzen des ökonomischen Umbruchs waren die Verlangsamung des Wirtschaftswachstums, eine Inflation, eine steigende negative Handelsbilanz und die Erhöhung der Arbeitslosenquote. Vor allem Arbeitsplätze in der Landwirtschaft wurden schneller aufgegeben als in anderen Branchen entstanden (Brunnbauer 2009, 30; Sundhaussen 1982, 157–158; Haberl 1978, 37–38).

Zwischen 1948 und 1953 verließen mehr als eine Million Arbeitskräfte landwirtschaftliche Betriebe, von 1953 bis 1961 rund 1,8 Millionen. Auch die Tatsache, dass die nach dem Zweiten Weltkrieg geborenen Jahrgänge das arbeitsfähige Alter erreichten, verschärfte die Situation am jugoslawischen Arbeitsmarkt zusätzlich. Vor allem die Zunahme der weiblichen Arbeitssuchenden und die steigenden Zahlen von qualifizierten Arbeitskräften trugen zur Verschlechterung der Situation am Arbeitsmarkt bei (Baučić 1973, 58; Drettakis 1975, 38–39). Die wirtschaftlichen Schwächen Jugoslawiens konnten nicht überwunden werden. Die Unterschiede zwischen den einzelnen Republiken und Provinzen vergrößerten sich zunehmend. Das Streben nach schnellem Ertrag hatte die einseitige Konzentration auf die verarbeitende Industrie zur Folge.

193 Die Verwaltung staatlicher Betriebe wurden den Beschäftigten bzw. gewählten ArbeiterInnenräten übergeben. Diese Entwicklung wurde durch das 1951 erlassene »Gesetz über die planmäßige Lenkung der jugoslawischen Volkswirtschaft« festgelegt (Goodlett 2007, 2; Rom 2004, 51–52).

194 In der Verfassung von 1963 wurden die De-Etatisierung (Förderung des Selbstverwaltungssystems durch Rückzug des Staates) und Dezentralisierung (niedrigere Ebenen erhalten Entscheidungsmacht) festgeschrieben (Haberl 1978, 37–38; Ladan 2010, 13).

Dadurch erhöhte sich die Importabhängigkeit von Energie, Rohstoffen und industriellen Vorprodukten. Die Wachstumsraten gingen zurück und die angestrebten Exporterfolge blieben trotz hoher Investitionen aus. Parallel dazu stiegen die Inflationsrate und das Handelsbilanzdefizit. Das jugoslawische Wirtschaftssystem wurde infolge der Liberalisierung des Marktes und des dadurch entstandenen Wettbewerbs durch ausländische Konkurrenz erheblich geschwächt. Rückständige Technologien und kaum vorhandene Spezialisierungen wirkten sich zudem negativ aus. Die jugoslawische Regierung versuchte, dieser Entwicklung durch Kredite, Einnahmen aus dem Tourismus und Entsendung von arbeitslosen Arbeitskräften entgegenzuwirken. Vor allem das Potenzial von Einnahmen aus Devisenrückflüssen von ArbeitsmigrantInnen für den Aufbau der Wirtschaft sowie die Entlastung des Arbeitsmarktes durch die Arbeitsmigration wurden erkannt (Parnreiter 1994, 107–110; Schierup 1990, 78).

3.2 Vom Ausreiseverbot zur Arbeitsmigration (1950–1965)

Durch die im vorherigen Abschnitt beschriebene jugoslawische Wirtschaftspolitik konnte weder die Industrialisierung Jugoslawiens vorangetrieben noch der Lebensstandard der Bevölkerung erhöht und die Arbeitslosigkeit gesenkt werden. Das Wohlstandsgefälle zwischen städtischen und ländlichen Gebieten sowie den einzelnen Republiken und Provinzen löste eine starke Binnenmigrationsbewegung aus. Bis Anfang der 1960er Jahre war es jugoslawischen StaatsbürgerInnen verboten, aus ökonomischen Gründen temporär das Land zu verlassen. Die jugoslawische Regierung lehnte aus ideologischen und politischen Gründen die Aufnahme von transnationalen Arbeitsmarktbeziehungen zu westlichen Industrieländern ab.[195] Dennoch gab es eine spontane und illegale Migrationsbewegung nach Westeuropa. Diese umfasste ArbeitsmigrantInnen und vor allem Personen, die aus politischen Gründen das Land verließen.[196] Von 1953 bis 1963 wanderten circa 277.675 jugoslawische StaatsbürgerInnen vorwiegend nach Deutschland aus (Novinšćak 2009, 125). Die Ausreise für Arbeitskräfte konnte durch sogenannte »Garantiebriefe« erleichtert werden, die

195 Jugoslawien war in der Zwischenkriegszeit stark von westeuropäischen Industriestaaten abhängig. Es galt, diese erneute Abhängigkeit zu verhindern (Rass 2010, 192).

196 Dabei handelte es sich um kroatische sowie serbische KollaborateurInnen des NS-Regimes, KriegsverbrecherInnen und SpionInnen. Auch Angehörige der deutschen Bevölkerung mussten den neu gegründeten Staat verlassen.

von in den Zielländern lebenden Personen oder Firmen ausgestellt worden waren.[197] Im Jahr 1962 migrierten circa 6.100 JugoslawInnen nach Österreich.[198]

Die ökonomischen Bedingungen führten zu einer Änderung der jugoslawischen Wirtschafts- und Migrationspolitik. Jugoslawien öffnete seine Grenzen in Richtung ›Westen‹.[199] Die Arbeitsmigration wurde ab den 1960er Jahren als eine Option zur Entlastung des jugoslawischen Arbeitsmarktes und zur Gewinnung von Einnahmen aus Devisenrücküberweisungen wahrgenommen. Die jugoslawische Arbeitsmarktverwaltung nahm daher Anfang der 1960er Jahre erste Kontakte zu Industriestaaten Westeuropas auf. Mit dem Erlass des Amnestiegesetzes von 1962 wurden im Ausland beschäftigte jugoslawische StaatsbürgerInnen straffrei gestellt. Damit war ihre Rückkehr nach Jugoslawien möglich und die Arbeitsmigration nicht mehr illegal. Außerdem wurde das Passwesen vereinfacht. Die Ausreise erfolgte vorwiegend über die diplomatischen Vertretungen der Zielländer, die nach Vorlage von Arbeitsverträgen Einreisevisa für jugoslawische StaatsbürgerInnen ausstellten. Diese informellen Beziehungen zur Regelung der Arbeitsmigration wurden im Laufe der 1960er Jahre durch zwischenstaatliche Anwerbeabkommen formalisiert. Dadurch wollte der jugoslawische Staat die spontane, ungeregelte Migrationsbewegung einschränken und eine kontrollierte Arbeitsmigration einleiten (Rass 2010, 192–193).

Diese Änderung der Migrationspolitik wurde erst durch einen ideologischen Wandel innerhalb des sozialistischen Systems möglich. Aus Sicht der Kommunistischen Partei wurde die Abwanderung jugoslawischer Arbeitskräfte zur Arbeitsaufnahme in den kapitalistischen Staaten Europas ursprünglich strikt abgelehnt. Um die Entsendung von Arbeitskräften zu ermöglichen, wurde die neue staatliche Migrationspolitik als unterstützende Maßnahme zum Aufbau der jugoslawischen Wirtschaft propagiert.[200] Außerdem verwies die jugoslawische Regierung auf den temporären Charakter der Arbeitsmigration. Der Gedanke der Remigration bildete einen grundlegenden Bestandteil der liberalisierten Migrationspolitik. Die jugoslawische Regierung vermittelte die Vorstellung, dass jugoslawische ArbeitsmigrantInnen weiterhin Teil der sozialistischen Gesellschaft blieben, und sprach ausschließlich von »Arbeitskräften, die

---

197 Solche Briefe konnten für rund 70 US-Dollar erworben werden (Rass 2010, 192; Ivanović 2013, 36).

198 Davon reisten 2.500 mit und 2.600 ohne Reisepass in Österreich ein (Ivanović 2013, 37).

199 Die Grenzöffnung wurde durch die Befürchtung, die hohe Zahl an arbeitslosen Personen könnte zu politischen Unruhen führen, weiter beschleunigt (Haberl 1978, 48).

200 Tito hielt in einer Rede im Jahr 1965 fest, dass es keinen Sinn macht, jemanden unter Zwang zurückzuhalten und davon abzuhalten, eine Arbeitsstelle im Ausland zu suchen, wenn in Jugoslawien keine Beschäftigungsmöglichkeit für diese Person besteht. Außerdem gab er 1968 indirekt zu, dass die Arbeitsmigration eine erforderliche Konsequenz der durch die Wirtschaftsreformen ausgelösten Erhöhung der Arbeitslosigkeit war (Novinšćak 2009, 126).

temporär im Ausland beschäftigt waren«. Wie in Österreich wurde auf den kurzfristigen Charakter der Arbeitsmigration verwiesen. Überdies wurden Netzwerke gegründet, unterstützt oder ausgebaut, die in den Zielländern jugoslawische ArbeitsmigrantInnen betreuten, mit der Absicht, den antikommunistischen Einfluss zu minimieren und die Bindung zum jugoslawischen Staat aufrechtzuerhalten (Novinšćak 2009, 127–128).

3.3 »Maximierung« (1965–1973)

Der beschriebene migrationspolitische und ideologische Wandel leitete die zweite Phase der jugoslawischen Migrationspolitik ein, die unter dem Begriff »Maximierung« zusammengefasst werden kann. Um den Arbeitskräfteexport zu forcieren, wurde im Jahr 1965 der erste Anwerbevertrag mit Frankreich geschlossen und im Jahr 1966 trat jener mit Österreich in Kraft, dem eine lange Verhandlungsdauer vorausging.[201] Im Jahr 1967 unterzeichnete man einen Anwerbevertrag mit Schweden, 1968 mit der BRD und 1970 mit den Niederlanden, Belgien und Luxemburg. Jugoslawien war das Entsendeland von Arbeitskräften, das die meisten bilateralen Wanderungsabkommen geschlossen hatte. Bevor jedoch einer Arbeit im Ausland nachgegangen werden durfte, hatte der Militärdienst abgeleistet und ein gültiger Arbeitsvertrag vorhanden sein müssen.[202]

Ein Ziel der jugoslawischen Migrationspolitik war es, durch die geschlossenen Anwerbeabkommen grundlegende Rechte jugoslawischer ArbeitsmigrantInnen im Ausland zu sichern.[203] Zudem war der Bund der Gewerkschaften Jugoslawiens (BdGJ) bestrebt, Kontakte zu den Gewerkschaften in den Ziellän-

201 Bereits Anfang der 1960er Jahre wurde von österreichischer Seite der Wunsch artikuliert, Arbeitskräfte aus Jugoslawien anzuwerben. Erst im Jahr 1964 konnte durch regionale Abkommen eine eingeschränkte Anwerbung von Arbeitskräften erfolgen. Allerdings waren die Anwerbeoptionen auf Sarajevo und Zagreb beschränkt. Die Arbeitskräfte wurden in Zusammenarbeit mit den jugoslawischen Arbeitsämtern angeworben. Eine österreichische Anwerbestelle in Jugoslawien durfte nicht eröffnet werden. Im Oktober und November 1964 fanden in Belgrad die ersten erfolglosen Verhandlungen über ein Anwerbeabkommen statt. Zu einer Einigung kam es erst im Jahr 1965. Dieses österreichisch-jugoslawische Anwerbeabkommen trat mit 3.4.1966 in Kraft (Rass 2010, 193–194; Goeke 2008, 732).

202 Mit der Schweiz wurde kein Anwerbevertrag geschlossen, obwohl das Land ein wichtiges Ziel für jugoslawische ArbeitsmigrantInnen darstellte (Rass 2010, 193–194; Goeke 2008, 732).

203 Rass stellt in seinem Vergleich der unterschiedlichen Verträge fest, dass sich diese in Abhängigkeit von den jeweiligen Machtpositionen unterschieden. Frankreich hatte größeres Mitspracherecht bei der Auswahl der Arbeitskräfte im Vergleich zu Österreich und Schweden. Auch konnte Frankreich unter Berufung auf nationale Bestimmungen restriktivere Maßnahmen durchsetzen, die dem Interesse Jugoslawiens an Devisenrücküberweisungen entgegenstanden (Rass 2010, 194).

dern herzustellen, um die soziale Absicherung jugoslawischer StaatsbürgerInnen zu gewährleisten. In diesem Zusammenhang kommt auch der transnationale Charakter der jugoslawischen Migrationspolitik deutlich zum Ausdruck. Dies gelang allerdings nicht in dem gewünschten Ausmaß. Im Jahr 1974 stellte der BdGJ fest, dass es mit den französischen Gewerkschaften nur ad hoc zu Kooperationen kam und die Zusammenarbeit mit der schwedischen Gewerkschaft weiter ausgebaut werden sollte. Zu den schweizerischen, österreichischen, niederländischen, belgischen und luxemburgischen Gewerkschaften bestanden kaum Kontakte (Haberl 1978, 89–98).

Verantwortlich für die Anwerbung von jugoslawischen Arbeitskräften war das Bundesbüro für Beschäftigungsangelegenheiten mit seinem Hauptsitz in Belgrad. Die Vermittlung von Arbeitskräften fiel in den Zuständigkeitsbereich der lokalen bzw. republikanischen Arbeitsämter. Die Beobachtung der Beschäftigungsentwicklung und der Arbeitsbedingungen von JugoslawInnen im Ausland oblag dem Bundesbüro. Ausnahmslos alle ausländischen Anwerbekommissionen mussten mit diesem in einem »komplizierten dezentralen Verfahren zusammenarbeiten, das für eine Verteilung der Anwerbung auf Regionen, ethnische Gruppen nach dem in Jugoslawien üblichen Proporz« (Rass 2010, 194–195) verantwortlich war.[204] Zudem hatten ausländische Firmen die Möglichkeit, direkte Anwerbemaßnahmen in Jugoslawien durchzuführen. Diese Möglichkeit der Selbstanwerbung führte zu einer erheblichen Konkurrenzsituation zwischen den einzelnen Anwerbeländern und ArbeitgeberInnen, aber auch zwischen den jugoslawischen GemeindevertreterInnen, die bestrebt waren, so viele arbeitslose Arbeitskräfte wie möglich ins Ausland zu vermitteln. Die politische Anerkennung der Arbeitsmigration auf Bundesebene erfolgte allerdings erst im Jahr 1971, als ein »bevollmächtigtes Organ für die Tätigkeiten des Bundes der Kommunisten im Zusammenhang mit der Abwanderung und der temporären Arbeit unserer Arbeiter im Ausland« (Künne 1979, 44) eingerichtet wurde. Dadurch schuf man die Grundvoraussetzungen zur Erarbeitung von Strategien zur Steuerung der Abwanderung (Calic 2010, 255–257; Ivanović 2013, 40).

Die meisten ArbeitsmigrantInnen stammten Anfang der 1960er Jahren aus den Republiken Slowenien, Kroatien und Bosnien-Herzegowina. Im Laufe des Anwerbeprozesses erfolgte eine Verlagerung der Herkunftsgebiete von Arbeitskräften in die weniger entwickelten östlichen und südlichen Regionen Jugoslawiens. Anfang der 1970er Jahre kamen die meisten Arbeitskräfte aus Bosnien-Herzegowina. Der Anteil aus Serbien sowie aus den autonomen Pro-

204 Dies ermöglichte dem jugoslawischen Staat, auf anonyme Anwerbeaufträge Einfluss zu nehmen. Nur in Spanien wurde ein solches dezentralisiertes Verfahren in vergleichbarer Konsequenz angewandt.

vinzen Kosovo und Vojvodina stieg ebenfalls. Aus Slowenien migrierten hauptsächlich FacharbeiterInnen, aus den traditionellen Auswanderungsregionen Kroatiens (Banija, Kordun und Lika) und aus Bosnien-Herzegowina vorwiegend ungelernte Arbeitskräfte. Jugoslawische ArbeitsmigrantInnen fanden in den Zielländern vor allem in der Bauwirtschaft, der verarbeitenden Industrie und in der Gastronomie und Hotellerie eine Beschäftigung.[205]

Basierend auf den Volkszählungsdaten von 1971, gibt die nachstehende Tabelle Auskunft über die Arbeitsmigration aus den jugoslawischen Republiken und Provinzen in die Zielländer Europas.

Zielland	JUG	B&H	Montenegro	Kroatien	Mazedonien	Slowenien	Serbien	Kosovo	Vojvodina
Benelux	1,1	0,7	1,8	0,9	1,5	0,7	1,6	0,7	1,2
BRD	61,2	71,0	41,5	70,1	45,7	62,2	49,3	74,7	54,9
Frankreich	5,5	2,5	8,1	2,6	2,7	1,6	12,5	4,2	4,3
Österreich	12,3	16,8	3,6	5,6	3,6	17,3	18,4	8,6	13,3
Schweden	2,4	1,6	1,8	1,4	3,9	2,0	3,9	0,7	4,7
Schweiz	3,2	1,5	3,9	3,6	1,6	5,7	3,6	5,9	2,3
Restl. Europa	2,2	0,7	8.9	2,1	3,1	3,0	2,3	0,8	1,5

Tabelle 3: Verteilung Aus- und AbwanderInnen nach Republiken/Provinzen in die Zielländer 1971.[206]

Demnach waren jugoslawische ArbeitsmigrantInnen mit einem Anteil von rund 61,2 % am häufigsten in der BRD beschäftigt. An zweiter Stelle stand Österreich mit einem Anteil von 12,3 %, wovon die meisten aus Serbien (18,4 %), Slowenien (17,3 %), Bosnien-Herzegowina (16,8 %) und der Vojvodina (13,3 %) stammten. Davon war knapp die Hälfte in Wien beschäftigt. In den restlichen österreichischen Bundesländern sah die Verteilung wie folgt aus: In Oberösterreich arbeiteten 11,9 %, in Niederösterreich 11,5 %, in Salzburg 8 %, in Vorarlberg 7,6 %, in der Steiermark 6,9 %, in Tirol 5,4 %, in Kärnten 1,6 % und im Burgenland 0,5 % der jugoslawischen ArbeitsmigrantInnen (Brunnbauer 2007, 120–121). Des Weiteren fanden in Frankreich (5,5 %) und der Schweiz (3,2 %) zahlreiche Arbeitskräfte aus Jugoslawien eine Beschäftigung. In Frankreich

205 In den Rezessionsjahren 1966 und 1967 ging die Anwerbung jugoslawischer Arbeitskräfte zurück. Belgien und die Niederlande stellten in diesem Zeitraum ihre Anwerbetätigkeit zur Gänze ein. Die BRD sowie die Schweiz beschränkten sie. Lediglich in Österreich und Frankreich wirkte sich der wirtschaftliche Wachstumsrückgang nicht wesentlich auf die Anwerbungstätigkeit aus (Ivanović 2013, 36; Brunnbauer 2007, 118).

206 Quelle: Haberl (1978, 278, Tabelle 18).

stammten die meisten aus Serbien (12,5 %) und Montenegro (8,1 %) und in der Schweiz waren vor allem AlbanerInnen aus dem Kosovo (5,9 %) und Arbeitskräfte aus Slowenien tätig (5,7 %).

Der Plan der jugoslawischen Regierung, arbeitslose Arbeitskräfte ins Ausland zu schicken, konnte in der Realität nicht umgesetzt werden. Im Jahr 1971 waren nur 7,2 % der ArbeitsmigrantInnen vor ihrer Ausreise arbeitslos gemeldet (Ivanović 2013, 36; Brunnbauer 2007, 118). 83,3 % der ArbeitsmigrantInnen waren jünger als 40 Jahre und 62 % der Frauen waren zum Zeitpunkt der Arbeitsaufnahme im Ausland unter 30 Jahre alt. Rund 42 % der ArbeitsmigrantInnen absolvierten mindestens eine achtjährige Grundschulausbildung. Circa 40 % standen vor ihrer Arbeitsmigration in einem aktiven Beschäftigungsverhältnis. Davon war knapp die Hälfte in der Land-, Forstwirtschaft oder Fischerei tätig. Zahlreiche ArbeitsmigrantInnen verließen Jugoslawien auch aufgrund der Tatsache, dass sie keine Anstellung in einem der staatlichen Betriebe erhielten. Diese boten neben Arbeitsschutz, geregelten Arbeitszeiten, Urlaubsanspruch auch soziale Absicherung (Brunnbauer 2009, 30; Ivanović 2010, 93).

Es besteht hier kein direkter Zusammenhang zwischen Armut und Migration. Nicht die Ärmsten aus den unterentwickeltsten Regionen migrierten. Auch wenn Bedingungen wie wirtschaftliche Stagnation oder Armut eine Migration begünstigen, setzen diese noch keine Migrationsbewegung in Gang. Erst sogenannte intervenierende Faktoren verwandeln diese Voraussetzungen in eine migrationsauslösende Situation. Neben wirtschaftlichen Verflechtungen und traditionellen Abhängigkeiten können die von Regierungen initiierten Anwerbungen von Arbeitskräften als solche Faktoren gewertet werden. Anwerbeverträge stellen eine Brückenfunktion dar und aktivieren Migrationswege (Sassen 1995, 266.).

Die folgende Tabelle gibt Auskunft über die Abwanderung aus den jugoslawischen Republiken und Provinzen nach Geschlechtern.

Republik/Provinz	**Abwanderung von Frauen in %**	**Abwanderung von Männern in %**
Slowenien	40,1	59,9
Kroatien	36,8	63,2
Bosnien-Herzegowina	21,8	78,2
Montenegro	19,3	80,7
Mazedonien	18,1	81,9
Serbien	34,1	65,9
Kosovo	4,7	95,3
Vojvodina	42 ,7	57,3

Tabelle 4: Abwanderung nach Geschlechtern aus den Republiken/Provinzen 1971.[207]

207 Quelle: Haberl (1978, 286).

Im Jahr 1971 betrug der Anteil an Frauen an der Migrationsbewegung rund 31,4 %.[208] Zuerst migrierten vor allem Personen aus städtischer Umgebung. Dabei handelte es sich zumeist um männliche qualifizierte Arbeitskräfte. Erst dann erfolgte die Migration von jungen unqualifizierten Arbeitskräften mit einem steigenden Anteil an Frauen aus ländlichen Gebieten (Goeke 2008, 731–733). Für Kroatien kann hingegen festgestellt werden, dass

> mit höherem Entwicklungsniveau auch die Integration der Frau in den Arbeitsprozeß steigt. (…) Abwandernde Frauen verlassen im Gegensatz zu den kroatischen Männern, von denen ein bedeutender Teil aus ökonomisch rückständigen Gebieten stammt, nicht diese »traditionellen« Auswanderungsgebiete, sondern zunächst »urbanisierte Gegenden« und erst sekundär landwirtschaftlich geprägte Regionen (Haberl 1978, 60).

Die meisten Frauen kamen aus der Vojvodina (42,7 %), Slowenien (40,1 %), Kroatien (36,8 %) und Serbien (34,1 %). Im Gegensatz dazu migrierten Frauen aus Bosnien-Herzegowina, Montenegro und Mazedonien in geringerem Maße. Auffallend ist der niedrige Anteil von Frauen aus dem Kosovo. Dabei kann ein direkter Zusammenhang zwischen Migration und der Struktur des Haushaltes hergestellt werden. Die Bevölkerungsgruppe der AlbanerInnen war am stärksten patriarchal geprägt. Die bei ihr dominierenden Mehrgenerationenhaushalte entsandten hauptsächlich einen oder mehrere Söhne ins Ausland, um das Auskommen des Haushalts zu sichern. Durch die Einkommen aus den Zielländern war es möglich, den Ausschluss der Frauen von bezahlter Arbeit aufrechtzuerhalten. Der Mehrgenerationenhaushalt konnte weiterbestehen.[209]

3.4 Remigration und -integration (ab 1973)

Im Jahr 1973 waren rund 963.000 jugoslawische StaatsbürgerInnen im Ausland beschäftigt (Rass 2010, 196; Haberl 1978, 53), die meisten in der BRD (469.000), in Österreich (197.000) und in Überseestaaten (160.000) (Baučić 1973, 62).[210]

208 Dieser Anteil entsprach der Beschäftigungsrate von Frauen in Jugoslawien (Baučić 1973, 59).

209 Brunnbauer weist darauf hin, dass sich erst im letzten Jahrzehnt diese Strukturen aufzulösen begannen, da die Möglichkeiten zur Migration restriktiver wurden und dadurch die Rücküberweisungen zurückgingen (Brunnbauer 2009, 36–37).

210 Richtet man den Fokus auf jene MigrantInnen, die in den europäischen Ländern beschäftigt waren, ergibt sich folgende Verteilung: 59,6 % arbeiteten in der BRD, 23,0 % in Österreich, 6,6 % in Frankreich, 3,4 % in der Schweiz und 3 % in Schweden. In den nord-, west- und mitteleuropäischen Zielländern liegen die Zahlen um circa 15 % höher, können aber aufgrund der unterschiedlichen Einbürgerungsraten und Erhebungszeitpunkte nicht in Bezug zu den statistischen Erhebungen Jugoslawiens gesetzt werden. Laut Baučić waren im Jahr 1973 insgesamt 990.000 JugoslawInnen im Ausland beschäftigt (Goeke 2008, 733; Baučić 1973, 56, 62).

Der zunehmende Kontrollverlust über die Abwanderung von jugoslawischen StaatsbürgerInnen sowie die Auswirkungen der internationalen Ölkrise veranlassten die jugoslawische Regierung dazu, ihre Migrationspolitik zu ändern. Neues Ziel war es, die Remigration und -integration jugoslawischer ArbeitsmigrantInnen zu forcieren.

Die Grundlage für die geänderte Migrationspolitik bildete das »Gesetz über Grundbedingungen für temporäre Beschäftigung und Schutz der jugoslawischen Bürger im Ausland«, das im Juni 1973 verabschiedet wurde (Künne 1979, 10). Demnach konnte eine Anwerbung nur mehr über das Bundesbüro für Beschäftigungsangelegenheiten bzw. durch die Arbeitsämter der Republiken und autonomen Provinzen erfolgen und war stark eingeschränkt (Künne 1979, 10). Das Gesetz markierte einen ersten Schritt in die Richtung einer strategischen Migrationspolitik. Dieses fand allerdings aufgrund der internationalen Ölkrise 1973/74 und der geänderten Anwerbepolitik der Zielländer und Jugoslawiens keine reale Anwendung. Trotz des Wissens, dass Anwerbestopps erfolgen würden, und der Änderung der eigenen Migrationspolitik ›überraschte‹ die Situation jugoslawische PolitikerInnen und ÖkonomInnen. Aufgrund der hohen Konzentration von traditionellen Branchen (Bergbau und Schwerindustrie), die von der Wirtschaftskrise stark betroffen waren, wirkte sich diese besonders stark auf Jugoslawien aus. Es kam zu Produktionsausfällen und Absatzprobleme wirkten sich negativ auf den Konsumgüterimport aus. Durch Fehlplanung, Misswirtschaft, rückständige Technologien und Mangel an Investitionen stiegen die Kosten für Importe, das Handelsdefizit und die Arbeitslosenzahlen stark an. Des Weiteren vergrößerten sich die Wettbewerbsnachteile der weniger entwickelten Gebiete. Die Bevölkerung Sloweniens war Mitte der 1970er Jahre sieben Mal reicher als jene des Kosovo (Calic 2010, 255–257).

Im Zeitraum von 1974 bis 1976 sank die Zahl der jugoslawischen ArbeitsmigrantInnen in ganz Westeuropa um 140.000. In den Folgejahren verringerte sich die Zahl kontinuierlich. Im Jahr 1985 waren in Westeuropa 500.000 jugoslawische Arbeitskräfte beschäftigt. Ab diesem Zeitpunkt kam es zu einem Anstieg der Anzahl. Im Jahr 1990 waren 550.000 JugoslawInnen in europäischen Staaten tätig (Malačič 1996, 235–236). Es gab vielfache Gründe für die geänderte Haltung Jugoslawiens. Zum einen war es eine Reaktion auf die Migrationspolitik der Zielländer, die infolge wirtschaftlicher Entwicklungen in den 1970er Jahren Anwerbestopps verhängten und eine restriktivere Migrationspolitik verfolgten. Zum anderen wollte die jugoslawische Regierung die unkontrollierte Abwanderung der Arbeitskräfte im Rahmen der Beschäftigung von TouristInnen einschränken. Aber auch die Tatsachen, dass zahlreiche wehrpflichtige Männer sich im Ausland befanden und die Einnahmen aus den Devisenrücküberweisungen nicht den Erwartungen entsprachen, trugen zur Änderung der jugoslawischen Migrationspolitik bei. Ab 1973 definierte die jugoslawische Regierung daher folgende Ziele: die Beseitigung der Ursachen der Arbeitsmigration in Jugoslawien, den Abbau der Widerstände innerhalb der jugoslawischen Bevölkerung gegen RemigrantInnen und die Stärkung der Beziehungen zu den jugoslawischen StaatsbürgerInnen in den Zielländern (Ivanović 2013, 40).

Im Zeitraum zwischen 1964 und 1972 kann von einer Remigrationsquote von 30 % bis 40 % ausgegangen werden. Die meisten remigrierten in den 1970er Jahren (Brunnbauer 2009, 25). Zwischen 1968 und 1977 gingen rund 950.000 JugoslawInnen ins Ausland und 545.000 remigrierten im gleichen Zeitraum (Rass 2010, 197–198). In den Jahren 1974/75 kehrten circa 130.000 ArbeitsmigrantInnen nach Jugoslawien zurück, während weiterhin jährlich circa 20.000 das Land verließen. Im Vergleich dazu verließen 1973 rund 105.000 Arbeitskräfte Jugoslawien und circa 30.000 remigrierten.[211] Diese extreme Verschiebung innerhalb kürzester Zeit führte zu erheblichen sozialen und wirtschaftlichen Spannungen in Jugoslawien und stellte die Regierung vor große Herausforderungen (Brunnbauer 2009, 47). Für RemigrantInnen standen nicht genügend Arbeitsplätze zur Verfügung. Außerdem wurde die Entscheidung zur Remigration zumeist nicht freiwillig getroffen, sondern von den Zielländern gefordert und auch finanziell gefördert. Aus diesen Gründen migrierten viele RückwandererInnen erneut ins Ausland, da sie in Jugoslawien kaum Zukunftsperspektiven hatten (Brunnbauer 2009, 25).

Zusammenfassend kann festgehalten werden, dass kennzeichnend für die Migrationspolitik Jugoslawiens ihr starker nationaler Charakter war. Jede Republik und Provinz war für ›ihre‹ ArbeitsmigrantInnen im Zielland und in der Herkunftsregion verantwortlich. Den nördlichen Republiken gelang es, aufgrund besserer Beziehungen zu den Zielländern und mehr zur Verfügung stehender Ressourcen ihre Interessen stärker durchzusetzen und auch die Remigration stärker zu fördern. Die 1965 beschlossene Maximierung der Arbeitsmigration, ohne Rücksicht auf die beschäftigungspolitischen Auswirkungen innerhalb Jugoslawiens, änderte sich in den 1970er Jahren in eine restriktive und kontrollierte Migrationspolitik in Abstimmung mit den Bedürfnissen der jugoslawischen Wirtschafts- und Beschäftigungssituation. Ausdruck fand diese neue Ausrichtung im Jahr 1977 mit der Unterzeichnung des »Gesellschaftlichen Abkommens über die Grundlagen einer gemeinsamen Beschäftigungspolitik in der Sozialistischen Föderativen Republik Jugoslawien«, in dem erstmalig Vollbeschäftigungsstrategien für Jugoslawien festgelegt wurden (Haberl 1978, 206).

211 Die Dunkelziffer bei den RemigrantInnen war sehr hoch, da nur jene statistisch erfasst wurden, die sich bei ihrer Rückkehr freiwillig bei den Arbeitsämtern meldeten. Die meisten RückkehrerInnen (2/3) kamen aus der BRD und aus Österreich (1/5) (Haberl 1978, 56).

3.5 Wirtschaftliche Bedeutung

Die größten Vorteile der Arbeitsmigration ergaben sich für Jugoslawien durch die Entlastung des Arbeitsmarktes und die Einnahmen aus den Devisenrückflüssen. Im Zeitraum von 1965 und 1975 stiegen diese von 59 Millionen US-Dollar auf über eine Milliarde an. Aufgrund der Abhängigkeit von Devisenrücküberweisungen forcierte die jugoslawische Regierung die Arbeitsmigration. Gerade in der Anfangszeit waren Deviseneinnahmen für die jugoslawische Wirtschaft erheblich. Ab Mitte der 1970er Jahren wurden die Ersparnisse von ArbeitsmigrantInnen zunehmend für den Kauf von Konsumgütern in den Aufnahmeländern bzw. für den Hausbau und Landkauf in Jugoslawien verwendet. Dadurch sanken devisenbasierte Investitionen in die jugoslawische Wirtschaft, die in den 1980er Jahren fast zur Gänze zum Erliegen kamen (Parnreiter 1994, 107–110; Wollner 2010, 82).

Die jugoslawische Regierung setzte diverse Maßnahmen, um die Ersparnisse von ArbeitsmigrantInnen für die eigene Ökonomie zu gewinnen. 1972 wurde beschlossen, ein Zehntel aller Devisenersparnisse den Gemeinden zukommen zu lassen, um die Entwicklung unterentwickelter Gebiete voranzutreiben. Daneben wurden ArbeitsmigrantInnen bei ihren Besuchen in den Herkunftsregionen durch Spendenaktionen dazu animiert, sich an lokalen Bauprojekten zu beteiligen. Die gespendeten Gelder dienten dazu, den Bau von Schulen, Wasserversorgungssystemen, Straßen oder religiösen Einrichtungen zu finanzieren. Diese Spendenaufrufe wurden vorwiegend in der Urlaubszeit durchgeführt, um möglichst viele ArbeitsmigrantInnen zu erreichen. Diese Maßnahmen lassen deutlich erkennen, dass die Arbeitsmigration zahlreichen sozialen und kulturellen Zwängen unterlag (Ivanović 2010, 92–93).

Eine weitere Maßnahme setzte der jugoslawische Staat im Jahr 1972. Es wurde eine Verordnung erlassen, durch die es Betrieben möglich war, Anleihen an jugoslawische StaatsbürgerInnen zu verkaufen. Einzige Bedingung war, dass diese in Devisen bezahlt werden mussten. Neben der Gewährung von Zinsen stand es den Betrieben frei, den KäuferInnen von Anleihen auch andere Vergünstigungen zu gewähren. Als gängige Praxis etablierte sich die Bevorzugung der InvestorInnen bzw. ihrer Verwandten bei Neuanstellungen im Betrieb. Auf diesem Weg entstanden in Jugoslawien bis Ende der 1970er Jahre circa 30 von ArbeitsmigrantInnen finanzierter Betriebe. Im Jahr 1970 eröffnete in der Gemeinde Imotski (Dalmatinslka Zagora) die erste von ArbeitsmigrantInnen finanzierte Textilfabrik. Diese Option sollte dazu beitragen, Investitionen in die jugoslawische Wirtschaft zu tätigen, aber auch die Remigration begünstigen. Allerdings wurden dadurch die sozialen Unterschiede in Jugoslawien erheblich vergrößert und die Bevorzugung der Familienangehörigen von ArbeitsmigrantInnen bei der Einstellung in Betrieben führte zu Spannungen innerhalb der jugoslawischen Gesellschaft. Viele ArbeitsmigrantInnen erwarben nur von einem Betrieb Anleihen, um sich einen Arbeitsplatz im Falle einer Remigration zu sichern. Aus diesem Grund entstanden nicht mehr solcher »Gastarbeiterfabriken«. Außerdem wurden diese Fabriken oftmals in wirtschaftlich wenig entwickelten Regionen gegründet. Aufgrund großer Entfernungen zu Wirtschaftszentren ergaben sich Schwierigkeiten beim Absatz der Produkte. Auch waren jugoslawische Behörden RückkehrerInnen gegenüber nicht immer kooperativ (Ivanović 2010, 95–97).

Aus diesen Gründen verfolgte die jugoslawische Regierung diese Möglichkeit der Investition nicht weiter und entwickelte neue Anlageformen, um die Ersparnisse von ArbeitsmigrantInnen mit dem Staatskapital zusammenzuführen. Die neue Wirtschaftspolitik sah in der Kleinwirtschaft den Motor für den ökonomischen Aufschwung weniger entwickelter Regionen. Vor allem durch die Förderung dieser versuchte der jugoslawische Staat, die Ersparnisse von ArbeitsmigrantInnen an die Betriebe zu binden und Arbeitsplätze für RemigrantInnen zu schaffen. Ab dem Jahr 1977 setzte er sich vermehrt für die Gründung von Gewerbebetrieben ein und erließ das »Gesetz über die Vertragsorganisationen der assoziierten Arbeit«, das Investitionen durch ArbeitsmigrantInnen aus dem Ausland erlaubte (Haberl 1978, 150–152). Die meisten RemigrantInnen gründeten gastgewerbliche Betriebe, Werkstätten oder Transportunternehmen.[212]

Diese kurzfristigen, unterschiedlichen und wechselnden Strategien verdeutlichen, dass die jugoslawische Regierung keine einheitliche Wirtschaftspolitik verfolgte. Somit konnte nicht das gesamte Potenzial der Devisenrückflüsse für die Entwicklung der jugoslawischen Ökonomie genutzt werden. Obwohl eine Investitionsbereitschaft unter ArbeitsmigrantInnen bestand, blieb diese auf einzelne Aktivitäten beschränkt. Trotz der positiven Auswirkungen der Arbeitsmigration für Jugoslawien ergaben sich auch negative Konsequenzen. Vor allem qualifizierte Arbeitskräfte, in deren Ausbildung investiert worden war, verließen auf diesem Weg das Land. Diese Entwicklung trug dazu bei, dass in manchen ländlichen Regionen zeitweise akuter Arbeitskräftemangel herrschte. Auch bestanden zwischen den Republiken und Provinzen erhebliche Unterschiede in Bezug auf die Migrationsmotivation und den -druck. Diese Differenzen können auf die unterschiedlichen Bevölkerungszahlen, wirtschaftlichen Rahmenbedingungen, staatlichen Regulierungsmaßnahmen der Arbeitsmigration und politischen Faktoren zurückgeführt werden.[213] Außerdem legten viele

212 Die Betriebsgründung war sehr kompliziert, dauerte rund zwei Jahre und der staatliche Gewerbesektor wurde bei der Neugründung bevorzugt (Ivanović 2010, 94–99; Haberl 1978, 150–152).

213 Eine slowenische Delegation gab an, dass Arbeitskräfte aus weniger entwickelten Regionen

ArbeitsmigrantInnen weniger Wert auf eine Ausbildung, da das Einkommen für manuelle Tätigkeiten in den Zielländern höher war als jenes für Facharbeitskräfte in Jugoslawien.[214]

Das zu erwartende Einkommen wurde zum Gradmesser zur Verbesserung der eigenen Lebensverhältnisse und des sozialen Status. Ein Wettkampf um gut bezahlte Arbeitsstellen im Ausland entstand. Diese Entwicklung trug dazu bei, dass dörfliche Gemeinschaften zerbrachen und die Solidarität unter den BewohnerInnen abnahm. Zudem erfolgte die Partizipation Jugoslawiens an der internationalen Arbeitsteilung fast ausschließlich über den Export von Arbeitskräften. Daraus ergab sich eine starke Abhängigkeit der jugoslawischen Wirtschaft von ökonomischen Entwicklungen der Zielländer und ihrer Migrationspolitik. Auch die Beschäftigung von Arbeitskräften, die als TouristInnen in die Zielländer reisten, gewann Ende der 1960er Jahre immer mehr an Bedeutung. Diese Form der Einreise stand dem Plan einer kontrollierten und geregelten Migrationsbewegung entgegen (Ivanović 2013, 41; Brunnbauer 2009, 35; 2007, 122). Die Arbeitsmigration erfolgte vor allem über verwandtschaftliche und freundschaftliche Netzwerke. Daneben förderten auch kulturelle Dynamiken den Migrationsfluss. ArbeitsmigrantInnen berichteten in Briefen oder bei Besuchen in den Herkunftsgebieten vorwiegend Positives vom Leben und Arbeiten in den Zielländern. Sie präsentierten erworbene Konsumgüter und unterstützten zurückgebliebene Familienmitglieder finanziell. Dadurch fand die Konsumkultur, die durch lokale Ressourcen nicht befriedigt werden konnte, Einzug in das sozialistische Land. Die Anschaffung von Konsumgütern und Prestigeobjekten wurde zur treibenden Kraft bezüglich der Arbeitsaufnahme im Ausland. Sogenannte »Gastarbeitervillen« wurden vielfach in Jugoslawien errichtet, Autos und moderne Traktoren angeschafft und ein Wettkampf um lokales Prestige entstand. Zum Fortbestand und der Verselbstständigung des Migrationsflusses trugen somit neben den sozialen Netzwerken, die die materiellen und emotionalen Kosten der Migration senkten und den Informationsfluss sicherstellten, auch kulturelle Dynamiken, die sich infolge der Migrationsbewegung ergaben, bei (Brunnbauer 2009, 33–34; 2007, 123).

Zudem stellt Brunnbauer fest, dass sich Migration durch die lange Wanderungstradition auf dem Balkan im Verhalten der Menschen und in ihren Familienerinnerungen einbettet. Dadurch wird sie »zu einem lokal erwarteten

---

Sloweniens Österreich aufgrund der besseren Lohnverhältnisse slowenischen Industriezentren vorzogen. Slowenische und kroatische Firmen boten, mit gewerkschaftlicher Unterstützung, höhere Löhne für qualifizierte RemigrantInnen an. In den Urlaubszeiten wurde versucht, durch Informationsmaßnahmen für eine Remigration zu werben (Goeke 2008, 731–733).

214 Infolge der Wirtschaftsreform von 1965 verringerte sich das jugoslawische Realeinkommen erheblich (Haberl 1978, 72; Ivanović 2013, 37, 40; Rass 2010, 192–193).

Bestandteil individueller Erwerbsbiografien« (Brunnbauer 2007, 123) und noch vollzogen, auch wenn die ursprünglichen Wanderungsmotive nicht mehr zutreffen. Somit beinhalten Migrationsbewegungen ein sogenanntes »selbst-generierendes Element«, das ebenfalls zur Aufrechterhaltung des Migrationsflusses beiträgt (Brunnbauer 2007, 123).

4. Anwerbung von ArbeitsmigrantInnen

Im Zentrum dieses Kapitels steht die Anwerbung von ArbeitsmigrantInnen über die BWK, als die vom BMfSV ermächtigte Stelle zur Rekrutierung ausländischer Arbeitskräfte. Mithilfe des Aktenbestandes der BWK können die Anwerbemodalitäten und die Vermittlungstätigkeiten der Anwerbekommissionen (AKO) in Istanbul und Belgrad rekonstruiert werden. Dabei wird auf die medizinische und fachliche Überprüfung der potenziellen Arbeitskräfte, die Herausforderungen bei der Anwerbung und die Wahrnehmung von ArbeitsmigrantInnen als ›Arbeitsobjekte‹ näher eingegangen. Zudem wird auf die Vermittlung von Frauen Bezug genommen. Es gilt, nicht nur ihre Beteiligung an der Arbeitsmigration sichtbar zu machen, sondern auch die Besonderheiten, die sich bei der Anwerbung von Frauen ergaben, zu skizzieren. Abschließend werden Anwerbeaufträge steirischer ArbeitgeberInnen für jugoslawische und türkische Arbeitskräfte anhand von Einzelfallbeschreibungen analysiert, um die Anwerbepraxis und die Herausforderungen bei der Anwerbung mithilfe konkreter Beispiele zu veranschaulichen.

4.1 Anwerbepraxis

Laut Anwerbeabkommen[215] war die Gründung von österreichischen Anwerbekommissionen in Spanien, der Türkei und Jugoslawien vorgesehen, um die Arbeitskräfteanforderungen österreichischer ArbeitgeberInnen an die dafür zuständigen Vermittlungsstellen in den Entsendeländern von Arbeitskräften

215 Bilaterale Wanderungsverträge beeinflussten den Verlauf und die Organisation der internationalen Arbeitsmigration im 20. Jahrhundert entscheidend. Diese waren ein wichtiges Hilfsmittel zur Regelung der Arbeitsmigration und europäische Staaten wurden dadurch zu wichtigen AkteurInnen innerhalb des Migrationsprozesses. Damit wurden der Austausch zwischen zwei Arbeitsmärkten, die ausgewählte Mobilisierung von ArbeitsmigrantInnen und deren Kontrolle am Arbeitsmarkt des Ziellandes geregelt. Sie sind die institutionelle Verbindung zwischen Arbeitsmärkten (Rass 2010, 11–12).

weiterzuleiten. Das BMfSV betraute die BWK mit der Organisation der Anwerbung. Im Februar 1962 gründete diese dazu die »Arbeitsgemeinschaft für Anwerbung ausländischer Arbeitnehmer« (AGA). Die Aufgabe der AGA bestand darin, österreichische Betriebe bei der Anwerbung von ArbeitsmigrantInnen zu unterstützen. Vor Abschluss der Anwerbeabkommen kooperierte diese mit den österreichischen Außenhandelsstellen in Istanbul und mit lokalen Arbeitsämtern in Jugoslawien. Zudem war die BWK für die Errichtung der AKO in den Entsendeländern verantwortlich. Mit der AGA und den AKO schuf die BWK einen eigenen Verwaltungsapparat zur Anwerbung von ArbeitsmigrantInnen, wobei die AGA als Schnittstelle[216] fungierte (Bakondy 2010, 68). Vonseiten der Abgabeländer waren in Spanien die »spanische Auswanderungsanstalt«[217], in der Türkei die »türkische Anstalt zur Vermittlung von Arbeit und Arbeitskräften«[218] und in Jugoslawien das »Bundesbüro für Beschäftigungsangelegenheiten«[219] für die Vermittlung der Arbeitskräfte verantwortlich.

Die Anwerbeansuchen mussten Angaben über die erforderlichen beruflichen Qualifikationen, die Art und Dauer der Tätigkeit und die Lohnbedingungen sowie Auskunft über die Wohnmöglichkeiten in Österreich enthalten.[220] Die endgültige Entscheidung darüber, welche Arbeitskräfte angeworben wurden, trafen in Spanien und der Türkei die österreichischen ArbeitgeberInnen bzw. Angehörige der Anwerbekommissionen. In Jugoslawien entschied eine »Ständige österreichische jugoslawische Kommission« über die Anwerbung der Arbeitskräfte.[221] Des Weiteren konnten Arbeitskräfte vonseiten österreichischer ArbeitgeberInnen namentlich angefordert werden. Diese Möglichkeit galt für ›RückholerInnen‹[222] sowie für Familienangehörige.[223] Für die Vermittlungsstellen in Spanien und der Türkei bestand überdies die Möglichkeit, dem BMfSV

216 Nicht nur österreichische ArbeitgeberInnen schickten ihre Arbeitskräfteanforderungen an die BWK und wandten sich bei Fragen, Beschwerden oder diversen Anliegen an die AGA. Auch ArbeitsmigrantInnen, Botschaften oder Arbeitsämter und Vermittlungsstellen der Abgabeländer setzten sich mit ihr in Verbindung.

217 BGBl. Nr. 193/1962, Art. 1.

218 BGBl. Nr. 164/1964, Ar. 1.

219 BGBl. Nr. 42/1966, Art. 1.

220 BGBl. Nr. 193/1962, Abkommen zwischen Österreich und Spanien über die Anwerbung spanischer Arbeitskräfte und deren Beschäftigung in Österreich, Art. 3; BGBl. Nr. 164/1964, Abkommen zwischen der Republik Österreich und der Türkischen Republik über die Anwerbung türkischer Arbeitskräfte und deren Beschäftigung in Österreich, Art. 3; BGBl. Nr. 42/1966, Abkommen zwischen der Republik Österreich und der Sozialistischen Föderativen Republik Jugoslawien über die Regelung der Beschäftigung jugoslawischer Dienstnehmer in Österreich, Art. 1.

221 BGBl. Nr. 193/1962, Art. 2, Art. 4; BGBl. Nr. 164/1964, Art. 2, Art. 4; BGBl. Nr. 42/1966, Art. 2, Art. 3.

222 Als RückholerInnen wurden jene Arbeitskräfte bezeichnet, die bereits in Österreich beschäftigt waren.

223 BGBl. Nr. 193/1962, Art. 6; BGBl. Nr. 164/1964, Art. 6; BGBl. Nr. 42/1966, Art. 7.

Verzeichnisse von ArbeitnehmerInnen zu übergeben, die Interesse an einer Beschäftigung in Österreich hatten.[224]

Sobald österreichische ArbeitgeberInnen beabsichtigten, ausländische Arbeitskräfte zu beschäftigen, mussten diese ihren Bedarf bei den zuständigen österreichischen Arbeitsämtern melden. Die Bedarfsmeldungen wurden dann in den paritätisch besetzten »Ausländerausschüssen« der Landesarbeitsämter überprüft. Bei positiver Antragsbehandlung erhielten die ArbeitgeberInnen für jede genehmigte Arbeitskraft Einzelzusicherungen (EZ) von den zuständigen Arbeitsämtern. Diese mussten zusammen mit den Arbeitsverträgen von den DienstgeberInnen an die AGA übermittelt und eine Anwerbepauschale[225] entrichtet werden.

Nach Einreichung der Unterlagen bei der AGA erhielten die ArbeitgeberInnen eine Firmen- und Auftragsnummer und die Arbeitskräfteanforderungen wurden an die entsprechenden Anwerbekommissionen weitergeleitet. In den Anwerbeakten wurden festgehalten wann der Auftrag eintraf, wie viele Arbeitskräfte angefordert wurden, wie lange die Einzelzusicherungen gültig waren, wann der Auftrag an die Anwerbekommissionen übermittelt und ob die Anwerbepauschale entrichtet wurde. Des Weiteren enthielt das Formblatt Angaben zum Abreise- und Ankunftsdatum der Arbeitskräfte sowie zum Zielbahnhof. Überdies dokumentierte die AGA auch den ›Transport‹ der Arbeitskräfte. Die AGA verzeichnete die ›Transportnummer‹, das Datum und die Anzahl der eingereisten Arbeitskräfte. In einem Feld mit der Bezeichnung »Rest« trug man die Zahl der noch ausständigen Arbeitskräfte ein.[226]

ArbeitgeberInnen waren verpflichtet, eine detaillierte Arbeitsbeschreibung den Anwerbeunterlagen beizulegen, um eine »ordnungsgemäße Auswahl der Arbeitskräfte«[227] seitens der ausländischen Arbeitsmarktbehörden sicherzustellen. Die Übersetzung erfolgte durch die AGA. Die für österreichische Betriebe angeworbenen Arbeitskräfte mussten, vor der Einreise nach Österreich

224 BGBl. Nr. 193/1962, Art. 5; BGBl. Nr. 164/1964, Art. 5.

225 Die in den Arbeitsverträgen angegebene Beschäftigungsdauer durfte die Laufzeit des Kontingentes nicht überschreiten, eine Verlängerung war aber durchaus möglich. ArbeitgeberInnen mussten im Jahr 1970 für die Anwerbung jugoslawischer Arbeitskräfte 850 Schilling bzw. 500 Schilling, wenn der Transport nicht durch die Anwerbekommission erfolgte, entrichten. Für türkische Arbeitskräfte betrug die Anwerbepauschale 1.200 Schilling bzw. 500 Schilling, wenn die Fahrtkosten von den DienstgeberInnen getragen wurden. Für spanische ArbeitsmigrantInnen mussten 1.200 Schilling bezahlt werden. Im Jahr 1974 erhöhte sich die Anwerbepauschale auf 1.100 Schilling für eine jugoslawische, auf 1.300 Schilling für eine türkische und auf 600 Schilling (exklusive Anreise per Bahn) für eine spanische Arbeitskraft (WKÖ Archiv, Bestand SP-A Kommission Istanbul E 2/E 6/E 7/E 8, Merkblatt über die Anwerbung und Beschäftigung von ausländischen Arbeitskräften 1970; WKÖ Archiv, Bestand SP-A Kommission Istanbul V 2, Sitzungsprotokoll AGA 1974, 3).

226 WKÖ Archiv, BUKA – AGA, Mikrofilm JUG 4, 1969.

227 WKÖ Archiv, BUKA – AGA, Mikrofilm JUG 4, 1969.

im Besitz eines gültigen Arbeitssichtvermerkes sein.[228] Die Reise der ArbeitsmigrantInnen organisierten die Anwerbekommissionen und erfolgte entweder mit Zügen oder mit Bussen.[229] Wenn diese bei den ArbeitgeberInnen eintrafen, mussten ihre Ankunft und ›Übernahme‹ mittels eines eigenen Formulars der AGA bestätigt werden. Ab dem 1.1.1966 erhielten ArbeitsmigrantInnen vom BMfSV eine »Ausländer-Arbeitskarte«. Dieses offizielle Dokument enthielt nicht nur personenbezogene Daten, sondern auch Angaben zur Arbeitserlaubnis. Die Arbeitsämter trugen die Gültigkeitsdauer der jeweiligen Arbeitserlaubnis sowie die Anschrift der ArbeitgeberInnen ein. Außerdem enthielt sie auch Informationen über den Gesundheitszustand der Arbeitskraft. Das Ausstellungs- und Einziehungsdatum der Karte wurden im Reisepass eingetragen und zur Identitätsbestimmung mussten beide Dokumente vorgewiesen werden. Die Kosten der Ausstellung des Ausweises übernahmen die ArbeitgeberInnen.[230]

Die Anwerbedokumente der BWK zeigen, dass die Anwerbung von ArbeitsmigrantInnen Analogien zum Handel mit Waren aufweist. Das kommt vor allem durch die Bezeichnungen »Stückzahlen« und »Restbestände« zum Ausdruck. Aber auch die Tatsache, dass die ›Qualität‹ der ArbeitsmigrantInnen fachlich und medizinisch überprüft wurde und ihr Eintreffen von den ArbeitgeberInnen durch einen »Übernahmebescheid« bestätigt werden musste, verweist auf ihre Verobjektivierung. Diese ist auch im generellen »Über-sie-Sprechen« deutlich erkennbar. An dieser Stelle ist anzumerken, dass die Zuschreibung eines Objektstatus keine Besonderheit der BWK darstellte, sondern kennzeichnend für den untersuchten Zeitraum war. Für alle am Anwerbeprozess beteiligten AkteurInnen stand die ökonomische Bedeutung der Arbeitskräfte im Vordergrund.

---

228 Bei der Anwerbung von ArbeitsmigrantInnen aus der Republik Slowenien und Kroatien wurden die Visaanträge von den zuständigen Arbeitsämtern bei den österreichischen Vertretungsbehörden in Ljubljana bzw. Zagreb eingereicht (WKÖ Archiv, Bestand SP-A Kommission Istanbul V, Vertraulich (V 6 Kommission Belgrad), Protokoll 3. Tagung der Gemischten österreichisch-jugoslawischen Kommission 1974).

229 Im Februar 1972 wurde ein Vertrag mit »Bosfor Turizmo Limited Sirketi« über den Transport angeworbener Arbeitskräfte geschlossen. Eine einfache Fahrt von Istanbul nach Wien kostete 470 Schilling. Der Transport nach Graz, Klagenfurt und Leoben betrug im Jahr 1972 420 Schilling und nach Bregenz, Feldkirch und Bludenz 600 Schilling. Für den Reiseproviant bzw. entsprechendes Bargeld waren ebenfalls die AKO zuständig. In einem Schreiben vom 30.11.1977 an die AGA schlug der Leiter der AKO Istanbul vor, kein Verpflegungspaket (1 Konserve, 250 Gramm schwarze Oliven, 2 Dosen Dreieckskäse, 650 Gramm Obst, 1 Brot) mehr auszugeben, sondern den Arbeitskräften einen Barbetrag auszuzahlen, um die Kosten zu senken (WKÖ Archiv, Bestand SP-A Kommission Istanbul C, Verpflegung und Transporte (C 6/C 7/C 8/C 11), Vertrag 29.2.1972; WKÖ Archiv, Bestand SP-A Kommission Istanbul C 6/C 7/C 8/C 11, Schreiben bzgl. des Verpflegungspakets 30.11.1977 und Schreiben bzgl. der Reiseverpflegung 30.11.1977).

230 WKÖ Archiv, BUKA – AGA, Mikrofilm JUG 229, 1966; WKÖ Archiv, Bestand SP-A Kommission Istanbul E 2/E 6/E 7/E 8, Schreiben der BWK an das BMfSV bzgl. der Beschäftigung ausländischer Arbeitskräfte 14.11.1969.

Außerdem werden Begriffe aus der NS-Vergangenheit wie »Fremdarbeiter«, »Transport« und »Transportnummern« verwendet. Dennoch finden sich in den Anwerbeakten auch Belege dafür, dass es sich bei ArbeitsmigrantInnen nicht ausschließlich um ›Arbeitsobjekte‹ handelte. Einige Schreiben von ArbeitsmigrantInnen dokumentieren, dass sie für ihre Rechte eintraten und sich gegen bestehende Ungerechtigkeiten auflehnten. Dadurch erfahren sie im Laufe des Anwerbeprozesses eine Subjektivierung.[231]

4.1.1 Fachliche Überprüfung

Laut Anwerbeabkommen mussten die fachlichen Kenntnisse der BewerberInnen geprüft werden. Dazu wandte man unterschiedliche Testmethoden an.[232] Um beispielsweise die technischen und manuellen Fertigkeiten der BewerberInnen für Montagearbeiten zu überprüfen, wurde ein sogenannter »Steckbretttest«[233] eingesetzt. Zur Überprüfung der Fähigkeiten von SchneiderInnen, verwendete man spezielle Prüfungsbögen. Dabei mussten die BewerberInnen in einer bestimmten Zeit gerade, gewinkelte und gebogene Nähte mit der Nähmaschine ausführen.[234] Vielfach waren auch FirmenvertreterInnen bei der fachlichen Beurteilung anwesend bzw. führten diese selbst durch. Diesbezüglich schrieb die AGA an eine Wiener Baufirma: »(…) wir erlauben uns Sie darauf aufmerksam zu machen, daß die Anwesenheit eines Firmenvertreters bei der Selektion ohne weiteres möglich ist, bzw. daß praktisch die Arbeiter durch einen Firmenvertreter ausgewählt werden.«[235] Bei der Überprüfung von FacharbeiterInnen

231 Vereinzelt finden sich in den Anwerbeakten Beispiele, dass sich ArbeitsmigrantInnen dieser Verobjektivierung widersetzten und ihre Rechte einforderten (WKÖ Archiv, BUKA – AGA, Mikrofilm JUG 186, 1966; Bakondy 2010, 77).

232 Es kann davon ausgegangen werden, dass beide Anwerbekommissionen die gleichen Testverfahren anwandten, da der Leiter der AKO Belgrad bei der AKO Istanbul um die Beschreibung und Übermittlung der verwendeten Tests bat (WKÖ Archiv, Bestand SP-A Kommission Istanbul V 6, Schreiben an AKO Belgrad 3.8.1973).

233 Dieser wurde von der Firma Mercedes-Benz in Deutschland entwickelt. Dazu mussten auf zwei Brettern, die reihenweise mit Löchern versehen waren, jeweils drei Stäbchen in die vertikal übereinander liegenden Löcher der Bretter gesteckt werden. Ein österreichischer Schihersteller beurteilte die Leistungen der BewerberInnen in diesem Testverfahren folgendermaßen. Die getesteten Arbeitskräfte mussten pro Minute fünf eingesetzte Stäbchengarnituren erreichen, sonst erfolgte keine Anwerbung durch die Firma (WKÖ Archiv, Bestand SP-A Kommission Istanbul V6, Schreiben an AKO Belgrad 3.8.1973).

234 Ausschlaggebend für eine positive Anwerbung war, neben der benötigen Zeit, vor allem die Qualität der Arbeit. Mithilfe dieses Tests stellten die PrüferInnen nicht nur die Eignung für eine bestimmte Arbeitsstelle fest, sondern auch, ob die BewerberInnen generell als FacharbeiterInnen für die Berufsgruppe geeignet waren (WKÖ Archiv, Bestand SP-A Kommission Istanbul K 4, Auftragsbehandlung, Mappe).

235 WKÖ Archiv, BUKA – AGA, Mikrofilm T 27, 1963.

standen die dafür erforderlichen Werkzeuge und Baustoffe in der AKO Istanbul zur Verfügung. Die Tests konnten aber auch auf Baustellen durchgeführt werden. Sie bestanden aus einem praktischen und einem theoretischen Teil.[236] Maschinenschlosser mussten beispielsweise in der Lage sein, Zeichenpläne zu lesen. Teil der praktischen Prüfung war es, ein Getriebe zu zerlegen und zusammenzubauen oder diverse Feilarbeiten durchzuführen.[237] Bei Maurern wurde ihr theoretisches Wissen über Mörtel, Baumaterial, Werkzeuge und Ziegelsteine überprüft und im praktischen Teil musste ein Läufer- oder Blockverband gemauert werden.[238] Die Fähigkeiten von Metallfacharbeitern wurden durch die AKO Istanbul in einem eigens eingerichteten Atelier durch IngenieurInnen geprüft. Aber auch die Fähigkeiten anderer FacharbeiterInnen wie Tischler oder Tapezierer wurden in eigenen Werkstätten durch Meister festgestellt. Aus einem Schreiben der AKO Istanbul an die AKO Belgrad geht hervor, dass in Jugoslawien diese Möglichkeiten der genauen Prüfung nicht bestanden. Zum einen wurden die Tests vom jugoslawischen Bundesbüro durchgeführt und zum anderen fanden diese an wechselnden Orten statt. Aber auch in Jugoslawien setzte man Hilfsmittel wie den »Steckbretttest«, Werkzeuge oder Baumaterialien zur Feststellung der Qualifikationen der BewerberInnen ein.[239]

Ein Sonderfall ergab sich im Zusammenhang mit der Anwerbung jugoslawischer Arbeitskräfte. Die jugoslawische Arbeitsmarktverwaltung forderte die Finanzierung von Ausbildungskursen für Arbeitskräfte in Jugoslawien.[240] Um die Anwerbung, Anwerbebeziehungen und -erfolge nicht zu gefährden, unterzeichnete die BWK im Februar 1973 eine dementsprechende Vereinbarung mit dem jugoslawischen Bundesbüro.[241] Dadurch konnten österreichische ArbeitgeberInnen Arbeitskräfte in jugoslawischen Ausbildungszentren anlernen lassen.[242] Vonseiten der AGA wurde diese Möglichkeit positiv bewertet. Man ging

236 WKÖ, Bestand SP-A Kommission Istanbul V 6, Schreiben an AKO Belgrad 3.8.1973.

237 WKÖ Archiv, Bestand SP-A Kommission Istanbul K 4, Mappe.

238 WKÖ Archiv, Bestand SP-A Kommission Istanbul K 4, Mappe.

239 WKÖ Archiv, Bestand SP-A Kommission Istanbul K 4, Mappe; WKÖ Archiv, Bestand SP-A Kommission Istanbul V 6, Schreiben an AKO Belgrad 3.8.1973.

240 Vor allem Jugoslawien investierte in die Ausbildung seiner Arbeitskräfte und schuf eigene Ausbildungszentren mit nötigem Maschinenpark und technischer Ausrüstung. Dabei wurden die Arbeitskräfte nicht nur fachlich ausgebildet, sondern ihnen auch die Grundbegriffe der deutschen Sprache vermittelt, um die Eingliederung in den Arbeitsprozess in den Zielländern zu erleichtern. Auch die BRD nutzte diese Ausbildungszentren zur Rekrutierung von Arbeitskräften (WKÖ Archiv, Bestand SP-A Kommission Istanbul V 2, Sitzungsprotokoll AGA 1974, Anlage 2).

241 WKÖ Archiv, Bestand SP-A Kommission Istanbul E 2/E 6/E 7/E 8, Schreiben BWK an alle Landeskammern und Bundessektionen bzgl. des Anlernvertrags mit Jugoslawien 22.6.1970.

242 Von jugoslawischer Seite wurde für die Erstellung der Ausbildungsprogramme für DreherInnen, SchlosserInnen und SchweißerInnen ein Betrag von 265.670 Schilling in Rech-

davon aus, dass durch den Wegfall der Sprachbarrieren eine schnellere fachliche Einführung erfolgen und dadurch die Einschulungsphase in den österreichischen Betrieben erheblich verkürzt werden könnte. Im Jahr 1973 wurden Kurse für Metall-, Bau- und TextilarbeiterInnen abgehalten. Die Dauer der Lehrgänge betrug zwischen einem und sechs Monaten. Für die Ausbildung mussten österreichische ArbeitgeberInnen circa 2.500 Schilling pro ArbeiterIn und Monat bezahlen. Am Ende der Ausbildung legten die TeilnehmerInnen eine Prüfung ab, bei der VertreterInnen der österreichischen ArbeitgeberInnen anwesend waren und entschieden, ob die Arbeitskraft angeworben wurde. Für die österreichischen ArbeitgeberInnen bestand keine Übernahmeverpflichtung und für jene Arbeitskräfte, die die Prüfung nicht bestanden, entfielen die Ausbildungskosten.[243]

4.1.2 Medizinische Untersuchung

Ein weiteres Kriterium für die Anwerbung von ArbeitsmigrantInnen stellte ihr Gesundheitszustand dar. Laut Richtlinien für die Schlussuntersuchung der AKO Istanbul aus dem Jahr 1973 wurde eine klare Unterscheidung zwischen anonymen und namentlichen Anwerbeansuchen sowie RückholerInnen getroffen, wobei letztere bei den Untersuchungen eine Bevorzugung erfuhren bzw. diese zur Gänze entfielen.[244]

Aufgrund der geringen Anwerbezahlen war es für die AKO Istanbul nicht wirtschaftlich, eigenes medizinisches Personal anzustellen. Deshalb kooperierte sie mit der Deutschen Verbindungsstelle.[245] In den Akten der AKO Istanbul wird

---

nung gestellt. Dieser wurde zu einem Drittel von der Bundeskammer und zu zwei Drittel von den Landeskammern getragen (WKÖ Archiv, Bestand SP-A Kommission Istanbul V2, Sitzungsprotokoll AGA 1972, 17).

243 Es gab ein Kurzprogramm von einem Monat für Näherinnen. Die Ausbildung für Metallberufe dauerte in der Regel sechs Monate. Aufgrund der wirtschaftlichen Entwicklungen infolge der Ölkrise und der verhängten Aufnahmestopps verloren die Ausbildungszentren an Bedeutung. (WKÖ Archiv, Bestand SP-A Kommission Istanbul V 2, Sitzungsprotokoll AGA 1974, 5, 23, Anlage 2).

244 Die ArbeitgeberInnen wurden informiert, wenn man bei namentlich angeforderten Arbeitskräften oder RückholerInnen folgende Gesundheitseinschränkungen feststellte: leichte Tachykardie, Magenoperation, Struma, chronische Mittelohrentzündung, Schielen, Krampfadern, operierter Leistenbruch, oder die Körpergröße und das -gewicht nicht dem Durchschnitt entsprachen (WKÖ Archiv, Bestand SP-A Kommission Istanbul K 4, Schreiben BWK bzgl. der Erleichterung bei Vermittlung von RückholerInnen an alle Landeskammern, Bundessektionen und AKO Istanbul 13.5.1970; WKÖ Archiv, Bestand SP-A Kommission Istanbul C, Ärzte (C 1/C 2/C 3/C 5), Richtlinien für Schlussuntersuchung 2.1. 1973).

245 WKÖ Archiv, Bestand SP-A Kommission Istanbul C 1/C 2/C 3/C 5, Überweisung für Röntgenaufnahmen 3.1.1975. Matuschek weist ebenfalls darauf hin, dass die BWK den

erwähnt, dass es Probleme bei den Laboruntersuchungen gab. Ende November 1974 wurde bekannt, dass der Arzt des beauftragten Labors und der dortige Hausmeister Bestechungsgelder annahmen, um Arbeitskräften zu einem positiven Laborergebnis zu verhelfen. Bereits im April 1972 wurde in Istanbul eine Gruppe türkischer und deutscher MitarbeiterInnen der Deutschen Verbindungsstelle wegen des Verdachts der Bestechung festgenommen. Darunter waren auch zwei deutsche Ärzte. Den Inhaftierten wurde vorgeworfen, gegen Barzahlungen Gesunden- und Berufsbescheinigungen für hunderte BewerberInnen ausgestellt zu haben. Außerdem gab der Leiter der deutschen Verbindungsstelle an, dass man bereits im Jahr 1971 zwei deutsche Ärzte ebenfalls wegen Bestechung hatte entlassen müssen.[246]

Der Leiter der AKO Istanbul berichtet in einem Schreiben an die AGA vom 25.11.1974, dass die Deutsche Verbindungsstelle in Zusammenarbeit mit den türkischen Sicherheitsbehörden in zwei Aktionen im Jahr 1973 nachweisen konnte, dass es in Istanbul mehrere kooperierende Betrugsorganisationen gab. Deren Ziel war es, den »leichtgläubigen Arbeitern, insbesondere aus den ländlichen Gebieten in Anatolien, durch Betrug Geld abzunehmen«[247]. Die Mitglieder der Betrugsorganisationen gingen folgendermaßen vor. Sie erklärten den BewerberInnen, dass sie die fachliche und gesundheitliche Untersuchung aus diversen Gründen nicht bestehen würden. Deshalb bot man ihnen eine positive Bescheinigung zum Verkauf an. Zu diesem Zeitpunkt hatten die deutschen und französischen Verbindungsstellen bereits ihre Anwerbetätigkeit infolge der Ölkrise eingestellt. Aus diesem Grund konzentrierten sich nun die Aktivitäten der BetrügerInnen, laut dem Leiter der AKO Istanbul, auf die wenigen Arbeitskräfte, die von österreichischen ArbeitgeberInnen angeworben wurden.[248]

Die durchgeführte medizinische Untersuchung bestand aus einer Arbeitsfähigkeitsüberprüfung, einer Testung von Infektionskrankheiten und umfasste folgende Schritte: Anamnese, klinische Untersuchung der Augenbindehaut, der sichtbaren Schleimhäute und der Haut auf Zeichen übertragbarer Krankheiten,

infrastrukturellen Einrichtungen in der Türkei nicht vertraute und aus diesem Grund die Laboruntersuchungen von der Deutschen Verbindungsstelle (bis zu deren Schließung 1974) durchführen ließ. Aus der Korrespondenz zwischen der AKO Istanbul und der Leiterin des Labors der Deutschen Verbindungsstelle vom 8.10.1974 geht hervor, dass Österreich ausführlichere Laboruntersuchungen durchführte und strengere Auswahlkriterien festlegte (Matuschek 1985, 171; WKÖ Archiv, Bestand SP-A Kommission Istanbul C 1/C 2/C 3/C 5, Aktenvermerk bzgl. der Laboruntersuchungen 1974).

246 WKÖ Archiv, Bestand SP-A Kommission Istanbul C 1/C 2/C 3/C 5, Schreiben Dr. Pflegerl an AGA bzgl. der Betrugsorganisationen 25.11.1974.

247 WKÖ Archiv, Bestand SP-A Kommission Istanbul C 1/C 2/C 3/C 5, Schreiben Dr. Pflegerl an AGA bzgl. der Betrugsorganisationen 25.11.1974.

248 WKÖ Archiv, Bestand SP-A Kommission Istanbul C 1/C 2/C 3/C 5, Schreiben Dr. Pflegerl an AGA bzgl. der Betrugsorganisationen 25.11.1974.

Röntgenaufnahmen der Lunge, Serologische Untersuchung.[249] Sofern der Gesundheitszustand der BewerberInnen positiv beurteilt wurde, erhielten die ArbeitsmigrantInnen den für die Einreise nach Österreich erforderlichen Infektionsfreiheitsschein. Mithilfe der Untersuchung galt es, Personen mit offener Tuberkulose und auch solche, die an Geschlechtskrankheiten wie Syphilis erkrankt waren, von der Vermittlung auszuschließen, um die Einführung und Verbreitung ansteckender Krankheiten in Österreich auszuschließen.[250] Bei der Anwerbung von Frauen kam es häufig vor, dass diese zum Zeitpunkt ihres Arbeitsantritts in Österreich schwanger waren. Deshalb forderten ArbeitgeberInnen eine dementsprechende Untersuchung. Ein Mitarbeiter der österreichischen Außenhandelsstelle in der Türkei wies die AGA darauf hin, »den untersuchenden Arzt darauf aufmerksam zu machen, in Hinkunft auch darauf sein Augenmerk zu richten«[251].

4.2 Anwerbekommissionen Belgrad und Istanbul

Ausführliche Angaben über die Vermittlungstätigkeiten der AKO in der Türkei und Jugoslawien liefern die Sitzungsprotokolle der AGA von 1971–1973.

	Angeforderte Arbeitskräfte			Vermittelte Arbeitskräfte		
	1971	1972	1973	1971	1972	1973
Türkei	5.033	4.415	6.127	4.357	3.730	4.851
Jugoslawien	6.440	2.301	1.422	2.842	1.579	1.125

Tabelle 5: Vermittlungstätigkeiten der Anwerbekommissionen 1971–1973.[252]

Demnach konnten im Jahr 1971 rund 87 % der angeforderten türkischen und 44 % der angeforderten jugoslawischen Arbeitskräfte vermittelt werden. In den Folgejahren sank die Vermittlungsrate von türkischen Arbeitskräften gering-

249 Die Kosten für die medizinische Untersuchung lagen vor 1978 bei 529,90 Schilling und ab 1978 bei 555,10 Schilling. Die Arbeitsfähigkeitsüberprüfung kostete vor 1978 211,20 Schilling und ab 1978 221,20 Schilling (WKÖ Archiv, Bestand SP-A Kommission Istanbul C 1/C 2/C 3/C 5, Schreiben BWK bzgl. der Vereinbarung über Honorare für ärztliche Untersuchung 4. 4. 1979).

250 In Österreich befürchtete man einen Anstieg der Tuberkulose-Fälle durch die Beschäftigung von ArbeitsmigrantInnen. Vor allem durch jene, die als TouristInnen einreisten. Aus diesem Grund forderte man strengere Auflagen bei den Gesundheitsuntersuchungen. In diesem Zusammenhang geriet auch die Fremdenpolizei in den Fokus der Öffentlichkeit, die kranke ArbeitsmigrantInnen abgeschoben haben soll (Wochenpresse, 18. 5. 1966, o. S.; Die Presse, 17. 2. 1968, o. S.).

251 WKÖ Archiv, BUKA – AGA, Mikrofilm T2, 1963.

252 Quelle: WKÖ Archiv, Bestand SP-A Kommission Istanbul V 2, Sitzungsprotokolle AGA 1971–1973.

fügig auf rund 84 %[253] im Jahr 1972.[254] 1973 lag die Vermittlungsrate von türkischen Arbeitskräften bei rund 79 %. Jene von JugoslawInnen stieg von 44 % im Jahr 1971 auf 68 % 1972 und erreichte 1973 einen Anteil von 79 %. Bei Betrachtung der Vermittlungsergebnisse ergibt sich eine rückläufige Vermittlungsquote von TürkInnen sowie ein Anstieg jener von JugoslawInnen.[255]

Die Zahl der angeforderten türkischen Arbeitskräfte ist von 1972 auf 1973 stark angestiegen. Dies kann darauf zurückgeführt werden, dass ab diesem Zeitraum A-Sichtvermerke mit der Option auf eine dreimalige Verlängerung ausgestellt wurden und es wieder möglich war, Brüder von bereits in Österreich beschäftigten Arbeitskräften wie auch Ehepaare namentlich anzuwerben.[256] Bei der namentlichen Anwerbung von Frauen durfte der Antrag weder von nahen Verwandten, die bereits in Österreich beschäftigt waren, gestellt werden, noch durfte es sich um Rückholerinnen handeln. Des Weiteren war es ab 1972 auch erlaubt, EhepartnerInnen, entweder für denselben Betrieb oder für zwei verschiedene Betriebe in derselben Gegend, namentlich anzuwerben.[257]

---

253 24 % davon waren namentliche Arbeitskräfteanforderungen.

254 WKÖ Archiv, Bestand SP-A Kommission Istanbul V 2, Sitzungsprotokoll AGA 1972, 9–10.

255 Allerdings ist zu beachten, dass die Zahl der angeforderten jugoslawischen Arbeitskräfte stark zurückging. 1971 wurden 6.440 angefordert und 1973 nur mehr 1.422 (WKÖ Archiv, Bestand SP-A Kommission Istanbul V 2, Sitzungsprotokoll AGA 1974).

256 Die Türkei nutzte die namentliche Anwerbung als Möglichkeit zur Regulation der Migrationsbewegung. 1967 wurde eine Sondervereinbarung zur namentlichen Bruderanwerbung geschlossen. Um die Vermittlungszahlen zu erhöhen, konnten Brüder von in Österreich beschäftigten ArbeitsmigrantInnen namentlich angefordert werden. 1969 wurde diese Möglichkeit aufgehoben, parallel dazu aber die namentliche Anwerbung von Schwestern erlaubt. Zudem durften jene Arbeitskräfte, die nicht über die offiziellen Anwerbestellen nach Österreich einreisten, im Folgejahr nicht mehr namentlich angefordert werden. Dies war ein klares Signal von türkischer Seite, die Beschäftigung von als TouristInnen eingereisten Arbeitskräften in Österreich zu unterbinden. 1970 wurde die namentliche Anwerbung, ausgenommen für weibliche Arbeitskräfte, zur Gänze eingestellt. Eine Maßnahme, um einem entstehenden Frauenüberschuss in der Türkei entgegenzuwirken und die informelle Anwerbetätigkeit einzuschränken. 1973 wurde die namentliche Bruderanwerbung wieder erlaubt. Dazu musste dem Anwerbeansuchen eine notariell beglaubigte Abschrift der »Ausländer-Arbeitskarte« des Bruders, der in Österreich in einem aktiven Arbeitsverhältnis stand, beigelegt werden. Brüder unter 18 Jahren durften nicht vermittelt werden (WKÖ Archiv, Bestand SP-A Kommission Istanbul K 4, Auftragsbehandlung, Übersetzung bzgl. der Abschaffung der Anwerbung von Arbeitern durch alte Arbeitgeber und Anwerbung von Brüdern; WKÖ Archiv, Bestand SP-A Kommission Istanbul K 4, Übersetzung Schreiben bzgl. namentliche Bruderanwerbung 17. 12. 1973; Wollner 2010, 84).

257 Wenn ein Ehepartner/eine Ehepartnerin durch die AKO Istanbul abgelehnt wurde, durfte der/die andere nicht nach Österreich vermittelt werden. In der Praxis ergaben sich vor allem dann Probleme, wenn EhepartnerInnen zu unterschiedlichen Firmen vermittelt wurden, da die Anwerbeaufträge kaum gleichzeitig bei der AKO in Istanbul einlangten. Für den Fall, dass der Auftrag für die Ehefrau zuerst eintraf, ergaben sich zwei Varianten der Bearbeitung. Entweder musste sie warten, bis die Formalitäten ihres Mannes erledigt waren, und beide reisten gemeinsam nach Österreich oder die Frau trat ihre Beschäftigung in Österreich an und der Mann reiste im Rahmen der Familienzusammenführung nach.

Außerdem konnten ab 1.1.1972 Personen mit abgeschlossenem Hochschul- oder Fachhochschulstudium und SpezialistInnen ebenfalls namentlich angeworben werden, sofern es der türkischen Arbeitsmarktverwaltung nicht möglich war, geeignete anonyme Arbeitskräfte zu vermitteln. Dazu erstellte das türkische Arbeitsamt eigene »Facharbeitergruppenlisten«. Nur Fachkräfte der angeführten »Facharbeitergruppenliste« konnten ins Ausland vermittelt werden. Bei allen anderen musste die AKO in jedem Einzelfall bei der türkischen Arbeitsmarktverwaltung anfragen, ob die Möglichkeit einer anonymen Vermittlung bestehe.[258] Einige ArbeitgeberInnen nutzten diese Möglichkeit, um »gewöhnliche Facharbeiter oder sogar Hilfsarbeiter«[259] anzuwerben, da in diesem Fall die fachliche Überprüfung der Arbeitskräfte entfiel und der Anwerbeprozess somit erheblich beschleunigt werden konnte. Auch für ›RückholerInnen‹ wurde das Anwerbeprozedere vonseiten der Generaldirektion der türkischen Arbeitsmarktverwaltung erheblich erleichtert. Wenn ihr Aufenthalt in der Türkei nicht länger als sechs Monate dauerte, wurden diese als ›UrlauberInnen‹ eingestuft und man genehmigte die erneute Ausreise nach Österreich ohne besondere Formalitäten. Folglich verkürzte sich die Anwerbedauer.[260]

Im Falle Jugoslawiens war die Zahl der bei der AKO Belgrad eingelangten Anwerbeaufträge von 1971 bis 1973 rückläufig. Einer der Gründe dafür war, dass die jugoslawische Regierung Mitte 1973 ein Gesetz »zum Schutz der im Ausland

Wenn der Auftrag des Ehemannes zuerst bei der Kommission einlangte, musste dieser in Evidenz gehalten werden, bis jener der Ehepartnerin bei der AKO Istanbul eintraf. Aus diesem Grund bat die AKO Istanbul die AGA, Anwerbeaufträge von EhepartnerInnen möglichst gleichzeitig zu übermitteln, sodass eine rasche und reibungslose Vermittlung durchgeführt werden konnte (WKÖ Archiv, Bestand SP-A Kommission Istanbul K 4, Schreiben Generaldirektion Ankara an AKO Istanbul 14.8.1972; WKÖ Archiv, Bestand SP-A Kommission Istanbul K 4, Schreiben AKO an Generaldirektion Ankara 11.1.1973; WKÖ Archiv, Bestand SP-A Kommission Istanbul K 4, Schreiben BWK bzgl. namentlicher Anforderung türkischer Ehepaare 30.8.1972; WKÖ Archiv, Bestand SP-A Kommission Istanbul K 4, Schreiben AKO an AGA 7.8.1973).

258 WKÖ Archiv, Bestand SP-A Kommission Istanbul K 3, Auftragsbehandlung, illegale Anwerbung, Information AKO Istanbul bzgl. namentlicher Anwerbung von Spezialisten 4.1.1972.

259 WKÖ Archiv, Bestand SP-A Kommission Istanbul K 3, Schreiben Dr. Pflegerl an AGA 22.3.1972.

260 Der Leiter der AKO Istanbul, Dr. Pflegerl, wies die AGA in einem Schreiben vom 22.3.1972 auf diese Praxis hin und bat die AGA, genauere Überprüfungen bei namentlichen Arbeitskräfteanforderungen seitens österreichischer Betriebe durchzuführen. Außerdem äußerte er in dem Schreiben auch seine Befürchtung, dass, wenn diese Praxis der türkischen Arbeitsmarktverwaltung bekannt werden sollte, diese die namentlich Anwerbung von SpezialistInnen zukünftig einschränken werde (WKÖ Archiv, Bestand SP-A Kommission Istanbul K 4, Schreiben BWK bzgl. der Erleichterung bei der Vermittlung von RückholerInnen an Landeskammern, Bundessektionen und AKO Istanbul 13.5.1970; WKÖ Archiv, Bestand SP-A Kommission Istanbul K 4, Schreiben BWK 26. Jänner 1973).

beschäftigten Arbeitskräfte« erließ.[261] Dadurch war es nur mehr möglich, arbeitslos gemeldete Personen, selbstständige HandwerkerInnen und LandwirtInnen nach Österreich zu vermitteln.[262] Zudem wurde ab dem Jahr 1972 von jugoslawischer Seite für anonyme Anwerbeaufträge ein bestimmter Verteilungsschlüssel[263] bei der regionalen Herkunft der Arbeitskräfte eingeführt, um mehr Einfluss darauf zu erhalten.[264]

Da Jugoslawien dazu einen erhöhten Eigenbedarf an FacharbeiterInnen hatte, bestand für qualifizierte ArbeiterInnen kaum die Chance, über den offiziellen Anwerbeweg eine Arbeit im Ausland aufzunehmen. Die Vermittlung von unqualifizierten männlichen und weiblichen Arbeitskräften war hingegen weiterhin uneingeschränkt möglich, sofern die gebotenen Arbeitsbedingungen gewissen Mindestanforderungen entsprachen.[265] Namentliche Anwerbeaufträge konnten nur dann erfolgreich bearbeitet werden, wenn es sich dabei um eine Familienzusammenführung oder RückholerInnen handelte. Ab dem Jahr 1975 wurde die Vermittlung von Arbeitskräften aus Berufsgruppen, in denen ein Arbeitskräftemangel herrschte, verboten. Zusätzlich zu dieser allgemeinen Liste erstellte jede jugoslawische Republik eine eigene Liste von für die Vermittlung ins Ausland gesperrten Berufen. Somit war die erfolgreiche namentliche Anwerbung von Fachkräften äußerst ungewiss, da die Arbeitskräfte weder den gesperrten Berufsgruppen für ganz Jugoslawien noch jenen der Herkunftsrepublik angehören durften.[266]

Die organisatorischen Voraussetzungen innerhalb der jugoslawischen Arbeitsmarktbehörde trugen dazu bei, dass es zu Verzögerungen bzw. keiner entsprechenden Vermittlung kam.[267] Viele jugoslawische Arbeitsämter wussten

261 Siehe Kapitel 3.4.

262 Ein weiterer Grund für den Rückgang der Vermittlung von jugoslawischen Arbeitskräften von 1971 auf 1972 lag an den verstärkt auftretenden Fällen von Pockenerkrankungen (WKÖ Archiv, Bestand SP-A Kommission Istanbul V 2, Sitzungsprotokoll AGA 1973, 3; Matuschek 1985, 172).

263 WKÖ Archiv, Bestand SP-A Kommission Istanbul V 2, Sitzungsprotokoll AGA 1974, 8.

264 WKÖ Archiv, Bestand SP-A Kommission Istanbul V 6, Bericht AKO Belgrad an AGA bzgl. der Anwerbung jugoslawischer Kräfte unter Berücksichtigung sozialpolitischer Aspekte 31.1.1972.

265 Für unqualifizierte Beschäftigte im Gastgewerbe wurde ein monatlicher Netto-Mindestlohn von 2.500 Schilling inklusive Kost und Logis gefordert. Für alle anderen Hilfskräfte sollte der Brutto-Mindeststundenlohn 22 Schilling betragen. Außerdem wurden namentliche Anwerbungen nur mehr positiv bearbeitet, wenn es sich dabei um Familienzusammenführungen handelte. Die Möglichkeit, RückholerInnen namentlich anzuwerben, bestand weiterhin. Gebietswünsche wurden nur mehr realisiert, wenn diese sich auf das autonome Gebiet Kosovo bezogen (WKÖ Archiv, Bestand SP-A Kommission Istanbul V 6, Schreiben BWK bzgl. der Beschäftigung von jugoslawischen Arbeitskräften in Österreich 5.5.1975).

266 WKÖ Archiv, Bestand SP-A Kommission Istanbul V 6, Schreiben BWK bzgl. der Beschäftigung von jugoslawischen Arbeitskräften in Österreich 4.6.1975.

267 WKÖ Archiv, Bestand SP-A Kommission Istanbul V 2, Sitzungsprotokoll AGA 1972, 8.

kaum oder nur in sehr geringem Ausmaß über die Vorgehensweise bei der Vermittlung von Arbeitskräften nach Österreich Bescheid. Auch gab es Probleme bei der Übermittlung der Aufträge an die jeweiligen Arbeitsämter. Teilweise war es unmöglich, eine telefonische Verbindung herzustellen, und nur wenige Arbeitsämter verfügten über einen Fernschreiber. Aber auch bei der Zustellung der an die AKO Belgrad adressierten Post kam es immer wieder zu Verzögerungen, die sich negativ auf die Anwerbedauer auswirkten.[268] Vielfach wurden Arbeitskräfte, die aus diversen Gründen von den deutschen Anwerbestellen in Belgrad abgelehnt worden waren, nach Österreich vermittelt (Ivanović 2013, 41–42).

Ein Betriebsarzt führt zur Organisation der Anwerbung von jugoslawischen ArbeitsmigrantInnen und der Konkurrenzsituation zu anderen Anwerbeländern Folgendes aus:

> Was die Organisation der Anwerbung jugoslawischer Gastarbeiter für Österreich anlangt, so scheint diese auf ähnlich schwachen Füßen zu stehen wie in der Türkei. Die Deutsche Bundesrepublik verfügt in Jugoslawien über einen sicherlich sehr gut ausgebauten Organisationsstab von angeblich mindestens 120 Personen, während Österreich lediglich durch zwei Kräfte vertreten ist. (…) Der deutschen Konkurrenz kann man nur durch aktive Maßnahmen begegnen. Das Schädlichste ist es, zuzuwarten, was die deutsche Konkurrenz für Österreich übrigläßt.[269]

Die AGA setzte Maßnahmen, um den Anwerbeprozess zu optimieren. 1969 veranlasste sie die Prüfung der Anwerbemethoden der Anwerbekommissionen. Außerdem hielt die AGA in den österreichischen Bundesländern regelmäßig Sprechtage ab, um ArbeitgeberInnen und Arbeitsämter über den Anwerbevorgang zu informieren. Vom 2. 2. bis 20. 2. 1973 fanden in ganz Österreich Sprechtage, mit dem Ziel, die Vermittlungstätigkeit zu steigern und die ›TouristInnenbeschäftigung‹ einzuschränken, statt. Dabei waren auch die Leiter beider Anwerbekommissionen anwesend.[270]

Aus dem Bericht der AKO Belgrad für das Jahr 1973 geht hervor, dass die Menge der übermittelten Anwerbeaufträge im Vergleich zu 1972 um knapp 40 % zurückging. Hingehen stiegen die Auftragseingänge bei der AKO Istanbul um circa 30 %. 77,7 % der Aufträge für Jugoslawien waren Anforderungen für

268 WKÖ Archiv, Bestand SP-A Kommission Istanbul V 2, Sitzungsprotokoll AGA 1974, 9–14; WKÖ Archiv, Bestand SP-A Kommission Istanbul V 6, Schreiben BWK bzgl. neuer Postanschrift AKO Belgrad 21. 5. 1974; WKÖ Archiv, Bestand SP-A Kommission Istanbul V 6, Schreiben an Bundesministerium für Gesundheit und Umweltschutz bzgl. der Verlängerung der Gültigkeitsdauer der ärztlichen Zeugnisse 2. 3. 1972.

269 WKÖ Archiv, BUKA – AGA, Mikrofilm JUG 125, 1969.

270 In Graz wurde am 13. 2. 1973 ein ganztägiger Sprechtag abgehalten (WKÖ Archiv, Bestand SP-A Kommission Istanbul V 3/V 5, Schreiben BWK an Dr. Pflegerl 31. 7. 1969; WKÖ Archiv, Bestand SP-A Kommission Istanbul V 2, Schreiben AGA 4. 1. 1974).

männliche Arbeitskräfte.[271] 22 % der Auftragseingänge waren namentliche Arbeitskräfteanforderungen und bei rund 29 % handelte es sich um die Vermittlung von Facharbeitskräften (Wollner 2010, 85).[272] In der Türkei betrug der Anteil der namentlichen Anwerbungen im Jahr 1973 rund 30 %. 70 % waren RückholerInnen, Brüder, Ehepaare, nahe Verwandte, weibliche Arbeitskräfte und SpezialistInnen. Ein Grund für den Rückgang von anonymen Anwerbeaufträgen in der Türkei war die bereits erwähnte verstärkte Anwerbung von Brüdern.[273] Im Tätigkeitsbericht der AKO Istanbul wird auf die hohe Vorstellungsrate von türkischen Arbeitskräften bei den zuständigen Arbeitsämtern verwiesen. Es stellten sich fast doppelt so viele Arbeitskräfte vor, wie angeworben wurden. Der Ausfall bei der fachlichen und gesundheitlichen Überprüfung lag im Jahr 1972 bei rund 40 %.[274]

In Zeiten geringerer Anwerbetätigkeiten wurde immer wieder über die Schließung der Anwerbekommissionen diskutiert. Infolge der Strukturkrise der 1960er Jahre in Österreich[275] bestanden diese nicht mehr in ihrer ursprünglichen Form weiter. Ab 1968 wurden die Agenden »von der AGA-Dienstelle Wien, je einem von der Bundeskammer besoldeten, bei der jugoslawischen bzw. türkischen Arbeitsmarktverwaltung beschäftigten Dolmetscher, je einem alljährlich nach Bedarf nach Jugoslawien bzw. in die Türkei zu entsendenden Angestellten der Bundeskammer sowie von den Außenhandelsstellen Belgrad und Istanbul, wahrgenommen«[276]. Der Wirtschaftsaufschwung und der daraus resultierende Mehrbedarf an Arbeitskräften führten dazu, dass beide Anwerbekommissionen Ende der 1960er Jahre ihren Betrieb wieder aufnahmen. Im Jahr 1971 verfügte

271 In absoluten Zahlen bedeutet dies, dass 899 Männer und 226 Frauen angefordert wurden.

272 WKÖ Archiv, Bestand SP-A Kommission Istanbul V 2, Sitzungsprotokoll AGA 1974, 7–15.

273 Die Ausfallsrate durch die fachliche und gesundheitliche Überprüfung der angeforderten Arbeitskräfte betrug 1973 rund 32 %. Bei den MetallfacharbeiterInnen wurde festgestellt, dass deren Qualifikationen geringer waren und die Qualitätserwartungen von österreichischer Seite höher lagen. Außerdem wurde in dem Bericht angeführt, dass Spitzenkräfte eine Vermittlung nach Österreich ablehnten. Dies lässt darauf schließen, dass diese die Vermittlung in Länder mit höherem Lohnniveau anstrebten und eine Konkurrenzsituation zwischen den Anwerbeländern um Facharbeitskräfte herrschte. Dr. Pflegerl berichtete, dass, wenn sich Facharbeitskräfte für eine Beschäftigung in Österreich meldeten, dies zumeist in der Absicht, in die BRD weiterzureisen, erfolgte. 1973 wurden 4.528 Arbeitskräfte namentlich angefordert. Der Vermittlungserfolg lag bei 74 %. Hingegen wurden bei anonymer Anwerbung rund 54 % der BewerberInnen als untauglich zur Vermittlung nach Österreich eingestuft. Insgesamt wurden 2.181 Brüder, 522 Frauen, 721 Ehepaare, 134 Verwandte, 229 RückholerInnen und 20 SpezialistInnen namentlich angefordert (WKÖ Archiv, Bestand SP-A Kommission Istanbul V 2, Sitzungsprotokoll AGA 1974, 15–20; WKÖ Archiv, Bestand SP-A Kommission Istanbul V 2, Sitzungsprotokoll AGA 1973, 6).

274 WKÖ Archiv, Bestand SP-A Kommission Istanbul V 2, Sitzungsprotokoll AGA 1972, 10–14.

275 Siehe Kapitel 5.3.

276 WKÖ Archiv, Bestand SP-A Kommission Istanbul V, Vertraulich (V 3 Repräsentation/V 5 Leitung Kommission), Schreiben BWK 30.11.1968.

die AKO Belgrad[277] über einen Personalstand von acht Personen, die AKO Istanbul[278] beschäftigte neun Personen und für die AGA in Wien waren 10 Personen tätig. Außerdem herrschte ein reger Erfahrungsaustausch zwischen den Anwerbekommissionen Istanbul und Belgrad hinsichtlich der praktischen Durchführung der Anwerbung.[279]

Im Jahr 1983 wurde erneut über eine Schließung der Anwerbekommissionen vonseiten der BWK diskutiert, da die Vermittlungszahlen stark sanken. Das BMfSV sowie das Bundesministerium für auswärtige Angelegenheiten (BMfaA) sprachen sich gegen eine Schließung aus, da die Gründung der Anwerbestellen Teil der Anwerbevereinbarungen waren und man durch die Schließung eine Verschlechterung der Beziehungen zu Jugoslawien und der Türkei befürchtete.[280] Die endgültige Auflösung der Anwerbekommissionen erfolgte erst im Jahr 1993.[281]

4.2.1 Frauen als Arbeitskräfte

Im Jahr 1962 betrug der Frauenanteil unter ausländischen Arbeitskräften in Österreich 19 % und stieg bis 1973 auf 31 %. Vor allem die ansteigende Beschäftigung von Jugoslawinnen trug wesentlich zur Erhöhung bei. Rund 95 % der in Österreich beschäftigten Arbeitsmigrantinnen waren un- bzw. angelernte Arbeitskräfte (Matuschek 1985, 175).

Aufgrund der hohen Zahl an vorgemerkten weiblichen Arbeitskräften in der

277 Der Leiter der AKO Belgrad war Dr. Koppensteiner.

278 Der Leiter der AKO Istanbul, Dr. Pflegerl, war ebenfalls Konsul für Sozial- und Arbeitsangelegenheiten beim Österreichischen Generalkonsulat in Istanbul und setzte sich auch wissenschaftlich mit der Beschäftigung von ausländischen Arbeitskräften in Österreich auseinander (Pflegerl 1977; WKÖ Archiv, Bestand SP-A Kommission Istanbul A, Verkehr mit Behörden (A 12), Schreiben AKO Istanbul an Bundesministerium für Jugend, Umwelt und Familie 23.6.1988).

279 Im Jahr 1971 unternahm der Leiter der AKO Belgrad eine achttägige Reise nach Istanbul, um sich mit der Arbeitsweise der dortigen AKO vertraut zu machen und Erfahrungen auszutauschen (WKÖ Archiv, Bestand SP-A Kommission Istanbul V 2, Sitzungsprotokoll AGA 1972; WKÖ Archiv, Bestand SP-A Kommission Istanbul V 2, Schreiben Dr. Pflegerl an AGA 1971).

280 WKÖ Archiv, Bestand SP-A Kommission Istanbul V 3/V 5, Schreiben BMfaA an BWK 1.3. 1983.

281 Der Leiter der AKO Istanbul führte 1992 folgendes Argument zur Erhaltung der AKO an: Für den Fall, dass die Möglichkeit der ›TouristInnenbeschäftigung‹ eingeschränkt werde, müsse weiterhin die Option bestehen bleiben, Arbeitskräfte über die BWK anzuwerben. Seiner Meinung nach solle man sich beide Wege offen halten (WKÖ Archiv, Bestand SP-A Kommission Istanbul V 3/V 5, Schreiben BWK an Bundesministerium für Soziales und Arbeit 9.7.1993; WKÖ Archiv, Bestand SP-A Kommission Istanbul K 4, Argumente zur Aufrechterhaltung von Anwerbeabkommen und Anwerbekommission Türkei).

Türkei entschied sich die türkische Generalverwaltung im Jahr 1972 für die Vermittlung von Türkinnen nach Österreich.[282] Ab diesem Zeitpunkt war es erlaubt, weibliche Hilfsarbeiterinnen für den österreichischen Arbeitsmarkt anzuwerben.[283] Allerdings gestaltete sich die Anwerbung von Frauen für die AKO Istanbul als sehr herausfordernd. Die im Jahr 1971 übermittelten Anwerbeaufträge für weibliche Arbeitskräfte konnten nur teilweise und mit erheblichem Mehraufwand positiv abgeschlossen werden. Als einen der Gründe für die Verzögerungen gab die türkische Arbeitsmarktverwaltung an, dass die meisten österreichischen ArbeitgeberInnen auf der Suche nach Frauen zwischen 18 und 24 Jahren waren. Die türkischen Arbeitsämter berücksichtigten aber das Alter der weiblichen Arbeitskräfte bei der Anwerbung nicht, da die ansonsten »nach Anmeldedaten gereihten Prioritäten anderer Frauen verletzt«[284] werden würden. Ein weiterer Grund für die geringe Vermittlungsquote von Frauen waren die angeforderten Qualifikationen. Viele ArbeitgeberInnen wollten nur Arbeitsmigrantinnen, die lesen und schreiben konnten, beschäftigen. Deshalb wurde explizit nach »intelligente(n) Frauen, die nicht aus ländlichen Gebieten kommen sollten«[285], gesucht, da die Bildungsquote im urbanen Umfeld höher war. Ein Betriebsarzt, der die Untersuchung von 40 weiblichen Arbeitskräften am 17. und 18.11.1969 in Banja Luka durchführte, führt dazu aus:

> Diesbezüglich bin ich der Auffassung, daß man arbeitswillige und geeignete Analphabeten bzw. Teil-Analphabeten (um solche handelt es sich in Banja Luka hauptsächlich) aufnehmen sollte, da die von mehreren Meistern geäußerten Ablehnungsgründe meines Erachtens der Tatsache nicht gerecht werden, daß gerade Analphabeten zwangsläufig von gehobenen Arbeiten ausgeschlossen und daher für primitive manuelle Arbeiten schicksalsmäßig geradezu prädestiniert sind.[286]

Zudem ergänzt er, dass er es nicht für richtig hielt, landwirtschaftliche Arbeitskräfte von vornherein von der Anwerbung auszuschließen. Zwar müssten österreichische ArbeitgeberInnen mit längeren Anlernzeiten rechnen, aber die »Milieuverbesserung«[287] durch den Arbeitsplatz in Österreich würde seiner

282 Die türkische Botschaft informierte, dass die Anwerbung von Hilfsarbeiterinnen trotz des niedrigen Lohnniveaus in Österreich, verglichen mit anderen Anwerbestaaten, insbesondere Deutschland, nun erlaubt war (WKÖ Archiv, Bestand SP-A Kommission Istanbul K 4, Übersetzung türkische Botschaft Istanbul 11.2.1972).

283 WKÖ Archiv, Bestand SP-A Kommission Istanbul K 4, Übersetzung türkische Botschaft Istanbul 11.2.1972.

284 WKÖ Archiv, Bestand SP-A Kommission Istanbul K 4, Übersetzung türkische Botschaft Istanbul 11.2.1972.

285 WKÖ Archiv, Bestand SP-A Kommission Istanbul K 4, Übersetzung türkische Botschaft Istanbul 11.2.1972.

286 WKÖ Archiv, BUKA – AGA, Mikrofilm JUG 125, 1969.

287 WKÖ Archiv, BUKA – AGA, Mikrofilm JUG 125, 1969.

Einschätzung nach bewirken, dass sich bei den Arbeitskräften »größerer Fleiß und größere Betriebstreue«[288] einstellen.[289]

In Bezug auf türkische Frauen forderte der Leiter der türkischen Anwerbekommission Dr. Pflegerl Gegenteiliges. Er erläutert in einem Schreiben von 1975 an die AGA, dass es »für eine türkische Frau psychologisch einen wesentlich komplizierteren und schwierigeren Schritt«[290] darstelle, eine Beschäftigung im Ausland anzunehmen, als für Männer. Dies führt er auf die allgemeine soziale Stellung der Frau in der türkischen Gesellschaft zurück. Aus diesem Grund änderten seiner Auffassung nach mehr Frauen im Laufe des Anwerbeprozesses ihre Meinung bezüglich einer Beschäftigung in Österreich. Dies führe »ständig zu Verzögerungen bereits bei der Einladung von Arbeitskräften durch die türkische Arbeitsmarktverwaltung«[291]. Außerdem teilte er der AGA mit, dass die gesundheitlich bedingte Ausfallsquote bei Frauen höher war. Trotz dieser Schwierigkeiten wies er aber auf die Tatsache hin, dass man bei der Vermittlung zahlenstarker Textilaufträge eine »relativ gute Vermittlungseffizienz«[292] erreichte. Hingegen konnten bei Anwerbeaufträgen mit geringer Frauenanzahl kaum Vermittlungserfolge erzielt werden.[293] In seinem Schreiben an die AGA vom Juli 1975 nimmt Dr. Pflegerl auch auf die Integrationsschwierigkeiten türkischer Frauen in Österreich Bezug. Er führt dazu aus:

> Für die Integrationsproblematik türkischer Frauen gesellt sich zu diesen allgemeinen Schwierigkeiten noch der Umstand, dass die türkische Frau durch ihre Eingebundenheit in autoritäre Sozialstrukturen noch weniger in der Lage ist, plötzlich auf sich alleine gestellt, mit den großen psychischen Schwierigkeiten fertig zu werden, die sich aus der Integrationsproblematik ergeben. Auch hier ist es offensichtlich, dass die Chance einer relativ günstigeren Integration für Frauen besteht, die höhere schulische Ausbildung besitzen. Darüber hinaus ist es für die Chancen einer Adaptierung an die neue Umgebung von erheblicher Bedeutung, ob die Frau völlig allein auf den neuen

288 WKÖ Archiv, BUKA – AGA, Mikrofilm JUG 125, 1969.

289 Vida Bakondy setzt sich in ihrem Beitrag »Bitte um 4 bis 5 türkische Maurer« auch mit dem Aktenbestand der BWK auseinander. Sie stellt in ihrer Analyse der Anwerbeakten fest, dass immer wieder explizit Arbeitskräfte aus ländlichen Regionen angefordert wurden, die durch »ökonomische Disparitäten, strukturelle Benachteiligungen und als Folge des Mangels an Optionen« als »willigere« Arbeitskräfte galten (Bakondy 2010, 77). Intelligenz wurde in diesem Zusammenhang als negativ bewertet. Von ›intelligenten‹ Arbeitskräften befürchtete man, dass diese sich gegen Arbeits- und Wohnbedingungen auflehnen und es zu Problemen in den Betrieben kommen könnte. Aus diesem Grund bevorzugte man Arbeitskräfte, die nicht selbstbewusst für ihre Rechte eintraten (Bakondy 2010, 77).

290 WKÖ Archiv, Bestand SP-A Kommission Istanbul K 4, Schreiben AKO an AGA 15.7.1975.

291 WKÖ Archiv, Bestand SP-A Kommission Istanbul K 4, Schreiben AKO an AGA 15.7.1975.

292 WKÖ Archiv, Bestand SP-A Kommission Istanbul K 4, Schreiben AKO an AGA 15.7.1975.

293 WKÖ Archiv, Bestand SP-A Kommission Istanbul K 4, Übersetzung türkische Botschaft Istanbul 11.2.1972.

> Arbeitsplatz kommt, oder ob eine größere Gruppe von Frauen, beispielsweise in Textilfabriken, eingestellt wird.[294]

Aufgrund dessen schlug er der AGA vor, zukünftig nur jene Anwerbeaufträge an die AKO zu übermitteln, die eine höhere schulische Qualifikation voraussetzten und eine größere Anzahl von Frauen umfassten. Dadurch wollte man die Chancen einer positiven Vermittlung von Türkinnen erhöhen.[295]

Außerdem hielt er fest, dass viele die Angebote österreichischer ArbeitgeberInnen ablehnten. Dies lag vor allem an den niedrigen Lohnverhältnissen in Österreich, verglichen mit anderen Anwerbestaaten. Auch die Tatsache, dass viele Bekannte und Verwandte bereits in Deutschland einer Beschäftigung nachgingen, trug dazu bei, dass österreichische Arbeitsangebote ausgeschlagen wurden. Um die Vermittlung von Türkinnen zu verbessern, bat die AKO Istanbul die österreichische Botschaft um Unterstützung bei den entsprechenden türkischen Stellen.[296]

Die Ausführungen von Dr. Pflegerl zur Anwerbung von Frauen bringen zum Ausdruck, dass ein Bedarf an Arbeitsmigrantinnen bestand und Strategien entwickelt wurden, um die Anwerbung weiblicher Arbeitskräfte zu forcieren. Das bedeutet, dass Frauen ein fixer Bestandteil der transnationalen Arbeitsmigration waren. Eine Tatsache, die das vermittelte Bild des ausschließlich männlichen Gastarbeiters in der wissenschaftlichen und öffentlichen Wahrnehmung eindeutig widerlegt. Die Beschreibung von Türkinnen in diesem Dokument entspricht der als Opfer und Benachteiligte im Migrationsprozess. Als Gründe dafür werden mangelnde Schulbildung und patriarchale Strukturen in der Türkei angeführt. Es wird der Schluss gezogen, dass aufgrund dieser ›Benachteiligungen‹ die Migration eine große psychische Herausforderung für Frauen darstelle, ein Umstand, der sich in weiterer Folge auch auf ihren Integrationsprozess im Zielland negativ auswirke. Nur die ›Gruppe‹ erleichtere die

294 WKÖ Archiv, Bestand SP-A Kommission Istanbul K 4, Schreiben AKO an AGA 15.7.1975.

295 WKÖ Archiv, Bestand SP-A Kommission Istanbul K 4, Schreiben AKO an AGA 15.7.1975. Die anfänglichen Vermittlungsschwierigkeiten von weiblichen Arbeitskräften in Deutschland wurden auf das ›andere Wesen‹ der südländischen Frau zurückgeführt. Man argumentierte, dass ihre Bestimmung in ihrer Rolle als Mutter und Ehefrau liege und sie deshalb kein Interesse an einer Erwerbstätigkeit habe. Damit erklärte man die geringen Vermittlungszahlen von Frauen und schuf ein Bild der ›Südländerin‹, das sie als Zurückgebliebene im beginnenden Ethnisierungsprozess festschrieb. Da die Zahl der Arbeitsmigrantinnen im Laufe der Zeit stark anstieg, wurde das Konstrukt der ›Ausnahme-Migrantin‹ konzipiert, um das Bild der ›Südländerin‹ weiterhin aufrechtzuerhalten. Speziell der Verweis auf das patriarchale Geschlechterverhältnis in der Herkunftsgesellschaft diente zur Legitimation der Zuschreibung des Anders- und Fremdseins. Dadurch wurde die Migrantin als eine Art von Sondertypus gegenüber der ›normalen‹ weiblichen Identität im Zielland empfunden (Huth-Hildebrandt 2002, 76–83).

296 WKÖ Archiv, Bestand SP-A Kommission Istanbul K 4, Übersetzung türkische Botschaft Istanbul 11.2.1972.

Anpassung an die neue Umgebung. Durch diese Darstellung wird Frauen ihre Selbstständigkeit und individuelle Handlungsfähigkeit im Migrations- und Integrationsprozess abgesprochen. Sie entspricht daher dem vorherrschenden Topos der mehrfach unterdrückten Frau, die von einer rückständigen Gesellschaft in eine moderne migriert.[297]

4.3 Unternehmen und Anwerbepolitik

Im folgenden Unterkapitel wird der Anwerbeprozess anhand der Anwerbeaufträge von steirischen ArbeitgeberInnen für jugoslawische und türkische Arbeitskräfte an die BWK dargestellt. Dazu wurden alle Anwerbeakten der AGA zur Anwerbung von JugoslawInnen und TürkInnen untersucht.[298] Von rund 1.237 eingelangten Anwerbeaufträgen für jugoslawische ArbeitsmigrantInnen von 1964 bis 1969 stammen 25 von steirischen ArbeitgeberInnen, wovon acht entweder vonseiten der AGA oder der Betriebe storniert wurden. In 17 Fällen erfolgte eine positive Vermittlung.[299] Für türkische Arbeitskräfte langten von 1963 bis 1967 circa 1.176 Anträge bei der AGA ein, wovon zehn von steirischen DienstgeberInnen waren. In zwei Fällen kam keine Vermittlung zustande. Die geringe Gesamtzahl der Auftragseingänge lässt deutlich erkennen, dass in Österreich und im Besonderen in der Steiermark nur ein geringer Teil der ArbeitsmigrantInnen über die BWK angeworben wurde.[300] Mithilfe der eingelangten Anwerbeansuchen von steirischen ArbeitgeberInnen wird im Folgenden dargestellt, welche Herausforderungen und Schwierigkeiten sich im Laufe des Anwerbeprozesses ergaben. Die dazu beitrugen, dass dieser offizielle Weg der Anwerbung über die BWK seltener genutzt wurde.

Der Hauptgrund lag in der relativ langen Anwerbedauer. Einige Aufträge für jugoslawische Arbeitskräfte konnten zwar innerhalb eines Monats positiv erledigt werden,[301] allerdings betrug die durchschnittliche Anwerbedauer zwischen

297 Siehe Kapitel 1.4.

298 Die Analyse umfasste alle vorhandenen Anwerbeakten der AGA für türkische und jugoslawische ArbeitsmigrantInnen auf insgesamt 27 Mikrofilmen (Anwerbung ausländischer Arbeitskräfte Türken 1963–1967, Film Nr. 885–898; Anwerbung ausländischer Arbeitskräfte Jugoslawen 1965–1969, Film Nr. 899–911).

299 Insgesamt wurden 152 jugoslawische (60 FacharbeiterInnen und 92 HilfsarbeiterInnen) und 93 türkische (5 FacharbeiterInnen und 88 HilfsarbeiterInnen) Arbeitskräfte, inklusive stornierter Aufträge, von steirischen ArbeitgeberInnen angefordert.

300 Von 1964 bis 1969 wurden rund 9.000 jugoslawische Arbeitskräfte von österreichischen ArbeitgeberInnen angefordert. Gemessen an der Zahl der in Österreich beschäftigten ArbeitsmigrantInnen (1964: 9.782 und 1969: 65.126), eine relativ geringe Anzahl.

301 WKÖ Archiv, BUKA – AGA, Mikrofilm JUG 90, 1969; JUG 107, 1967; JUG 64, 1966; JUG L 14, 1967.

zwei und drei Monaten.[302] Bezüglich der Anwerbedauer für türkische Arbeitskräfte schrieb die AGA an ein Grazer Metallbauunternehmen im Juli 1964, »daß mit der Anreise (...) in etwa 8 Wochen zu rechnen ist«[303]. Wie akut der Mangel an Arbeitskräften für viele ArbeitgeberInnen war und was für einen zeitintensiven Akt die Vermittlung von Arbeitskräften darstellte, dokumentiert folgendes Schreiben eines steirischen Unternehmers an die AGA:

> Zweck unseres heutigen Schreibens ist, Sie nochmals auf die Dringlichkeit der Beschaffung dieser Arbeitskräfte hinzuweisen. Wir benötigen die Metallschleifer sehr dringend und können uns hier einen Ersatz nicht beschaffen. Wir nehmen an, daß Sie inzwischen jedenfalls festgestellt haben werden, ob das türkische Arbeitsamt überhaupt die benötigten Arbeitskräfte stellen kann und erbitten Ihre diesbezügliche Mitteilung. Zutreffendenfalls ersuchen wir, soweit Ihnen dies von Wien aus möglich ist, die Erledigung zu beschleunigen.[304]

Daraus kann abgeleitet werden, dass gerade der im vorgehenden Abschnitt beschriebene langwierige bürokratische Ablauf wie auch die fachliche und medizinische Auswahl der BewerberInnen einer raschen Bearbeitung der Anwerbeaufträge entgegenstanden. Viele ArbeitgeberInnen suchten nach Alternativen zur Anwerbung über die BWK, die schneller und mit geringerem bürokratischem Aufwand verbunden waren.[305]

Die AGA teilte 1965 einem Holzbetrieb im steirischen Mürztal über die Möglichkeiten der Anwerbung von Fachkräften Folgendes mit: »Die Anwerbung von Tischlern ist in der Türkei möglich und dauert ca. 6 bis 7 Wochen.«[306] Neben der langen und ungewissen Anwerbedauer führten auch die hohen Anwerbekosten dazu, dass gegen Ende der 1960er Jahre viele österreichische Betriebe ihre Arbeitskräfte nicht mehr über die offiziellen Anwerbestellen der BWK anwarben. Aber auch ArbeitsmigrantInnen nutzten die Möglichkeit, ihre Bewerbungen direkt an österreichische ArbeitgeberInnen zu richten, wie folgendes Schreiben aus dem Jahr 1964 an ein Bauunternehmen in Judenburg veranschaulicht: »Ich bin ein Türke. Ich möchte bei ihrer Firma arbeiten. Ich bin fleißiger, korrekter und gesunder Arbeiter. Ich hoffe und vertraue, dass sie mich einstellen werden. Ich möchte dauernd bei ihrer Firma arbeiten.«[307] Private Vermittlungen von Arbeitskräften und die ›TouristInnenbeschäftigung‹ be-

302 WKÖ Archiv, BUKA – AGA, Mikrofilm JUG 32, 1967; JUG 205, 1966; JUG 125, 1966; JUG 227, 1966; JUG 168, 1966; JUG 247, 1965.

303 WKÖ Archiv, BUKA – AGA, Mikrofilm, T 233, 1964.

304 WKÖ Archiv, BUKA – AGA, Mikrofilm, T 233, 1964.

305 Ähnlich kompliziert und langwierig gestaltete sich der Anwerbeprozess von spanischen Arbeitskräften für die BRD (Sanz Diaz 2012, 125–131).

306 WKÖ Archiv, BUKA – AGA, Mikrofilm T 11 A, 1965.

307 WKÖ Archiv, BUKA – AGA, Mikrofilm T 249, 1963. Der weitere Anwerbeverlauf kann mithilfe der Anwerbeakten nicht rekonstruiert werden.

günstigten eine Kettenmigration und trugen zur Verselbstständigung der Arbeitsmigration nach Österreich bei.[308]

Ein weiterer Grund für die geringen Vermittlungszahlen waren fehlende Unterlagen vonseiten der ArbeitgeberInnen.[309] Das belegen folgende Schreiben der AGA an zwei steirische Betriebe:

> Wir gestatten uns darauf aufmerksam zu machen, daß wir zur positiven Erledigung Ihres am 23.1.1965 erhaltenen Auftrages zur Anwerbung von 8 jugoslawischen Arbeitskräften die entsprechende Anzahl von Einzelzusicherungen zur Erteilung der Arbeitserlaubnis, die Sie bei Ihrem zuständigen Arbeitsamt erhalten, dringend benötigen. Wir bitten Sie, uns diese Zusicherungen möglichst umgehend zuzusenden, da sonst in der Bearbeitung Ihres Auftrages Verzögerungen eintreten können.[310]

Wie auch jenes Schreiben: »Wir bestätigen nochmals, daß 12 Forstarbeiter aus dem Raum Gospic ausgewählt, untersucht und abfahrbereit sind, wir jedoch keine Einzelzusicherungen erhalten haben.«[311] Der Umstand, dass die Einzelzusicherungen der steirischen Arbeitsämter im Laufe des Anwerbeprozesse ihre Gültigkeit verloren und neu beantragt werden mussten,[312] sowie die Tatsache, dass die Anwerbepauschale von den ArbeitgeberInnen nicht rechtzeitig eingezahlt wurde, führten immer wieder zu Verzögerungen. Dies dokumentiert folgendes Schreiben der AGA an einen steirischen Betrieb aus dem Jahr 1965:

> Wie wir Ihnen bereits mitgeteilt haben, hat sich die Anwerbepauschale für jugoslawische Arbeiter im heurigen Jahr erhöht und beträgt nunmehr S 600,–. Dies ergibt sich aus einer Tariferhöhung der jugoslawischen Staatsbahnen, aus einer gründlicheren Untersuchung der Arbeiter (Herz- und Lungenröntgen, Wassermanntest) und schließlich aus einer Erhöhung des Verpflegegeldes. Wir bitten Sie, mit beiliegendem Erlagschein das Anwerbepauschale ehestens an uns zu überweisen, da dem jugoslawischen Arbeitsamt eine sofortige Anzahlung von 50 % zu leisten ist.[313]

Auch für drei angeworbene türkische Bauhilfsarbeiter wurde die Anwerbepauschale nicht an die AGA überwiesen. Diese forderte die steirische Baufirma in einem Schreiben vom 15.12.1965 auf, den ausständigen Betrag auf das Konto der AGA einzuzahlen.[314] Außerdem legte die AGA für diesen Betrieb die Fahrtkosten für eine türkische Arbeitskraft aus und forderte zudem die Erstattung dieses Betrages: »Für den am 2.7. (1964) vermittelten türkischen Arbeiter C. K. haben wir die Fahrtkosten von Wien nach Marein in der Höhe von S 48.40 ausgelegt

308 Siehe Kapitel 2.3.1.
309 WKÖ Archiv, BUKA – AGA, Mikrofilm JUG SB 3, 1968; JUG 4, 1969.
310 WKÖ Archiv, BUKA – AGA, Mikrofilm, JUG A 21, 1965.
311 WKÖ Archiv, BUKA – AGA, Mikrofilm JUG L 14, 1967.
312 WKÖ Archiv, BUKA – AGA, Mikrofilm JUG 124, 1969.
313 WKÖ Archiv, BUKA – AGA, Mikrofilm JUG 247, 1965.
314 WKÖ Archiv, BUKA – AGA, Mikrofilm T 11 A, 1965.

und bitten Sie, diesen Betrag mittels beiliegenden Erlagscheines an uns zu überweisen.«[315]

Vielfach stornierte die AGA die Anwerbeaufträge, wenn die Unterlagen unvollständig waren oder die Anwerbepauschale nicht überwiesen wurde. Aber auch ArbeitgeberInnen zogen im Laufe des Anwerbeprozesses ihre Ansuchen zurück, da sie andere Arbeitskräfte einstellten, das Anwerbeverfahren zu lange dauerte oder der Bedarf sich änderte.[316] Ein besonderer Fall ergab sich in Bad Aussee. Ein Gästehaus reichte beim zuständigen Arbeitsamt eine Voranmeldung für eine ausländische Hilfsarbeiterin ein und schickte den Anwerbeauftrag an die AGA. Das Arbeitsamt Bad Aussee lehnte die Erteilung der Einzelzusicherung ab, da aufgrund der Schließung »des Töchterheimes in Grundlsee eine Anzahl von weiblichen Arbeitskräften frei«[317] wurde und das Arbeitsamt dem Gästehaus eine dieser arbeitslos gewordenen Arbeiterinnen vermittelte. Aber auch vonseiten der jugoslawischen Arbeitsämter konnten nicht alle Arbeitskräfteanforderungen positiv erledigt werden. So teilte die AGA einer Judenburger Baufirma, die zwei Arbeitskräfte namentlich angefordert hatte, Folgendes mit: »Da wir Ihnen die Arbeiter nicht vermitteln konnten, senden wir Ihnen obengenannten Betrag mit gleicher Post zurück.«[318]

Außerdem kam es häufig vor, dass nur einige der angeforderten ArbeitsmigrantInnen vermittelt werden konnten oder die Vermittlung zeitverzögert stattfand. Dadurch trafen selten alle angeforderten Arbeitskräfte gemeinsam zum gewünschten Zeitpunkt bei den steirischen Betrieben ein.[319] Aber auch kurzfristige Absagen vonseiten der Arbeitskräfte oder die Tatsache, dass die angeworbenen Arbeitskräfte trotz Abreise nicht, wie vereinbart, im Betrieb eintrafen, waren keine Seltenheit.[320] Nachstehendes Beispiel zeigt das deutlich: »Wie uns die Fa. soeben mitteilte, sind heute drei jugoslawische Arbeitskräfte angekommen, die vierte Kraft konnte wegen familiärer Schwierigkeiten die Reise nach Österreich nicht antreten.«[321] Oder dieser Fall: »Damals wurden 2 Fach-

315 WKÖ Archiv, BUKA – AGA, Mikrofilm T 11 A, 1965.

316 WKÖ Archiv, BUKA – AGA, Mikrofilm JUG A 21, 1965; JUG SB 3, 1968; JUG Storno Firmen-Nr. 617, 1968. Für den Fall, dass die Stornierung innerhalb von fünf Arbeitstagen nach Eintreffen des Auftrags erfolgte, entstanden für den österreichischen Teil der AKO keine Kosten. Wurde diese Frist jedoch überschritten, musste die AKO Belgrad für die Kosten der lokalen Beförderung und medizinischen Untersuchung der Arbeitskräfte aufkommen (WKÖ Archiv, Bestand SP-A Kommission Istanbul V 6, Anhang zum Protokoll über Durchführung des Abkommens zwischen Österreich und Jugoslawien, 6).

317 WKÖ Archiv, BUKA – AGA, Mikrofilm JUG A 21, 1965; JUG SB 3, 1968; JUG Storno Firmen-Nr. 617, 1968.

318 WKÖ Archiv, BUKA – AGA, Mikrofilm T 249, 1963.

319 WKÖ Archiv, BUKA – AGA, Mikrofilm JUG 105, 1969; JUG 90, 1969; JUG 159, 1967.

320 WKÖ Archiv, BUKA – AGA, Mikrofilm JUG 227, 1966; JUG 168, 1966; JUG 64, 1966; JUG 90, 1969; JUG 4, 1969.

321 WKÖ Archiv, BUKA – AGA, Mikrofilm JUG 4, 1969.

arbeiter abgeschickt und 3 waren im letzten Augenblick verhindert.«[322] Wie auch bei dieser Firma: »Angefordert waren 5 Leute, gekommen sind nur 4.«[323]

Eine steirische Maschinenbaufirma wandte sich mit einem speziellen Problem an die AGA. Die Firma war mit den fünf vermittelten jugoslawischen Arbeitskräften zufrieden und beantragte deren Wiederbeschäftigung im Folgejahr beim dafür zuständigen steirischen Arbeitsamt. Die Firma kam für die Rück- sowie Wiedereinreisekosten der Arbeitskräfte auf und erwartete deren Ankunft. Anstatt der Arbeitskräfte traf jedoch bei der Firma ein Brief von einem der Arbeiter ein. Dieser teilte dem Betrieb mit, dass er Jugoslawien für immer verlassen und nach Kanada gehen möchte. Um das Geld für die Überfahrt zu verdienen, arbeitete er nun mit der Arbeitserlaubnis der steirischen Firma in Wien.[324] Es handelte sich um eine gängige Praxis, Arbeitsplätze wegen zu geringer Löhne oder anderer Motive zu wechseln. Viele ArbeitsmigrantInnen wurden vertragsbrüchig und die Zahl der illegal Beschäftigten stieg. Über den Verbleib der restlichen vier Arbeitskräfte teilte der Firmenchef der AGA mit:

> Weiters haben wir in Erfahrung gebracht, daß ein weiterer, sehr guter Schlosser u. zwar S. P. auch aus Pula nun in Tirol arbeiten soll. Wir haben ihn durch einen Arbeitskameraden schreiben lassen, u. erhielten in jug. Sprache die Antwort, aus welcher hervorgehen soll, daß er in Tirol mehr verdient u. er auch später nach Kanada will. (...) Wir haben Ihnen szt. schon mitgeteilt, sehr grossen Arbeitermangel zu haben und waren froh, daß wir die jug. Arbeitskräfte bekommen haben, die auch gut gearbeitet haben (...) Nun stehen wir leider vor dem gleichen Problem wie im Vorjahr. Allerdings haben wir uns grosse Mühe gemacht, alle Papiere für diese erledigt und ihnen ordnungsgemäße Papiere bei der Heimfahrt übergeben, jedoch sind diese 3 Kräfte anderwärtig beschäftigt. Wie kann man sich dagegen verhalten, bzw. was können wir nun unternehmen? Die Verträge haben sie alle unterschrieben.[325]

Viele ArbeitsmigrantInnen nahmen jeden Arbeitsplatz an, um nach Österreich einreisen zu können, und suchten sich im Anschluss andere Arbeitsstellen. Für viele stellte Österreich aber auch nur eine ›Zwischenstation‹ auf der Reise nach Deutschland oder in die Schweiz dar, wo das Lohnniveau höher war.[326] Dadurch waren viele Firmen mit einer hohen Fluktuation von ausländischen Arbeitskräften konfrontiert. Das stellte vor allem für kleinere Betriebe eine große Herausforderung dar, da der Anwerbeprozess und die Einschulung der ArbeitsmigrantInnen mit einem erheblichen Zeit- und Kostenaufwand verbunden

322 WKÖ Archiv, BUKA - AGA, Mikrofilm JUG 227, 1966.
323 WKÖ Archiv, BUKA - AGA, Mikrofilm JUG 64, 1966.
324 WKÖ Archiv, BUKA - AGA, Mikrofilm JUG 168, 1966.
325 WKÖ Archiv, BUKA - AGA, Mikrofilm JUG 168, 1966.
326 In folgenden Anwerbeansuchen wurde auch auf die Weiterreise von ArbeitsmigrantInnen nach Deutschland bzw. auf deren hohe Fluktuation Bezug genommen (WKÖ Archiv, BUKA - AGA, Mikrofilm T 555, 1965; T 357, 1965; T 231, 1966; T 361, 1965).

waren. Aus diesem Grund forderten ArbeitgeberInnen die Abschiebung von vertragsbrüchigen Arbeitskräften.[327]

Zahlreiche Beispiele belegen, dass viele ArbeitgeberInnen mit den fachlichen Kenntnissen der angeworbenen Arbeitskräfte unzufrieden waren. So schrieb die AGA an einen steirischen Betrieb am 3. 11. 1964: »Wir bedauern, daß der an Sie vermittelte türkische Arbeiter nun doch nicht die geforderten Qualifikationen besitzt.«[328] Häufig forderten Firmen bei Unzufriedenheit mit den angeworbenen Arbeitskräften die Rückerstattung der Anwerbepauschale, die Vermittlung von neuen Arbeitskräften, eine Abschiebung oder die Verhängung eines Verbotes zur Arbeitsaufnahme in Österreich. Folgendes Beispiel einer Wiener Ketten- und Hebezeugefabrik in einem Schreiben an die AGA aus dem Jahr 1965 dokumentiert das: »Es wäre dringend notwendig dafür zu sorgen, daß kontraktbrüchige Fremdarbeiter abgeschoben werden können, soll die Arbeitsmoral der bereits hier beschäftigten Fremdarbeiter in Zukunft nicht gefährdet werden.«[329] Der Geschäftsführer der AGA, Dkfm. Vavra, weist in seinem Antwortschreiben den Arbeitgeber darauf hin, »dass sich gewisse Vorkommmisse durch die Problematik der Fremdarbeiterbeschäftigung im allgemeinen aber auch dadurch, dass wir es mit Menschen zu tun haben, nicht gänzlich ausmerzen lassen werden«[330]. In Bezug auf die Möglichkeiten einer Abschiebung führt er in einem Schreiben im Jahr 1965 an eine Tiroler Textilfabrik Folgendes aus: »Eine Rückführung in die Heimat kommt nach der derzeitigen Rechtslage nur in Frage, wenn der ausländische Arbeiter gegen § 3 des Fremdenpolizeigesetzes verstossen hat (d. h., wenn sein Aufenthalt die öffentliche Ruhe, Ordnung oder Sicherung gefährdet oder anderen öffentlichen Interessen zuwiderläuft) und als Folge davon ein Aufenthaltsverbot erlassen wurde.«[331] Ab Ende der 1960er Jahre bestand die Möglichkeit, vertragsbrüchigen ausländischen Arbeitskräften, die im Kontingentverfahren angeworben worden waren, für die Dauer von sechs Monaten keine Beschäftigungsbewilligung zu erteilen. Allerdings konnte diese weiterhin für dieselbe Arbeitskraft im Normalverfahren beantragt werden.

In den steirischen Anwerbeakten wird ein Betrugsfall beschrieben, den der österreichische Generalkonsul in Ljubljana im Jahr 1967 aufdeckte. Ein jugoslawischer Mann wollte für eine steirische Firma angeworben werden und be-

327 WKÖ Archiv, BUKA – AGA, Mikrofilm T 501, 1965.

328 WKÖ Archiv, BUKA – AGA, Mikrofilm T 11 A, 1964. Auch in folgenden Fällen waren ArbeitgeberInnen mit den angeworbenen Arbeitskräften unzufrieden: WKÖ Archiv, BUKA – AGA, Mikrofilm JUG 149, 1967; JUG 148, 1967.

329 WKÖ Archiv, BUKA – AGA, Mikrofilm T 501, 1965.

330 WKÖ Archiv, BUKA – AGA, Mikrofilm T 501, 1965. Die Aussage kann als Appell verstanden werden, ausländische Arbeitskräfte nicht ausschließlich als ›Arbeitsobjekte‹ wahrzunehmen. Aber auch dahingehend interpretiert werden, dass der Anwerbeprozess aufgrund der Tatsache, dass es sich um Menschen handelt, nicht einwandfrei funktioniert.

331 WKÖ Archiv, BUKA – AGA, Mikrofilm T 440, 1965.

antragte beim Konsulat einen A-Sichtvermerk unter Angabe eines falschen Geburtsortes. Der Grund dafür war ein von der Bezirkshautmannschaft Leibnitz erteiltes Aufenthaltsverbot aus dem Jahr 1963.[332] Der Generalkonsul schilderte den Vorfall folgendermaßen:

> Als ich ihn daraufhin zur Rede stellte, erhob er sich und verliess unter lautem Schimpfen meine Kanzlei. Ich möchte es Ihnen anheimstellen, ob Sie unter diesen Umständen die Erteilung eines Arbeits-Einreisesichtvermerkes an (...) weiter verfolgen wollen. Ich selbst wäre gegen die Erteilung eines solchen an ihn, da derartige Elemente als Gastarbeiter in Österreich wohl nicht erwünscht sein können.[333]

Wie aus dem Aktenbestand der BWK hervorgeht, erfolgten regelmäßig Abschiebungen von ArbeitsmigrantInnen. Vor allem jene, die eine Straftat begangen hatten oder auch aktiv für ihre Rechte eintraten, waren davon betroffen.[334] Die strikte Vorgehensweise kann als ›Abschreckung‹ gewertet werden, um weitere Auflehnungen vonseiten ausländischer Beschäftigter zu verhindern. Des Weiteren kann sie als Beispiel für den Umgang mit ArbeitsmigrantInnen als reine ›Arbeitsobjekte‹ interpretiert werden. Forderungen nach Lohnerhöhungen und Verbesserungen der Arbeits- und Lebensbedingungen waren nicht erwünscht. Durch den ihnen zugeschriebenen Objektstatus, ihre schwache Rechtsstellung und die geringen Möglichkeiten der Partizipation konnten ArbeitsmigrantInnen ohne Einspruchsrecht abgeschoben werden. Des Weiteren kann das strenge Vorgehen von staatlicher Seite als ›Angst‹ vor einem möglichen Kontrollverlust über die Zuwanderung infolge des starken Anstiegs der Zahl der ArbeitsmigrantInnen ab Ende der 1960er Jahre gewertet werden.[335]

In den Akten der BWK sind aber auch Fälle dokumentiert, in denen sich ArbeitsmigrantInnen an die AGA, die Betriebe, die jugoslawischen und türkischen Arbeitsämter oder die österreichischen Vertretungsbehörden in der Türkei und Jugoslawien wandten, um sich über vorherrschende Arbeits- und

---

332 WKÖ Archiv, BUKA – AGA, Mikrofilm JUG 159, 1967.

333 WKÖ Archiv, BUKA – AGA, Mikrofilm JUG 159, 1967. Aus den Akten geht nicht hervor, ob eine Vermittlung erfolgte. Es kann aber davon ausgegangen werden, dass es zu keiner Anwerbung kam.

334 In der Steiermark streikten im Jahr 1966 jugoslawische Arbeitskräfte. Dies wurde als Arbeitsverweigerung gewertet und die Streikenden abgeschoben (siehe Kapitel 7.3.1). 1964 wurden im Bezirk Mödling 15 jugoslawische Arbeitskräfte abgeschoben, die wegen der Entlassung eines Gastarbeiters in Streik getreten waren (WKÖ Archiv, BUKA – AGA, Mikrofilm JUG 131, 1964). Auch im Ausstellungskatalog zur Ausstellung »Gastarbajteri« wird von einem Streik jugoslawischer Arbeiter in Oberturn (Salzburg) berichtet. Diese forderten eine Lohnerhöhung und wurden deshalb in Schubhaft genommen (Gächter/Recherche-Gruppe 2004, 35).

335 Bakondy kommt in ihrer Analyse der Anwerbeakten zum Schluss, dass diese nicht nur die Geschichte des Bedarfs erzählen, sondern auch Fragen der Kontrolle und des Kontrollverlustes eine zentrale Stellung einnehmen (Bakondy 2010, 71–73).

Wohnbedingungen zu beschweren. Dabei handelte es sich vor allem um zu niedrige Löhne, nicht bezahlte Überstunden, Kündigungen und bestehende Wohnverhältnisse. Dies zeigt, dass in einigen Fällen ArbeitsmigrantInnen in den Anwerbeakten auch selbst zu Wort kamen und als handelnde Subjekte, die aktiv für ihre Rechte eintraten, wahrgenommen wurden.[336]

In einigen Fällen lehnte das jugoslawische Bundesbüro Anwerbeaufträge österreichischer ArbeitgeberInnen gänzlich ab. Beispielsweise dann, wenn das Einkommen in Österreich nicht den geforderten Mindestlöhnen entsprach. Auf diese Vorgehensweise wird auch in einem Merkblatt der AGA aus dem Jahr 1966 an österreichische ArbeitgeberInnen hingewiesen: »Des weiteren haben jugoslawische Arbeitsämter mitgeteilt, daß Aufträge bei zu geringen Verdienstmöglichkeiten im Interesse der Arbeitnehmer abgelehnt werden.«[337] So wurde der von einer steirischen Tischlerei gebotene Bruttostundenlohn von 15 Schilling[338] im Jahr 1969 als zu gering eingestuft und ein Mindeststundenlohn von 23 Schilling[339] für qualifizierte Tischler vonseiten des jugoslawischen Bundesbüros gefordert.[340] Aber auch die gesetzliche Mindestfrist zur Erlangung der Kinderbeihilfe stellte für das Bundesbüro ein Vermittlungskriterium dar, wie ein Schreiben der AGA an einen Bauunternehmer in Köflach belegt:

> Das Kontingent für Bauarbeiter läuft nur bis Anfang Dezember, sodaß es ausgeschlossen ist, daß die Arbeiter, die jetzt noch nach Österreich kommen, die für die Erlangung der Kinderbeihilfe erforderlichen 6 Monate erreichen. Aus diesem Grunde schickt uns die zuständige jugoslawische Stelle keine Bauarbeiter mehr nach Österreich, sodaß wir gezwungen sind, ihren Anwerbeauftrag als hinfällig zu betrachten. Für die nächste Bausaison würden wir Ihnen empfehlen, sich schon Anfang des Jahres an uns zu wenden, damit sie schon zu Anfang der Bausaison (April) mit den Arbeitern rechnen können.[341]

Daneben lehnte das jugoslawische Bundesbüro die Vermittlung von FacharbeiterInnen ab bzw. verzögerte diese, da qualifizierte Arbeitskräfte für die eigene Wirtschaft benötigt wurden.[342] Es kann als Strategie Jugoslawiens interpretiert werden, bei der Anwerbung von qualifizierten Arbeitskräften das Anwerbeverfahren erheblich zu verlängern, mit dem Ziel, dass die Aufträge seitens der österreichischen ArbeitgeberInnen storniert wurden. Folgendes Schreiben der

336 Beispiele dafür sind: WKÖ Archiv, BUKA – AGA, Mikrofilm JUG 186, 1966; T 430, 1965.
337 WKÖ Archiv, BUKA – AGA, Mikrofilm JUG 229, 1966.
338 13 Schillinge entsprechen circa 1,09 Euro.
339 23 Schillinge entsprechen circa 1,67 Euro.
340 Die steirische Firma erhöhte den Bruttostundenlohn auf 17 Schilling und erklärte sich bereit, zusätzlich die Kosten für die Unterkunft in der Höhe von 120 Schilling pro Monat zu übernehmen. Das jugoslawische Bundesbüro lehnte die Vermittlung dennoch ab (WKÖ Archiv, BUKA – AGA, Mikrofilm JUG 105, 1969).
341 WKÖ Archiv, BUKA – AGA, Mikrofilm JUG 112, 1964.
342 WKÖ Archiv, BUKA – AGA, Mikrofilm JUG 105, 1969; JUG 4, 1969.

AGA lässt auf diese Vorgehensweise schließen: »Da es sich um erstklassige qualifizierte Kräfte handelt, wird es, wie Sie selbst wissen, eine längere Zeit dauern, bis wir solche ausfindig gemacht haben.«[343] Zudem unterband das jugoslawische Bundesbüro Anfang der 1970er Jahre die Vermittlung von Facharbeitskräften aus bestimmten Berufsgruppen (Wollner 2010, 80–86). Ein weiterer Grund für die Zeitverzögerungen bei der Anwerbung war, dass jugoslawische Arbeitsämter Bahnkarten zu falschen Zielorte ausstellten. Im Jahr 1966 wurden beispielsweise fünf jugoslawische Arbeitskräfte mit der Bahn nach Stainach Irdning anstatt nach Stainach Pfronten bei Innsbruck geschickt. Nur unter erheblichen Mühen und Kosten war es den angeforderten Arbeitskräften möglich, in ihrem tatsächlichen Arbeitsort einzutreffen.[344] Aber auch fünf jugoslawische Arbeitskräfte, die in Salzburg arbeiten sollten, trafen irrtümlich am Grazer Hauptbahnhof ein.[345]

Diese beschriebenen Schwierigkeiten bei der Anwerbung von ArbeitsmigrantInnen über den, laut Anwerbeverträgen vorgeschriebenen, ›offiziellen Weg‹ führten dazu, dass immer mehr ArbeitsmigrantInnen auf anderen Wegen zur Arbeitsaufnahme nach Österreich einreisten.

343 WKÖ Archiv, BUKA – AGA, Mikrofilm JUG 4, 1969.
344 WKÖ Archiv, BUKA – AGA, Mikrofilm JUG 168, 1966.
345 WKÖ Archiv, BUKA – AGA, Mikrofilm JUG 360, 1965.

5. Wirtschaft, Politik und Arbeitsmarkt in der Steiermark

In diesem Kapitel rückt die Arbeitsmigration auf regionaler Ebene in das Zentrum der Untersuchung. Das Hauptaugenmerk liegt dabei auf dem Zeitraum nach dem Zweiten Weltkrieg bis zum Ende der 1970er Jahre. Es werden regionale wirtschaftliche und arbeitsmarktpolitische Entwicklungen, Herausforderungen und Besonderheiten beschrieben und diese in einen österreichischen bzw. internationalen Bezugsrahmen gesetzt. Dabei gilt es darzustellen, wie sich globale Entwicklungen auf lokaler Ebene ausdrücken und sich gegenseitig beeinflussen. In Anlehnung an die Phasen der Migrationspolitik in Österreich wird der zu untersuchende Zeitraum in folgende Perioden gegliedert: Wiederaufbau und Stabilisierung nach 1945, »Wirtschaftswunderjahre«, Strukturkrise und Hochkonjunktur (1962–1974), Erdölkrisen und Technologieaufschwung (ab 1973).

5.1 Wiederaufbau und Stabilisierung nach 1945

Am 4.7.1945 wurde im Ersten Kontrollabkommen eine verbindliche Aufteilung der Besatzungszonen zwischen den alliierten Kräften in Österreich beschlossen. In der Steiermark übernahm die britische Besatzungsmacht die Kontrolle. In den einzelnen Besatzungszonen wurden Militärregierungen eingesetzt, denen die einzelnen Landesregierungen unterstanden. Der Warenverkehr zwischen den Besatzungszonen war nur durch sogenannte »Zwischenzonenkompensationsgeschäfte« möglich. Am 28.6.1946 trat das Zweite Kontrollabkommen in Kraft.[346] Dieses war für die ökonomische Entwicklung Österreichs von ent-

346 Die Besatzungsmächte behielten sich in Bereichen, »die sie für absolut nötig erachteten, um Sicherheit der Besatzungstruppen, die Aufrechterhaltung der Ordnung im Land und die Verteidigung ihrer politischen und wirtschaftlichen Interessen in Österreich zu gewährleisten«, direkte Eingriffsrechte vor. Durch den Artikel 6 wurde sichergestellt, dass legislative Maßnahmen durchgeführt und die österreichische Regierung internationale Abkommen schließen konnte. Diese traten automatisch in Kraft, sofern vonseiten des Alliierten Rates kein einstimmiges Veto eingelegt worden war. Mithilfe des Zweiten

scheidender Bedeutung. Die Beschränkungen im Zonenverkehr wurden damit aufgehoben und der Personen- sowie Güterverkehr zwischen den einzelnen Besatzungszonen freigegeben. Dadurch war ein kontinuierlicher Wiederaufbau der österreichischen Wirtschaft sichergestellt. Die Kontrolle oblag weiterhin den Besatzungsmächten (Karner 1992, 549–551; Eisterer 1997, 154–160). Ein weiterer wesentlicher Schritt zum wirtschaftlichen Wiederaufbau waren die Verstaatlichungsgesetze von 1946 und 1947.[347] Dadurch wurden jene Betriebe, die im Zuge der Verstaatlichungspolitik des NS-Regimes zu deutschem Eigentum wurden, wieder in den Besitz der Republik Österreich übertragen. Eine Maßnahme, die besonders die Steiermark betraf, da viele Unternehmen der österreichischen Grundstoff- und Schwerindustrie in diesem Bundesland angesiedelt waren.[348]

Für die steirische Wirtschaft[349] galt es in der Nachkriegszeit, den Anschluss an den Weltmarkt zu finden, neue Handelswege in Richtung Nordwesten zu erschließen und den Handel mit dem Südosten wiederaufzubauen. Aufgrund ihrer wirtschaftsgeografischen Grenzlage vollzog sich der ökonomische Wiederaufbau in der Steiermark nur eingeschränkt. Vor allem die weiten Entfernungen zu den Handelszentren Westeuropas und die Spannungen zwischen dem marktwirtschaftlich ausgerichteten ›Westen‹ und dem planwirtschaftlich organisierten ›Osten‹ behinderten den Wirtschaftsaufbau.[350] Ab 1945 wurden die Grenzen

Kontrollabkommens wurde die Souveränität Österreichs entscheidend erweitert (Eisterer 1997, 159).

347 Im Zuge dieser Gesetze wurden circa 70 Industrie- und Bergbauunternehmen, die größeren Elektrizitätsgesellschaften und die drei großen Banken (Creditanstalt-Bankverein, Länderbank und Österreichisches Creditinstitut) verstaatlicht. Dabei wurde zwar das Eigentumsrecht an den österreichischen Staat übergeben, die privatrechtliche Organisation der Betriebe aber beibehalten (Sandgruber 2005, 458–459).

348 Dazu zählten in der Steiermark: der Bergbau, die Metall- und Eisenhütten, die Papiererzeugung, die Glas- sowie Lederverarbeitungsindustrie. Es erfolgte unter anderem die Verstaatlichung von Alpine Montan, Schoeller-Bleckmann und Böhler. In Bezug auf die Verstaatlichung der Energiewirtschaft nahm die Steiermark eine Sonderstellung innerhalb Österreichs ein. Diese konnte zugunsten kleinerer E-Werke abgewendet werden. Private Betriebe wie die Steg, die Pichlerwerke in Weiz oder das E-Werk Franz in Graz blieben wichtige lokale Energieversorger (Karner 1992, 553–560; 2005, 454–455).

349 Die Grundlagen der steirischen Wirtschaft bildeten das Stahl- und Eisenwesen, aus denen sich die unterschiedlichsten Industrien entwickelten. Im 19. Jahrhundert nahm die Steiermark eine zentrale wirtschaftliche Position innerhalb der österreichisch-ungarischen Monarchie ein. Vor allem ihre Rolle im Waren- und Güteraustausch zwischen den beiden Reichshälften war bedeutend. Vor allem in der Eisen- und Stahlindustrie, der Magnesitindustrie, der Zinkerzeugung, der Energie- und Elektrizitätswirtschaft, der Landwirtschaft, der Wagen-, Maschinenbau-, Elektro- und Papierindustrie leistete die Steiermark einen wichtigen Beitrag zur Wirtschaftsentwicklung der Monarchie (Karner 1992, 527–528; Steiner 2002, 134–139).

350 Trotz der schwierigen Situation war die Steiermark im Vergleich zu anderen Bundesländern wie Nieder-, Oberösterreich oder Wien in geringerem Maß beschädigt worden. Auch litt die

durch die sozialistischen Nachbarstaaten geschlossen. Der Osten Österreichs war von der Abschottung durch den Eisernen Vorhang besonders stark betroffen. Im Unterschied dazu erleichterten die offenen Grenzen und die geringen Entfernungen zu den Wirtschaftszentren der Schweiz, Norditaliens und der BRD die wirtschaftliche Entwicklung der westlichen Bundesländer (Schöpfer 2004, 313–315).

Für den Wirtschaftsaufbau waren somit die Verstaatlichungspolitik und die Unterstützung durch die United Nations Relief and Rehabilitation Administration (UNRRA) und das European Recovery Program (EPR) im Rahmen des Marshallplans ausschlaggebend.[351] In den Anfangsjahren (1948 und 1949) wurden vor allem Lebensmittel zur Verfügung gestellt und Investitionen in die Landwirtschaft durch ERP-Hilfe getätigt.[352] Nach der Deckung des ersten Lebensmittelnotstandes wurden in der zweiten Phase (1949 bis 1952) die Energieversorgung sowie die Grundindustrien wieder aufgebaut. Die dritte Phase der EPR-Hilfe (1952 und 1953) zielte auf die Fertigwaren-, Exportindustrie und den Tourismus ab (Burkert-Dottolo 2004, 376–380; Sandgruber 2005, 517–519).

Durch die ERP-Hilfe konnten in der Steiermark die Stahl- und Eisenindustrie sowie die Papier- und Zelluloseindustrie wieder angekurbelt werden. Auch die Versorgung der Bevölkerung wurde durch diese Mittel stabilisiert.[353] Zahlreiche Großprojekte und Investitionen sowie die Umsetzung von Bauvorhaben[354] aus den Fördermitteln des Landes Steiermark gaben weitere wichtige Impulse für die

Steiermark nicht unter den wirtschaftlichen Einschränkungen, die jene Länder unter sowjetischer Besatzung erfuhren (Steiner 2002, 140).

351 Dabei handelte es sich um ein Hilfsprogramm zum Wiederaufbau der europäischen Wirtschaft, das vom amerikanischen Außenminister George Marshall 1947 vorgestellt wurde. Dadurch erhielt Österreich amerikanische Güter. Diese wurden von der Regierung an Unternehmen übergeben, die den Gegenwert der Waren auf sogenannte »Gegenwert-Konten« einzahlten. Diese Geldmittel standen, zu einem geringen Zinssatz, für weitere Investitionen zur Verfügung. Zu Beginn wurden die meisten Gegenwert-Mittel nicht in Form von Krediten, sondern durch Zuschüsse vergeben. Österreich bekam nach Norwegen die höchste ERP-Hilfe (41 Milliarden Schilling bis 1955). Dies ergab sich aus der geopolitischen Lage Österreichs. Die Verteilung der Hilfsleistungen erfolgte nach einem strategischen Plan. Es galt, die Westzonen wirtschaftlich besserzustellen. Dies führte zu einem Ungleichgewicht in Österreich. Nicht nur, dass die Westzonen aufgrund ihrer geografischen Lagen Vorteile hatten, sie erhielten auch mehr EPR-Mittel (Sandgruber 2005, 451–453).

352 Die Lieferungen umfassten ebenfalls Maschinen, Dünge- und Futtermittel. Dadurch konnte die Fleisch- und Milchproduktion in kurzer Zeit gesteigert werden (Sandgruber 2005, 504–506).

353 Durch die gesetzten Maßnahmen verbesserte sich die Versorgungslage. Ab dem 1.7.1953 konnte die Versorgung der Bevölkerung durch Lebensmittelkarten eingestellt werden (Sandgruber 2005, 474).

354 Diese Maßnahmen umfassten vor allem die Beseitigung von unmittelbaren Kriegsschäden an Häusern, Schulen, Krankenhäusern oder Straßen sowie den Neubau diverser Einrichtungen und Grenzschutzanlagen. Aber auch die Modernisierung von Betrieben, Betriebsneubauten und die Anschaffung neuer Maschinen.

steirische Wirtschaftsentwicklung (Karner 2005, 151–153; Sandgruber 2005, 451–452). In Österreich profitierten das Baugewerbe und das Bauhilfsgewerbe am meisten vom Wiederaufbau und der Modernisierung der Infrastruktur nach dem Zweiten Weltkrieg. Die Bauwirtschaft wurde zum Antrieb für die wirtschaftliche Gesamtkonjunktur.[355] Der Bedarf an Arbeitskräften konnte in den 1950er Jahren durch die Einbindung von Flüchtlingen und DPs in den österreichischen Arbeitsmarkt gedeckt werden.

Der Abschluss des Staatsvertrages am 15.5.1955 markierte das Ende der Besatzungszeit in Österreich. Er stellte die politische und wirtschaftliche Unabhängigkeit Österreichs wieder her und es folgte eine Phase des wirtschaftlichen Aufschwungs (Karner 2005, 151–153; Sandgruber 2005, 442–443, 451–452).

5.2 »Wirtschaftswunderjahre«

Die wirtschaftliche Hochphase ab Mitte der 1950er Jahre kann nicht unabhängig vom sogenannten »Raab-Kamitz-Kurs« betrachtet werden. Julius Raab, seit 1953 Bundeskanzler, und Reinhard Kamitz, seit 1952 Finanzminister, leiteten jene Reformmaßnahmen ein, die die österreichische Wirtschaft auf den Weg zur Marktwirtschaft führten.[356] In einem ersten Schritt erfolgte eine ›innere‹ Budgetkonsolidierung.[357] Die Konsequenz dieses Kurses waren steigende Arbeits-

355 Obwohl es 1945 an Baustoffen, Energie, Maschinen und qualifizierten Arbeitskräften mangelte, musste der Wohnungsmangel durch die Kriegsbeschädigungen beseitigt werden. Vor dem Wohnungsneubau legte man das Hauptaugenmerk auf die Sanierung von bestehenden Wohnmöglichkeiten. Der Straßenbau wurde ebenfalls forciert. Durch die Baumaßnahmen konnte der quantitative Wohnungsmangel behoben werden, die qualitativen Mängel hingegen nur langsam. Die Wohnbaugesetzte von 1954 und 1968 wirkten sich positiv auf die Bautätigkeit aus. Im Bereich des Straßenbaus wurde der Bau der Autobahn von Salzburg nach Wien, der Brenner- und Inntal-Autobahn, des Semmering-Basistunnels und des Brennerbasistunnels durchgeführt. In der Steiermark begann 1965 der Bau der Südautobahn von Graz nach Gleisdorf. Dadurch sollte Graz laut Landeshauptmann Krainer den Weg aus der »Abgeschlossenheit als Randgebiet« finden. Gleichzeitig wurde im Jahr 1972 mit dem Bau der Pyhrnautobahn (inklusive Kleinalm- und Plabutschtunnel) begonnen (Burkert-Dottolo 2004, 378; Sandgruber 2005, 514–517).

356 Das Ziel der ÖVP war es, das Budget zu sanieren. Im Gegensatz dazu verfolgte die SPÖ die Politik der Vollbeschäftigung. Diese Krise innerhalb der Regierung führte zu Neuwahlen, die im Februar 1953 stattfanden. Die ÖVP trat für den Abbau des Haushaltsdefizits durch Sparmaßnahmen ein, die SPÖ setzte sich hingegen für Arbeitsplatzbeschaffungsmaßnahmen auf Kosten eines höheren Staatsdefizits ein. Die ÖVP konnte ihren Vorsprung knapp verteidigen und setzte ihren Kurs fort (Sandgruber 2005, 467).

357 Investitionsbegünstigungen und Steuersenkungen trugen zur Entlastung der Unternehmen bei. Mittels Kürzungen der Ausgaben und Verbrauchsteuererhöhungen wurde das Bundesbudget saniert. Zudem wurden die Liquiditätsvorschriften erhöht und Kreditrestriktionen eingeführt. Während des Austrofaschismus erfolgte die Trennung der Industrie- und Handelskammer. 1945 wurde diese aufgehoben und die Bundeswirtschaftskammer wieder

losenzahlen sowie ein wirtschaftliches Nullwachstum von 1952 auf 1953. Nach diesen ›inneren‹ Maßnahmen zur Budgetkonsolidierung wurde die Stabilisierung nach ›außen‹ forciert. Der Schilling wurde 1953 um 18 % abgewertet, ein Einheitskurs festgesetzt. Damit baute man die Devisenbewirtschaftung ab. Somit wurde die Eingliederung der österreichischen Wirtschaft in den internationalen Handel und Wettbewerb ermöglicht. Staatliche Bewirtschaftung und Preiskontrollen wurden abgeschafft. Zudem finanzierte die Bundesregierung durch Kredite Großprojekte wie den Bau der Westautobahn, die Elektrifizierung der Bundesbahnen oder den Ausbau des Telefonnetzes. Des Weiteren fand von 1953 bis 1958 eine Steuerreform in mehreren Etappen statt.[358]

Jene Schritte zur Steigerung von Investitions- und Sparleistungen[359] sowie steuerpolitische Maßnahmen lösten ein Wirtschaftswachstum aus. Die öffentlichen Einnahmen stiegen und hohe Investitionsraten (circa 20 % des Sozialproduktes) konnten erreicht werden. Durch die verfolgte Finanzpolitik wurden die Grundlagen für den folgenden Boom der österreichischen Wirtschaft geschaffen (Sandgruber 2005, 466–470).

Neben dem Raab-Kamitz-Kurs, der die Weichen für eine freie Marktwirtschaft stellte, waren die Wiedergewinnung der Souveränität durch den Staatsvertrag im Jahr 1955, die Orientierung an westlichen Wirtschaftsräumen und eine allgemein gute internationale Wirtschaftsentwicklung Auslöser für die als »Wirtschaftswunderjahre« bezeichnete Periode. Die Kriegsschäden waren weitgehend behoben, die materiellen Lebensverhältnisse der österreichischen Bevölkerung begannen sich zu verbessern und die Einkommen erhöhten sich. Dadurch stieg die Nachfrage an Konsumgütern und der Wandel vom agrarisch geprägten Land zum Industriestaat konnte vollzogen werden. Insgesamt erstreckte sich die österreichische Wachstumsperiode über zwei Konjunkturzyklen (1953 bis 1958 und 1958 bis 1962). In diesem Zeitraum stiegen Produktivität und Sozialprodukt. Die Handelsbeziehungen wurden erweitert. Gegen Ende des zweiten Konjunkturzyklus herrschte in Österreich Vollbeschäftigung[360]. In einigen Wirtschaftssektoren zeichnete sich sogar ein Arbeitskräftemangel ab (Sandgruber 2005, 466–472).

---

eingerichtet. Im Zuge des Raab-Kamitz-Kurses wurden auch die strengen Zugangsbestimmungen gelockert und der Wechsel zwischen einzelnen Gewerben erleichtert. Zudem führten die Einbeziehung in das österreichische Sozialsystem und der Zugang zum Familienlastenausgleich zu Produktivitätssteigerungen sowie dynamischeren Entwicklungen des Gewerbes (Sandgruber 2005, 513–514).

358 Den Kern der Steuerreform bildeten die steuerlichen Investitionsbegünstigungen in Form einer vorzeitigen Abschreibung. Diese wurde durch das »Ausfuhrförderungsgesetz« vom 9.7.1953 ermöglicht. Es zielte anfänglich nur auf die Exportwirtschaft ab, wurde dann aber auf die gesamte österreichische Wirtschaft ausgedehnt.

359 Unter anderem wurde auch der Weltspartag im Zuge dieser Maßnahmen eingeführt.

360 Die Vollbeschäftigung ist erreicht, wenn die Arbeitslosenrate unter 3 % liegt.

Die Steiermark konnte den allgemeinen österreichischen Wirtschaftsaufschwung in den 1950er und 1960er Jahren nicht in dem Ausmaß mittragen. Die Schwerpunkte der steirischen Wirtschaft bildeten die Industrie und die Landwirtschaft[361]. Kennzeichnend für die steirische Wirtschaft in der Mitte der 1950er Jahre war ihre unterschiedliche ökonomische Prägung. Die östliche Obersteiermark war stark industrialisiert. Hingegen wiesen die Bezirke Liezen, Murtal und Murau eine vorwiegend agrarische Struktur auf. In der Ost- und Südsteiermark dominierte ebenfalls der Agrarsektor, mit nur einigen wenigen industriellen Zentren wie Weiz, Leibnitz oder Deutschlandsberg. Auch in der Mittel- und Weststeiermark gab es große Unterschiede. Graz und Leoben bildeten die Industrie-, Verwaltungs- und Hochschulräume. Im Bezirk Voitsberg war der Kohleabbau vorherrschend. Die Grenzbezirke Südsteiermark, Leibnitz und Deutschlandsberg zählten zu den einkommensschwächsten Regionen Österreichs und verzeichneten hohe Abwanderungsraten. Auch heute noch herrschen zwischen einzelnen steirischen Bezirken starke Unterschiede in Bezug auf die dominierenden Wirtschaftssektoren, die Struktur des Arbeitsmarktes, das Einkommen wie auch auf den Wohlstand der Wohnbevölkerung, die Produktion und Produktivität (Karner 2005, 436–437; Steiner 2002, 128, 130).

Im Jahr 1961 waren fast 50 % der SteirerInnen in Industrie, Gewerbe[362], Handel[363] und Verkehr beschäftigt. Knapp 25 % arbeiteten in der Land- und Forstwirtschaft. Nur jeweils 3 % bis 4 % waren im öffentlichen Dienst sowie in

361 In den 1950er Jahren setzte die Vollmechanisierung ein, die Produktionsverfahren wurden mechanisiert. In den 1960er Jahren erfolgte der Wandel von arbeitsintensiven landwirtschaftlichen zu kapitalintensiven Betrieben mit einer spezialisierten Produktion. Dabei handelte es sich vielfach um Monokulturen. Dies bewirkte einen Strukturwandel. Viele Neben- wie auch Zuerwerbsbetriebe entstanden. Bis 1988 verminderte sich die Zahl der Landwirtschaften in der Steiermark um fast 40 % (Karner 2005, 445–446; Schöpfer 2004, 451–452).

362 Das steirische Gewerbe war und ist kleinbetrieblich strukturiert. Der Konkurrenzdruck vonseiten der Industrie führte zum Verschwinden traditioneller Gewerbesparten. Auch die Do-it-yourself-Bewegung und billige industriell gefertigte Produkte wirkten sich negativ auf Gewerbebetreibende aus. Im Gegensatz dazu expandierten neue Branchen wie Kunststoffverarbeitung, technische Büros, Unternehmensberatungen, Datenverarbeitungsunternehmen oder der Bereich der Medien und des Marketings. Die ›Auflösung‹ des traditionellen steirischen Gewerbes konnte durch das Entstehen dieser neuen Gewerbesparten kompensiert werden. Bereits im Jahr 1989 wies das steirische Gewerbe, nach der steirischen Industrie, die meisten Beschäftigten auf (Karner 2005, 445–446; Schöpfer 2004, 339–341).

363 Bis zum Anfang der 1950er Jahre gab es in der Steiermark vorwiegend Familienbetriebe mit maximal drei Angestellten. Bereits am Ende der 1950er Jahre änderte sich die Situation. KleinhändlerInnen wurden von Supermärkten, Versandhandelsunternehmen, Einkaufsketten und Diskontmärkten verdrängt. 1958 eröffnete der erste Spar-Selbstbedienungsmarkt und 1971 das Einkaufszentrum Interkauf (heute: Citypark) in Graz. Das Konzept der Selbstbedienung und der Trend von kundInnenorientierten Kleinhandelsbetrieben zu anonymen Handelsketten setzten sich bis heute durch (Karner 2005, 447–448; Schöpfer 2004, 341–343).

den freien Berufen tätig. Außerdem wies die Steiermark einen Anteil von rund 21 % an RentnerInnen auf (Karner 2005, 437). Trotz der Tatsache, dass der allgemeine Wirtschaftsaufschwung die Steiermark in geringerem Ausmaß erfasste, besserten sich die Lebensverhältnisse und Konsumgüter fanden Einzug in die steirischen Haushalte. Ein Anstieg der Löhne, die Senkung der Preise für Konsumgüter und die Einführung von Teilzahlungsoptionen ermöglichten diese Entwicklung (Sandgruber 2005, 474–481).

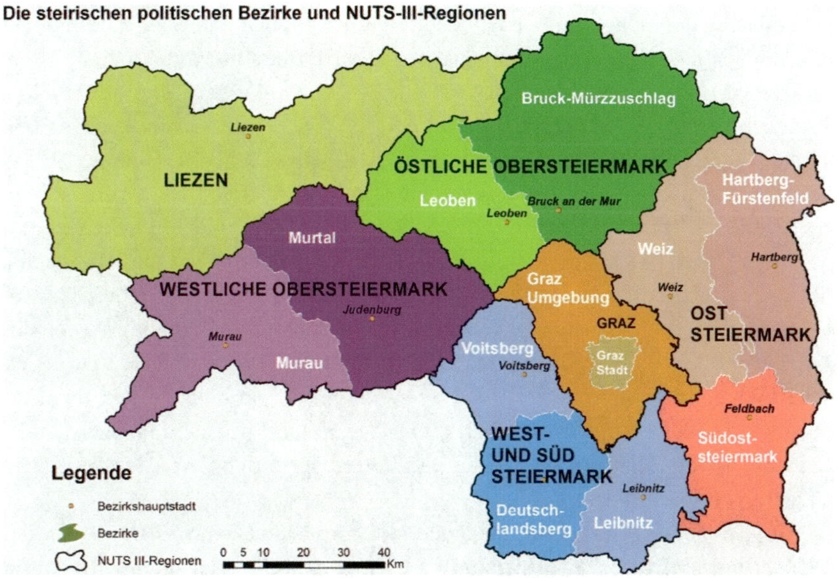

Abbildung 1: Politische Bezirke und NUTS-III-Regionen in der Steiermark.[364]

5.2.1 Arbeitsmarktentwicklung

Von 1951 bis 1961 nahm die Gesamtzahl der unselbstständig Beschäftigten in der Steiermark um 15,7 % zu. Die Zahl der Arbeitskräfte in der Metallindustrie, im Handel, im öffentlichen Dienst, im Bauwesen, in der Nahrungs- und Genussmittelindustrie, der Bekleidungsindustrie sowie im Bereich des Unterrichts und der Bildung stieg an. Hingegen sank die Beschäftigung im Verkehrswesen, der Land- und Forstwirtschaft und der Textilindustrie. Die Arbeitslosigkeit beschränkte sich vorwiegend auf Saisonbetriebe und saisongebundene Wirt-

364 Quelle: Amt der Stmk. Landesregierung, Abt. 17, Referat Statistik und Geoinformation 2016.

schaftszweige wie das Baugewerbe und deren Zulieferindustrien, die Land- und Forstwirtschaft und den Tourismus. Des Weiteren erhöhte sich die Zahl der Angestellten und die Frauenbeschäftigung nahm von 1951 bis 1961 in allen Betriebsklassen, außer in der Land- und Forstwirtschaft, zu.[365]

Die positive Entwicklung am steirischen Arbeitsmarkt war in diesem Zeitraum nur von zwei Konjunkturabschwächungen gezeichnet, die sich negativ auf die Beschäftigungsstände auswirkten. Jene von 1952/53, die durch Schwierigkeiten am Weltmarkt ausgelöst wurde, und jene von 1958 infolge einer partiellen Rezession in der Schwerindustrie.[366] Zudem führten saisonale Schwankungen in einzelnen Wirtschaftssparten immer wieder zur Entlassung von Arbeitskräften. Ein Hauptproblem war vor allem im Baugewerbe die Vergabe von öffentlichen Bauaufträgen. Diese wurden hauptsächlich für den Zeitraum von April bis November vergeben. Das führte im Sommer zu einem erheblichen Mangel an Arbeitskräften und in den Wintermonaten zu zahlreichen Kündigungen von Bauarbeitern. Das Landesarbeitsamt Steiermark (LAA) und die Arbeiterkammer Steiermark (AK) wiesen in ihren Berichten darauf hin, dass man durch eine über das ganze Jahr ausgeglichene Bautätigkeit diese saisonbedingten Schwankungen am Arbeitsmarkt verhindern könnte. Außerdem stieg die Arbeitslosenrate in den steirischen Entwicklungsgebieten, die vorwiegend landwirtschaftlich geprägt waren, bzw. in Gebieten mit einseitiger betrieblicher Struktur an. Das Ziel des LAA war es daher, einen konkreten Entwicklungsplan für die betroffenen Regionen auszuarbeiten und Betriebsgründungen in den jeweiligen Gebieten zu forcieren.[367]

Die Abflachung der internationalen Konjunkturschwäche am Ende der 1950er Jahre wirkte sich positiv auf die Entwicklung vieler steirischer Industriezweige aus.[368] Die Produktion konnte teilweise erweitert werden und die Betriebe waren international konkurrenzfähig. Parallel dazu stieg die Bautä-

365 Der Mangel an männlichen Arbeitskräften bedingte eine verstärkte Beschäftigung von Frauen, vor allem in der Textil-, Bekleidungsindustrie, dem Hotel- und Gastgewerbe und im Handel. Der Anteil der Frauen an unselbstständig Beschäftigten stieg von 1951 bis 1961 von 28,7 % auf 31,3 % an. Die Steiermark lag mit dieser geringen Wachstumsrate unter dem Bundesdurchschnitt und nahm im Bundesländervergleich die achte Position ein. Das LAA stellte fest, dass aufgrund der Entfernung zwischen Arbeits- und Wohnort sowie der Differenzen bezüglich der Arbeitszeit und der geforderten Qualifikationen der Bedarf an weiblichen Arbeitskräften kaum gedeckt werden konnte (LAA Jahresbericht 1961, 11–12; AK Jahresbericht 1961, 304–307).

366 LAA Jahresbericht 1959, 1; LAA Jahresbericht 1960, 1; LAA Jahresbericht 1961, 1–6, AK Jahresbericht 1959, 269–272; LAA Jahresbericht 1961, 5–6; LAA Jahresbericht 1960, 1.

367 LAA Jahresbericht 1960, 22–27; LAA Jahresbericht 1961, 5–6; AK Jahresbericht 1959, 269–272.

368 Nur der Kohlebergbau blieb von dieser positiven Entwicklung ausgenommen. 1960 mussten dort zahlreiche Beschäftigte in Kurzarbeit geschickt werden und es kam zur Schließung des Kohlebergwerks in Ratten.

tigkeit erheblich an, die Exportquote erhöhte sich und es wurden zahlreiche Investitionen in die steirische Wirtschaft getätigt. Daraus ergab sich ein erheblicher Mangel an Arbeitskräften, vor allem im Baugewerbe, in den metallerzeugenden und -bearbeitenden Betrieben, im Gastgewerbe und im Handel. Aufgrund des großen Arbeitsplatzangebotes konnten ArbeitnehmerInnen ihre Position gegenüber ArbeitgeberInnen stärken und forderten höhere Löhne, eine ganzjährige Beschäftigung, Tätigkeiten mit geringerem körperlichen Einsatz und Arbeitsplätze in der Nähe des Wohnortes. Diese Entwicklung betraf vor allem den Bereich der verstaatlichten Industrie. Dort waren die Einflussmöglichkeiten von Parteien, Gewerkschaften und BetriebsrätInnen auf die Beschäftigungspolitik bis in die 1990er Jahre enorm. Ihr Ziel war es, die Beschäftigungsstände auf hohem Lohnniveau abzusichern. Aufgrund dieser starken gewerkschaftlichen und parteilichen Anbindung waren in der verstaatlichten Industrie vorwiegend InländerInnen beschäftigt. ArbeitsmigrantInnen erhielten kaum eine Anstellung in diesen verstaatlichten Industriebetrieben. Zumal diese Arbeitsplätze als ›sicher‹ galten, was dem Gedanken der Rotation und temporären Beschäftigung entscheidend entgegenstand (Münz 2001, 63).

Mithilfe von Schulungsmaßnahmen, einer schnelleren Weitervermittlung von ArbeitnehmerInnen und zahlreichen Werbemaßnahmen zielte das LAA darauf ab, den Arbeitskräftemangel auszugleichen. Zudem wurde der Informationsdienst für Arbeitssuchende ausgebaut, Informationsmaterial verbreitet, Stellenanzeigen in der Tagespresse, im Radio, im Mitteilungsblatt der Sektion Industrie der Wirtschaftskammer Steiermark veröffentlicht und in Graz Abendsprechstunden eingerichtet. In ländlichen Regionen führte man Hausbesuche durch und gestaltete Aushänge sowie Schaukästen in den Gemeinden. Zudem zeigte man Diapositive in Kinos und eröffnete Vermittlungsstellen auf der Grazer Frühjahrs- und Herbstmesse.[369]

In diesem Kontext kam auch dem regionalen Arbeitskräfteaustausch[370] eine immer größere Bedeutung zu. Vor allem für saisongebundene Wirtschaftszweige war er besonders relevant. Durch Sonderwerbemaßnahmen versuchte das LAA, Arbeitskräfte für den steirischen Arbeitsmarkt wie auch für andere Bundesländer zu gewinnen.[371] Der Mangel an ArbeitnehmerInnen führte dazu, dass Betriebe Rationalisierungs- und Mechanisierungsmaßnahmen einleiteten oder

369 LAA Jahresbericht 1959, 1–7, 22, 29–31; LAA Jahresbericht 1960, 1, 10–11; LAA Jahresbericht 1961, 18–20.

370 Darunter verstand man die Anwerbung von Arbeitskräften für Arbeitsstellen außerhalb ihres Wohnortes. Es wurden Werbemaßnahmen für ArbeitgeberInnen in der Steiermark, aber auch für die anderer österreichischer Bundesländer durchgeführt.

371 Beispielsweise für die Vorarlberger Textilindustrie, größere Bauvorhaben in ganz Österreich oder diverse landwirtschaftliche Tätigkeiten wie für den Rübenanbau in Niederösterreich oder als ErntehelferInnen in den steirischen Grenzgebieten.

die Akkordarbeit einführten, um Aufträge termingerecht abschließen zu können. Gerade auf dem Bausektor war die Konkurrenz zwischen den einzelnen Unternehmen groß.[372] Um dieser angespannten Lage am Arbeitsmarkt entgegenzuwirken, wies das BMfSV 1961 das LAA an, Anträge zur Veröffentlichung von Werbeinseraten von ausländischen ArbeitgeberInnen abzulehnen.[373] Das LAA vermittelte so nur jene Personen ins Ausland, »die von ihrem Wunsch im Ausland eine Arbeit aufzunehmen, nicht abzubringen waren«[374]. 1961 wurde die Vermittlung von Männern ins Ausland eingestellt und die von Frauen stark eingeschränkt. Ansonsten versuchte das LAA, bereits im Ausland beschäftigte Facharbeitskräfte wieder für den österreichischen Arbeitsmarkt zu gewinnen. Allerdings mit mäßigem Erfolg, da vielfach den Lohnforderungen nicht entsprochen werden konnte.[375]

In der Steiermark herrschte vor allem ein Bedarf an qualifizierten Arbeitskräften.[376] Das LAA ging am Anfang der 1960er Jahre davon aus, dass für die Sommermonate die Chancen gering wären, ausländische Arbeitskräfte für den steirischen Arbeitsmarkt anzuwerben. Als Hauptgrund gab man die niedrigen Lohnverhältnisse und die starke europäische Konkurrenz bei der Anwerbung an. Aus diesem Grund hatte die Aktivierung der steirischen Arbeitskraftreserven oberste Priorität. Der Abbau der Saisonarbeitslosigkeit und der Leerlaufphasen, die sich durch einen Arbeitsplatzwechsel ergaben, sollte dazu beitragen, den Arbeitskräftemangel auszugleichen. Außerdem galt es, die sogenannte »stille Reserve« zu erschließen. Darunter verstand man vor allem Teilzeitbeschäftigte und nicht durch das Arbeitsamt erfasste Arbeitskräfte. Aber auch Personen, die aus persönlichen Gründen nur bedingt vermittelbar waren, zum Beispiel jün-

372 Auch die steirische HK berichtet 1961, dass es im Baugewerbe zu »einer weiteren Verschärfung der Krise in der Beschaffung von Arbeitskräften« kam, sich aber das BMfSV nicht von der Entlastung durch die Anwerbung von ArbeitsmigrantInnen »überzeugen ließ« (HK Jahrbuch 1961, 74). Der Mangel an Arbeitskräften führte in fast allen steirischen Wirtschaftssparten zu einer Erhöhung der Löhne. Auch 1963 führten Streikdrohungen im Eisen- und Metallsektor zu Lohn- und Gehaltserhöhungen (HK Jahrbuch 1961, 95).

373 AK Jahresbericht 1959, 269–272; AK Jahresbericht 1960, 314–316; AK Jahresbericht 1961, 304–307; LAA Jahresbericht 1959, 1–7, 22, 29–31; LAA Jahresbericht 1960, 1, 10–11; LAA Jahresbericht 1961, 18–20.

374 LAA Jahresbericht 1959, 7.

375 LAA Jahresbericht 1961, 18–20, 34.
Im Jahresbericht der AK von 1964 wird darauf hingewiesen, dass die Kontingente für ausländische Beschäftigte nicht aufgestockt werden müssten, »wenn man sich ernstlich bemühen würde, die im Ausland beschäftigten Österreicher der heimischen Wirtschaft wieder zuzuführen«. 1963 waren ca. 93.000 ÖsterreicherInnen in europäischen Ländern und 27.000 in Übersee beschäftigt (AK Jahresbericht 1964, 331–332).

376 Auch die steirische HK setzte Maßnahmen zur Förderung und Ausbildung von Arbeitskräften, um den Mangel an Facharbeitskräften auszugleichen. Es wurde vor allem in die Lehrlingsausbildung investiert sowie zahlreiche Fortbildungen und Lehrgänge veranstaltet (HK Jahrbuch 1961, 59–65, 128).

gere weibliche Arbeitskräfte oder ortsgebundene Frauen. Mit gezielter Werbung und Aufklärung[377] der steirischen Bevölkerung, dem regionalen Kräfteaustausch, beruflichen Schulungs- und Umschulungsmaßnahmen, diversen Beihilfen und dem Ausbau von Arbeitsämtern versuchte das LAA, diesen Personenkreis in den Arbeitsmarkt zu integrieren.[378] Auch der Bundesminister für soziale Verwaltung hielt fest, dass

> in den vorhandenen Arbeitsmarktreserven und in den unproduktiven Teilen der heimischen Wirtschaft noch Arbeitskräfte verfügbar seien und dass diese mithilfe von organisatorischen Methoden der aktiven Arbeitsmarktpolitik (Winterbauen, Koordinieren der Aufträge, Finanzierung usw.) auch frei gemacht werden könnten, so dass noch keineswegs ausländische Arbeitskräfte angeworben werden müssen[379].

Hingegen wies die steirische HK 1961 darauf hin, dass die »Reserven an vermittlungsfähigen Kräften bereits weitgehend ausgeschöpft«[380] waren. Für die AK Steiermark stellte die Umschichtung von Arbeitskräften aus unrentablen Betrieben bzw. Wirtschaftszweigen in wachstumsorientierte Branchen eine Möglichkeit dar, dem Arbeitskräftemangel entgegenzuwirken. Außerdem forderte sie den Ausbau von Fachschulen, da durch den verstärkten Einsatz von Maschinen mehr angelernte ArbeiterInnen benötigt wurden.[381]

Laut Jahresbericht des LAA wurde 1959 erstmals ein Anstieg von Personen aus Jugoslawien festgestellt, die mit einem TouristInnenvisum einreisten und unerlaubterweise eine Arbeitsstelle annahmen. Zu diesem Zeitpunkt bestand weder ein Anwerbeabkommen, noch war es jugoslawischen StaatsbürgerInnen erlaubt, im Ausland eine Beschäftigung anzunehmen.[382] In Kooperation mit der Sicherheitsdirektion Steiermark und unter Einbeziehung der Sozialpartner erarbeitete man Richtlinien, um »die dadurch entstehenden Störungen am Arbeitsmarkt zu unterbinden«[383]. 318 Personen erhielten 1959 eine befristete BG, davon 133 Arbeitskräfte für landwirtschaftliche Betriebe. 264 jugoslawische StaatsbürgerInnen mussten die Steiermark verlassen. 1960 nahmen 166 Arbeitskräfte aus Jugoslawien erstmals eine Arbeitsstelle in der Steiermark an und

377 Werbeprospekte, -plakate, -tafeln und Schaukästen wurden gestaltet, Diapositive mit Sprechtexten in Kinos gezeigt, Betriebs- und Hausbesuche durchgeführt, Postwurfsendungen erfolgten und ein Telefonbanddienst wurde eingerichtet. 1973 führte das BMfSV eine Pressekampagne durch, um über verschiedene Themen zum Arbeitsmarkt zu informieren. Informationen wurden im ORF, den Tageszeitungen, der Lokalpresse und den Fachzeitschriften veröffentlicht (LAA Jahresbericht 1970, 2–3; LAA Jahresbericht 1973, 24–28).

378 LAA Jahresbericht 1960, 27–35.

379 Tätigkeitsbericht der Arbeiterkammer Steiermark (AK Tätigkeitsbericht) 1959, 271.

380 HK Jahrbuch 1961, 180.

381 AK Tätigkeitsbericht 1961, 304–307.

382 Siehe Kapitel 3.2.

383 LAA Jahresbericht 1959, 8.

1961 stieg die Zahl auf 221 an.[384] In Bezug auf die Beschäftigung von ArbeitsmigrantInnen stellte das LAA 1961 fest, dass »die Hereinnahme von Ausländern mit Schwierigkeiten anlief (...) und keine fühlbare Erleichterung des Arbeitskräftemangels brachte«[385].

Immer mehr Arbeitskräfte wanderten aus den ländlichen Grenzregionen ab. Aus diesem Grund wurde die Beschäftigung von GrenzgängerInnen aus Jugoslawien immer wichtiger für landwirtschaftliche Betreibe. GrenzgängerInnen wurden und werden auch heute noch vorwiegend für Saisonarbeiten wie die Einbringung der Getreide-, Obst- und Weinernte benötigt.[386] Aufgrund der Tatsache, dass zu wenige einheimische TagelöhnerInnen und WochenarbeiterInnen zur Verfügung standen, führte die Beschäftigung von GrenzgängerInnen laut LAA nicht zu »Störungen am Arbeitsmarkt«[387].

5.3 Strukturkrise und Hochkonjunktur (1962–1974)

Bis zum Jahr 1962 wurde die Mangelwirtschaft der Kriegs- und Nachkriegszeit beseitigt, die Vollbeschäftigung erreicht, die Stellung der ArbeitnehmerInnen am Arbeitsmarkt verbessert und die Löhne erhöht. Ein weiteres Wirtschaftswachstum konnte nicht mehr ausschließlich durch die quantitative Steigerung der Beschäftigungskapazitäten erzielt werden. Zudem ließ die ökonomische Expansion national wie auch international nach. Durch die Gründung der Europäischen Wirtschaftsgemeinschaft (EWG) im Jahr 1957 ergaben sich erhebliche Wettbewerbsnachteile für Österreich und das Handelsdefizit stieg an. Die Bemühungen des steirischen Landeshauptmanns Josef Krainer[388], der Steirischen Handelskammer (HK, heute Wirtschaftskammer Steiermark) und der

384 LAA Jahresbericht 1959, 10; LAA Jahresbericht 1960, 11–12.

385 LAA Jahresbericht 1961, 5. Für dieses Jahr wurde für die steirische Bauwirtschaft ein Kontingent von 1.000 ausländischen Arbeitskräften festgelegt. Im Juli, dem Höhepunkt der Saison, wurden nur Anträge für 68 Personen gestellt (AK Tätigkeitsbericht 1961, 304–307).

386 LAA Jahresbericht 1961, 17.

387 LAA Jahresbericht 1961, 17.

388 Josef Krainer sen. wurde am 16.2.1903 in St. Lorenzen (Obersteiermark) geboren. In der Zwischenkriegszeit war er Gewerkschaftssekretär der Land- und Forstarbeiter, Arbeiterkammerpräsident und Grazer Vizebürgermeister. Nach Kriegsende trug er wesentlich zum Wiederaufbau der Steiermark bei und war von 1945 bis 1948 Landesrat, von 1948 bis 1971 Landeshauptmann der Steiermark. Krainer starb am 28.11.1971. Seine Nachfolge trat Friedrich Niederl (ÖVP) an, der von 1971 bis 1980 Landeshauptmann war (Mayer/Schöpfer 2003, 4–25). Bereits kurz vor dem Abschluss des EFTA-Vertrages erhob Landeshauptmann Krainer Einspruch gegen den Beitritt. Er verfasste einen Brief an den damaligen Außenminister Bruno Kreisky, in dem er schrieb, dass die in die EFTA gesetzten Erwartungen illusorisch seien und diese niemals erfüllt werden könnten. Seine Einwände blieben allerdings unbeachtet (Ziegerhofer-Prettenthaler 2004, 291–293).

Industriellenvereinigung Steiermark zur Integration Österreichs in die EWG blieben erfolglos (Karner 2005, 438–439; Ziegerhofer-Prettenthaler 2004, 291–293).[389] Im Jahr 1960 kam es zum Beitritt Österreichs zur Europäischen Freihandelsassoziation (EFTA). Das änderte nur wenig an der Situation. Rund die Hälfte der steirischen Exporte ging in den EWG-Raum. Aufgrund der zollmäßigen Benachteiligungen und der Absatzprobleme infolge der allgemeinen Konjunkturabschwächung erlitt die steirische Wirtschaft schwere Verluste.[390]

Eine Wachstumsverflachung war die Folge dieser Entwicklungen. Auch die industriellen Investitionen gingen trotz steigender Gesamtinvestitionsquote zurück. Die Beschäftigtenzahlen stiegen von 1962 bis 1968 kaum. Die Hauptprobleme der österreichischen Wirtschaft lagen nicht nur an ihrer ›Grundstofflastigkeit‹ und ausgeprägten Schwerindustrie. Auch die Ausrichtung an traditionellen Konsumgütern, zum Beispiel Textilien oder Nahrungsmitteln, und die Vernachlässigung der forschungsintensiven Finalproduktion hemmten das Wirtschaftswachstum erheblich. Die Strukturkrise der 1960er Jahre betraf vorwiegend die Grundstoffproduktion und verstaatlichte Industrie. Jene Wirtschaftszweige, die in der Steiermark dominierten. Zur damaligen Zeit kennzeichneten folgende Merkmale die steirische Wirtschaft: eine ausgeprägte Grundstofforientierung, industrielle Monokultur, ein dominierender Agrarsektor, verminderte Produktivität, geringe Wirtschaftsdynamik und Rückständigkeit (Karner 2005, 438–439; Schöpfer 2004, 322–323).[391] Der Anteil der Steiermark an der österreichischen Brutto-Wertschöpfung fiel im Zeitraum von 1962 bis 1968 kontinuierlich. Dies führte zum Sinken der Beschäftigungsrate in der Industrie sowie zur Erhöhung der Inflationsrate (Karner 2005, 438; Schöpfer 2004, 322–323).

Im Jahr 1968 kam es zu einem Konjunkturaufschwung innerhalb Europas, der auch Österreich und die Steiermark erfasste. Der Zeitraum von 1968 bis 1974 bildete eine Phase der wirtschaftlichen Hochkonjunktur. Diese wurde durch hohe Investitionstätigkeiten erreicht, wodurch Produktionsanlagen modernisiert und die Produktivität gesteigert werden konnte.[392] Darüber hinaus kam es

---

389 AK Jahresbericht 1962, 316–318.

390 Neue Märkte wie Skandinavien oder Großbritannien konnten durch den Beitritt erschlossen werden, kompensierten aber nicht die Markteinbußen im EWG-Raum, vor allem in der BRD und Italien.

391 Aus diesem Grund traten die AK Steiermark, das LAA Steiermark und die steirische HK für eine Neuausrichtung der steirischen Wirtschaft ein und brachten zahlreiche Vorschläge sowie Maßnahmen ein (AK Jahresbericht 1967, 15).

392 Gerade die Steiermark war für diese fordistischen Produktionsbedingungen gut geeignet. Durch die lange Industrietradition konnte der technische Fortschritt schnell aufgenommen werden. Außerdem verfügte die Steiermark über qualifizierte Arbeitskräfte und sie profitierte von der Nachfrage nach Produkten der Grundstoffindustrie. Komplexe Maschinen, die einfach zu bedienen waren, wurden eingesetzt. Der technische Fortschritt lag in den

zu einer Annäherung zwischen Österreich und der EWG. 1968 wurden die zollmäßigen Benachteiligungen aufgehoben, 1972 zwischen der EWG und Österreich ein Globalabkommen zur Errichtung einer Freihandelszone für gewerblich-industrielle Produkte geschlossen (Karner 2005, 439; Ziegerhofer-Prettenthaler 2004, 293–294).[393]

Parallel zu dieser wirtschaftlichen Entwicklung änderte sich auch die politische Landschaft in Österreich. 1966 ging die ÖVP bei den Nationalratswahlen als Siegerin hervor. Es kam zu einer ÖVP-Alleinregierung unter Bundeskanzler Josef Klaus. Im Rahmen seiner Regierungstätigkeit wurden »Gesetze zur Förderung des Wirtschaftswachstums«[394] erlassen und eine Bildungsoffensive[395] eingeleitet. Stefan Koren, wirtschaftspolitischer Berater von Klaus und Staatssekretär für Wirtschaftsfragen, wurde im Jahr 1968 zum Finanzminister ernannt. Am 26.4.1968 beschloss man den sogenannten »Koren-Plan«, um die Konjunktur-, Struktur- und Wachstumsschwierigkeiten zu überwinden. Für die Jahre 1969 und 1970 wurden die Steuern erhöht, die Staatsausgaben gekürzt, ein »Budgetsanierungsgesetz« und ein »Strukturverbesserungsgesetz« erlassen. Innerhalb dieser politischen Veränderungen konnte sich die Sozialpartnerschaft[396] als verbindendes Glied zwischen den einzelnen Interessensgruppen etablieren. Diese gemeinsame Verständigungsgrundlage wirkte sich positiv auf die wirtschaftliche Lage Österreichs aus. Der Übergang von Bundeskanzler Klaus zur SPÖ-Alleinregierung unter Bruno Kreisky[397] im Jahr 1970 führte zu keiner wesentlichen Änderung der strukturpolitischen Änderungsmaßnahmen. Ein Mehrwertsteuersystem wurde eingeführt, die Gewerbeordnung reformiert und ein Konzentrationsprozess innerhalb der verstaatlichten Industrie eingeleitet (Karner 2005, 439; Schöpfer 2004, 324–325; Sandgruber 2005, 486–488).

Maschinen. Dadurch war eine einfache Verlagerung der Produktionsstätten möglich (Steiner 2002, 150).

393 Jahresbericht der Handelskammer Steiermark (HK Jahresbericht) 1972, 8.

394 Diese umfassten: Abschreibungsmöglichkeiten, Steuerfreiheit für Investitionsrückstellungen sowie diverse Steuerbegünstigungen.

395 Dazu zählten unter anderem die Gründung von höheren Schulen in jedem steirischen Bezirk oder die Erleichterung des Hochschulzugangs durch die Einführung von Stipendien.

396 Siehe Kapitel 2.2.2.

397 Bruno Kreisky war von 1970 bis 1983 Bundeskanzler. Die SPÖ erreichte in diesem Zeitraum absolute Mandatsmehrheit im Nationalrat. Unter seiner Regierungszeit wurden zahlreiche Reformen zur Neugestaltung Österreichs durchgeführt, wie das Gleichbehandlungsgesetz, ein neues Familien- und Scheidungsrecht, die Einführung eines Konsumentschutzes und der Volksanwaltschaft, ein Arbeitsverfassungsgesetz, die Abschaffung der Studiengebühren, kostenlose Schulbücher und die SchülerInnenfreifahrt (siehe Rathkolb 1997, 305–355).

5.3.1 Arbeitsmarktentwicklung

Strukturkrise (1962–1968)

In diesem Zeitabschnitt war die Entwicklung in den einzelnen Wirtschaftszweigen sehr unterschiedlich. Ein ständiger Wechsel zwischen Arbeitskräftemangel und Kündigungen kennzeichnete den steirischen Arbeitsmarkt. Der allgemeine Konjunkturrückgang in der Eisen- und Stahlindustrie sowie eine Absatzkrise für Industriekohle wirkten sich am Anfang der 1960er Jahre negativ auf die Beschäftigungsstände aus. Die Nachfrage ging zurück und neue technische Verfahren sowie die Verwendung von billigeren Rohstoffen erhöhten den Konkurrenzdruck am europäischen Markt. Investitions- und Rationalisierungsmaßnahmen mussten umgesetzt werden, um international konkurrenzfähig zu bleiben. Vor allem die obersteirische Schwerindustrie war davon betroffen. Die schwierigen Verhältnisse in diesem Wirtschaftszweig griffen auch auf die Magnesit-, Holz- und Papierindustrie über. Kurzarbeit, Aufnahmesperren, vorzeitige Pensionierungen und Nichtersatz natürlicher Abgänge waren die Folge. Viele Betriebe versuchten, das Stammpersonal zu halten und Beschäftigungsüberhänge durch innerbetriebliche Versetzungsmaßnahmen auszugleichen. Die Situation am Erzberg[398] war schwierig. Die Lage im Kohlebergbau konnte sich hingegen stabilisieren. Baugewerbe und Tourismussektor waren in der Lage, die Beschäftigungssituation teilweise auszugleichen. Aber auch in diesen Wirtschaftszweigen kam es immer wieder zu witterungsbedingten Kündigungen.[399]

Nach dem Abbau der jährlichen Saisonarbeitslosigkeit verzeichneten vor allem die Baubranche, aber auch die baustofferzeugenden Betriebe, die Bekleidungsindustrie, die Land- und Forstwirtschaft, der Kohlebergbau und das Verkehrsgewerbe einen erhöhten Arbeitskräftebedarf. Bei den Gast- und Beherbergungsbetrieben sowie im Handel herrschte ein erheblicher Bedarf an weiblichen Arbeitskräften.[400] Viele Industriebetriebe führten Rationalisierungsmaßnahmen zur Steigerung der Kapazitäten bei geringerem Personal-

---

398 Die Hauptprobleme waren ein überhöhter Beschäftigungsstand, die Überalterung der Belegschaft und kurzfristige Lieferverträge. Aber auch die Rekrutierung aus den eigenen Bergschulen war problematisch. Dadurch kam es zu einem Überschuss an Facharbeitskräften und einem Mangel an Hilfsarbeitskräften (LAA 1965, 5–6).

399 AK Jahresbericht 1962, 316–318; LAA Jahresbericht 1962, 1–2; HK Jahrbuch 1962, 93; LAA Jahresbericht 1963, 1–3; HK Jahrbuch 1966, 107–108; HK Jahrbuch 1967, 8.

400 Die Frauenbeschäftigung stieg in den 1960er Jahren vor allem in der Metall- und Bekleidungsindustrie, dem Handel und im öffentlichen Dienst an. In der Land- und Forstwirtschaft war sie rückläufig. Trotzdem stellten die fehlende berufliche Qualifikation von Frauen und die Tatsache, dass viele von ihnen aufgrund familiärer Betreuungspflichten nicht für Vollzeitarbeit zur Verfügung standen, die größten Herausforderungen für ihre Integration in den Arbeitsmarkt dar (LAA Jahresbericht 1963, 13–14).

stand durch. Im Bereich der Bauwirtschaft galt es, öffentliche Bauaufträge vermehrt zu koordinieren, um der hohen Winterarbeitslosigkeit und dem Arbeitskräftemangel zwischen April und November gezielt entgegenzuwirken. Durch die Beschäftigung von ArbeitsmigrantInnen konnte der Arbeitskräftebedarf bis 1964 nicht ausgeglichen werden. Aus diesem Grund wurden die beschriebenen Maßnahmen zur Gewinnung der »stillen Reserve« intensiviert und schwer vermittelbare Personen sowie Haftentlassene verstärkt in den Arbeitsmarkt integriert.[401]

Im Jahr 1964 stieg die Ausnützung der einzelnen Kontingente für ausländische Arbeitskräfte an. Das Gesamtkontingent wurde zu 64 % ausgeschöpft. Auch verwies das LAA auf die guten Erfahrungen steirischer ArbeitgeberInnen mit jugoslawischen ArbeitsmigrantInnen.[402] Im Jahresbericht von 1965 wird diesbezüglich Folgendes festgehalten: »Lobend wird die durchschnittlich gute Arbeitsmoral, weiters das Bemühen, sich der Arbeitsweise der einheimischen Arbeitskräfte anzupassen, immer wieder erwähnt.«[403] Des Weiteren wird festgestellt, dass es zu höheren Fluktuationen bei der Beschäftigung von ArbeitsmigrantInnen kam. Die Chance auf höhere Verdienstmöglichkeiten veranlasste auch viele, Österreich in Richtung BRD oder Schweiz zu verlassen.[404]

Zudem wird im Bericht des LAA von 1963 auf die Probleme mit der unterschiedlichen Laufzeit der einzelnen Kontingente Bezug genommen. Vor allem die Möglichkeit der Verlängerung der unterschiedlichen Kontingentlaufzeiten führte zu einem erheblichen Mehraufwand an Verwaltungsleistungen.[405] Au-

401 AK Jahresbericht 1962, 316–318; AK Jahresbericht 1963, 315–317; AK Jahresbericht 1964, 329–331; LAA Jahresbericht 1962, 1–2, 4–7; LAA Jahresbericht 1963, 1–3, 9–10; Interview Ing. Max Treiber, 24.10.2012. Die Bauwirtschaft wies in den Sommermonaten hohe Beschäftigungsquoten auf. In den Wintermonaten wurden jedoch viele Arbeitskräfte freigestellt. Diese saisonalen Schwankungen wirkten sich auch auf andere Branchen negativ aus (AK Jahresbericht 1968, 355–356).

402 LAA Jahresbericht 1964, 15–17.

403 LAA Jahresbericht 1965, 26.

404 WKÖ Archiv, BUKA – AGA, Mikrofilm JUG 265, 1963.

405 Für die Bauwirtschaft wurde von 1962 bis 1964 jeweils ein Kontingent von 1.000 Arbeitskräften mit der Laufzeit von 1. 4. bis 31. 10. festgesetzt. Im Jahr 1962 konnte sie bis 10. 12. verlängert werden. Eine Möglichkeit, die viele steirische ArbeitgeberInnen nutzten. Für das Jahr 1963 lehnte das BMfSV die Verlängerung des Kontingents für die steirische Bauwirtschaft ab. Der entsprechende Erlass wurde aber erst am 4.11.1963 herausgegeben. Zu diesem Zeitpunkt hatten die meisten ArbeitgeberInnen beim LAA bereits um eine Verlängerung der BG angesucht und von den fremdenpolizeilichen Behörden eine Aufenthaltsverlängerung erhalten. Dadurch ergab sich für das LAA ein erheblicher Verwaltungsmehraufwand, da die Anträge nun im Normalverfahren zu behandeln waren. Bereits 1956 vereinbarte das LAA mit der steirischen Sicherheitsdirektion eine einheitliche Beschäftigungsdauer für jugoslawische SaisonarbeiterInnen von 1.3. bis 15. 11. des jeweiligen Jahres. Durch die Anweisung der Sicherheitsdirektion stellten die fremdenpolizeilichen Behörden die Aufenthaltsbewilligung für genau denselben Zeitraum aus, wodurch die

ßerdem wird darauf verwiesen, dass eine gute Kooperation zwischen dem LAA und den fremdenpolizeilichen Behörden, speziell mit der Sicherheitsdirektion für Steiermark, bestand.[406]

In den 1960er Jahren waren die Ziele des LAA, den saisonalen Bedarf an Arbeitskräften zu decken und die starke Pendelmigration in bestimmte steirische Regionen durch die Schaffung von Dauerarbeitsplätzen zu verhindern. Um Betriebsgründungen in wirtschaftlich schwachen Regionen zu forcieren, wurden Informationsunterlagen über die Standortvoraussetzungen, die regionale Arbeitsmarktstruktur und die Arbeitskräftereserven in der Region erarbeitet und UnternehmerInnen zur Verfügung gestellt.[407]

Die Entwicklungen am steirischen Arbeitsmarkt waren, wie bereits skizziert, zwischen 1962 und 1968 unterschiedlich. Die Konjunkturabflachung wirkte sich am Anfang der 1960er Jahre besonders auf die Beschäftigungsstände negativ aus. Ab Mitte der 1960er Jahre besserte sich die Lage in fast allen Wirtschaftsbereichen. Der Konjunkturaufschwung führte zu einem Mangel an Arbeitskräften. Das Arbeitskräftepotenzial war ausgeschöpft[408] und es bestand ein dringender Bedarf an zusätzlichen Arbeitskräften. Im Frühjahr 1966 standen mehr offene Stellen als ArbeitnehmerInnen zur Verfügung. Aus diesem Grund wurden die Kontingente für ausländische Beschäftigte erhöht. Allerdings mit nur mäßigem Erfolg.[409]

1967/68 änderte sich die Situation erneut. Die Steiermark war in diesen Jahren am stärksten von der Strukturkrise betroffen.[410] Ab 1967 waren die Entwicklungen in fast allen Wirtschaftssparten rückläufig, die Industrieinvestitionen stagnierten und die Exportraten verringerten sich. Die internationale Konjunkturabschwächung betraf vor allem die steirische Schwerindustrie. Die Anlagen waren vielfach veraltet und kaum produktiv.[411] Auch steirische Textil-

rechtmäßige Berufung entfiel. Das LAA Steiermark schlug nun vor, auch die Laufzeit der Kontingente einheitlich von 1. 4. bis 10. 12. zu gestalten und eine Verlängerung von vornherein auszuschließen, um den Mehraufwand bei der Bearbeitung der Verlängerungen zu minimieren. Erst im Jahr 1971 wurde ein neues Verfahren bei Anträgen auf Verlängerung der BG und AE eingeführt. ArbeitgeberInnen wurden mittels Merkblatt über das vereinfachte Verfahren vor Ablauf der Kontingentfristen informiert (LAA Jahresbericht 1963, 39–40; LAA Jahresbericht 1971, 6–7).

406 LAA Jahresbericht 1965, 25–26.

407 LAA Jahresbericht 1962, 29–31; LAA Jahresbericht 1963, 9–10, 13–14.

408 Dennoch herrschte in der Steiermark die höchste Winterarbeitslosigkeit im Bundesländervergleich.

409 Durch das vereinbarte Kontingent von 1.000 ArbeitsmigrantInnen für das Baugewerbe konnte der Bedarf an Arbeitskräften laut HK nicht gedeckt werden (HK Jahrbuch 1964, 87).

410 Trotz der Tatsache, dass die Bauwirtschaft von der Konjunkturabschwächung erheblich betroffen war, wurden 2.700 GastarbeiterInnen in steirischen Baugewerbebetrieben beschäftigt (HK Jahrbuch 1967, 103).

411 In der Steiermark überwogen jene Wirtschaftszweige, die nicht zu den Wachstumsbran-

betriebe waren bei der Herstellung billiger Massenwaren international nur begrenzt konkurrenzfähig. In der Transportmittelerzeugung mussten zahlreiche Arbeitskräfte gekündigt werden. Bereits angeworbene ArbeitsmigrantInnen konnten aufgrund der Wirtschaftslage nicht beschäftigt werden. Auch wurden viele ArbeitsmigrantInnen bereits vor dem Ende der Kontingentlaufzeit entlassen. Die Kleine Zeitung berichtete im Februar 1967 in einem Artikel darüber, dass das Puchwerk in Graz 340 Arbeitskräfte kündigte, wovon die meisten GastarbeiterInnen waren.[412] Auch die Neue Zeit meldete im März 1967 die Kündigung von 100 Arbeitskräften bei Böhler, wovon 58 jugoslawische StaatsbürgerInnen und 40 Frauen waren.[413]

Infolge der Umschichtung der Beschäftigungsstruktur verlor der Agrarsektor zunehmend Arbeitskräfte. Durch eine verstärkte Mechanisierung und Spezialisierung versuchten landwirtschaftliche Betriebe, den Arbeitskräftemangel auszugleichen. Im Zuge dieser Entwicklung gewann die Beschäftigung von GrenzgängerInnen in den landwirtschaftlich geprägten Grenzregionen zunehmend an Bedeutung. Diesbezüglich stellte das LAA fest, dass keine »lückenlose Kontrolle«[414] möglich war. Von Mai bis Oktober erfolgten rund 100.000 Grenzübertritte zwecks Arbeitsaufnahme. Jeder Grenzübertritt berechtigte jugoslawische Arbeitskräfte, sich für 60 Stunden im steirischen Grenzgebiet aufzuhalten. Das LAA berichtete von Fällen, in denen Mittelspersonen GrenzgängerInnen für Arbeitsplätze im Landesinneren an- bzw. abwarben. Fremdenpolizeiliche Maßnahmen sollten dazu beitragen, die Beschäftigung von GrenzgängerInnen außerhalb der Grenzzone zu verhindern. Das zuständige Grenzarbeitsamt in Bad Radkersburg war nicht in der Lage, diese illegalen Aktivitäten zu unterbinden. In Zusammenarbeit mit der Sicherheitsdirektion konnte nur gegen einige Personen Strafanzeige gestellt werden.[415]

Generell wurde von 1962 bis 1968 eine Zunahme der illegalen Anwerbetätigkeiten von jugoslawischen Staatsangehörigen festgestellt. Nicht nur Österreich, sondern auch der jugoslawische Staat lehnte diese illegale Arbeitskräftevermittlung ab. Daher beschlossen die Vorsitzenden der republikanischen Ar-

---

chen zählten. Aus diesem Grund wies das LAA darauf hin, dass dringend Umschichtungsprozesse eingeleitet werden sollten (LAA Jahresbericht 1967, 6).

412 Kleine Zeitung (KZ), 10.2.1967, 1. Laut Angaben des LAA waren von der Kündigungswelle 67 ArbeitsmigrantInnen betroffen (LAA Jahresbericht 1967, 12).

413 Neue Zeit (NZ), 2.3.1967, 1.

414 LAA Jahresbericht 1962, 17.

415 AK Jahresbericht 1964, 329–331; AK Jahresbericht 1965, 324–326; AK Jahresbericht 1966, 372–374; AK Jahresbericht 1967, 352–353; HK Jahrbuch 1967, 120–125; AK Jahresbericht 1968, 352–353; LAA Jahresbericht 1962, 17–18; LAA Jahresbericht 1964, 4–7, 16; LAA Jahresbericht 1965, 5–14; LAA Jahresbericht 1967, 5–17. Eine für die Zuwanderung nach Österreich zuständige Behörde gab es nicht. Dadurch konnte ein breites Feld von privaten Anwerbeinitiativen entstehen, das neben den Rekrutierungstätigkeiten österreichischer ArbeitgeberInnen auch unabhängige Anwerbe- und Schlepperorganisationen umfasste.

beitsämter Ljubljana, Zagreb, Belgrad und Sarajevo am 6.2.1964, »ordnende Maßnahmen hinsichtlich der Anwerbung von Arbeitskräften nach Österreich durchzuführen«[416]. Es bestand der Wunsch, die Anwerbung nur mehr über österreichische Arbeitsämter zuzulassen. Jugoslawische Arbeitsmarktbehörden forderten einen geregelten Ablauf der Arbeitsmigration. Aus diesem Grund erkannten sie bereits vor Abschluss des Anwerbeabkommens von 1966 nur von österreichischen Arbeitsämtern erteilte EZ für ausländische Arbeitskräfte als Grundlage zur Bewilligung der Ausreise zwecks Arbeitsaufnahme an. Dadurch konnte die illegale Anwerbung jugoslawischer ArbeitsmigrantInnen durch Mittelspersonen in Jugoslawien unterbunden werden. Diese verlagerten daraufhin ihre Tätigkeiten verstärkt nach Österreich und konzentrierten sich auf bereits dort beschäftigte jugoslawische Arbeitskräfte.

Aus der Sicht des LAA war es somit zielführend, an den Grenzgängen »Übernahmestellen« einzurichten, um die illegale Anwerbung zu verhindern. Zwei Vermittlungsstellen wurden 1964 in Mureck und Bad Radkersburg errichtet. 3.300 offene Arbeitsstellen, vorwiegend im landwirtschaftlichen Bereich der Grenzzonen, konnten über diese Stellen besetzt werden. Die Nutzung dieser Einrichtungen bot auch Vorteile für GrenzgängerInnen. Die zeitaufwendige Arbeitssuche entfiel und es wurden nur solche Arbeitsplätze vermittelt, die eine ortsübliche Entlohnung garantierten. 1967 richtete man zusätzlich eine mobile Vermittlungsstelle ein. Dazu wurde vom BMfSV ein VW-Bus als Büro zur Verfügung gestellt, der vorwiegend von fünf bis acht Uhr in der Früh im Einsatz war.[417]

Die Zusammenarbeit mit slowenischen Arbeitsmarktbehörden wurde seit 1965 ständig verbessert. Man baute einen funktionierenden Vermittlungsdienst auf. Ein Hauptgrund dafür war, dass der Großteil der jugoslawischen ArbeitsmigrantInnen in der Steiermark nicht über die österreichischen Anwerbestellen angeworben wurde. Sie reisten zumeist individuell ein. Auch die BWK riet steirischen UnternehmerInnen, sich »direkt mit den slowenischen Arbeitsämtern in Verbindung zu setzen«[418]. Durch die gute Zusammenarbeit mit den slowenischen Arbeitsmarktbehörden konnte die illegale Anwerbung in den Grenzgebieten eingeschränkt werden. ›Sonderwünsche‹ bei der Vermittlung von Arbeitskräften wurden berücksichtigt. Daher veröffentlichte das steirische LAA bei den slowenischen Arbeitsämtern detaillierte Informationen zu einzelnen Arbeitsstellen. Im Jahr 1967 wurden 17 Stellenanzeiger mit insgesamt 525 offenen Stellen bei der Zentralstelle der slowenischen Arbeitsämter in Ljubljana

416 LAA Jahresbericht 1963, 39.
417 LAA Jahresbericht 1964, 8–9, 15–17; LAA Jahresbericht 1965, 26; LAA Jahresbericht 1967, 31.
418 WKÖ Archiv, BUKA – AGA, Mikrofilm JUG 159, 1967.

eingebracht. Die guten Beziehungen ermöglichten die Behandlung der Anwerbeaufträge auf ›unbürokratische‹ Weise. Zudem trafen 1967 rund 921 schriftliche Bewerbungen slowenischer Arbeitskräfte beim LAA ein, die in Kooperation mit den slowenischen Arbeitsämtern bearbeitet wurden. Die engen Kontakte zu den slowenischen Arbeitsämtern bestanden auch 1968. In diesem Jahr wurden erneut Stellenangebote an das Republikarbeitsamt in Ljubljana übermittelt. 178 schriftliche Bewerbungen von slowenischen Arbeitskräften gingen damals beim LAA ein.[419] Um die Zusammenarbeit zu verbessern, fanden im selben Jahr fünf Treffen zwischen VertreterInnen slowenischer und steirischer Arbeitsämter statt.[420]

1968 verringerte sich aufgrund der Strukturkrise die Zahl der ausländischen Beschäftigten in der Landwirtschaft, im Baugewerbe und in der metallverarbeitenden Industrie. Infolge der hohen Winterarbeitslosigkeit senkte man das Kontingent für das Baugewerbe von 2.200 auf 1.500 Personen. Nach der Ausschöpfung des Gesamtkontingentes bestand allerdings weiterhin die Möglichkeit, eine BG im Einzelgenehmigungsverfahren zu erhalten. Neue Kontingente für das Bauhilfsgewerbe, den Wirtschaftszweig Steine und Erden sowie die Holzindustrie wurden eingeführt.[421]

Hochkonjunktur (1968–1974)

Trotz dieser Entwicklung führte ab 1968 ein internationaler Konjunkturaufschwung zu einer Belebung fast aller Wirtschaftszweige. Dadurch traten notwendige wirtschaftspolitische Struktur- und Umschichtungsmaßnahmen erneut in den Hintergrund. Das LAA kritisierte diese Politik, da in der Steiermark nach wie vor jene Wirtschaftszweige dominierten, die entwicklungsbedingt nicht mehr zu den Wachstumsbranchen zählten, wie der Bergbau, die Schwerindustrie oder die Papiererzeugung. Ein Verzicht auf diese Maßnahmen war aus seiner Sicht für die ohnehin »belastete Steiermark bedenklich«[422]. Im Bauwesen herrschte im Spätherbst 1968 Vollbeschäftigung. Der Bedarf an qualifizierten Arbeitskräften überstieg dort das Angebot. Auch in der Maschinenbaubranche und in der Bekleidungsindustrie bestand ein erheblicher Arbeitskräftebedarf.

419 Zum einen herrschte in der Steiermark eine Strukturkrise und der Bedarf an Arbeitskräften ging zurück. Zum anderen erfolgte die Vermittlung von Arbeitsplätzen vielfach über private Netzwerke und persönliche Beziehungen zu steirischen ArbeitgeberInnen aufgrund vorangegangener Arbeitsverhältnisse.
420 LAA Jahresbericht 1967, 33–35; LAA Jahresbericht 1968, 28–30.
421 LAA Jahresbericht 1968, 28–30.
422 LAA Jahresbericht 1968, 6.

Mithilfe des regionalen Kräfteaustauschs versuchte das LAA, offene Stellen zu besetzen.[423]

Gerade die uneinheitliche Wirtschaftsstruktur der Steiermark führte zu wirtschaftlichen und arbeitsmarktpolitischen Problemen. Das Ziel des LAA war es, längerfristige Entwicklungsprogramme auszuarbeiten und den Wirtschaftsausbau in Entwicklungsgebieten zu fördern. Weitere anzustrebende Maßnahmen waren laut LAA die Verbesserung der technischen und sozialen Infrastruktur als Basis der Industrieansiedelung, die Umstrukturierung der Land- und Forstwirtschaft, die Schaffung von Neben- und Haupterwerbsmöglichkeiten für landwirtschaftliche Arbeitskräfte, die Bekämpfung der hohen Winterarbeitslosigkeit und die Steigerung der beruflichen Mobilität.[424]

Von 1968 bis 1974 herrschte in fast allen steirischen Wirtschaftszweigen Hochkonjunktur. Es bestand ein erheblicher Arbeitskräftebedarf. Die Personalversorgung, vor allem im Bauwesen, wurde zum zentralen Problem.[425] Auch die steirische Schwerindustrie, die von der internationalen Stahlkonjunktur profitierte, konnte den Bedarf an zusätzlichen Arbeitskräften kaum decken.[426] Ähnlich sah die Entwicklung im Gastgewerbe und im Tourismus aus. In der Elektroindustrie mussten Rationalisierungsmaßnahmen durchgeführt werden, um die Aufträge mit weniger Personal zu bewerkstelligen. Besonders die Nachfrage an FacharbeiterInnen überstieg das in der Steiermark zur Verfügung stehende Arbeitskräftepotenzial. 1971 herrschte im Bauwesen bereits im März Vollbeschäftigung. Die Gründe dafür lagen in der guten Auftragslage, den günstigen Witterungsverhältnissen während der Winterperioden und der vermehrten Winterbautätigkeit.[427]

Die Kontingente für ausländische Arbeitskräfte wurden für das Bau- und Bauhilfsgewerbe, die Metallindustrie und das metallverarbeitende Gewerbe, die Glasindustrie, die holzverarbeitende Industrie, die Textil-, Bekleidungs- und Schuhindustrie, die graphischen Berufe, den Handel und den Tourismus von 1969 bis 1973 fast gänzlich ausgeschöpft. Zahlreiche BG wurden im Einver-

423 LAA Jahresbericht 1968, 6–20.

424 AK Jahresbericht 1968, 328–330; LAA Jahresbericht 1968, 54–58.

425 Viele qualifizierte steirische Arbeitskräfte nahmen aufgrund besserer Lohnbedingungen Arbeitsplätze in der BRD und der Schweiz an. Im Rahmen der Baumaßnahmen für die Olympischen Sommerspiele in München 1972 wurden zahlreiche österreichische Arbeitskräfte beschäftigt. Im Baugewerbe konnten in diesem Jahr aufgrund des Mangels an Arbeitskräften Aufträge nicht angenommen werden. Es erfolgte eine Erhöhung der Kollektivvertragslöhne und ArbeitgeberInnen boten Arbeitskräften zusätzliche Vergünstigungen an. Diese Entwicklungen führten zu einem Preisanstieg im Baugewerbe (HK Jahresbericht 1971, 83; HK Jahresbericht 1972, 91).

426 Dies führte dazu, dass man sich »sogar bemühte, Frauen als Dreherinnen, Fräserinnen und Bohristinnen anzulernen« (AK Jahresbericht 1970, 312).

427 Das LAA trug wesentlich zur Ausnützung der Personalreserven vor allem durch finanzielle Förderungsmaßnahmen, Aufklärungsarbeit und Informationsvermittlung bei.

nehmen mit den Sozialpartnern nach Ausschöpfung der Kontingente im Einzelgenehmigungsverfahren erteilt. Die Zahl der als TouristInnen eingereisten Arbeitskräfte stieg von 794 im Jahr 1968 auf 2.505 im Jahr 1969 an. BG wurden aufgrund des erhöhten Arbeitskräftebedarfs für diesen Personenkreis kaum verweigert. Es war eine Beschäftigungsvariante, die laut LAA »für die Beschäftigungsträger rascher, billiger und problemloser«[428], im Vergleich zur Anwerbung über die offiziellen Stellen der BWK, war. Mithilfe von ArbeitsmigrantInnen konnte in der Steiermark der Bedarf an HilfsarbeiterInnen gedeckt werden. Der Mangel an FacharbeiterInnen blieb jedoch weiterhin bestehen.[429]

In dieser Periode stellten die Beschaffung und Vermittlung von Arbeitskräften die Hauptaufgaben des steirischen LAA dar.[430] Diverse Maßnahmen zur Aktivierung der ›stillen Reserve‹ wurden getätigt. Das LAA richtete auch ein mobiles Arbeitsamt ein, das über eine Tonanlage verfügte und in ausgewählten Arbeitsmarktbezirken zum Einsatz kam. Zudem wurden auch Maßnahmen zur Eingliederung landwirtschaftlicher Arbeitskräfte in andere Berufszweige gesetzt. Ebenfalls versuchte man, die Fluktuation von Arbeitskräften positiv zu beeinflussen und vermehrt Frauen, schwer vermittelbare Personen sowie ArbeitsmigrantInnen für den steirischen Arbeitsmarkt zu gewinnen.[431]

Zur Vermittlung von Arbeitskräften hatte der regionale Kräfteaustausch von 1969 bis 1973 einen hohen Stellenwert.[432] Vor allem im Bereich der Bauwirtschaft wanderten viele SteirerInnen in den Grazer und obersteirischen Raum oder nach Wien ab. Personal für das Hotel- und Gaststättenwesen migrierte hauptsächlich in die westlichen Bundesländer (Salzburg, Tirol und Vorarlberg). Auch für den Zuckerrübenbau in Nieder- und Oberösterreich konnten Arbeitskräfte gewonnen werden.[433] Zahlreiche Sonderanwerbeaktionen für einzelne Firmen

---

428 LAA Jahresbericht 1973, 32.

429 AK Jahresbericht 1969, 312–315; HK Jahresbericht 1969, 8–9; LAA Jahresbericht 1969, 1–2, 9–11; LAA Jahresbericht 1970, X–XIV, 11–15; HK Jahresbericht 1971, 84, 94; LAA Jahresbericht 1972, VIII.

430 Gerade im Hotel- und Gastgewerbe plante man den verstärkten Einsatz von slowenischen Arbeitskräften, um den Bedarf an HilfsarbeiterInnen für die Küchenarbeit zu decken. Auch die HK verweist in ihrem Jahresbericht von 1970 darauf, dass die steirische Bauwirtschaft nicht ohne ArbeitsmigrantInnen aus Jugoslawien auskommt. Die hohe Anwerbepauschale und der Ausbildungskostenbeitrag für ArbeitsmigrantInnen wurden zwar als finanzielle Herausforderung bezeichnet, aber aufgrund des Mangels an Arbeitskräften »müsse man sich kompromißbereit zeigen« (HK Jahresbericht 1970, 95–96).

431 LAA Jahresbericht 1968; AK Jahresbericht 1969, 312–315; HK Jahresbericht 1969, 8–9; LAA Jahresbericht 1969, 1–2, 9–11; LAA Jahresbericht 1970, X–XIV, 11–15; HK Jahresbericht 1971, 84, 94; LAA Jahresbericht 1972, VIII.

432 Die Abnahme der statistisch erfassbaren Vermittlungszahlen kann auf die Tatsache zurückgeführt werden, dass sich viele ArbeitnehmerInnen selbstständig über die Arbeitsmöglichkeiten in anderen Bundesländern bzw. steirischen Bezirken informierten (LAA Jahresbericht 1972, 3).

433 Im Jahr 1971 erfolgten 212 Hausbesuche für die Zuckerrübenaktion in Nieder- und

wie Böhler, Alpine, VOEST, Jenbacherwerke Tirol oder Schuhfabrik Servas wurden ebenfalls durchgeführt. Die Steiermark war somit zugleich Aufnahme- und Abgabegebiet von Arbeitskräften. Zu den traditionellen Abgabegebieten von Arbeitskräften zählten nach wie vor die ost-, süd- und weststeirischen Bezirke. In den Bezirken Mureck, Deutschlandsberg, Leibnitz, Feldbach und Fürstenfeld konnten weiterhin zahlreiche offene Stellen im landwirtschaftlichen Bereich mit jugoslawischen GrenzgängerInnen besetzt werden. Die meisten wurden wie bisher an landwirtschaftliche Betriebe im Grenzgebiet vermittelt. Aufgrund der Tatsache, dass viele GrenzgängerInnen ihre ständigen ArbeitgeberInnen hatten, verlor die Vermittlungstätigkeit durch die Arbeitsmarktverwaltung an Bedeutung.[434]

1970 wurde das Kontingent für ausländische Arbeitskräfte zu 94,2 % ausgeschöpft. Das stellte die bisher höchste Ausnützungsrate dar. Dennoch lag die Beschäftigung von ausländischen Arbeitskräften in der Steiermark deutlich unter dem österreichischen Bundesdurchschnitt. Laut Angaben des LAA lagen die Ursachen darin, dass der steirische Arbeitsmarkt noch nicht gänzlich ausgeschöpft war. Außerdem konnten durch gezielte Arbeitsmarktförderungen Arbeitskräfte aus stagnierenden Branchen in expandierenden Wirtschaftszweigen untergebracht werden.[435] Laut Handelskammer Steiermark (HK) konnte durch die »Beschäftigung von Gastarbeitern die kritische Situation auf dem Arbeitsmarkt einigermaßen bewältigt werden«[436]. 1973 herrschten in der Steiermark die niedrigste Durchschnitts- und Winterarbeitslosigkeit seit dem Ende des Zweiten Weltkriegs.[437]

Trotz dieser positiven Entwicklung war die Steiermark im Vergleich zu anderen österreichischen Bundesländern vermehrt mit Strukturproblemen konfrontiert und wies die höchste Saisonarbeitslosigkeit auf. Die industrialisierten Regionen dieses Bundeslandes zogen verstärkt Arbeitskräfte an. Aus den agra-

---

Oberösterreich, wobei nur 22 Arbeitskräfte gewonnen werden konnten (LAA Jahresbericht 1971, 2–3).

434 LAA Jahresbericht 1969, 2–4, 11; LAA Jahresbericht 1971, 6–7; LAA Jahresbericht 1972, 3, 10.

435 Im Jahr 1973 stieg die Zahl der unselbstständig Beschäftigten stärker als in anderen österreichischen Bundesländern an. Dieses Wachstum kann zu zwei Drittel auf die Aktivierung potenzieller Arbeitskräftereserven zurückgeführt werden und nur zu einem Drittel auf die Beschäftigung von ArbeitsmigrantInnen (LAA Jahresbericht 1973, 30–31).

436 HK Jahresbericht 1970, 100.

437 Auf diesen Umstand wies auch der steirische Landeshauptmann Friedrich Niederl Bundeskanzler Bruno Kreisky in einem Schreiben vom 26. 9. 1973 hin. Er teilt Kreisky in diesem mit, dass wegen arbeitsmarkt- und wachstumspolitischer Gründe ein weiterer Zuzug von ArbeitsmigrantInnen für die Steiermark zu befürworten sei. Zudem weist er darauf hin, dass man sich dem Problem der menschenunwürdigen Wohnverhältnisse widmen solle (Bruno Kreisky Archiv, Box 20_VI.8, Wien, Schreiben Niederl an Kreisky, 1973. Diese Quelle wurde der Autorin vom Verein JUKUS zur Verfügung gestellt.).

risch-gewerblichen Gebieten wanderten hingegen viele ab. Laut LAA stellte das »Fehlen eines Entwicklungskonzeptes mit regionalen und wirtschaftlichen Prioritäten für das Land Steiermark eine der Hauptschwierigkeiten, um die vielen strukturellen Beschäftigungsprobleme räumlich noch gezielter anzupacken«[438], dar. Aus diesem Grund kooperierte man mit der steirischen Landesregierung und den VertreterInnen der ArbeitnehmerInnen und -geberInnen, um ein solches arbeitsmarktpolitisches Konzept zu erarbeiten. In Zeiten der Hochkonjunktur traten diese strukturellen Probleme in den Hintergrund. Dadurch hatte deren Lösung keine oberste Priorität, obwohl die Strukturschwächen trotz guter Auftragslage bestehen blieben. Besonders negativ auf die steirische Wirtschaft und den steirischen Arbeitsmarkt wirkten sich weiterhin die starke agrarische Prägung, die ›Grundstofflastigkeit‹ der Industrie, die hohe Winterarbeitslosigkeit und die standortbenachteiligten Problemgebiete aus. Die beruflichen Arbeitskräfteverschiebungen zwischen agrar- und industriellem Sektor, die Schwerpunktverschiebungen innerhalb der Industrie in die Richtung der Wachstumssparten und die Bewältigung saisonal bedingter Probleme bildeten jene wirtschaftlichen Umstrukturierungsprozesse, mit dem sich das LAA in dieser Periode am stärksten konfrontiert sah.[439]

5.4 Erdölkrisen und Technologieaufschwung (ab 1973)

Die internationale Erdölkrise von 1973/74 beendete diese positive Wirtschaftsentwicklung. Der weltweite Wirtschaftseinbruch führte zu einem starken Anstieg der Preise für Energie und Rohstoffe. In Österreich ging man von einem vorübergehenden konjunkturellen Rückgang aus. Aus diesem Grund verfolgte man eine Politik des ›Durchtauchens‹. Vor allem das internationale System der Wechselkurse stellte eines der Hauptprobleme dar. Dieses war durch das Abkommen von Bretton Woods[440] relativ stabil. Im Jahr 1976 wurde die formelle Gold-Konvertibilität des US-Dollars aufgehoben. Die dadurch ausgelösten Kursschwankungen wirkten sich auch negativ auf alle anderen Wechselkurse aus. Aufgrund der Tatsache, dass die BRD der wichtigste Außenhandelspartner

438 LAA Jahresbericht 1970, 32–33.

439 LAA Jahresbericht 1968, 6; LAA Jahresbericht 1971, VIII–IX; LAA Jahresbericht 1972, VIII–IX.

440 In Bretton Woods, einem Ort in New Hampshire (USA), hielten im Jahr 1944 44 Staaten eine Konferenz über Finanz- und Währungsfragen ab. Dort wurde unter anderem die Errichtung der Weltbank und des Internationalen Währungsfonds (IWF) beschlossen. Außerdem entschied man sich für ein System fester Wechselkurse mit dem US-Dollar als Leitwährung (http://www.wirtschaftslexikon24.com/d/bretton-woods-abkommen/bretton-woods-abkommen.htm).

für Österreich war, entschloss sich die österreichische Regierung 1976, den Wechselkurs des Schillings in eine konstante Relation zur Deutschen Mark zu setzen. Dadurch konnte das Wechselkursrisiko minimiert werden. Die deutsche Stabilisierungspolitik wirkte sich auch indirekt positiv auf die österreichische Wirtschaft aus (Sandgruber 2005, 488–491).

Die Verbindung der beschriebenen Hartwährungspolitik mit dem *deficit spending*[441] wird als »Austrokeynesianimus« bezeichnet. Das bedeutete, dass die österreichische Regierung die Vollbeschäftigung aufrechterhielt und zeitgleich auf eine Hartwährungspolitik umstellte. Dadurch konnten zwar die Beschäftigungsstände gehalten werden, die Staatsverschuldung stieg jedoch stark an. Mithilfe der Unterstützung der Interessensvertretungen der ArbeitgeberInnen und ArbeitnehmerInnen blieben die Löhne und Preise konstant. Eine hohe Inflation konnte verhindert werden. Des Weiteren wurde eine umfassende Steuerreform durchgeführt und eine Vermögenssteuer sowie Mehrwertsteuer auf Luxusgüter in der Höhe von jeweils 30 % eingeführt. Diese Wirtschaftspolitik führte zu einer ›schleichenden‹ Inflation. Eine Stagnation des Wirtschaftswachstums und Krisen beim Budget, der verstaatlichten Industrie sowie beim Sozialversicherungssystem waren die Konsequenzen (Sandgruber 2005, 488–491). Während der Ersten Ölkrise 1973/74 stieg die Nachfrage innerhalb der Grundstoffindustrien. Die Situation in der Steiermark verbesserte sich kurzzeitig. Dieser temporäre Boom verzögerte die Umsetzung dringender strukturpolitischer Änderungen.[442] Erst als klar wurde, dass es sich nicht nur um einen vorübergehenden Konjunktureinbruch handelte, wurden von der Regierung Schritte zur Umstrukturierung der Industriebetriebe gesetzt und der politische Entscheidungseinfluss verringert. Am stärksten von der Krise waren die Industrieregionen Bruck an der Mur und Leoben betroffen. In den Betrieben in Mürzzuschlag, Judenburg und Knittelfeld waren die Auswirkungen nicht so schwerwiegend. Begleitet wurden diese Umstrukturierungsmaßnahmen von diversen Rationalisierungs- und Modernisierungsprozessen. Eine Entwicklung, die alle obersteirischen Betriebe erfasste (Schöpfer 2004, 332–334). Die Zweite Ölkrise 1979[443] wirkte sich wesentlich negativer auf die österreichische bzw.

441 Darunter wird die bewusste Haushaltsverschuldung eines Staates während einer Rezession verstanden, um zu mehr Beschäftigung und somit zu mehr Nachfrage zu führen. Die Staatsverschuldung wird dann in Zeiten der Hochkonjunktur aus den Steuermehreinnahmen abbezahlt (http://www.wirtschaftslexikon24.com/d/deficit-spending/deficit-spending.htm).

442 In den 1970er Jahren erfolgte eine Verlagerung des technischen Wissens von der Maschine zum Menschen. Dadurch waren vor allem Forschungs-, Ausbildungszentren und die Entwicklung regionaler Produktionssysteme von Bedeutung. Eine Entwicklung, auf die die Steiermark nur wenig vorbereitet war (Steiner 2002, 155).

443 Die Preispolitik der Organization of Petroleum Exporting Countries (OPEC) trug zur weiteren Verdreifachung des Erdölpreises bei. Das führte im Vergleich zur Ersten Ölkrise zu

steirische Wirtschaft aus. Das erneut verfolgte Modell des Austrokeynesianismus blieb wirkungslos. Nicht nur das Budgetdefizit stieg weiter an, auch die Arbeitslosenquote[444] erhöhte sich enorm. Die Politik der Vollbeschäftigung konnte nicht mehr umgesetzt werden und wurde 1981 aufgegeben. Vor allem die Grundstoffindustrie und verstaatlichte Industrie waren von der Zweiten Ölkrise stark betroffen. Beide Wirtschaftszweige waren in der Steiermark vorherrschend. Zahlreiche Betriebe wurden durch finanzielle Unterstützung vonseiten des österreichischen Staates vor der Schließung bewahrt. Allerdings führte diese Politik zur weiteren Staatsverschuldung. Diese Entwicklungen bewirkten den Übergang zu einer restriktiveren Finanzpolitik. Forderungen nach Privatisierung der verstaatlichten Industrie und markwirtschaftlicher Steuerung anstatt staatlicher Lenkung wurden laut (Sandgruber 2005, 491–492).

In wirtschaftlichen Hochphasen verabsäumte man in der steirischen Eisen- und Stahlindustrie Umstrukturierungen innerhalb der Wirtschaftszweige. Dies führte dazu, dass das steirische Wirtschaftswachstum weit hinter dem österreichischen Durchschnitt lag (Karner 1992, 553–560; 2005, 439–341). Die Steiermark galt als ›altes Industriegebiet‹.[445] Infolge der Ölkrisen in den 1970er Jahren kam es in der obersteirischen Stahl- und Eisenindustrie zu zahlreichen Arbeitskräftefreistellungen, Auflassungen von Produktionslinien und Betriebseinstellungen. Vor allem die Größe der Betriebe[446], die zögerlichen regionalpolitischen Maßnahmen und die ›Grundstofflastigkeit‹ waren für die negative Entwicklung verantwortlich. Außerdem wurden zu wenige neue Produkte entwickelt und die, die erzeugt wurden, waren nicht konkurrenzfähig. Die veränderten Bedingungen und Einkommensverluste wirkten sich ebenfalls negativ auf andere Branchen wie die Papier- und Zellstoffindustrie, die Zweirad- und Fahrzeugproduktion, die Elektroindustrie und den Tourismussektor[447] aus.

einer noch stärkeren Krise (http://www.wirtschaftslexikon24.com/d/organisation-der-erdoel-exportierenden-laender/organisation-der-erdoel-exportierenden-laender.htm).

444 Von 1973 bis 1986 lag die Arbeitslosenrate in der Steiermark bei 3,4 %, also um 0,5 % über dem österreichischen Durchschnittswert (Karner 2005, 439–441).

445 Dies lag an der starken Dominanz der Schwerindustrie, den geringen regionalen Lieferverpflichtungen, dem Fehlen von Clusterbildungen, dem Mangel an Klein- und Mittelbetrieben, dem hohen Niveau der IndustriearbeiterInnenschaft, der mangelnden Mobilitätsbereitschaft der ArbeitnehmerInnen sowie an der unterdurchschnittlichen Produktivität, den überdurchschnittlich hohen Lohnkosten und veralteten Produkten (Karner 2005, 441–442; Schöpfer 2004, 334–335).

446 Zur Zeit der Massenproduktion war vor allem die Größe der Betriebe für die Wettbewerbsfähigkeit ausschlaggebend.

447 Infolge der Erdölkrisen sanken die Realeinkommen und die Arbeitslosenzahlen stiegen an. Diese Entwicklung wirkte sich negativ auf den steirischen Tourismus aus. Des Weiteren führten die zunehmende Motorisierung und die neue Form des Reisens per Flugzeug seit dem Ende der 1970er Jahre zu erheblichen Einbußen. Im Zuge von Ölbohrungen im Gebiet Loipersdorf stieß man auf Thermalwasser. Thermalwasseranlagen in Loipersdorf, Waltersdorf, Bad Radkersburg, Blumau und Bad Gleichenberg entstanden. Sie entwickelten

Neue Formen der Förderung und strategischen Ausrichtung der steirischen Wirtschaft waren das Ziel der Landesregierung.[448] Anstatt einer fordistischen Wirtschaftspolitik verfolgte man nun eine Politik der Spezialisierung durch gezielte Kooperationen von Klein- und Mittelbetrieben. Erst am Ende der 1980er Jahre konnte in der Steiermark der Wandel zu einem Hochtechnologieland vollzogen werden. So stieg das Bruttoregionalprodukt über die österreichischen Wachstumsraten (Karner 2005, 439–441). Forschung und Entwicklung wurden ausgebaut. Zudem forcierte man die Ausbildung von ArbeitnehmerInnen und erhöhte die Zahl an technischen Arbeitskräften durch diverse Umschulungsprogramme. Innerhalb der verstaatlichten Industrie wurde das Konzept der Konzentration aufgegeben und kleinere konkurrenzfähigere Einheiten gebildet. Die hierarchischen Strukturen wurden dezentralisiert, überschüssige Arbeitskräfte abgebaut und der Verwaltungsapparat verkleinert. Das Hauptaugenmerk wurde nun auf Spezialproduktionen gerichtet. Die Produktion von nicht absatzfähigen Erzeugnissen gab man auf. Außerdem setzte man Schritte zur Privatisierung der verstaatlichten Betriebe, sodass diese wieder international konkurrenzfähig wurden (Schöpfer 2004, 334–335).

Die Steiermark profitierte vom Fall des Eisernen Vorhangs am Ende der 1980er Jahre. Steirische Unternehmen investierten vor allem in Ungarn, Slowenien, Tschechien und der Slowakei. Zumeist gründeten sie Niederlassungen oder Betriebe in den genannten Ländern. Aber auch Versicherungen und Banken erkannten das Potenzial und weiteten ihre Tätigkeitsfelder auf diese Länder aus. Diese Entwicklung bewirkte ein enormes Wirtschaftswachstum. Modernisierungs- und Umstrukturierungsmaßnahmen wurden umgesetzt, um die Steiermark in ein Hochtechnologieland zu transformieren (Karner 2005, 441).[449]

---

sich zu einem wichtigen Zweig des steirischen Tourismus. Auch der kontinuierliche Aufbau des Wintertourismus ließ die Zahl der TouristInnen ansteigen. Am Ende der 1970er Jahre vollzog sich ein grundlegender Strategiewandel im Tourismussektor. Großveranstaltungen, die Zusammenfassung von Tourismusregionen und der Kulturtourismus gewannen immer mehr an Bedeutung. Zudem profitierte der steirische Tourismus von der Ostöffnung (Karner 2005, 459; Burkert-Dottolo 2004, 377–386).

448 Nach dem Tod Josef Krainers sen. 1971 trat Friedrich Niederl (ÖVP) seine Nachfolge an. Er bekannte sich zur Einheit der steirischen Wirtschaft und setzte sich für die verstaatlichte Industrie ein. 1980 trat er zurück. Josef Krainer jun. (ÖVP) wurde neuer Landeshauptmann. Bereits unter Niederl war Krainer jun. Landesrat für Agrar- und Baufragen gewesen. Die Schwerpunkte lagen in der Wirtschaftspolitik, der Verfassungspolitik und der Fortführung der steirischen Kulturpolitik. Er war bis 1996 steirischer Landeshauptmann (http://www.landeshauptmann.steiermark.at/cms/beitrag/10188691/5304413).

449 Parallel dazu stellte Österreich den Antrag zur Aufnahme in die Europäische Union (EU). 1995 wurde es als Vollmitglied aufgenommen. Steirische Industriebetriebe vollzogen im Rahmen dieser Entwicklungen einen Strukturwandel. Sie formten sich zu international konkurrenzfähigen Unternehmen mit hohen Exportraten und einem hohen Grad an internationalen Vernetzungen um. Zahlreiche Unternehmen stiegen zu *global players* auf. Nach der Jahrtausendwende wies die Steiermark österreichweit die höchsten Wachs-

5.4.1 Arbeitsmarktentwicklung

In einem Artikel der Kleinen Zeitung wurde Anfang Februar 1975 berichtet, dass der österreichische Arbeitsmarkt aufgrund der Kündigungen von ArbeitsmigrantInnen nur geringfügig von der Konjunkturabschwächung betroffen war.[450] Zu einer ähnlichen Einschätzung kam auch das LAA Steiermark in seiner Arbeitsmarktprognose für das Jahr 1975: »Der potentielle Angebotsüberschuß wird sich allerdings schwächer auswirken, da auch weiterhin ein stärkerer Abbau von Gastarbeitern erfolgen wird.«[451]

Bereits Ende 1973 erfolgten in der Steiermark erste Kündigungen von ausländischen Arbeitskräften. Ein besonderer Fall ereignete sich in der Südsteiermark. Eine Feldbacher Pelzfabrik entließ 85 steirische Arbeitskräfte. Die in der Region angesiedelten Betriebe erklärten sich daraufhin bereit, alle bei ihnen beschäftigten GastarbeiterInnen zu entlassen, um stattdessen die 85 SteirerInnen einzustellen.[452] Eine Glasfabrik in Bärnbach entließ im Dezember 1973 insgesamt 50 ArbeitsmigrantInnen.[453] Weitere Kündigungswellen folgten. 1975 entließ die Firma Böhler 124 MitarbeiterInnen, darunter 95 GastarbeiterInnen.[454] Das Puchwerk in Graz kündigte 395 Arbeitskräfte, wovon zwei Drittel ArbeitsmigrantInnen waren.[455] Nur in einem einzigen Fall wurde in den Medien davon berichtet, dass sich der Betriebsrat einer steirischen Glasfabrik gegen die Kündigungen von GastarbeiterInnen einsetzte. Diese Bemühungen blieben allerdings erfolglos und es kam zur Kündigung von 45 ausländischen Arbeitskräften.[456]

Im Zeitraum von 1974 bis 1976 wurde die Zahl der jugoslawischen und türkischen Beschäftigten in der Steiermark von 14.714 auf 9.933 gesenkt.[457] Zur

tumsraten der wirtschaftlichen Produktion auf und hatte sich von einem ›alten Industriegebiet‹ zu einem ›Technologieland‹ entwickelt (Schöpfer 2004, 335–339).

450 KZ, 1.2.1975, 2.

451 LAA Jahresbericht 1974, 106.

452 NZ, 7.12.1973, 1.

453 NZ, 8.12.1973, 4.

454 KZ, 20.2.1975, 2.

455 KZ, 1.3.1975, 6.

456 KZ, 5.6.1975, 19. Zu diesen Kündigungswellen wurden die Kleine Zeitung von 1961 bis 1980 und die Neue Zeit von 1961 bis 1973 untersucht. Rass verweist darauf, dass ArbeitsmigrantInnen zwar eine Arbeitsmarktpartei darstellen, sich ihre Interessen aber nur teilweise mit jenen von inländischen Arbeitskräften überschneiden. Daher werden sie auch seltener von Organisationen der InländerInnen vertreten (Rass 2010, 15).

457 Diese Angaben enthalten jene ArbeitsmigrantInnen, die im Rahmen der Kontingente und jene die mittels Einzelgenehmigungsverfahren einreisten. Das Gesamtkontingent für die Steiermark wurde von 9.210 im Jahr 1974 auf 6.974 im Jahr 1975 und auf 5.912 im Jahr 1976 gesenkt. Der Tiefststand wurde 1979 mit 4.126 erreicht (LAA Jahresbericht 1975, 83–95; LAA Jahresbericht 1976, 96–108; LAA Jahresbericht 1979, 98–105). Bei der Auswertung der

Verbesserung der eigenen wirtschaftlichen Situation verfolgten viele Anwerbestaaten die Strategie, durch Kündigung von ArbeitsmigrantInnen die Arbeitslosigkeit in ihre Herkunftsländer zu verlagern.[458] Im Zuge dieser Entwicklung mussten auch steirische ArbeitsmigrantInnen, die im Ausland oder in anderen Bundesländern beschäftigt waren, zurückkehren.[459] Durch diese Maßnahmen erfolgte eine Verlagerung der Kosten der Krise in die Ursprungsländer von ArbeitsmigrantInnen. In Österreich konnte auf diese Weise die Arbeitslosenquote konstant niedrig gehalten werden (Schöpfer 2004, 326–327; AK Wien 1982, 148–149).

Neben der Kündigung von ArbeitsmigrantInnen kam es in Österreich auch zu Arbeitszeitverkürzungen, Überstundenkürzungen, Einführung von Zwangsurlauben oder Aufnahmesperren. Außerdem wurden Maßnahmen zur Aufrechterhaltung der Vollbeschäftigung wie Sonderschulungen oder die Einführung der 40-Stunden-Woche umgesetzt.[460] Zudem initiierte das BMfSV im März 1978 im Rahmen der Förderung der beruflichen Mobilität von ÖsterreicherInnen die Aktion »Arbeitsplätze in Wien«. Inländische Arbeitskräfte aus der Steiermark und Kärnten wurden mit dem Zug nach Wien gebracht, um dort zukünftige ArbeitgeberInnen zu treffen. Nach der Beratung durch VertreterInnen des Arbeitsamts hatten die StellenanwärterInnen die Möglichkeit, Betriebe zu besuchen und sich vor Ort über die Arbeitsverhältnisse zu informieren. Bei Annahme eines Arbeitsplatzes in Wien erhielten die Arbeitskräfte eine Trennungszulage, um die Hin- und Rückreise zwischen den Bundesländern zu finanzieren. Im Unterschied dazu wurde ausländischen Arbeitskräften nicht die Möglichkeit geboten, ihre zukünftigen ArbeitgeberInnen im Vorfeld kennenzulernen oder sich über die Arbeitsverhältnisse und -bedingungen persönlich zu informieren. Auch erhielten sie weder von österreichischer noch von jugoslawischer Seite eine Umzugs- oder Trennungszulage.[461]

1979 setzte eine kurzzeitige Konjunkturverbesserung ein. 1980 überstieg die Zahl der offenen Stellen erstmals seit 1974 jene der vorgemerkten Arbeitskräfte, wobei nach wie vor hauptsächlich ein Bedarf an Facharbeitskräften bestand. Nach dieser kurzzeitigen Verbesserung der Wirtschaftslage wirkte sich ein erneuter internationaler Konjunkturabfall, der durch die Zweite Ölkrise am Ende der 1970er Jahre ausgelöst worden war, negativ auf die steirische Wirtschaft und den steirischen Arbeitsmarkt aus. Die Nachfrage an Personal für Hilfsberufe

---

Jahresberichte des LAA erhält man den Eindruck, dass man sehr ›stolz‹ auf die guten Erfolge bei der Reduktion der Zahl der GastarbeiterInnen war.

458 Siehe Berlinghoff (2013).

459 LAA Jahresbericht 1976, 23–27.

460 LAA Jahresbericht 1975, 23–26, 35.

461 LAA Jahresbericht 1978, 27–30; Kronen Zeitung, 5. 3. 1978, o. S.; Wiener Zeitung, 7. 3. 1978, o. S.

ging stark zurück. Aufträge für Unternehmen blieben aus. Kurzarbeit und Kündigungen infolge der Rationalisierungsmaßnahmen und Insolvenzen waren die Auswirkungen dieser Wirtschaftskrise. Vor allem für Jugendliche verschlechterte sich die Situation am steirischen Arbeitsmarkt erheblich.

Aus diesem Grund stellte das LAA 1979 fest, dass, falls die Reduktion der Anzahl der ausländischen Beschäftigten nicht automatisch aufgrund der geringen Nachfrage erfolgen würde, es dafür sorgen müsste, »dass Inländer die Stellen von Ausländern einnehmen«[462]. Zwar sollten dabei »humanitäre Gesichtspunkte«[463] gewahrt bleiben, dennoch alle Möglichkeiten genutzt werden, die Beschäftigung von ArbeitsmigrantInnen zu minimieren. Das Ziel war es, alle von ausländischen Arbeitskräften besetzten Arbeitsstellen zu erfassen und diese langfristig durch InländerInnen zu ersetzen. Als eine weitere Maßnahme wurde im Jahresbericht des LAA von 1979 die Erstellung von Überblicksunterlagen betreffend das Ausmaß der Integration von bereits länger in der Steiermark beschäftigten ArbeitsmigrantInnen und die dadurch auftretenden sozialen und arbeitsmarktpolitischen Probleme festgehalten.[464]

Abschließend werden die beschriebenen Entwicklungen am steirischen Arbeitsmarkt in den 1960er und 1970er Jahren grafisch dargestellt. Die folgenden Diagramme wurden aus den Daten der Berichte des LAA erstellt. Die Tabelle mit den genauen Datenangaben zu den Kontingenten befindet sich am Ende des Kapitels.

462 LAA Jahresbericht 1979, 146.
463 LAA Jahresbericht 1979, 146.
464 LAA Jahresbericht 1979, 27–39, 146–147.
Im Jahr 1984 setzte eine deutliche Wirtschaftsbelebung ein. Trotz dieser positiven Entwicklung blieb in der Steiermark weiterhin das Verhältnis zwischen offenen Stellen und Arbeitssuchenden unausgeglichen. Vor allem die sich seit Jahren erhöhende Sockelarbeitslosigkeit konnte nicht eingedämmt werden. Diese war bei Männern im Gastgewerbe, in der Bekleidungsindustrie, der Land- und Forstwirtschaft, der Nahrungsmittelerzeugung und der Baubranche, bei Frauen im Gastgewerbe sowie in Gesundheits-, Lehr- und Kulturberufen besonders hoch. Positive Konjunkturtendenzen konnten die strukturellen Probleme nicht entschärfen. Vor allem die verstaatlichte Industrie war davon betroffen. Es herrschten große regionale Unterschiede. In den agrarisch geprägten Regionen erhöhte sich die Zahl der vorgemerkten Arbeitslosen. In den Industriegebieten blieb sie konstant. Im Raum Graz war sie sogar rückläufig. 1986 verschlechterte sich die Situation am Arbeitsmarkt erneut. Es kam zu Produktionseinbußen in der Grundstoffindustrie. Entgegen der gesamtösterreichischen Entwicklung erfolgte keine Ausweitung der Beschäftigungsstände und das Arbeitslosenniveau stieg erheblich an. Vor allem Frauen und Jugendliche waren von der Arbeitslosigkeit stark betroffen (LAA Jahresbericht 1980, 21–22; LAA Jahresbericht 1981, 19–20; LAA Jahresbericht 1982, 21–22; LAA Jahresbericht 1983, 31–32; LAA Jahresbericht 1984, 30–34; LAA Jahresbericht 1985, 31–33; LAA Jahresbericht 1986, 26).

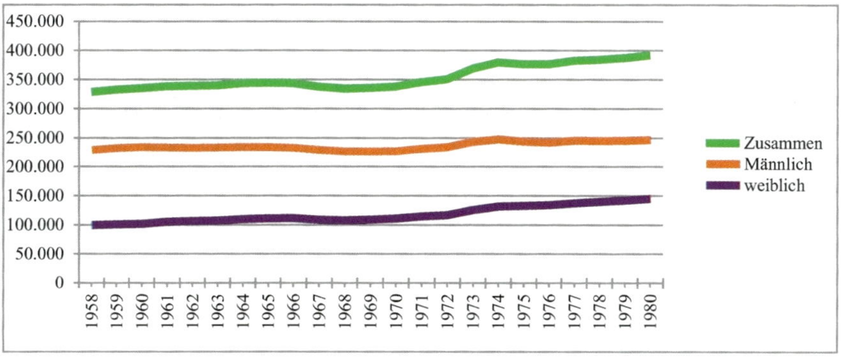

Abbildung 2: Unselbstständige Beschäftigte Steiermark 1958–1980.[465]

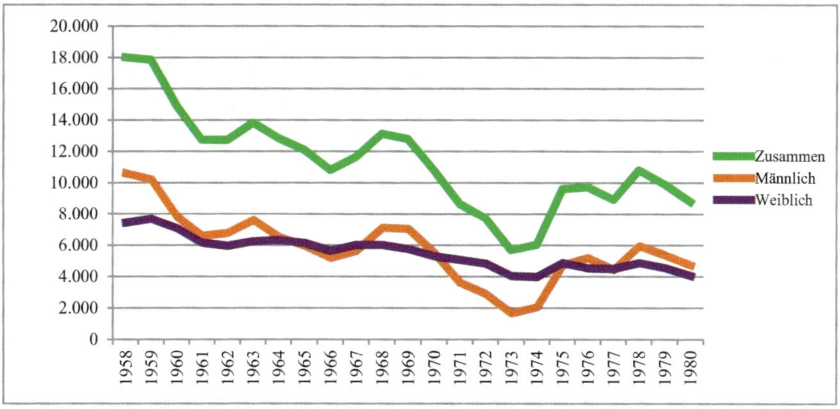

Abbildung 3: Vorgemerkte Arbeitssuchende Steiermark 1958–1980.[466]

465 Quelle: LAA Jahresberichte 1958–1980.
466 Quelle: LAA Jahresberichte 1958–1980.

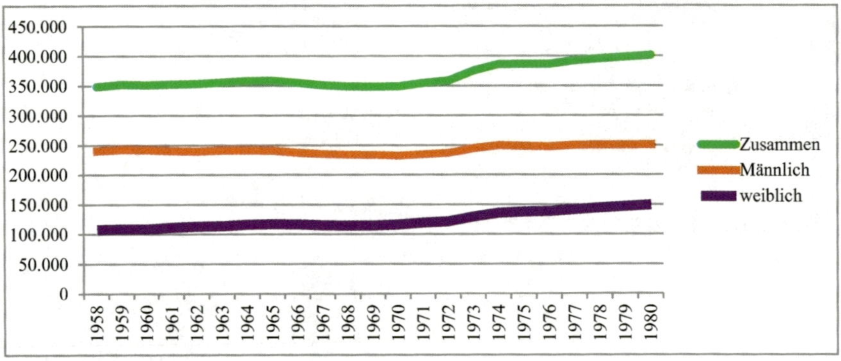

Abbildung 4: Arbeitskräftepotenzial Steiermark 1958–1980.[467]

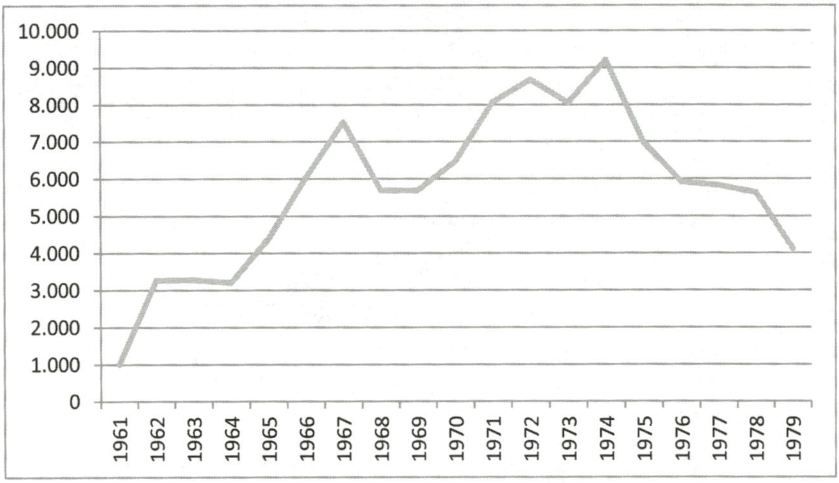

Abbildung 5: Kontingente für ArbeitsmigrantInnen in der Steiermark 1961–1979.[468]

467 Quelle: LAA Jahresberichte 1958–1980.
468 Quelle: LAA Jahresberichte 1961–1979, Ausländerbeschäftigung.

	1962	1963	1964	1965	1966	1967	1968	1969	1972	1973
Land- und forstwirtschaftl. Berufe	237	202	235	241	525	968	788	577	681	775
Produktionsberufe in Bergbau, Industrie und Gewerbe	1.478	2.024	3.592	5.146		9.020	7.026	9.235	17.985	23.681
Davon:										
Bauberufe	518	872	2.125	2.939		4.870	3.270	3.484	10.156	12.392
Handels- und Verkehrsberufe									346	465
Dienstleistungsberufe	418	506	555		958 (873 Frauen)	1.508 (1.334 Frauen)			1.838	2.210
Technische Berufe									247	326
Büroberufe									198	249
Gesundheits-, Lehr- und Kulturberufe									263	434
Technische und kaufmännische Angestellte		284	315	352					263	434

Tabelle 6: Kontingente für die Steiermark 1962 bis 1973 nach Berufsgruppen.[469]

469 Für die Jahre 1970 und 1971 enthalten die Jahresberichte keine Angaben zu den steirischen Kontingenten. Quelle: Jahresberichte LAA Steiermark 1961–1973, Ausländerbeschäftigung.

6. GastarbeiterInnen in der Steiermark

In diesem Kapitel wird der Fokus auf die Beschäftigung und Betreuung von GastarbeiterInnen in der Steiermark in den 1960er und 1970er Jahren gerichtet. Mithilfe statistischer Erhebungen wird die Beschäftigungssituation beschrieben und in Kontext zu den ökonomischen und politischen Entwicklungen gesetzt. Dabei wird den Fragen nachgegangen, in welchen Branchen und Berufsklassen, in welchem Umfang und in welchen Regionen ArbeitsmigrantInnen aus Jugoslawien und der Türkei in der Steiermark beschäftigt waren. Des Weiteren werden in diesem Kapitel die Betreuungseinrichtungen für ArbeitsmigrantInnen und die migrantischen Selbstorganisationen thematisiert. Es gilt dabei aufzuzeigen, welche Formen der Unterstützung es gab, welche Bedeutung kirchliche und sozialpartnerschaftliche Interessensvertretungen sowie migrantische Selbstorganisationen für die Unterstützung und Integration von ArbeitsmigrantInnen hatten.

6.1 Beschäftigungssituation

Mithilfe der Angaben aus den Jahresberichten des LAA Steiermark können die erteilten BG für ausländische Arbeitskräfte rekonstruiert werden.[470] Die folgende Tabelle gibt Auskunft über die im Rahmen der Jahres-, Saison- und Sonderkontingente sowie über die im Einzelgenehmigungsverfahren erteilten BG im Zeitraum von 1961 bis 1979.

470 Die Angaben beziehen sich auf die pro Jahr vergebenen BG und nicht auf die Personen, für die diese ausgestellt wurden. Deshalb ist davon auszugehen, dass die Gesamtzahl der BG etwas höher ist als die tatsächliche Zahl der in der Steiermark beschäftigten ArbeitsmigrantInnen, da man bei jedem Arbeitsplatzwechsel eine neue BG erhielt. Erst ab dem Jahr 1974 wurde versucht, diese Mehrfachzählungen statistisch zu bereinigen. Trotz dieser Unschärfe geben die erteilten BG Auskunft über die Tendenzen und Entwicklung der Beschäftigung von ausländischen Arbeitskräften in der Steiermark.

	BG erteilt	BG abgelehnt	Anmerkungen
1961	2.624	71	1.162 Verlängerungen & 782 erstmalige Arbeitsaufnahmen
1962	2.595	27	1.264 Verlängerungen; 1.031 erstmalige Arbeitsaufnahmen; 694 im Kontingent
1963	3.385	76	1.069 Verlängerungen (707 Männer/362Frauen); 1.748 erstmalige Arbeitsaufnahmen (730 Männer/301 Frauen); 1.968 im Kontingent
1964	5.027	298	1.643 Verlängerungen (1.248 Männer/395 Frauen); 2.596 erstmalige Arbeitsaufnahmen (2.159 Männer/437 Frauen); 2.963 im Kontingent
1965	6.879	151	1.285 Verlängerungen (785 Männer/500 Frauen); 4.590 im Kontingent
1966	10.957	205	7.270 erstmalige Arbeitsaufnahmen (6.367 Männer/903 Frauen); 7.939 im Kontingent
1967	12.601	175	3.005 Verlängerungen (2.082 Männer/923 Frauen); 9.596 erstmalige Arbeitsaufnahmen (7.875 Männer/1.721 Frauen); 8.815 im Kontingent
1968	10.547	264	3.532 Verlängerungen (2.273 Männer/1.259 Frauen); 7.843 im Kontingent
1969	12.775	205	10.828 im Kontingent
1970	15.034	181	13.544 im Kontingent
1971	18.436	204	7.341 im Kontingent
1972	21.721	179	8.130 im Kontingent
1973	28.139	225	7.888 im Kontingent; 8.456 im Kontingentüberziehungsverfahren
1974	26.688	406	5.517 im Kontingentüberziehungsverfahren
1975	15.810	289	–
1976	14.853	249	5.452 im Kontingentüberziehungsverfahren
1977	11.689	217	4.980 im Kontingentüberziehungsverfahren
1978	7.934	315	3.768 im Kontingentüberziehungsverfahren
1979	7.796	135	3.709 im Kontingentüberziehungsverfahren

Tabelle 7: BG für ausländische Arbeitskräfte 1961–1979.[471]

Die erteilten BG spiegeln die in dem vorherigen Kapitel beschriebenen Entwicklungen der steirischen Wirtschaft und des steirischen Arbeitsmarkts wider. Während der Strukturkrise (1962–1968), die vor allem die Grundstoffindustrie sowie verstaatlichte Industrie betraf, kam es zu einem ständigen Wechsel zwischen Mangel und Überschuss an Arbeitskräften. Aus diesem Grund erhöhte sich die Zahl der BG am Anfang der 1960er Jahre nur geringfügig. Mitte der 1960er Jahre verbesserte sich die Situation in vielen steirischen Wirtschaftsbranchen. So bestand ein vermehrter Bedarf an Arbeitskräften. Demnach stieg auch die Zahl der BG. Diese erhöhte sich von 6.879 im Jahr 1965 auf 12.601 im Jahr 1967. Nicht nur die positive Wirt-

471 Quelle: LAA Jahresberichte 1961–1979, Ausländerbeschäftigung.

schaftsentwicklung, sondern auch entstehende Migrationsnetzwerke und das Anwerbeabkommen mit Jugoslawien trugen zu diesem Anstieg bei.

1967 und 1968 war die Steiermark am stärksten von der Krise betroffen. So wurden im Jahr 1968 um knapp 2.000 BG weniger ausgestellt als 1967. Am Ende der 1960er erfasste der internationale Konjunkturaufschwung auch die Steiermark. Das führte zu einem erheblichen Arbeitskräftemangel in fast allen Wirtschaftsbranchen. Die Zahl der erteilten BG stieg während der Hochkonjunktur (1968–1974) erheblich an. 1969 wurden 12.775, 1971 bereits 18.436 und 1972 insgesamt 21.721 BG erteilt. Den Höhepunkt erreichte die Arbeitsmigration in die Steiermark 1973 mit 28.139 BG.[472]

Während der Hochkonjunktur nahm auch die Zahl der als TouristInnen eingereisten Arbeitskräfte massiv zu. Das folgende Diagramm stellt diese Entwicklung dar.

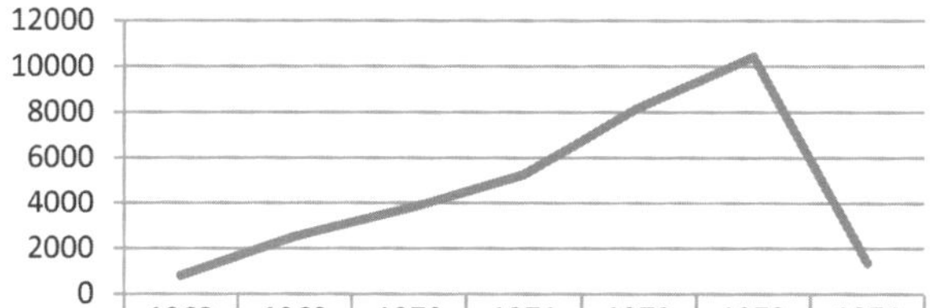

	1968	1969	1970	1971	1972	1973	1974
TouristInnen	796	2.505	3.771	5.260	8.187	10.416	1.346

Abbildung 6: »TouristInnenbeschäftigung« 1968–1974.[473]

1968 wurden für diesen Personenkreis 796 BG beim LAA Steiermark eingebracht. 1971 stieg die Zahl auf 5.260. Dies entspricht einem Anteil von 2/5 aller Erstanträge.[474] Der Höchststand wurde 1973 mit 10.416 BG erreicht. Aufgrund der Nähe zu Jugoslawien war diese Form der Einreise zur Arbeitsaufnahme weit verbreitet. Wegen der kurzen Distanzen nahmen ausländische Arbeitskräfte und ArbeitgeberInnen kaum die Anwerbestellen der BWK in Anspruch. Falls ArbeitsmigrantInnen über den offiziellen Weg einreisten, nutzte man die Vermittlung durch das LAA. Auf die guten Kontakte zwischen den slowenischen Arbeitsämtern und dem steirischen LAA wurde bereits im vorherigen Kapitel verwiesen. Diese Entwicklung trug zur Verselbstständigung der Arbeitsmigration während der Hochkonjunktur bei. Eine Kettenmigration setzte ein.

Die internationale Ölkrise und beginnende Rezession wirkten sich auch auf

472 LAA Jahresberichte 1961–1973, Ausländerbeschäftigung.

473 Quelle: LAA Jahresberichte 1968–1974, Ausländerbeschäftigung.

474 LAA Jahresbericht 1971, 6–7.

die Anzahl der erteilten BG für TouristInnen aus. Sie verringerte sich um 9.070 und betrug im Jahr 1974 nur mehr 1.346. Auch die Gesamtzahl der BG fiel ab 1974 rapide ab. Von 1974 auf 1975 sanken diese von 26.688 auf 15.810. Die Einführung des AuslBG führte zu einer weiteren Reduktion. Die Zahl der BG nahm von 14.853 im Jahr 1976 auf 11.689 im Jahr 1977 ab. 1979 wurden nur mehr 7.796 BG für ausländische Beschäftigte erteilt.[475]

BG wurden vorwiegend aus fremden- und sanitätspolizeilichen Gründen, bei Verstößen gegen die Beschäftigungsauflagen und bei Beantragung im Einzelgenehmigungsverfahren abgelehnt.[476] Gegen einen negativen Entscheid konnten ArbeitsmigrantInnen Berufung einlegen. Im Jahr 1967 wurden insgesamt 64 Berufungen beim LAA eingebracht, wovon 26 stattgegeben wurde.[477]

Von 1961 bis 1968 vermerkte das LAA Steiermark in den Jahresberichten außerdem, wie viele BG verlängert worden waren. Diese Angaben belegen, dass das Rotationsprinzip nicht der Realität entsprach. Vielfach wurden BG verlängert und ausländische Arbeitskräfte nicht durch neue ArbeitsmigrantInnen ersetzt. So waren 1967 rund ein Drittel der erteilten BG Verlängerungen. Bereits 1961 und 1962 betrug der Anteil über 40 %. Das bestätigt die Annahme, dass schon vor dem Beginn der staatlichen Anwerbung im Jahr 1961 und dem Abschluss der Anwerbeverträge zahlreiche ArbeitsmigrantInnen in der Steiermark beschäftigt waren. Ab dem Jahr 1973 geben die Jahresberichte auch Auskunft darüber, wie viele BG im Kontingentüberziehungsverfahren ausgestellt wurden. Dadurch wird ersichtlich, dass die Kontingente für ausländische Arbeitskräfte infolge der Ölkrise und Einführung des AuslBG zwar erheblich verringert wurden, diese Reduktion jedoch nicht immer dem eigentlichen Bedarf entsprach. In einigen Wirtschaftsbranchen bestand weiterhin ein Mangel an Arbeitskräften, der mit ArbeitsmigrantInnen gedeckt wurde. 1976 erteilte man 5.452 BG im Kontingentüberziehungsverfahren, 1979 waren es 3.709.[478]

Die Jahresberichte des LAA Steiermark enthalten von 1961 bis 1971 auch Angaben über das Geschlecht von ausländischen Arbeitskräften.[479]

	Männer in %	**Frauen in %**
1961	72,5	27,5
1962	69,6	30,4
1963	72,1	27,9
1964	79,5	20,6

475 LAA Jahresberichte 1968–1979, Ausländerbeschäftigung.

476 LAA Jahresbericht 1962, 16–19; LAA Jahresbericht 1964, 15–17; LAA Jahresbericht 1971, 6–7.

477 LAA Jahresbericht 1967, 33–35.

478 LAA Jahresberichte 1961–1979, Ausländerbeschäftigung.

479 Ab 1972 wurde nur mehr die Gesamtzahl der BG erfasst und nicht mehr nach Geschlechtern aufgeschlüsselt.

(Fortsetzung)

	Männer in %	Frauen in %
1965	80,5	19,5
1966	–	–
1967	79,0	21,0
1968	71,9	28,1
1969	74,8	25,2
1970	76,1	23,9
1971	78,0	22,0

Tabelle 8: BG nach Geschlecht 1961–1971.[480]

Im wissenschaftlichen und öffentlichen Diskurs dominierte die Annahme, dass fast ausschließlich Männer zur Arbeitsaufnahme migrierten. Auch in Bezug auf die Gastarbeit bestand in der öffentlichen und wissenschaftlichen Auseinandersetzung das Klischee des ›männlichen Gastarbeiters‹, der Frau und Kinder zu einem späteren Zeitpunkt ›nachholt‹.[481] Entgegen dieser Darstellung zeigen die Daten eine andere Realität. Mithilfe der erteilten BG kann nachgewiesen werden, dass der jährliche Anteil an Frauen unter den ausländischen Arbeitskräften zwischen 19,5 % und 30,4 % betrug. Damit kann das vorherrschende Bild des ›männlichen Gastarbeiters‹ eindeutig widerlegt werden.[482]

Ab dem Jahr 1964 erhob das LAA Steiermark auch die Herkunftsländer der BesitzerInnen von BG. Mithilfe dieser Angaben kann in der folgenden Tabelle dargestellt werden, aus welchen Ländern die meisten ArbeitsmigrantInnen in der Steiermark stammten.

	Jugoslawien	Deutschland	Türkei	Italien	Griechenland
1964	3.208	529	–	127	112
1965	5.213	505	–	121	107
1966	–	–	–	–	–
1967	11.133	555	–	111	102
1968	9.293	242	47	73	81
1969	11.280	483	82	102	81
1970	13.634	391	98	89	74
1971	–	–	–	–	–
1972	19.934	442	131	68	107
1973	25.800	523	210	261	79
1974	24.404	573	289	192	97
1975	14.172	507	138	88	64
1976	13.369	512	172	75	–

480 Quelle: LAA Jahresberichte 1961–1971, Ausländerbeschäftigung.
481 Siehe Kapitel 1.4.
482 LAA Jahresberichte 1961–1971, Ausländerbeschäftigung.

(Fortsetzung)

	Jugoslawien	Deutschland	Türkei	Italien	Griechenland
1977	10.177	510	124	54	–
1978	6.832	366	115	41	–
1979	6.586	314	142	35	–

Tabelle 9: BesitzerInnen von BG nach Herkunftsland 1964–1979.[483]

Demnach erhielten ArbeitsmigrantInnen aus Jugoslawien die meisten BG. Ein Umstand, der auf die geänderte jugoslawische Migrationspolitik Anfang der 1960er Jahre zurückgeführt werden kann.[484] Die Möglichkeit zur Arbeitsaufnahme im Ausland führte zu einem kontinuierlichen Anstieg der Zahl der beschäftigten JugoslawInnen in der Steiermark. Im Jahr 1964 betrug ihr Anteil an den ausgestellten BG 39,7 %, 1965 bereits 75,8 %. Infolge des Anwerbeabkommens, das 1966 geschlossen wurde, stieg ihr Anteil erneut an. 1967 wurden 88,4 % der BG an jugoslawische StaatsbürgerInnen ausgestellt. Zwischen 1970 und 1976 betrug der Anteil sogar über 90 %. Dieser fiel von 1977 bis 1979 geringfügig und machte im Jahr 1979 weiterhin über 80 % aus.[485]

Am zweithäufigsten wurden BG an BürgerInnen der Bundesrepublik Deutschland (BRD) erteilt. Ihr Anteil betrug in den 1970er Jahren allerdings nur zwischen 2 und 5 %. Dabei handelte es sich vorwiegend um Facharbeitskräfte sowie technische und kaufmännische Angestellte.[486] Marginal war der Anteil an ItalienerInnen und GriechInnen unter den BesitzerInnen von BG. Die meisten griechischen Arbeitskräfte waren laut LAA Steiermark StudentInnen, die für »turnusmäßige Aushilfsarbeiten«[487] eingesetzt wurden. Bis 1970 waren erstgenannte auf dem dritten und letztgenannte auf dem vierten Platz. Dies änderte sich 1970. Ab diesem Zeitpunkt nahmen TürkInnen die dritte Stelle ein. Jedoch war ihr Anteil im Vergleich zu dem der jugoslawischen Arbeitskräfte äußerst gering. Dieser stieg von 0,6 % im Jahr 1972 auf 2,2 % im Jahr 1979. Erst 1990 wurden mehr als 1.000 BG an türkische Arbeitskräfte ausgestellt. Dieser Anstieg kann vorwiegend auf die politische und wirtschaftliche Situation in der Türkei zurückgeführt werden.[488] 1990 betrug ihr Anteil an der Gesamtzahl der BG 6,7 % und stieg 1991 auf 7,7 %.[489]

Das LAA Steiermark erteilte nicht nur BG, sondern stellte auch BS aus. Diese

483 Quelle: LAA Jahresberichte 1964–1979, Ausländerbeschäftigung.
484 Siehe Kapitel 3.2.
485 LAA Jahresberichte 1961–1979, Ausländerbeschäftigung.
486 LAA Jahresbericht 1964, 15–17.
487 LAA Jahresbericht 1967, 34.
488 Infolge des Militärputsches von 1980 griff das türkische Militär verstärkt in die Zivilpolitik des Landes ein. Diese Entwicklung führte in den Folgejahren zu einer verstärkten Fluchtbewegung, wobei viele politische Flüchtlinge in den Zielländern den Status ›GastarbeiterInnen‹ erhielten (www.bpb.de/gesellschaft/migration/laenderprofile/57918/entwicklung).
489 LAA Jahresberichte 1990–1991, Ausländerbeschäftigung.

ermöglichten ArbeitsmigrantInnen einen uneingeschränkten Zugang zum österreichischen Arbeitsmarkt. Die folgende Tabelle gibt Auskunft über die ausgestellten BS von 1961 bis 1979.

	BS	davon an BRD BürgerInnen
1961	297	296
1962	323	280
1963	469	350
1964	393	313
1965	442	322
1966	–	–
1967	476	394
1968	527	382
1969	–	–
1970	537	382
1971	511	–
1972	484	–
1973	494	–
1974	524	342
1975	760	406
1976	1.115	348
1977	854	364
1978	1.322	403
1979	1.067	376

Tabelle 10: BesitzerInnen von BS 1961–1979.[490]

In den 1960er Jahren erhielten BürgerInnen der BRD die meisten BS. 1961 waren es 99,7 % der ausgestellten BS. Von 1962 bis 1970 betrug der Anteil zwischen 86,7 % und 71,1 %, fiel aber kontinuierlich ab. 1979 lag dieser nur mehr bei 35,3 %. Der Grund für diese Änderung lag darin, dass ausländische Arbeitskräfte erst nach fünf Jahren durchgehender Beschäftigung in Österreich Anspruch auf einen BS hatten.[491] ArbeitsmigrantInnen, die gegen Ende der 1960er Jahre erstmals eine Tätigkeit in der Steiermark aufnahmen, erfüllten somit erst im Laufe der 1970er Jahre diese Voraussetzung. Darauf kann der Rückgang der BS für Arbeitskräfte aus der BRD von 65,3 % im Jahr 1974 auf 53,4 % im Jahr 1975 und 31,2 % im Jahr 1976 zurückgeführt werden. Gleichzeitig erhöhte sich der Anteil an jugoslawischen StaatsbürgerInnen, die im Besitz eines BS waren.

Bis zum Jahr 1971 basieren die meisten Angaben über die Beschäftigung von ArbeitsmigrantInnen auf Schätzungen. Es gab keine einheitliche Erfassung und

490 Quelle: LAA Jahresberichte 1961–1979, Ausländerbeschäftigung.

491 Nach der Einführung des AuslBG konnten ArbeitsmigrantInnen erst nach achtjähriger Beschäftigung in Österreich einen BS beantragen.

aufgrund unterschiedlicher Erhebungsparameter können die vorhandenen Daten nur bedingt miteinander verglichen werden. Das Wirtschafts- und sozialstatistische Handbuch enthält eine Angabe über die Zahl der unselbstständig beschäftigten jugoslawischen und türkischen Arbeitskräfte in Österreich und der Steiermark (siehe Tabelle 11).

Am Anfang der 1970er Jahre stieg die Zahl der ausländischen Arbeitskräfte stark an. 1973 wurde der Höhepunkt mit insgesamt 226.384 Personen erreicht. In diesem Jahr war auch in der Steiermark die Zahl der ArbeitsmigrantInnen mit 15.744 am höchsten. In Österreich wie auch in der Steiermark verringerte sich dann ihre Beschäftigung von 1973 bis 1979 stetig.[492] Die meisten ArbeitsmigrantInnen in Österreich und in der Steiermark stammten, wie in Tabelle 11 ersichtlich ist, aus Jugoslawien. Der Anteil jugoslawischer Arbeitskräfte lag 1973 bei 78,5 % (177.806) bzw. 92,2 % (14.520). 1974 erreichte die Zahl türkischer ArbeiterInnen mit einem Anteil von 13,5 % (29.461) im gesamten Bundesgebiet sowie auch in der Steiermark mit 1,1 % (160) ihren Höchststand. Im Laufe der 1970er Jahre umfasste ihr Beschäftigungsstand in Österreich konstant zwischen 21.000 und 30.000 Personen.[493]

	1971	1972	1973	1974	1975	1976	1977	1978	1979
Österreich	**165.214**	**186.465**	**226.384**	**218.340**	**185.179**	**173.902**	**188.863**	**176.709**	**170.592**
darunter									
JugoslawInnen	–	144.801	177.806	166.335	136.889	122.108	131.720	121.050	114.690
TürkInnen	–	21.288	26.643	29.461	26.201	24.936	27.077	26.209	26.638
ArbeiterInnen	156.486	175.861	214.884	206.442	172.339	162.385	178.194	166.110	160.195
Angestellte	8.721	10.604	11.500	11.898	12.840	11.517	10.669	10.599	10.397
Steiermark	**11.637**	**11.430**	**15.744**	**14.714**	**11.041**	**9.933**	**10.412**	**8.481**	**7.812**
darunter									
JugoslawInnen	–	10.355	14.520	13.403	9.887	7.892	8.368	6.486	5.886
TürkInnen	–	85	128	160	123	110	127	119	120
ArbeiterInnen	11.006	10.714	15.000	13.878	10.206	9.051	9.589	7.685	7.071
Angestellte	631	716	744	836	835	882	823	796	741

Tabelle 11: Beschäftigung von ausländischen Arbeitskräften in Österreich und der Steiermark 1971–1979.[494]

492 Die Grundlage der Berechnungen bilden die Daten des BMfSV. Der Anstieg der ArbeitsmigrantInnen von 1976 auf 1977 um 14.961 im gesamten Bundesgebiet und um 479 Personen in der Steiermark kann darauf zurückgeführt werden, dass ab 1977 der Zwölfmonatsdurchschnitt angegeben wurde. Von 1971 bis 1976 beziehen sich die Angaben nur auf bestimmte Monate. Welche konkret für diese Erhebung herangezogen wurden, geht aus den Angaben des Wirtschafts- und sozialstatistischen Handbuchs nicht hervor.

493 LAA Jahresberichte 1961–1979, Ausländerbeschäftigung.

494 Quelle: AK Wien (1982, 148–149).

Die Tabelle 12 gibt Auskunft über die Verteilung türkischer und jugoslawischer ArbeitsmigrantInnen im Jahr 1973 nach Bundesländern.

	Ö	W	NÖ	OÖ	Vbg.	Sbg.	T	Stmk.	Ktn.	Bgld.
1973	226.384	88.983	26.383	25.712	24.761	19.173	16.480	**15.744**	7.874	1.274
darunter										
JugoslawInnen	177.806	71.304	20.212	21.953	14.575	16.141	11.197	**14.520**	6.941	963
TürkInnen	26.643	6.984	4.506	2.291	8.060	1.375	3.142	**128**	93	64

Tabelle 12: Beschäftigung von ausländischen Arbeitskräften nach Bundesland 1973.[495]

Demnach waren die meisten ArbeitsmigrantInnen in Wien, Nieder- und Oberösterreich, Vorarlberg und Salzburg beschäftigt. Die Steiermark nahm den drittletzten Platz ein. Weniger ArbeitsmigrantInnen waren nur in Kärnten und im Burgenland beschäftigt. In allen Bundesländern dominierte die Beschäftigung von Arbeitskräften aus Jugoslawien. Türkische ArbeitsmigrantInnen waren am stärksten in Vorarlberg (32,6 %), in Tirol (19,1 %) und in Niederösterreich (17,1 %) vertreten. In Salzburg, Wien und Oberösterreich betrug ihr Anteil zwischen 7,2 % und 8,9 %, im Burgenland 5 %. Am geringsten war ihre Beschäftigung in Kärnten (1,2 %) und in der Steiermark (0,8 %) (AK Wien 1982, 148–149).

Detaillierte Angaben über ausländische Arbeitskräfte in der Steiermark liefern die Volkszählungsdaten von 1971. Demnach arbeiteten 7.333 Personen aus jenen drei Ländern, mit denen ein Anwerbeabkommen bestand, in der Steiermark. 7.260 stammten aus Jugoslawien (5.523 Männer/1.737 Frauen), 68 aus der Türkei (63 Männer/5 Frauen) und fünf aus Spanien (ausschließlich Männer).[496] Die folgende Tabelle gibt Auskunft über die Stellung im Beruf, die Wirtschaftsabteilung und die Berufsabteilung von jugoslawischen und türkischen Arbeitskräften in der Steiermark.

495 Quelle: AK Wien (1982, 148–149).

496 Statistik Austria, Volkszählungsdaten 1971, Erwerbspersonen in der Steiermark nach NUTS-III-Regionen, Geschlecht, Staatsangehörigkeit, Berufs- und Wirtschaftsabteilung.

	Jugoslawien			Türkei		
1971	Männer	Frauen	gesamt	Männer	Frauen	gesamt
Steiermark	**5.523**	**1.737**	**7.260**	**63**	**5**	**68**
Stellung im Beruf						
selbstständig, mithelfend im Familienbetrieb	42	17	59	1	1	2
Angestellte, Beamte	126	215	341	7	0	7
Lehrling im Angestelltenberuf	5	36	41	0	0	0
Arbeiter	5.149	1.442	6.591	54	4	58
Lehrling im ArbeiterInnenberuf	201	27	228	1	0	1
Wirtschaftsabteilung						
Land- und Forstwirtschaft	222	86	308	1	0	1
Energie- und Wassererzeugung	15	0	15	0	0	0
Bergbau, Steine- und Erdengewinnung	30	1	31	0	0	0
Verarbeitendes Gewerbe, Industrie	2.207	725	2.932	42	5	47
Bauwesen	2.510	40	2.550	12	0	12
Handel, Lagerung	159	117	276	4	0	4
Beherbergungs- und Gaststättenwesen	35	411	446	0	0	0
Verkehr, Nachrichtenübermittlung	122	7	129	0	0	0
Geld- und Kreditwesen, Privatversicherungen, Wirtschaftsdienste	9	7	16	2	0	2
Persönliche, soziale und öffentliche Dienste, Haushaltung	88	313	401	2	0	2
unbekannt	126	30	156	0	0	0
Berufsabteilung						
Technische und medizinische Fachkräfte, Lehr- und Führungskräfte	57	96	153	6	0	6
Büroberufe	14	17	31	1	0	1
Handelsberufe	19	73	92	1	0	1
Dienstleistungsberufe, Bundesheer	119	735	854	0	0	0
Verkehrs-, Transport-, MaschinistInnenberufe	373	92	465	4	1	5
Land- und forstwirtschaftliche Berufe	236	84	320	1	0	1
GrundstoffherstellerInnen	888	164	1.052	18	3	21

(Fortsetzung)

1971	Jugoslawien			Türkei		
	Männer	Frauen	gesamt	Männer	Frauen	gesamt
Bauberufe, Baunebenberufe	2.589	35	2.624	17	0	17
Fertigungsberufe	935	344	1.279	15	1	16
Hilfskräfte, Berufstätige ohne nähere Beschreibung	293	97	390	0	0	0

Tabelle 13: Jugoslawische und türkische Erwerbstätige in der Steiermark 1971.[497]

Laut den Volkszählungsdaten von 1971 war der Großteil der ArbeitsmigrantInnen (90,7 %) als ArbeiterInnen beschäftigt. Nur ein geringer Prozentsatz (4,7 %) stand in einem Angestelltenverhältnis. Dabei handelte es sich vor allem um Frauen aus Jugoslawien, die im Gesundheitsbereich tätig waren. Bei Männern aus Jugoslawien dominierte die Beschäftigung im Bauwesen, verarbeitenden Gewerbe und der Industrie. Einige wenige waren auch in der Land- und Forstwirtschaft und im Handel und der Lagerung beschäftigt. Frauen aus Jugoslawien waren am häufigsten in den Wirtschaftssparten verarbeitendes Gewerbe und Industrie, Beherbergungs- und Gaststättenwesen, persönliche, soziale und öffentliche Dienste sowie Haushaltung vertreten. Einige Frauen arbeiteten im Handel und der Lagerung sowie in der Land- und Forstwirtschaft. Das heißt, Männer aus Jugoslawien waren vor allem in Bau- und Baunebenberufen, Fertigungsberufen und als Grundstoffhersteller tätig. Jugoslawische Frauen waren hauptsächlich im Dienstleistungsbereich, in Fertigungsberufen und in der Grundstoffherstellung anzutreffen. Männer aus der Türkei waren vorwiegend in den Wirtschaftsabteilungen verarbeitendes Gewerbe und Industrie sowie Bauwesen tätig. Dabei überwogen die Grundstoffherstellung, Bau- und Baunebenberufe sowie Fertigungsberufe. Türkische Frauen waren ausschließlich im verarbeitenden Gewerbe und der Industrie, dort vor allem in der Grundstoffherstellung, beschäftigt.[498] Es kann festgestellt werden, dass jene Berufe, die von ArbeitsmigrantInnen ausgeführt wurden, einer in Österreich zu dieser Zeit vorherrschenden traditionellen Zuschreibung von weiblichen und männlichen Betätigungsfeldern entsprach.

Die regionale Beschäftigung in der Steiermark kann anhand folgender Tabelle abgelesen werden.

497 Quelle: Statistik Austria, Volkszählungsdaten 1971, Erwerbspersonen in der Steiermark nach NUTS-III-Regionen, Geschlecht, Staatsangehörigkeit, Berufs- und Wirtschaftsabteilung.

498 Statistik Austria, Volkszählungsdaten 1971, Erwerbspersonen in der Steiermark nach NUTS-III-Regionen, Geschlecht, Staatsangehörigkeit, Berufs- und Wirtschaftsabteilung.

	Jugoslawien			Türkei		
	Männer	**Frauen**	**gesamt**	**Männer**	**Frauen**	**gesamt**
Graz	**2.197**	**1.167**	**3.364**	**18**	**5**	**23**
Angestellte/Beamte	104	168	272	6	0	6
ArbeiterInnen	1.977	948	2.925	10	4	14
Liezen	**627**	**93**	**720**	**8**	**0**	**8**
Angestellte/Beamte	2	5	7	0	0	0
ArbeiterInnen	619	87	706	8	0	8
Östliche Obersteiermark	**2.018**	**198**	**2.216**	**36**	**0**	**36**
Angestellte/Beamte	8	13	21	1	0	1
ArbeiterInnen	1.962	184	2.146	35	0	35
Oststeiermark	**189**	**135**	**324**	**0**	**0**	**0**
Angestellte/Beamte	4	16	20	0	0	0
ArbeiterInnen	163	105	268	0	0	0
West- und Südsteiermark	**250**	**115**	**365**	**1**	**0**	**1**
Angestellte/Beamte	4	5	9	0	0	0
ArbeiterInnen	208	98	306	1	0	1
Westliche Obersteiermark	**242**	**29**	**271**	**0**	**0**	**0**
Angestellte/Beamte	4	8	12	0	0	0
ArbeiterInnen	220	20	240	0	0	0

Tabelle 14: Jugoslawische und türkische Erwerbstätige nach Regionen 1971.[499]

Die meisten jugoslawischen ArbeitsmigrantInnen arbeiteten in Graz (46,3 %) und der östlichen Obersteiermark (30,5 %), Regionen, in denen die oben genannten Wirtschaftsbranchen dominierten. Zu einem geringeren Anteil waren auch jugoslawische Männer in Liezen beschäftigt. Frauen waren am häufigsten im Raum Graz anzutreffen, da hier ein großes Angebot an Arbeitsplätzen im Bereich der persönlichen, privaten Dienstleistungen und in der Haushaltung bestand. Aber auch die Obersteiermark bot im Bereich des Tourismus zahlreiche Beschäftigungsmöglichkeiten für Frauen aus Jugoslawien. Eine geringe Anzahl war auch in der Süd-, West- und Oststeiermark tätig.

Die Mehrzahl der türkischen Männer arbeitete in den Industriebetrieben der östlichen Obersteiermark (52,9 %). Auch in Graz fanden viele im Bauwesen eine Anstellung (26,5 %). Frauen aus der Türkei waren ausschließlich in der steiermärkischen Landeshauptstadt beschäftigt. Die meisten von ihnen waren im Reinigungsbereich tätig.[500]

Daraus ergibt sich, dass die regionale Beschäftigung von ArbeitsmigrantIn-

499 Quelle: Statistik Austria, Volkszählungsdaten 1971, Erwerbspersonen in der Steiermark nach NUTS-III-Regionen, Geschlecht, Staatsangehörigkeit, Berufs- und Wirtschaftsabteilung.

500 Statistik Austria, Volkszählungsdaten 1971, Erwerbspersonen in der Steiermark nach NUTS-III-Regionen, Geschlecht, Staatsangehörigkeit, Berufs- und Wirtschaftsabteilung.

nen mit ihren Tätigkeiten in den einzelnen Wirtschaftszweigen korrelierte. Jene Bezirke, in denen das verarbeitende Gewerbe und die Industrie sowie das Bauwesen und der Tourismus besonders stark ausgeprägt waren, wiesen einen höheren Anteil an ausländischen Arbeitskräften auf. Die steirischen Bezirke Graz, Graz-Umgebung, Liezen, Leoben, Bruck an der Mur und Bad Radkersburg[501] hatten im Jahr 1973 einen Anteil von über 5 % an unselbstständigen ausländischen Arbeitskräften. In den Bezirken Judenburg und Knittelfeld betrug der Anteil zwischen 2,5 % und 5 %, in den restlichen Bezirken lag dieser unter 2,5 % (Lorber 2012, 149–150).

Mithilfe der Volkszählungsdaten von 1971 können weitere Angaben über die jugoslawische und türkische Wohnbevölkerung in der Steiermark gemacht werden. 1971 wohnten insgesamt 8.359 JugoslawInnen (5.980 Männer/2.379 Frauen) und 140 TürkInnen (114 Männer/26 Frauen) in diesem Bundesland. Darunter waren 884 Familien aus Jugoslawien und 19 aus der Türkei. Die meisten jugoslawischen Familien hatten keine (409), ein (252) oder zwei (128) Kinder. Der Großteil war verheiratet. 72 Frauen gaben an, als alleinerziehende Mütter mit einem Kind (56) oder mehr dort zu leben. 14 alleinerziehende Väter lebten mit einem (8) oder mehr Kindern in der Steiermark. Die meisten Alleinerziehenden gab es in Graz, da die Landeshauptstadt mehr Möglichkeiten der Kinderbetreuung und soziale Netzwerke bot. Der Großteil (70,2 %) war römisch-katholisch. Zudem wählten viele die Kategorie »andere«[502] bzw. machten keine Angaben zu ihrem Religionsbekenntnis.[503]

62,7 % der jugoslawischen ArbeitsmigrantInnen hatten ausschließlich eine andere Sprache als Deutsch als Umgangssprache. 24,3 % gaben diesbezüglich an, Deutsch und andere Sprachen zu verwenden. Anhand der Altersstruktur der ausländischen Wohnbevölkerung in der Steiermark kann laut den Volkszählungsdaten von 1971 der Schluss gezogen werden, dass die meisten männlichen jugoslawischen Arbeitskräfte zwischen 20 und 49 Jahre alt, jugoslawische Frauen zwischen 15 und 44 Jahre alt waren. Türkische Männer und Frauen waren zwischen 20 und 44 Jahre alt. 56,4 % der türkischen Wohnbevölkerung gaben in Bezug auf die Umgangssprache an, ausschließlich eine andere Sprache als Deutsch zu sprechen. 19,3 % gaben an, Deutsch und eine andere Sprache zu verwenden. 17,1 % sprachen ausschließlich Deutsch. 73,6 % waren MuslimIn-

501 Der hohe Anteil an ausländischen Beschäftigten kann in Bad Radkersburg vor allem auf den vermehrten Einsatz von GrenzgängerInnen in der Landwirtschaft zurückgeführt werden.

502 Dies kann vermutlich darauf zurückgeführt werden, dass nur »römisch-katholisch«, »evangelisch«, »islamisch«, »andere«, »ohne Bekenntnis« oder »keine Angaben« zur Auswahl standen. So dürften viele serbisch-orthodoxe GastarbeiterInnen »andere« ausgewählt bzw. keine Angaben gemacht haben.

503 Die Angaben zum Religionsbekenntnis bei JugoslawInnen und TürkInnen basieren auf Schätzungen.

nen. Von den 19 in der Steiermark lebenden türkischen Familien hatten die meisten zwei (9) bzw. ein (4) und drei (3) Kinder. Die Mehrzahl war verheiratet und lebte als Ehepaar zusammen. Zwei türkische Alleinerzieherinnen wohnten mit einem Kind in Graz. 55,5 % der 15- und mehrjährigen türkischen Wohnbevölkerung in der Steiermark hatten einen Pflichtschulabschluss, 32,8 % verfügten über eine Reifeprüfung. Im Gegensatz dazu hatten 85,5 % der über 15-jährigen jugoslawischen Wohnbevölkerung einen Pflichtschulabschluss und nur 14,3 % eine mittlere Ausbildungsstufe. Die meisten jugoslawischen Männer lebten in Privathaushalten mit einer (3.709), fünf und mehr (664) oder zwei Personen (504). Frauen aus Jugoslawien lebten am häufigsten in Privathaushalten mit fünf und mehr (664), zwei (454) und einer Person (440). Türkische Männer lebten vorwiegend in Haushalten mit einer (57), drei (15), fünf und mehr Personen (15). Türkinnen gaben an, in Privathaushalten mit drei (10), fünf und mehr (9) und vier (5) Personen zu wohnen.[504]

6.2 Betreuungseinrichtungen für ArbeitsmigrantInnen

Bisher wurden die ökonomische und arbeitsmarktpolitische Situation sowie die Beschäftigung von ArbeitsmigrantInnen in der Steiermark dargestellt. Im Mittelpunkt des folgenden Unterkapitels stehen nun die verschiedenen Formen der Betreuung und Unterstützung von ausländischen Arbeitskräften. Dabei werden der Gastarbeiterbetreuungsverein, der Diözesane Gastarbeiter-Arbeitskreis, die Überdiözesane Arbeitsgemeinschaft für Gastarbeiterfragen (ÜDAG) und das Vereinswesen jugoslawischer ArbeitsmigrantInnen im Allgemeinen in Österreich und der Steiermark näher betrachtet.

504 Statistik Austria, Volkszählungsdaten 1971, Bevölkerung in der Steiermark nach NUTS-III-Regionen, Alter, Religionsbekenntnis, Umgangssprache, Haushaltsgröße/-typ, Stellung in Kernfamilie, Bildungsstufe (15- und mehrjährige Bevölkerung), Geschlecht und Staatsangehörigkeit. Bei der Volkszählung 1971 wurden AusländerInnen in Gemeinschaftsunterkünften als Einpersonenhaushalte gewertet. Heute stammen die meisten MigrantInnen in der Steiermark aus Deutschland, Rumänien, Kroatien, Bosnien und Herzegowina, der Türkei und Ungarn. Sie machen rund 60 % der ausländischen Wohnbevölkerung aus. Am 1.1.2015 lebten 149.787 Personen mit ausländischer Herkunft in der Steiermark. Das entspricht einem Anteil von 12,3 % an der steirischen Bevölkerung. Von den 1.221.570 EinwohnerInnen der Steiermark kamen 11,4 % im Ausland zur Welt. Circa 60 % aller Personen mit ausländischer Herkunft wurden im Ausland geboren und sind noch ausländische StaatsbürgerInnen. 56,5 % der in Slowenien, 41,8 % der im Kosovo, 38,4 % der in Serbien, 33 % der in Kroatien, 31,5 % der in Bosnien und Herzegowina Geborenen besitzen die österreichische StaatsbürgerInnenschaft. Das kann darauf zurückgeführt werden, dass viele ehemalige GastarbeiterInnen dauerhaft in der Steiermark blieben (http://www.statistik.steiermark.at/cms/dokumente/10003178_109801486/1c4f971f/Publikation%206-2015-Internet.pdf).

6.2.1 Gastarbeiterbetreuungsverein

Der Gastarbeiterbetreuungsverein wurde am 18.10.1973 gegründet. Träger des Vereins waren die HK Steiermark und die Diözese Graz-Seckau.[505] Das Vereinsziel war, »Gastarbeiter in allen Lebenslagen zu betreuen, zu beraten und ihnen bestmögliche Hilfestellung zu gewähren«[506]. Als Anlaufstelle für ArbeitsmigrantInnen errichtete man Anfang 1974 ein Büro in der Laimburggasse in Graz. Aufgrund zu hoher Mietkosten siedelte das Vereinsbüro Ende 1976 in die Räumlichkeiten der Caritas der Diözese Graz-Seckau in die Raimundgasse. Dort wurde ein Raum im Parterre bezogen. Das Büro stand Hilfesuchenden am Montag und Freitag von 7.30 bis 16.30 Uhr, von Dienstag bis Donnerstag von 12.30 bis 16.30 Uhr offen. Für ArbeitsmigrantInnen war die Beratung kostenlos.[507] Um auf die Existenz des Vereins aufmerksam zu machen, wurden an 600 steirische Firmen Plakate mit Vereinsinformationen versandt. Auch am Grazer Hauptbahnhof und bei diversen Grazer Behörden wurden diese verteilt. Außerdem informierte man die Medien über die Aufgaben und Ziele des Vereins.[508]

Die Kleine Zeitung berichtete 1974 über ihn:

> In aller Stille, aber um so wirksamer arbeitet der Gastarbeiterbetreuungsverein in der Laimburggasse 15 in Graz. Vor genau einem Jahr wurde er mit Hilfe der Handelskammer für Steiermark und der Diözese Graz-Seckau ins Leben gerufen. ›Guter Geist‹ und im wahrsten Sinne ›Mädchen für alles‹ ist Geschäftsführer Eugen Krizmanic: ›Zu uns kann jeder kommen, der Hilfe und Information braucht.‹ Das muß sich jedenfalls herumgesprochen haben, denn am Anfang waren es fünf bis zehn Besucher pro Tag, jetzt kommen oft bis zu sechzig! Sowohl für Jugoslawien als auch für Türken werden Informationen aller Art gegeben, die das Berufsleben betreffen. Aber auch über private Probleme wird gesprochen.[509]

---

505 Obmann des Vereins war DDr. Holzer (stellvertretender Kammeramtsdirektor), erster Obmann-Stellvertreter Leopold Städtler (Prälat bzw. späterer Generalvikar).

506 Diözesanarchiv, Pastoralamt – Gastarbeiterseelsorge Caritas, Ordner 135, Vereinsinformation 15.10.1980.

507 Ein türkischer Student half bei der Beratung türkischer GastarbeiterInnen. Der Verein informierte auch die türkische Botschaft über seine Tätigkeiten und bat um die Zusendung von Informationsmaterial für türkische ArbeitsmigrantInnen. Vernetzungsarbeit und Austausch von Informationen bildeten in der Anfangszeit eine wichtige Aufgabe (Diözesanarchiv, Pastoralamt – Gastarbeiterseelsorge Caritas, Ordner 135, Protokoll Vorstandssitzung 12.1.1977; Protokoll Vorstandssitzung 20.10.1976; Ordner 132, Schreiben Verein an türkische Botschaft 14.1.1974; Schreiben an türkische Botschaft. 14.1.1974; Schreiben an das BMfSV 1.2.1974).

508 Diözesanarchiv, Pastoralamt, Ordner 135, Protokoll Vorstandssitzung 12.6.1974; Ordinariatskanzlei neu, 15 Gastarbeiterseelsorge 1974–1976, Bericht über Betreuungsstelle im ersten Halbjahr 1974.

509 KZ, 19.12.1974, 20.

Laut Vereinsunterlagen suchten die meisten ArbeitsmigrantInnen Unterstützung bei Arbeits- und Wohnungsvermittlung, Ansuchen um Familienbeihilfe, Unklarheiten zwischen ArbeitgeberInnen und -nehmerInnen, Sprachschwierigkeiten, arbeitsrechtlichen Angelegenheiten, Behördengängen und Arztbesuchen. Aber auch Rat bei diversen persönlichen Anliegen[510] wie Scheidungen oder Beziehungsproblemen. Oft wandten sich auch Betriebe bei Sprach- und Übersetzungsproblemen an den Verein. Zudem betreute man Arbeitskräfte, die als TouristInnen eingereist waren, und unterstütze sie bei der Wohnungs- sowie Arbeitssuche.[511] Um ArbeitsmigrantInnen auch in finanziellen Belangen zu beraten, kooperierte der Verein mit der Steiermärkischen Sparkasse. 1974 war jeden Donnerstag von 17 bis 19 Uhr ein Vertreter der Bank in den Räumlichkeiten des Vereins anwesend und gab Auskunft über Lohn- und Gehaltskonten, Sparmöglichkeiten und Devisentransfer.[512]

Mirko Baric, der 1979 die Geschäftsführung des Vereins übernahm,[513] bestätigt, dass die meisten ArbeitsmigrantInnen mit Wohnungs-, PartnerInnenschafts-, Arbeitsplatzproblemen und mit sprachlichen sowie rechtlichen Fragen zu ihm kamen (Lorber 2014, 145–146). Die Leute hatten vielfach das Bedürfnis, sich auszusprechen. Er sieht in den fehlenden Informationen für ArbeitsmigrantInnen in den 1970er und 1980er Jahren das Hauptproblem (Lorber 2014, 145–146). Viele ArbeitsmigrantInnen wussten nicht, dass ihnen beispielsweise Kinderbeihilfe zustand[514], sie einen Jahresausgleich beim Finanzamt einreichen

510 Eine Arbeitsmigrantin aus Jugoslawien wandte sich mit folgendem Problem an den Verein: Sie hatte ihrer Meinung nach die Zeitschriften »Micky Maus« und »Hör zu« ordnungsgemäß abbestellt, erhielt aber dennoch ein Schreiben eines Inkassobüros. Der Verein versuchte, dieses Problem zu lösen (Diözesanarchiv, Pastoralamt, Ordner 132, Schreiben Inkassobüro 16.8.1978).

511 In vielen Fällen konnte eine entsprechende Beschäftigung vermittelt werden (Diözesanarchiv, Pastoralamt, Ordner 135, Protokoll Vorstandssitzung 12.6.1974; Ordinariatskanzlei neu, 1974–1976, Bericht über Betreuungsstelle im ersten Halbjahr 1974).

512 Wie lange die Beratungstätigkeit bestand, geht aus den Unterlagen nicht hervor (Diözesanarchiv, Pastoralamt, Ordner 132, Schreiben Steiermärkische Sparkasse an Verein 8.2.1974; Ordner 135, Protokoll Vorstandssitzung 8.2.1974).

513 Herr Krismanic war von 1973 bis 1979 Geschäftsführer. Seine Nachfolge übernahm im Jahr 1979 Mirko Baric, der bis zum Vereinsende 1987 dieses Amt ausübte.

514 Wie auch folgender Vorfall in der Steiermark im Jahr 1968 belegt: Die AK Steiermark vertrat einen Arbeitsmigranten im Rechtsstreit um die Zuerkennung der Familienbeihilfe. Mit folgender Begründung wurde dem Arbeiter ein Großteil der Beihilfe vom Landesgericht für Zivilrechtssachen in Graz gewährt: Die Kinderbeihilfe stellt einen Teil des dem Dienstnehmer aus dem Dienstverhältnis zustehenden Entgeltes dar. Der Dienstgeber wäre somit verpflichtet, alles ihm Zumutbare zur Sicherung dieses Entgeltanspruches zu unternehmen. Hiezu hätte vor allem die rechtzeitige Antragstellung auf Beschäftigungsgenehmigung und Arbeitserlaubnis gehört. Den Dienstnehmer traf jedoch ein Mitverschulden am Schadenseintritt, da er selbst darauf hinweisen hätte können. Dieses Mitverschulden des Klägers, dem ja eine genaue Kenntnis der österreichischen Rechtslage nicht zugemutet werden konnte, wurde vom Gericht mit einem Fünftel veranschlagt, so daß vier Fünftel der Kin-

konnten oder Anspruch auf Invaliditätsrente hatten. Zudem kam es oftmals zu Unstimmigkeiten am Arbeitsplatz. Überstunden, Zulagen, Sonderzahlungen oder Abfertigungen wurden nicht ausbezahlt und fristlose Entlassungen erfolgten ohne Angabe von Gründen. Bevor die Fälle zum Arbeitsgericht kamen, hatte man versucht, eine Lösung zu finden. Mirko Baric fungierte zudem in zahlreichen Fällen als Dolmetscher und vermittelte auch Landeskenntnisse bzw. österreichische Lebensgewohnheiten (Lorber 2014, 145–146).

Bereits bei der konstituierenden Sitzung des Vereins 1973 wurde die Errichtung eines Freizeitzentrums für ausländische Arbeitskräfte im Franziskanerkloster am Franziskanerplatz in der Grazer Innenstadt beschlossen. Dort war die kroatische Seelsorge, die ein Jahr nach dem Anwerbeabkommen 1967 gegründet wurde, angesiedelt. Mit ihr bestand eine enge Zusammenarbeit.[515]

Pater Hugo Zajac, seit 1970 Leiter der kroatischen Seelsorge, berichtet in einem Zeitungsinterview über seine Tätigkeiten: »Im Zentrum wird versucht nicht nur in seelsorglicher Hinsicht den Gastarbeitern zu helfen, sondern ihnen auch in den verschiedensten Angelegenheiten entgegenzukommen, weil die Sorge um die ›Seelen‹ von der Sorge um den Menschen untrennbar ist. Soziale Probleme gibt es jede Menge.«[516] Pater Hugo führt in dem Zeitungsinterview weiter aus: »Durch die Tätigkeit des Zentrums können viele Probleme erheblich gemildert werden. Das Zentrum ist räumlich klein (ein Büro und der Pfarrsaal zur Mitbenützung), trotzdem kommen täglich viele Leute. (…) Vormittags wird vornehmlich den Gastarbeitern bei den Amtswegen geholfen, wodurch die Leitung stark beansprucht wird.«[517] Laut Auskunft von Pater Hugo kamen unter der Woche bis zu 100 Leute ins kroatische Seelsorgezentrum, am Wochenende sogar rund 200.

Im Jahr 1974 eröffnete das kroatische Seelsorgezentrum eine Ausstellung, bei der kroatische Stickerei- und Häkelarbeiten sowie Holzschnitzereien, Puppenkleider und Trachten gezeigt, die von GastarbeiterInnen in ihrer Freizeit hergestellt wurden. Die Ausstellung vermittelte nicht nur Informationen über die Aufgaben und Tätigkeiten des kroatischen Seelsorgezentrums, sondern trug

---

derbeihilfe für den fraglichen Zeitraum zugesprochen wurden (AK Jahresbericht 1968, 101).

515 Die kroatische Seelsorge wurde 1977 zur Personalpfarre in der Diözese Graz-Seckau erhoben. Die Feierlichkeiten fanden im Rahmen des »Gastarbeiter-Sonntags« statt. Im kroatischen Zentrum im Franziskanerkonvent wurde anlässlich des Ereignisses eine Ausstellung mit Handarbeiten von ArbeitsmigrantInnen und einer Dokumentation der bisherigen Betreuung gezeigt (Archiv Caritas, Flüchtlingsfürsorge, ÜDAG 1974–1984, Kurzprotokoll Diözesaner Arbeitskreis 18.8.1977; Schreiben Zajac an Schwester Hausmann 15.9.1977).

516 »Zentrum« – Die Zeitung für die Grazer Innenstadt, April 1974, 4. Ähnliche Erfahrungen beschreiben Missionare der AusländerInnenseelsorge in Deutschland (siehe Thränhardt/Winterhagen 2012, 202–205).

517 »Zentrum« – Die Zeitung für die Grazer Innenstadt, April 1974, 4.

auch zur Begegnung zwischen GrazerInnen und ArbeitsmigrantInnen bei, wie folgende zwei Eintragungen aus dem Gästebuch belegen, die in einer Grazer Stadtzeitung veröffentlicht wurden: »Solche Ausstellungen müssten öfters veranstaltet werden, damit wir unsere Nachbarn besser verstehen lernen.«[518] »Anlass für den Besuch ist die eindrucksvolle Ausstellung. Wer noch ein Vorurteil haben sollte, möge diese Leistungen bewundern.«[519] Dies zeigt, dass neben der oftmals negativen medialen Darstellung von ArbeitsmigrantInnen auch positive Stimmen abgedruckt wurden und durchaus ein Austausch zwischen ArbeitsmigrantInnen und SteirerInnen stattfand.

Das vom Gastarbeiterbetreuungsverein neu errichtete kroatische Zentrum im Franziskanerkloster wurde am 9.9.1975 eröffnet. Prälat Leopold Städtler, der damalige stellvertretende Obmann des Gastarbeiterbetreuungsvereins und Generalvikar der Diözese Graz-Seckau, berichtet über das neue Zentrum:

> Ja, das war fast jeden Tag und jede Nacht voll. Viele haben dort ihre Freizeit verbracht und die Kinder hatten dort ausreichend Platz zum Spielen (…) Die Schwester Margareta hat dort ihren Religionsunterricht abgehalten, die Vorbereitung auf die Firmung hat dort stattgefunden und wenn zwei geheiratet haben, haben sie dort gefeiert. Es war für viele wie eine Heimat und es herrschte ein unglaubliches Zusammengehörigkeitsgefühl.[520]

Das neue Zentrum umfasste 230 m^2.[521] Mit dem Ausbau wollte der Gastarbeiterbetreuungsverein den Menschen ein »Stück Heimat in der Fremde«[522] bieten. Generalvikar Städtler führt dazu aus:

> Man hat nur die Arbeitskräfte gesehen. Gefehlt hat aber, was macht der Mensch in seiner übrigen Zeit? Wo kann er die verbringen? Wie kann er die verbringen und mit wem? Aber es hat keine Vorbereitung gegeben. Auch die Bevölkerung hat man nicht informiert. Was eigentlich normal ist, wenn etwas Neues kommt. Aber die Politik hat sich da, glaube ich, eigentlich nicht verantwortlich gefühlt.[523]

Aus diesem Grund stellte der Bau des Zentrums neben der Beratungstätigkeit eines der Hauptanliegen des Vereins dar.

Der Ausbau des Freizeitzentrums kostete rund 1,2 Millionen Schilling. Dafür wurden die Kellerräume des Franziskanerklosters adaptiert und Gesellschaftsräume, ein Büro, ein TV-Raum sowie eine Bibliothek eingerichtet. Die Räumlichkeiten standen ArbeitsmigrantInnen jeden Dienstag, Donnerstag, Samstag

518 »Zentrum« – Die Zeitung für die Grazer Innenstadt, April 1974, 4.
519 »Zentrum« – Die Zeitung für die Grazer Innenstadt, April 1974, 4.
520 Interview Prälat Städtler, 4.4.2012.
521 Diözesanarchiv, Pastoralamt, Ordner 135, Subventionsansuchen an Stmk. Landesregierung 8.7.1975.
522 Diözesanarchiv, Ordinariatskanzlei neu, 1974–1976, Protokoll Vorstandssitzung 19.1.1976.
523 Interview Prälat Städtler, 4.4.2012.

und Sonntag von 16 bis 21 Uhr zur Verfügung. Das Büro war von Montag bis Freitag von 9 bis 13 Uhr besetzt. Die Hälfte der Kosten für den Ausbau übernahm die Diözese Graz-Seckau, der Rest wurde durch den Verein in Form von Subventionen aufgebracht.[524] Das neue Zentrum entwickelte sich zu einem wichtigen Treffpunkt für ArbeitsmigrantInnen.[525]

Aufgrund der wirtschaftlichen Lage ab der Mitte der 1970er Jahre verließen viele ArbeitsmigrantInnen die Steiermark und kehrten in ihre Herkunftsgebiete zurück. Die Zahl der Hilfesuchenden verringerte sich hingegen kaum. Aus den Vereinsunterlagen geht hervor, dass diejenigen, die hier blieben, mehrheitlich arbeitslos waren. Daher informierte der Verein ausländische Arbeitskräfte über die Arbeitslosenunterstützung und holte die dafür notwendigen Arbeitsbescheinigungen bei den ArbeitgeberInnen ein. Da bis zum Beginn der Auszahlung des Arbeitslosengeldes einige Wochen vergingen, richtete man einen Hilfsfonds ein. Dadurch konnten jene ArbeitsmigrantInnen unterstützt werden, die in besonderer finanzieller Not waren. Häufig bezahlte man auch die Rückreise arbeitsloser ArbeitsmigrantInnen aus dem Fonds, sofern keine neuen Arbeitsplätze vermittelt werden konnten. Aber auch weiterhin lagen die Schwerpunkt der Vereinsarbeit in der Beratung und Hilfestellung bei arbeitsrechtlichen Problemen, Pensionsansuchen, Steuerausgleichen, Beantragung der Familienbeihilfe, Versicherungsangelegenheiten oder diversen Behördenwegen.[526] Einige bereits remigrierte Arbeitskräfte wandten sich aus Jugoslawien an den Verein, um noch offene Problemen zu lösen. Vielfach konnte dadurch ein neuerlicher Aufenthalt in Österreich umgangen werden.[527]

Ab den 1980er Jahren stellte die Finanzierung des Vereins die größte Schwierigkeit dar. Aus diesem Grund musste auch der Unterstützungsfonds für ArbeitsmigrantInnen eingestellt werden. Aufgrund ausbleibender Subventionen

524 Den Hauptteil der Subventionen erhielt der Verein von der steiermärkischen Landesregierung.

525 Der Mietvertrag zwischen dem Franziskanerkonvent und der Diözese Graz-Seckau wurde am 1.11.1974 mit einer Laufzeit von 20 Jahren geschlossen (Diözesanarchiv, Ordinariatskanzlei neu, 1974–1976, Schreiben Städtler an Bischöfliche Finanzkammer 22.7.1975; Mietvertrag 1.11.1974; KZ, 10.9.1975, 16). Die Eröffnung des kroatischen Seelsorge- und Freizeitzentrums fand 1975 statt. Zu dieser Zeit wurde bereits der Anwerbestopp verhängt, die Zahl der ArbeitsmigrantInnen drastisch gesenkt und im Folgejahr das AuslBG eingeführt. Dennoch investierte man in den Ausbau des Zentrums. Dies weist darauf hin, dass man sich durchaus bewusst war, dass ArbeitsmigrantInnen nicht nur temporär in der Steiermark arbeiteten, sondern sich oft dauerhaft niederließen.

526 Diözesanarchiv, Pastoralamt, Ordner 135, Protokoll Generalversammlung 23.5.1984; Protokoll Vorstandssitzung 15.11.1983; Protokoll Vorstandssitzung 10.12.1982.

527 Diözesanarchiv, Pastoralamt, Ordner 135, Protokoll Vorstandssitzung 4.7.1978; Protokoll Vorstandssitzung 2.3.1979; Protokoll Vorstandssitzung 29.12.1975; Protokoll Vorstandssitzung 21.2.1975; Ordinariatskanzlei neu, 1974–1976, Bericht Arbeitsjahr 1975 & 1976.

wurde der Verein schließlich am 27.10.1987 aufgelöst.[528] Den Beschluss dazu fasste man in einer außerordentlichen Generalversammlung. Im Protokoll wurde dazu Folgendes festgehalten: »Obwohl die Notwendigkeit der Tätigkeit gegeben ist, die erforderlichen Mittel aber nicht mehr zur Verfügung stehen, wird der Gastarbeiterbetreuungsverein Steiermark freiwillig aufgelöst.«[529] Der Betreuungsverein leistete mit dem Ausbau des kroatischen Freizeitzentrums und der Beratung von ArbeitsmigrantInnen einen wesentlichen Beitrag dazu, die bestehende Betreuungs- und Versorgungslücke von staatlicher Seite zu schließen. Er war eine wichtige Anlaufstelle für ArbeitsmigrantInnen bei unterschiedlichen beruflichen und privaten Anliegen. Das Besondere daran war, dass dieser von der katholischen Kirche und der steirischen HK initiiert wurde, um die Situation von ArbeitsmigrantInnen in der Steiermark zu verbessern. Das zeigt, dass auch die Interessensvertretungen der ArbeitgeberInnen auf regionaler Ebene bestrebt waren, die Situation für GastarbeiterInnen zu verbessern.

6.2.2 Katholische Kirche/Diözesane Zusammenschlüsse

Die Auslandsseelsorge war in vielen Zielländern eine zentrale Anlaufstelle für katholische ArbeitsmigrantInnen. Dort wurden erste Kontakte geknüpft und die Gemeinschaftsbildung gefördert. Außerdem konnte man sich bei Problemen an diese wenden. MigrantInnen bekamen dort emotionale, aber auch praktische Hilfe. Diese Seelsorgezentren boten nicht nur Zugang zu sozialen Gütern, sondern auch zu relevantem Alltagswissen. Sie trugen daher zur strukturellen Integration bei, indem sie ArbeitsmigrantInnen der ersten Generation unterstützten und vernetzten. Eine soziale Integration erfolgte über die MigrantInnenseelsorge hingegen kaum. Diese war zumeist von der Ortskirche getrennt. Zwar wurden die lokalen Kirchen für Gottesdienste genutzt, dennoch bestand nur wenig Kontakt zur ansässigen katholischen Gemeinde (Thränhardt/Winterhagen 2012, 199–205).

Das Ziel der Auslandsseelsorge war es, den ›mitgebrachten‹ Glauben im Zielland zu vertiefen. Nicht nur die religiöse Betreuung in Form von Sonntagsmessen, Spenden der Sakramente, Religionsunterricht oder Hausbesuchen stand dabei im Mittelpunkt. Auch die soziale Arbeit und die Gestaltung des Gesellschaftslebens nahmen einen zentralen Stellenwert ein.[530] In Graz gab es ein

528 Diözesanarchiv, Pastoralamt, Ordner 135, Schreiben Verein an Bundespolizeidirektion Graz 20.10.1987; Ordinariatskanzlei neu, 1974–1976, Protokoll Vorstandssitzung 21.2.1975.

529 Diözesanarchiv, Pastoralamt, Ordner 135, Protokoll außerordentliche Generalversammlung, 5.

530 Archiv Caritas, Flüchtlingsfürsorge, 1974–1981, Protokoll ÜDAG Seminar 1974, 61–79.

slowenisches sowie ein kroatisches Seelsorgezentrum.[531] Die slowenische Seelsorge war und ist bis heute im Konvent der Minoriten bei der Mariahilferkirche am Mariahilferplatz angesiedelt. Die der Kirche angeschlossene Schatzkapelle steht für slowenische Gottesdienste und Seelsorge zur Verfügung. Pfarrer Martin Belej leitete in den 1960er, 1970er und 1980er Jahren das Seelsorgezentrum in Graz. Seit 1967 existiert auch eine kroatische Seelsorge in Graz. In den 1970er und 1980er Jahren war Pater Hugo Zajac für das kroatische Seelsorgezentrum verantwortlich und betreute ArbeitsmigrantInnen in Graz und Leoben. In der Landeshauptstadt wurden kroatische Messen anfänglich in der Franziskanerkirche am Franziskanerplatz, dann in der Welschen Kirche am Griesplatz abgehalten. Aktuell finden sie in der Josefskirche am Schönaugürtel statt. Orthodoxen ArbeitsmigrantInnen standen weniger Möglichkeiten der religiösen Betreuung zur Verfügung. In den 1970er Jahren kam einmal im Monat ein Seelsorger aus Wien, der einen Gottesdienst in der Antoniuskirche in Graz zelebrierte.[532] Demnach war die religiöse Betreuung für katholische ArbeitsmigrantInnen wesentlich besser. Für andersgläubige ArbeitsmigrantInnen bestand keine Möglichkeit, an bestehende Strukturen anzuknüpfen. Sie mussten sich Gebetsräume und geistliche Betreuer eigenständig organisieren und finanzieren.

Vielfach bildete die Auslandsseelsorge eine Art von ›Nebenkirche‹. Eine Auseinandersetzung mit der GastarbeiterInnenthematik erfolgte daher in den lokalen Kirchengemeinden kaum (Thränhardt/Winterhagen 2012, 204). 1973/74 fand in Wien eine gesamtösterreichische Kirchenversammlung (»Österreichischer Synodaler Vorgang«) statt. Dabei stand auch das Thema Gastarbeit auf der Tagesordnung. Diesbezüglich stellte man Folgendes fest: »Die Kirche muß angesichts der materiellen, sozialen, geistigen und religiösen Schwierigkeiten,

531 Einsatz und Tätigkeiten von ausländischen Priestern und HelferInnen wurden unter dem Vorsitz österreichischer Seelsorger koordiniert. Dadurch konnte die katholische Betreuung in der jeweiligen Sprache angeboten werden. Mitte der 1960er Jahre erlaubte die jugoslawische Regierung, katholische Priester ins Ausland zu entsenden. Dadurch wollte man den Einfluss antikommunistischer Exilpriester eingrenzen. Die Auslandsseelsorge wurde als Mission bezeichnet. Es bestanden weiterhin enge Kontakte zur Kirche in Jugoslawien. Das belegen auch die hohen Telefonkosten des kroatischen Seelsorgezentrums in Graz oder das gute Verhältnis zu Vladimir Stankovic, Direktor der Seelsorge für kroatische Wanderung der *commissio pro migrationibus croatis* in Zagreb (Diözesanarchiv, Ordinariatskanzlei neu, 1968–1982, 15 GA 1 1972; 15 GA 2 1979). Der Franziskanerorden war und ist auch heute noch in Bezug auf die kroatische Auslandsseelsorge sehr aktiv. Im Rahmen der Auslandsmissionen kam auch der Vermittlung von nationalem und historischem Wissen eine große Bedeutung zu. Aus diesem Grund entstanden um diese Missionen herum im Laufe der 1970er Jahre nationale Kultur- und Sportvereine wie das kroatische Zentrum oder der slowenische Verein »*Triglav*« (Thränhardt/Winterhagen 2012, 208–209; Archiv Caritas, Flüchtlingsfürsorge, ÜDAG 1971–1993, Schreiben Tonko an Thiel 24.3.1972, 7–10).

532 Diözesanarchiv, Pastoralamt, Ordner 135, Protokoll Vorstandssitzung 18.10.1973.

denen Gastarbeiter ausgesetzt sind, sich jederzeit für diese in brüderlicher Verantwortung einsetzen« (Sekretariat des ÖSV 1974, 55). Des Weiteren wurde ausgeführt, dass der Ausgangspunkt der Tätigkeiten das »ehrliche Interesse am Leben der Gastarbeiter« (Sekretariat des ÖSV 1974, 55) sein sollte. Dazu war es wichtig, »sich mit ihren Problemen vertraut zu machen, etwa: Wie erleben sie ihren Aufenthalt in Österreich; wie sind die Arbeitsbedingungen; was macht ihnen besonders zu schaffen; gibt es bereits Österreicher, mit denen sie in enger Verbindung stehen; warum arbeiten sie bei uns; was sind nach ihrer Meinung die Ursachen und Folgen der Arbeitskräftewanderung« (Sekretariat des ÖSV 1974, 55). Unter dem Sammelbegriff »Probleme von Gastarbeitern« wurden in ganz Europa nicht nur ökonomische, sondern ab den 1970er Jahren auch verstärkt integrations- und kontrollpolitische Aspekte der Arbeitsmigration diskutiert. Dabei lassen sich unterschiedliche Diskursstränge, wie die Kosten-Nutzen-Rechnung, die Frage der Kapazität, Integration, Kontrolle, Sicherheit und Identität, feststellen.[533]

Es war das Ziel, die Zusammenarbeit mit gesellschaftlichen Institutionen, nichtkatholischen Kirchen und nichtchristlichen Religionsgemeinschaften zu forcieren. Dazu forderte die Kirche alle mit dem Thema befassten Organe, Institutionen, Gremien und Gruppen auf, alle Möglichkeiten zu nutzen, um die Situation von ArbeitsmigrantInnen in Österreich zu verbessern. Des Weiteren wurde der Beschluss gefasst, dass alle Diözesen »Modellbeispiele (Einstellung von Sozialarbeitern, Sprach- und Fortbildungskurse, Lernbeihilfen u. a.) in ihrem Bereich für Gastarbeiter schaffen« und ihre Aktionen mit der 1972 gegründeten ÜDAG[534] koordinieren sollten (Sekretariat des ÖSV 1974, 55).

Die Diözese Graz-Seckau richtete am Anfang der 1970er Jahre den Diözesanen Gastarbeiter-Arbeitskreis Steiermark ein.[535] Dieser traf sich regelmäßig alle vier bis sechs Wochen. Die Hauptaufgabe des Arbeitskreises bestand im Informations- und Erfahrungsaustausch sowie der Vernetzungsarbeit. Die Mitglieder setzten sich aus VertreterInnen der slowenischen und kroatischen Seelsorge, der Caritas, der Katholischen Frauenbewegung und der Katholischen Arbeiterjugend der Diözese Graz-Seckau zusammen.[536] Bei den regelmäßigen Treffen be-

533 Diese Diskursstränge können auch in der KZ und der NZ im zu untersuchenden Zeitraum von 1961 bis 1976 festgestellt werden und entsprechen somit der zeitgenössischen Rezeption des Themas in Österreich und Europa (Berlinghoff 2012, 152–157; Fischer 2009, 247–266).

534 Siehe Kapitel 2.4.

535 Das genaue Gründungsjahr des Arbeitskreises kann nicht rekonstruiert werden. Protokolle sind ab dem 7. 3. 1974 im Archiv der Caritas vorhanden. Aus den Unterlagen geht ebenfalls nicht hervor, wie lange der Arbeitskreis bestand. Das letzte erhaltene Protokoll ist vom 21. 4. 1980.

536 Archiv Caritas, Flüchtlingsfürsorge, 1974–1981, Protokoll ÜDAG Vollversammlung 20. 11. 1975.

richteten sie von den Entwicklungen in ihren Arbeitsbereichen, besprachen Probleme und Herausforderungen ihrer Tätigkeiten und legten Strategien für weitere Betreuungsschritte fest.

Die Kurzprotokolle des Arbeitskreises geben Auskunft über die Situation von ArbeitsmigrantInnen in der Steiermark in den 1970er Jahren sowie über die Herausforderungen und Themen, mit denen die einzelnen Mitglieder konfrontiert waren. Der Arbeitskreis war bestrebt, konkrete Lösungen für diverse Angelegenheiten zu erarbeiten. Ein Hauptanliegen war es, ein öffentliches Bewusstsein für die Situation von ArbeitsmigrantInnen zu schaffen. Dazu wurde das Thema »Gastarbeit« bei den Adventgesprächen der Caritas am 1.12.1974 behandelt. Die Caritas der Diözese Graz-Seckau richtete auch einen Telefondienst ein. Insgesamt gingen 29 Anrufe von SteirerInnen ein, die ArbeitsmigrantInnen Möbel, Arbeitsplätze oder finanzielle Unterstützung anboten. Außerdem wurden im Rahmen dieser Aktion Kinder von GastarbeiterInnen zu Schikursen und Weihnachtsfeiern eingeladen, eine Lernbetreuung konnte ebenfalls vermittelt werden.[537] Zudem setzte man sich dafür ein, dass für ArbeitsmigrantInnen beim Finanzamt DolmetscherInnen zur Verfügung standen.[538] Der Arbeitskreis wies aber auch darauf hin, dass der Mann bei Betreuungsarbeit und Öffentlichkeit im Vordergrund stand. Die Tatsache, dass auch zahlreiche Frauen unter den ArbeitsmigrantInnen waren, wurde dabei nur wenig berücksichtigt. Daher war der Arbeitskreis bemüht, dieses Thema verstärkt in der Katholischen Frauenbewegung zu behandeln.[539]

Des Weiteren initiierte man beim Apostolatstag am 17.11.1974 in Graz einen Arbeitskreis zum Thema »Berufswelt/Gastarbeiter«. Es war dabei das Ziel, Aufklärungsarbeit zu leisten und neben Daten sowie Fakten zur Arbeitsmigration in der Steiermark auch jene Herausforderungen darzustellen, mit denen ausländische Arbeitskräfte am häufigsten konfrontiert waren. Dazu zählten: Sprachschwierigkeiten, schlechte Wohnbedingungen, Trennung von der Familie, Integration von Kindern in das österreichische Schulsystem, Freizeitgestaltung, geringe Weiterbildungsmöglichkeiten, Informationsdefizite, Ausübung von Tätigkeiten mit geringem Sozialprestige, Einschränkung der persönlichen Bedürfnisse und Diskriminierungserfahrungen. Es galt, ein Bewusstsein für die Situation von GastarbeiterInnen zu schaffen und sich mit diesen Problemlagen

537 Archiv Caritas, Flüchtlingsfürsorge, ÜDAG Protokolle 1973–1979, Kurzprotokoll Diözesaner Arbeitskreis 13.2.1975; Kurzprotokoll Diözesaner Arbeitskreis 21.11.1974; Information zu Adventgesprächen 1974.

538 Archiv Caritas, Flüchtlingsfürsorge, ÜDAG Protokolle 1973–1979, Kurzprotokoll Diözesaner Arbeitskreis 24.10.1974.

539 Allerdings mit mäßigem Erfolg (Archiv Caritas, Flüchtlingsfürsorge, ÜDAG Protokolle 1973–1979, Kurzprotokoll Diözesaner Arbeitskreis 4.11.1976; Diözesanarchiv, Katholische Aktion, Ordner 290, Protokoll Vorstandssitzung 11.4.1978).

auseinanderzusetzen. Allerdings wurde in einem Bericht festgehalten, dass das Interesse am Arbeitskreis »Berufswelt/Gastarbeiter« sehr gering war. Nur wenige Personen nahmen daran teil. Dennoch nutzte man jede Gelegenheit, die 250 TeilnehmerInnen am Apostolatstag mit der Thematik vertraut zu machen.[540]

Die ÜDAG veranstaltete einmal im Jahr eine Vollversammlung und ein Seminar. Daran nahmen die Mitglieder des Diözesanen Gastarbeiter-Arbeitskreises Steiermark regelmäßig teil und berichteten über die Situation in der Steiermark. Nicht nur, dass die ÜDAG sich eingehend mit dem AuslBG auseinandersetzte und eine kritische Stellungnahme dazu abgab[541], sie zielte auch darauf ab, die GastarbeiterInnenfrage in die katholische Kirche Österreichs zu integrieren. Dazu erarbeitete sie einen Aufgaben- und Maßnahmenkatalog. Die Kirche sollte demnach ihre Einrichtungen ArbeitsmigrantInnen zur Verfügung stellen, aber auch dort wirksam werden, wo »eigentlich andere Institutionen der Gesellschaft – wie Staat, Gewerkschaften, Kammern – zuständig wären«[542]. Außerdem hatte sie die Aufgabe, das »öffentliche Gewissen« zu bilden und »als Sprecher und Anwalt einer immer nur geduldeten Minderheit«[543] zu fungieren.

Das Bestreben der ÜDAG war es, die Aufnahme von ArbeitsmigrantInnen in die lokale Nachbarschaft zu erleichtern, die Eigeninitiative und Selbsthilfe von ArbeitsmigrantInnen zu fördern, die Arbeitsmigration zu erforschen und sich mit ihren Auswirkungen auf Österreich auseinanderzusetzen. Zudem unterstützte man jene ArbeitsmigrantInnen, die sich zur dauerhaften Niederlassung entschieden hatten. Es galt, diese Aufgabenstellungen auf der Pfarr-, Dekanats-, Diözesanebene und darüber hinaus zu verwirklichen. Dazu war der Erfahrungsaustausch von zentraler Bedeutung. Aus diesem Grund organisierte die ÜDAG neben der jährlich stattfindenden Vollversammlung einmal im Jahr ein zweitägiges Seminar für Seelsorger und BetreuerInnen von ArbeitsmigrantInnen.[544] Dazu lud man ExpertInnen aus dem In- und Ausland ein, die sich mit

540 Dabei wies der diözesane Arbeitskreis die TeilnehmerInnen auch darauf hin, dass viele ArbeitsmigrantInnen in der Steiermark am Wochenende nach Jugoslawien fuhren oder die Steiermark als ›Sprungbrett‹ nach Deutschland nutzten (Archiv Caritas, Flüchtlingsfürsorge, 1974–1981, Apostolatstag 17.11.1974; Kurzprotokoll Diözesaner Arbeitskreis 21.11.1974; Kurzbericht für ÜDAG Vollversammlung 28.11.1974).

541 Siehe Kapitel 2.4.

542 Archiv Caritas, Flüchtlingsfürsorge, ÜDAG 1971–1993, Schreiben Tonko an Thiel 24.3.1972, 5.

543 Archiv Caritas, Flüchtlingsfürsorge, ÜDAG 1971–1993, Schreiben Tonko an Thiel 24.3.1972, 5.

544 Die serbisch-orthodoxe Kirche ist seit 1967 eine staatlich anerkannte Religionsgemeinschaft in Österreich. 1973 wurde das Komitee zur Betreuung serbisch-orthodoxer Gastarbeiter in Österreich gegründet. In diesem war auch die ÜDAG vertreten. Es nahm ab dem Ende der 1970er Jahre auch an den Sitzungen der ÜDAG teil (Archiv Caritas, Flüchtlingsfürsorge, ÜDAG Protokolle 1972–1993, Protokoll ÜDAG Vorstandssitzung 16.11.1983;

unterschiedlichen Aspekten der Arbeitsmigration beschäftigten. Darunter waren nicht nur WissenschaftlerInnen, sondern auch MitarbeiterInnen aus dem Wirtschafts- und Sozialbereich, den Interessensvertretungen der ArbeitnehmerInnen- und -geberInnen, Regierungsbehörden und Mitglieder religiöser Glaubensgemeinschaften. Diese referierten über bestimmte Themen[545], die anschließend ausführlich diskutiert wurden.[546]

Die Seminare und Vollversammlungen fanden jedes Jahr in einem anderen Bundesland statt.[547] Wie bereits beschrieben, stellte die Integration des Themas »Arbeitsmigration« in die Kirchengemeinden eine der Hauptaufgaben der ÜDAG dar. Mithilfe eines gemeinsamen Aktionstages[548] wollte man zur Bewusstseinsbildung beitragen und ÖsterreicherInnen für das Thema sensibilisieren. Man wandte sich diesbezüglich mit folgenden Worten an die Bischofskonferenz: »Obwohl der Begriff ›Gastarbeiter‹ allgemein schon sehr geläufig ist, wird das Problem an sich von nur wenigen in der richten Weise verstanden und aufgenommen. Bewusstseinsbildung wird daher von eminenter Bedeutung.«[549] Aus diesem Grund bat man um die Einführung eines »Gastarbeiter-Sonntags«, »um an einem solchen Sonntag die Bevölkerung in besonderer Weise in der gottesdienstlichen Verkündigung und in Veranstaltungen auf die Probleme der ausländischen Arbeitskräfte hinzuweisen«[550]. Die ersten »Gastarbeiter-Sonntage« wurden in ganz Österreich zu unterschiedlichen Terminen begangen.[551] Die

BGBl. 209/1967, Äußere Rechtsverhältnisse der griechisch-orientalischen Kirchen in Österreich).

545 Beim ersten Seminar 1974 standen arbeitsrechtliche Fragen im Mittelpunkt. Zudem wurde folgendes Problem diskutiert: Häufig kam es zu Schwangerschaften unter jugoslawischen Arbeitsmigrantinnen. In Jugoslawien war der Schwangerschaftsabbruch legal. Aus diesem Grund reisten viele am Wochenende nach Hause, um diesen dort durchführen zu lassen. Im Rahmen des Seminars wurden Strategien erörtert, wie man Frauen besser aufklären und die Abtreibung verhindern könnte (Archiv Caritas, Flüchtlingsfürsorge, 1974–1981, Protokoll ÜDAG Seminar 9.-12. 1. 1974, 45–53).

546 Es war das Ziel der Seminare, durch Gespräche Denkanstöße und neue Impulse für die eigene Arbeit zu erhalten. Außerdem sollte den TeilnehmerInnen dadurch vermittelt werden, dass sie Teil einer größeren Gemeinschaft und mit ihren Problemen nicht alleine waren (Archiv Caritas, Flüchtlingsfürsorge, 1974–1981, Protokoll ÜDAG Seminar 9.-12. 1. 1974).

547 Das dritte Seminar fand 1976 in Graz statt. Dabei wurde das Thema »Freizeit« behandelt. Im Jahr 1982 wurde das siebente Seminar erneut in Graz abgehalten. Zentrale Themen dabei waren: Familienpastoral und Pastoral für Eheleute.

548 Mitte der 1970er wurde auch in der BRD ein solcher »Tag des ausländischen Mitbürgers« initiiert, um den Kontakt zwischen ansässigen und zugewanderten ChristInnen herzustellen (Thränhardt/Winterhagen 2012, 199, 204).

549 Diözesanarchiv, Katholische Aktion, Ordner 290, Protokoll Vorstandssitzung 7. 8. 1973, 3–4.

550 Diözesanarchiv, Katholische Aktion, Ordner 290, Protokoll Vorstandssitzung 7. 8. 1973, 3–4.

551 Der erste »Gastarbeiter-Sonntag« in Graz wurde am 21. 10. 1975 gefeiert. Dazu zelebrierten Priester Martin Belej und Pater Hugo Zajac gemeinsam eine Messe in der Grazer Stadt-

ÜDAG stellte für diesen Aktionstag Informationsmaterial zur Verfügung. Es wurden Flugblätter sowie Plakate gestaltet und Presseinformationen erstellt. Außerdem erarbeitete sie Arbeitsmappen zu den jeweiligen Themen des »Gastarbeiter-Sonntags«. Liturgietexte und Predigten verfasste sie ebenfalls. In welcher Form diese verwendet wurden, blieb den einzelnen Diözesen selbst überlassen. Die Unterlagen wurden an die Diözesanen Arbeitskreise und die Pastoralämter verschickt.[552]

Im Jahr 1976 war es erstmals möglich, den »Gastarbeiter-Sonntag« in ganz Österreich am 26. 9. zu feiern. Das Thema war: »Miteinander wieder aufwärts. Auch Gastarbeiter brauchen Sicherheit.« Das folgende Plakat wurde dazu gestaltet:

Abbildung 7: Plakat »Gastarbeiter-Sonntag« 1976.[553]

Das Thema »Gastarbeiter-Sonntag« nahm Bezug auf die Einführung des AuslBG und stellte die Frage, ob die Gesellschaft für ein Miteinander bereit sei.[554] Es

pfarre. In den 1980er Jahre wurde der »Gastarbeiter-Sonntag« in »Ausländersonntag« umbenannt (Archiv Caritas, Flüchtlingsfürsorge 1973–1979, Kurzprotokoll Diözesaner Arbeitskreis 30. 10. 1975).

552 Archiv Caritas, Flüchtlingsfürsorge, 1973–1979, Protokoll ÜDAG Vorstandssitzung 16. 12. 1976; ÜDAG Protokolle 1974–1981, Protokoll ÜDAG Vorstandssitzung 22. 3. 1974; Diözesanarchiv, Ordinariatskanzlei neu, 1968–1982, 15 GA 2 1976.

553 Quelle: Diözesanarchiv, Ordinariatskanzlei neu, 1968–1982, 15 GA 2 1979.

554 Trotz kritischer Stellungnahme vonseiten der ÜDAG und Verbesserungsvorschlägen wurde das AuslBG beschlossen. Es trat 1976 in Kraft. Aus diesem Grund forcierte man Öffent-

wurde dabei kritisch angemerkt, dass ArbeitsmigrantInnen »in unserer Leistungsgesellschaft primär als Produktionsfaktoren eingestuft werden: hereinhol- und wieder abschiebbar, je nach Bedarf«[555]. Eine Wahrnehmung der Arbeitsmigration, die besonders im Prozess der Anwerbung von staatlicher, gewerkschaftlicher und wirtschaftlicher Seite sichtbar wird.[556] Am Ende des Flugblattes ist daher zu lesen: »Gastarbeiter sind Menschen wie du und ich. Sie wollen nicht unser Mitleid oder eine Besserstellung; sie brauchen Gerechtigkeit. Darüber nachzudenken ist das Anliegen des Gastarbeitersonntags.«[557] Dadurch kommt klar zum Ausdruck, dass der Aktionstag vor allem an ÖsterreicherInnen adressiert war. Die Aufklärungsarbeit und der Abbau von Vorurteilen waren also die wichtigsten Aufgaben der ÜDAG.

Trotz dieses Erfolgs, in ganz Österreich einen gemeinsamen Tag zu veranstalten, beteiligten sich nur wenige Kirchengemeinden daran. Es stellte sich auch weiterhin die Frage, wie man das Thema in allen Pfarren verankern könne. Man kam zum Schluss, dass dies nur durch eine Zusammenarbeit der Katholischen Aktion, der Pastoralämter und der Caritas möglich war. Demnach stellte dieser Tag nur einen jährlichen Höhepunkt eines kontinuierlichen Arbeitsprozesses dar. Außerdem wurde von der ÜDAG auch immer wieder die Frage aufgegriffen, wie man nicht kirchlich aktive Menschen erreichen könne.[558]

In der Steiermark war der Diözesane Gastarbeiter-Arbeitskreis für die Koordinierung und Abhaltung des »Gastarbeiter-Sonntags« verantwortlich. Er versandte das Informationsmaterial an die einzelnen steirischen Pfarren, informierte die kirchliche sowie weltliche Presse[559] und versuchte, möglichst viele Organisationen und Gruppen für diese gemeinsame Aktion zu gewinnen.[560] 1976 wurde der »Gastarbeiter-Sonntag« in der Steiermark in 16 Pfarren begangen.[561] 1978 stellte der Arbeitskreis fest, dass dieser nun in immer mehr Pfarren berücksichtigt wurde.[562] Neben der Gestaltung des Aktionstags waren die Ver-

lichkeitsarbeit und Bewusstseinsbildung (Archiv Caritas, Flüchtlingsfürsorge, ÜDAG Protokolle 1973–1979, Protokoll ÜDAG Vollversammlung 20. 11. 1975).

555 Diözesanarchiv, Ordinariatskanzlei neu, 1968–1982, 15 GA 2 1976.

556 Siehe Kapitel 2.4 und 4.1.

557 Diözesanarchiv, Ordinariatskanzlei neu, 1968–1982, 15 GA 2 1976.

558 Konkrete Lösungsansätze zur Erreichung von nicht katholischen Personen gehen aus den Unterlagen nicht hervor (Diözesanarchiv, Katholische Aktion, Ordner 290, Protokoll ÜDAG Vollversammlung 24./25. 11. 1976; Protokoll Vorstandssitzung 2. 3. 1976).

559 In der Kleinen Zeitung wird über den »Gastarbeiter-Sonntag« berichtet (KZ 27. 9. 1976, 7).

560 Archiv Caritas, Flüchtlingsfürsorge, 1973–1979, Protokoll ÜDAG Vorstandssitzung 8. 9. 1976; ÜDAG Protokolle 1974–1981, Kurzprotokoll Diözesaner Arbeitskreis 7. 3. 1974.

561 In den Quellen werden folgende Pfarren angeführt: Leoben-Göss, Leoben-Stadtpfarre, Autal, Admont, Gratkorn, St. Michael, Hl. Kreuz/Waasen, Welsche Kirche Graz, Stadtpfarre Graz, Krieglach, Waltersdorf, Judenburg-St. Nikolaus, St. Lukas Graz (Archiv Caritas, Flüchtlingsfürsorge, 1973–1979, Bericht über Arbeitsjahr 1975/76 an ÜDAG).

562 Archiv Caritas, Flüchtlingsfürsorge, 1974–1981, Kurzprotokoll Diözesaner Arbeitskreis 22. 11. 1978.

netzungsarbeit und der Erfahrungsaustausch die wichtigsten Aufgaben des Arbeitskreises. Vor allem die kroatische und slowenische Seelsorge erhielten dadurch die Möglichkeit, aus ihrer Isolierung herauszutreten und Kontakte zur Landeskirche zu knüpfen.[563] Trotzdem blieb die vollständige Integration der Auslandsseelsorge und ›GastarbeiterInnenfrage‹ in die Ortskirche aus.

6.3 Migrantische Selbstorganisationen

Selbstorganisationen von MigrantInnen erfüllen mehrere soziale und gesellschaftliche Funktionen bzw. Aufgaben. Kennzeichnend für ihre Tätigkeiten sind ihr ganzheitlicher, multifunktionaler Ansatz, aber auch ihre ambivalente Wirkung. Einerseits tragen sie durch die Organisation und Sichtbarmachung ethnisch-kultureller Interessen und Charakteristika zur Integration ihrer Mitglieder in die Aufnahmegesellschaft bei. Andererseits können sie jedoch ebenfalls die Trennung von der Mehrheitsgesellschaft im Zielland fördern. Dieses grundsätzliche Spannungsverhältnis von Identitätsbewahrung und Integrationsförderung ist ein grundlegendes Merkmal migrantischer Selbstorganisationen. Ihre Funktionen sind vielfältig. Sie stellen eine Art von ›Anpassungsschleuse‹ für neue MigrantInnen dar, indem die Kultur des Ziellandes vermittelt und Kontakte geknüpft werden. Auch bilden sie eine wichtige Stützte zur Bewahrung der individuellen und kollektiven Identität in einer neuen Umgebung. Durch ihre Vergemeinschaftungsangebote bieten sie MigrantInnen außerdem die Möglichkeit zur Selbstverwirklichung und Selbstbestätigung. Eine weitere wichtige Aufgabe erfüllen migrantische Selbstorganisationen, indem sie die Versorgungslücke, die vor allem durch staatliche Versäumnisse entsteht, mithilfe ehrenamtlicher Dienstleistungen schließen. Sie stellen notwendiges Alltagswissen für das Leben im Zielland zur Verfügung und helfen bei der Bildung von persönlichen Netzwerken außerhalb des eigenen Familienkreises. Des Weiteren gelten sie als wichtige Ansprechpartnerinnen in Konfliktsituationen. Sie sind Organe der Interessensvertretung und des interkulturellen Dialogs, somit wichtige Kontaktstellen für die kommunale Verwaltung und Politik (Pries 2010, 95–99).

563 Interview Friedrich Hager, 16.8.2012.

6.3.1 Jugoslawisches Vereinswesen

In Österreich wurden die ersten Vereine jugoslawischer GastarbeiterInnen gegen Ende der 1960er Jahre gegründet.[564] In der Anfangszeit blieb neben der Erwerbstätigkeit wenig Zeit für die Freizeitgestaltung. Einhergehend mit der Verschiebung des Rückkehrdatums, der Gründung von Familien, dem Nachzug von Familienmitgliedern oder dem Entschluss zur dauerhaften Zuwanderung wurde der aktiven Freizeitgestaltung mehr Bedeutung zugemessen. Das Bedürfnis nach Austausch und geselligem Zusammentreffen nahm zu. Aber auch die Änderung der Migrationspolitik infolge der internationalen Ölkrise und die Einführung des AuslBG veranlassten ArbeitsmigrantInnen dazu, sich zu organisieren und zu vernetzen.

Als Grundstein der jugoslawischen Vereinsgründung gilt der im Jahr 1969 ins Leben gerufene Internationale Verein der jungen Jugoslawen in Wien. In weiterer Folge entstanden in ganz Österreich zahlreiche Vereine. So wurde 1971 zur Koordination ihrer Tätigkeiten der Dachverband der jugoslawischen Vereine für Wien gegründet. 1976 entstand der Dachverband der jugoslawischen Vereine für Wien, Niederösterreich und Burgenland, der Vorgänger des im Jahr 1981 ins Leben gerufenen Bundesdachverbandes der jugoslawischen Vereine in Österreich. Diesem gehörten rund 121 Vereine in ganz Österreich an (Bratic 2003, 397–399).[565]

564 Grundsätzlich hielten sich in Österreich ArbeitsmigrantInnen und politische EmigrantInnen auf. Letztgenannte waren vorwiegend SystemkritikerInnen, FaschistInnen sowie Mitglieder bürgerlicher Parteien. Sie waren nationalistisch orientiert und im Umfeld religiöser Gemeinschaften aktiv. Beispielsweise wurde die nationalistische Bewegung »Kroatischer Frühling« 1971 in Jugoslawien massiv unterdrückt. Mehrere hunderte Studierende der Zagreber Universität, die in ihr aktiv waren bzw. mit ihr sympathisierten, flohen nach Österreich. Sie bewegten sich im Umfeld der kroatischen Seelsorge und spielten 1991 im kroatischen Unabhängigkeitskampf eine zentrale Rolle (Bratic 2003, 397; Brunnbauer 2009, 48).

565 Bratic stellt fest, dass es 1981 in der Steiermark keinen Dachverband gab. Im Laufe der 1980er Jahre wurde einer gegründet. Zwei Schreiben belegen das: 1986 lud die Vereinigung der jugoslawischen Arbeiter in der Steiermark alle Vorstände der vier steirischen Klubs (Klub jugoslawischer Arbeiter Graz, Klub »25. Mai« Kapfenberg, Klub »29. November« Leoben und slowenischer Klub »*Triglav*« Graz) zu einem Treffen nach Graz ein. Dabei standen folgende Punkte auf der Tagesordnung: Die Gründung eines Organisationskomitees für die Arbeitersportspiele, die finanzielle Situation der Vereinigung aller Klubs sowie die gemeinsamen Aktivitäten aller vier Vereine. Außerdem richtete der Dachverband der jugoslawischen Arbeiter in der Steiermark am 14. 11. 1987 ein Schreiben an die AK, um den Arbeiterkammersaal für eine Veranstaltung zu erhalten (Privatarchiv Mehio Sazic (Privatarchiv), Schreiben »Sekretar zajednice Klubora« 14. 9. 1986; Schreiben Dachverband an AK 14. 11. 1987; Schreiben an Bundespolizei 29. 10. 1990). Die Vereinsunterlagen des jugoslawischen Klubs befinden sich im Privatbesitz von Meho Sazic. Er war in den 1980er Jahren Obmann dieses Vereins und Sekretär des Dachverbandes der jugoslawischen Arbeiter in der Steiermark.

Sofern die Vereine eine eindeutige Orientierung am Herkunftsland Jugoslawien aufwiesen und nicht auf das Zielland ausgerichtet waren, wurden diese von den Auslandsvertretungen Jugoslawiens unterstützt. Vor allem jene Aktivitäten wurden gefördert, die dazu beitrugen, die Verbindung zu Jugoslawien zu stärken und die jugoslawische Sprache zu erhalten. Die Auslandsvertretungen stellten den Vereinen dazu organisatorisches Wissen zur Verfügung und fungierten als Kontrollorgane des Sozialistischen Bundes des Arbeitervolks Jugoslawien.[566] Finanziell und organisatorisch wurden die Vereine außerdem durch den ÖGB und die AK unterstützt. Die jugoslawischen Vereine organisierten hauptsächlich sportliche[567] und folkloristische Aktivitäten (Bratic 2003, 395–400).

Warum der ÖGB und die AK die Vereinsaktivitäten förderten, ist bislang kaum erforscht. Einiges weist darauf hin, dass sie damit ganz bestimmte Ziele verfolgten. Es liegt der Schluss nahe, dass durch die Bindung von ArbeitsmigrantInnen an Sportvereine ihre politische Betätigung verhindert werden sollte. Dadurch waren sie in gewisser Weise an die Interessensvertretungen der ArbeitnehmerInnen gebunden, ohne jedoch selbst die Möglichkeit zu erhalten, an deren Politik aktiv mitzuwirken. ArbeitsmigrantInnen nahmen gegenüber der in AK und ÖGB organisierten ArbeiterInnenklasse die Stellung eines Subproletariats ein. Trotzdem war ein »Bewusstsein der Gemeinschaft« (Bratic 2003, 400) vorhanden. Aus diesem Grund bemühte man sich, mit Einverständnis der jugoslawischen Auslandsvertretungen durch die Förderung von sportlichen Betätigungen »einige von ihnen beeinflusste Regulativa einzuführen« (Bratic 2003, 400). Das gelang auch bis zum Zerfall Jugoslawiens aufgrund der engen Zusammenarbeit mit den jugoslawischen Auslandsvertretungen. Zudem zeichneten sich die bevorzugten Sportarten durch einen starken Gemeinschaftssinn und ein strenges Reglement aus. Dies trug zur Selbstdisziplinierung der ArbeitsmigrantInnen bei. Außerdem dürfte der Aspekt des körperlichen Trainings zur ›Stärkung‹ für die schwere körperliche Arbeit ebenfalls eine Rolle gespielt haben (Bratic 2003, 399–400).

6.3.2 Klub jugoslawischer Arbeiter

Im Jahr 1973 gründeten jugoslawische ArbeitsmigrantInnen in der Steiermark den Klub jugoslawischer Arbeiter, der ebenfalls von den Interessensvertretun-

566 In finanzieller Hinsicht erhielten die Vereine keine Unterstützung von den Auslandsvertretungen. Ihre Aufgabe bestand darin, antikommunistische Einflüsse aufzudecken, die Bindung an Jugoslawien zu stärken sowie die Remigration zu fördern. Im Vergleich dazu wurden in Deutschland spanische Arbeitsattachés eingesetzt, um den antifranquistischen Einfluss zu minimieren (siehe Kreienbrink 2012, 110–112).

567 Fußball, Kegeln, Schach, Tischtennis und Leichtathletik waren besonders beliebt.

gen der ArbeitnehmerInnen unterstützt wurde und gute Kontakte zum jugoslawischen Konsulat unterhielt.[568] Die Tätigkeiten des Vereins erstreckten sich auf die gesamte Steiermark. Der Vereinssitz war in Graz. Es war das Ziel der Vereinstätigkeiten, jugoslawische StaatsbürgerInnen, die in der Steiermark beschäftigt waren, sowie ihre Familienmitglieder zu versammeln, um die Kontakte zwischen den einzelnen jugoslawischen »Völkergruppen und Nationalitäten«[569] zu pflegen. Als Hauptaufgaben des Vereins wurden die »Sorge für die Aufrechterhaltung des moralischen Verhaltens und Ansehens der jugoslawischen Staatsbürger in Österreich« sowie die Organisation des »Kultur-, Bildungs-, Unterhaltungs- und Sportleben(s) der jugoslawischen Staatsbürger in der Weise, die den Lebens- und Arbeitsbedingungen in Österreich am besten entspricht«[570], definiert. Um das zu erreichen, sollten laut Vereinsstatuten Filmvorträge, Tanzveranstaltungen, Ausflüge, Vorträge, Sprach- und Qualifizierungskurse durchgeführt werden, die von unterschiedlichen Sektionen (Folklore, Musik, Theater, Sport, Schach und andere) veranstaltet werden sollten.[571]

Eine weitere Säule der Klubaktivitäten bildete die Aufklärung der »jugoslawischen Staatsbürger über ihre Arbeitsrechte in Österreich, die im österreichischen Recht auf Grund der zwischenstaatlichen Vereinbarungen zwischen der Republik Österreich und Jugoslawien«[572] festgeschrieben waren. Dieser Informationsfluss sollte zum einen durch die Mitarbeit des ÖGB, der AK, des LAA, der Gebietskrankenkasse, der Allgemeinen Unfallversicherungsanstalt und der jugoslawischen diplomatisch-konsularischen Vertretungen in Österreich sichergestellt werden. Zum anderen mithilfe der Kooperation »mit folgenden Organisationen in Jugoslawien: Gewerkschaft, der Auswandererorganisation, sozialistischer Verein der Arbeiter, Kultur-, Bildungs- und Sportvereine, Verlagsunternehmen und Redaktionen«[573], gewährleistet werden.

Um als aktives Mitglied in den Klub jugoslawischer Arbeiter aufgenommen zu werden, musste man die jugoslawische StaatsbürgerInnenschaft besitzen, in der Steiermark arbeiten und den jährlichen Mitgliedsbeitrag entrichten. Auch Familienangehörige jugoslawischer ArbeitsmigrantInnen erhielten die Möglichkeit der aktiven Teilhabe. Zudem konnten jugoslawische und österreichische

568 VertreterInnen der Interessensvertretungen der ArbeitnehmerInnen nahmen regelmäßig an Jahresversammlungen des Klubs teil und der Verein konnte die Arbeiterkammersäle für Veranstaltungen gratis nutzen. Auch der jugoslawische Konsul nahm an diversen Veranstaltungen des Klubs teil (Privatarchiv, Schreiben an ÖGB 5.2.1988; Schreiben an ÖGB 21.10.1987; Schreiben AK an Klub 26.2.1987 und 2.3.1987; Schreiben Generalkonsulat an Klub 18.2.1987).

569 Privatarchiv, Vereinsstatut Art. 3.

570 Privatarchiv, Vereinsstatut Art. 3.

571 Privatarchiv, Vereinsstatut Art. 3.

572 Privatarchiv, Vereinsstatut Art. 3.

573 Privatarchiv, Vereinsstatut Art. 3.

StaatsbürgerInnen eine Ehrenmitgliedschaft erhalten. Die Organisation des Klubs erfolgte durch Zweigstellen und Sektionen, wobei Zweigstellen in jenen steirischen Städten errichtet werden konnten, in denen jugoslawische ArbeiterInnen beschäftigt waren. So erfolgte die Gründung der Zweigstellen »Klub jugoslawischer Arbeiter ›25. Mai‹ in Kapfenberg« und »Klub jugoslawischer Arbeiter ›29. November‹ in Leoben«.[574] Finanziert wurden alle diese Aktivitäten durch Mitgliedsbeiträge, freiwillige Spenden und Einnahmen von Veranstaltungen.

Der Verein setzte sich aus vier Organen zusammen: Es gab die Hauptversammlung, die unter anderem die Richtlinien für weitere Vereinsaktivitäten festlegte, die Mitglieder des Verwaltungsausschusses sowie des Aufsichtsrates wählte und deren Berichte und Abrechnungen prüfte. Der Verwaltungsausschuss stellte das exekutive Organ des Vereins dar. Er bestand aus einem/einer Vorsitzenden, einem/einer StellvertreterIn, einem/einer SekretärIn, einem/einer KassierIn und weiteren fünf bis sieben Mitgliedern. Der/die Vorsitzende des Verwaltungsausschusses war für die Repräsentation des Klubs verantwortlich und zeichnungsberechtigt. Der Aufsichtsrat setzte sich aus dem/der Vorsitzenden und zwei weiteren Mitgliedern zusammen. Zu seinen Hauptaufgaben zählten die Überprüfung der Ausgaben und die Berichterstattung über die finanzielle Situation des Vereins. Als weiteres Organ wird in den Vereinsstatuten das Schiedsgericht genannt, das über alle Streitigkeiten im Rahmen der Vereinsaktivitäten entschied und sich aus fünf aktiven Mitgliedern zusammensetzte. Die Auflösung des Klubs konnte nur dann durch die Hauptversammlung beschlossen werden, wenn zwei Drittel der Mitglieder zustimmten.

Der Gastarbeiter-Betreuungsverein nahm den jugoslawischen Klub anfänglich als ›Konkurrenzunternehmen‹ zum kroatischen Seelsorgezentrum wahr. Auch im Diözesanen Gastarbeiter-Arbeitskreis wurde darüber diskutiert, welche Haltung man gegenüber dem Klub einnehmen solle. Man kam dabei zum Schluss, dass die Vereinsgründung eine positive Entwicklung darstellte und es nun in Graz eine weitere wichtige Anlaufstelle für ArbeitsmigrantInnen gab. Die Vereinsgründung wurde ebenfalls als Entlastung des kroatischen Zentrums wahrgenommen. Man berichtete, dass die Leute zwischen den Klubs je nach Programm und Öffnungszeiten wechselten und es zwischen dem kroatischen Zentrum und dem jugoslawischen Klub keine Spannungen gab.[575]

574 Aufgrund der Tatsache, dass kaum Quellen über die Klubs in der Steiermark zur Verfügung stehen, kann weder das Gründungsdatum noch die Vereinsgeschichte dieser Zweigstellen rekonstruiert werden. Auch sind für den Klub in Graz nur mehr Vereinsunterlagen aus den 1980er Jahren erhalten. Es kann aber davon ausgegangen werden, dass sich die Vereinsaktivitäten in den 1970er und 1980er Jahren nicht wesentlich voneinander unterschieden.

575 Archiv Caritas, Flüchtlingsfürsorge, 1974–1981, Kurzprotokoll Diözesaner Arbeitskreis 7.3.1974, 25.4.1974 und 21.11.1974.

1981 erfolgte die Umbenennung des Klubs jugoslawischer Arbeiter in »Klub jugoslawischer Arbeiter – Brüderlichkeit und Einigkeit (›*Bratstvo i jedinstvo*‹)«.[576] Den Hauptsitz hatte er in Graz in der Defreggergasse 3. Nicht nur, dass der Verein gute Beziehungen zum ÖGB, der AK und dem jugoslawischen Konsulat hatte, man war auch um eine gute Verbindung zur steirischen Landesregierung bemüht. In einem Schreiben an den Verein aus dem Jahr 1988 bekundet der damalige Landeshauptmannstellvertreter Hans Gross, dass er »auch künftig (...) für die Interessen und Anliegen jugoslawischer Arbeiter in Graz eintreten werde«[577].

Die intensiven Kontakte der jugoslawischen Vereine in Österreich mit dem Herkunftsland Jugoslawien und dem ÖGB wurden auch bei den seit den 1980er Jahren stattfindenden Arbeitersportspielen »Brüderlichkeit und Einigkeit« sichtbar. Dadurch sollten die Einheit unter den heterogenen jugoslawischen ArbeitsmigrantInnen sowie das »Gefühl der Verbundenheit mit der sozialistisch selbstverwalteten und blockfreien Heimat«[578] gefördert werden. Die jährliche Veranstaltung wurde zu einem Großteil vom ÖGB finanziert.[579] Die Organisation übernahmen die Koordinationsausschüsse, Vereinigungen und Klubs der jugoslawischen ArbeiterInnen und StaatsbürgerInnen in Österreich in Kooperation mit den jugoslawischen diplomatisch-konsularischen Vertretungen. Der ständige Ehrenschutz der Arbeitersportspiele oblag dem jugoslawischen und österreichischen Gewerkschaftsbund. Die ersten Spiele fanden am 30. 5. und 1. 6. 1980 in Linz statt. An diesen nahmen rund 1.700 jugoslawische ArbeiterInnen teil. Die Wettkämpfe wurden in folgenden Disziplinen ausgetragen: Fußball, Leichtathletik, Tischtennis, Kegeln und Schach. Parallel dazu fand ein umfassendes Kulturprogramm statt. Nach Linz, Innsbruck, Wien, Salzburg, Schwechat, Bregenz, Traun-Leoding-Linz fanden die achten Arbeitersportspiele am 23. und 24. 5. 1987 in Graz statt. Organisiert wurden diese von der Vereinigung der Klubs jugoslawischer Arbeiter in der Steiermark. Die Schirmherrschaft hatten die folgenden Organisationen bzw. Institutionen inne: der österreichische und jugoslawische Gewerkschaftsbund, die Gewerkschaft der Stadt Marburg, die Gemeinde Pesnica, der ASKÖ Steiermark und der Verband für Körperkultur der Sozialistischen Republik Serbien. Zur Information der Medien fand am 22. 5. 1987 eine Pressekonferenz im Spiegelsaal des ÖGB-Gebäudes am Südtirolerplatz in Graz statt. Die Spiele begannen am folgenden Tag mit einer feierlichen Eröffnung. Die Wettkämpfe wurden auf den Sportplätzen des ASKÖ Graz-Eg-

576 Privatarchiv, Bescheid Republik Österreich/Sicherheitsdirektion für Steiermark 22. 7. 1981.
577 Privatarchiv, Schreiben Hans Gross an Klub 9. 2. 1988.
578 Privatarchiv, Programmheft XI. Arbeitersportspiele.
579 Zudem übernahmen der Jugoslawische Bund für Körperkultur sowie die Partnerstädte Österreichs und Jugoslawiens einen Teil der Kosten.

genberg ausgetragen. Insgesamt nahmen 465 jugoslawische SportlerInnen an der Veranstaltung teil.[580]

Die jugoslawischen Vereine und ihre Aktivitäten waren somit wichtige Treffpunkte und Anlaufstellen für ArbeitsmigrantInnen. Sie waren eindeutig am Herkunftsland Jugoslawien orientiert, wie in den Vereinsstatuten deutlich zum Ausdruck kommt. Sie wurden zwar von den Interessensvertretungen der ArbeitnehmerInnen gefördert, eine Integration in ihre Organisationen erfolgte jedoch nicht. Zudem erfuhren die Vereine Unterstützung von den Auslandsvertretungen. Diese übten eine Kontrollfunktion aus und förderten Aktivitäten zur Aufrechterhaltung der Bindung an Jugoslawien. Infolge der Kriege im ehemaligen Jugoslawien wurden die Vereine aufgelöst und teilten sich, abhängig von der Nationalität ihrer Mitglieder, in serbische, kroatische, bosnische, kosovoalbanische, slowenische, montenegrinische oder mazedonische Organisationen (Bratic 2003, 400).

580 Privatarchiv, Programmheft VIII. Arbeitersportspiele.

7. Lebenswelten

»*If we focus on the macroeconomic level alone, we lose the actors who are essential to this drama, dismissing their agendas and denying the factor of human agency*« (Moch 2003, 7). Daher rücken in diesem Kapitel die Lebensrealitäten von ehemaligen GastarbeiterInnen in der Steiermark in den Mittelpunkt der Betrachtungen. Einleitend wird auf die Bedeutung der Forschungsmethode *Oral History* für die Historische Migrationsforschung Bezug genommen und das methodische Vorgehen beschrieben. Anhand von Kurzbiografien werden jene 15 GastarbeiterInnen, die für die vorliegende Untersuchung interviewt wurden, vorgestellt. Im Fokus stehen die Lebenswelten der interviewten ArbeitsmigrantInnen aus Jugoslawien. Es gilt, den Migrationsprozess aus ihrer Perspektive und mit ihren Worten anhand folgender fünf Bereiche zu beschreiben: Arbeit, Wohnen, Freizeit, Sprache und Herkunftsbeziehungen. Die Darstellung der persönlichen Ebene bildet dabei eine wichtige Gegenerzählung zu den bisherigen staatlichen, politischen und ökonomischen Aspekten der Arbeitsmigration.

7.1 Persönliches Erinnern – *Oral History*

Mit dem Begriff »*Oral History*« wird eine Forschungsmethode der Qualitativen Sozialforschung zur Erstellung und Bearbeitung mündlicher Quellen in der Geschichtswissenschaft bezeichnet.[581] Es geht dabei darum, individuelle Perspektiven darzustellen und Erinnerungen, Erfahrungen und Meinungen zu erfassen, die bislang in der Geschichtswissenschaft kaum berücksichtigt wurden. Dadurch können die Einflüsse historischer Transformationen auf das individuelle Leben sichtbar gemacht und die dynamische Rolle von Individuen in der Geschichtsschreibung aufgezeigt werden (Schmidlechner 2006, 128–129).

581 Zur Forschungsmethode siehe Abrams (2010), Schmidlechner (2006, 124–138; 1994, 9–24), Vorländer (1990), Niethammer (1980), Heitzer (2004, 509–528), Amesberger (2009, 63–77), Thomson (1999, 24–38).

Zentral bei der Anwendung dieser Forschungsmethode ist, dass Erzählungen über die Vergangenheit an die Gegenwart des Erzählens gebunden sind und der Rückblick auf Vergangenes von der aktuellen Lebenssituation bestimmt wird bzw. eine jeweils spezifische Vergangenheit entstehen lässt. Das bedeutet, dass die Auswahl der Erinnerungen, ihre zeitlichen und thematischen Verknüpfungen sowie die Art der Beschreibung jeweils von der Gegenwartsperspektive abhängig sind und das Erinnern als Prozess verstanden werden muss.[582] Erinnerungen sind somit immer Interpretationen der Vergangenheit der ErzählerInnen und als solche komplex, kreativ und fluid. Zudem beinhalten sie soziale Konventionen, Normen, Werte, Diskurse und Geschlechterhierarchien (Jagschitz 2006, 18; Abrams 2010, 105; Amesberger 2009, 64). Das Vergessen, die Auswahl der Erinnerungen sowie die (Um-) Deutung der Erlebnisse, um der eigenen Biografie im Nachhinein einen Sinn zu geben, stellen die größten Herausforderungen der Forschungsmethode dar.[583]

Aus diesem Grund müssen mündliche Quellen, ebenso wie traditionelle, einer Quellenkritik unterzogen werden. Die geführten Interviews werden in diesem Kontext als Bausteine zur Rekonstruktion der Vergangenheit verstanden. Deswegen wurden in der Auswertung der Interviews verschiedene Erinnerungsbilder kombiniert, unterschiedliche Aussagen gegenübergestellt und in Verbindung mit zusätzlichen Quellen gesetzt. Mit dem Ziel, »Konturen von Allgemeingültigkeit« (Jagschitz 2006, 18) zu erkennen (Gluck 1996, 218).

In der vorliegenden Forschungsarbeit wurde der Fokus auf die Beschreibung der Lebensverhältnisse von ArbeitsmigrantInnen in der Steiermark in den 1960er und 1970er Jahren – ein Forschungsdesiderat – gerichtet. Zentral dabei war es, neben der Erfassung der Migrationsbiografien Einblicke in die Lebensrealitäten der ArbeitsmigrantInnen zu erhalten und diese aus ihrer Perspektive und in ihren Worten darzustellen. Dadurch konnten bisherige Sichtweisen verändert bzw. herausgefordert werden und neue Erkenntnisse über die Lebenswelten von ArbeitsmigrantInnen, abseits der großen Zentren der Arbeitsmigration in den Bundesländern Wien oder Vorarlberg, gewonnen werden.

Gerade in der Migrationsforschung bietet *Oral History* den ForscherInnen

582 http://www.ssoar.info/ssoar/bitstream/handle/document/5675/ssoar-2002-rosenthal-biographische_forschung.pdf?sequence=1.

583 Aufgrund der Tatsache, dass Erzählungen eigenerlebter Erfahrungen dem konkreten Handeln und Erleben in der Vergangenheit näher stehen, wurden narrativ-biografische Interviews geführt. Zwar überlegen InterviewpartnerInnen am Beginn der Narration, welche Themen und Bereiche sie ansprechen möchten, geraten aber im Laufe der Erzählung in einen Erzählfluss, in dem Bilder, Gefühle oder Empfindungen von vergangenen Ereignissen auftauchen. Dadurch ergibt sich eine zunehmende Nähe zur Vergangenheit. Es werden dabei andere Perspektiven als jene der Gegenwart, die in den Argumentationsphasen oder bei Anekdoten dominieren, geäußert (siehe Schütze 1983, 285; Sieder 2001, 150; Rosenthal 2008, 148, 154–155).

nicht nur die Möglichkeit, die Komplexität des Migrationsprozesses zu erfassen, sondern auch aufzuzeigen, inwiefern Migrationsmuster und -politik das Handeln und die Lebensrealitäten der MigrantInnen, ihrer Familien und Netzwerke beeinflussen (Jagschitz 2006, 17–18; Schmidlechner 2006, 129–130; Thomson 1999, 24–38). Die geführten Interviews tragen zu einem tieferen Verständnis von Migrationsbewegungen bei und belegen, dass es sich dabei weder um einen monokausalen, linearen noch ausschließlich ökonomischen Prozess handelt.

Aufgrund der Tatsache, dass über GastarbeiterInnen wenig schriftliches Quellenmaterial zur Verfügung steht und ihre Migrationsgeschichten bisher kaum Eingang in die österreichische Geschichtsschreibung und das kollektive Gedächtnis gefunden hatten, wurde die Methode der *Oral History* zur Erforschung der Lebensrealitäten von ArbeitsmigrantInnen in der Steiermark gewählt, die zwischen 1967 und 1977 in die Steiermark gekommen waren. Dazu wurden 15 biografisch-narrative Interviews[584] geführt. Um detailliertes Wissen über die Arbeitsabläufe, -schritte und -mechanismen in Bezug auf die Beschäftigung und Betreuung von ArbeitsmigrantInnen in der Steiermark im zu untersuchenden Zeitraum zu erhalten, wurden ergänzend acht leitfadengestützte ExpertInneninterviews[585] mit Vertretern der Caritas, der Diözese Graz-

584 Biografisch-narrative Interviews bestehen grundsätzlich aus drei Teilen: die autobiografische Anfangserzählung, die immanente Nachfragephase und der exmanente Nachfrageteil (siehe Schütze 1983, 283–293; Sieder 2001, 145–172). Die Verfasserin dieser Arbeit entschied sich für eine Form des biografisch-narrativen Interviews, bei dem sie Leitfragen festlegte bzw. Interessensschwerpunkte setzte, um eine Vergleichbarkeit der Interviews bei der thematischen Auswertung sicherzustellen. Eröffnet wurden die Interviews mit einer offenen narrativen Einstiegsfrage zum Migrationsverlauf der befragten ArbeitsmigrantInnen. Die folgenden Fragen zu den einzelnen Themenbereichen wurden ebenfalls narrativ gestaltet, um die InterviewpartnerInnen zu weiteren Erzählungen anzuregen. Dadurch hatten sie die Möglichkeit, die Strukturierungen und Wertigkeiten ihrer Erzählungen zu den verschiedenen Interessensgebieten weiterhin selbst zu bestimmen. Alle Interviews fanden bei den Befragten zu Hause statt, um eine angenehme und erzählgenerierende Gesprächssituation zu fördern. Die Suche nach InterviewpartnerInnen erfolgte nach dem ›Schneeballverfahren‹. Die Interviews dauerten zwischen 1,5 und 3 Stunden und wurden in deutscher Sprache geführt.

585 Diese fanden an ›neutralen Orten‹ wie den Büros der befragten Personen oder in Kaffeehäusern statt. An dieser Stelle soll darauf hingewiesen werden, dass die ausgewählten InterviewpartnerInnen aus Jugoslawien in diesem Forschungsprojekt ebenfalls als ExpertInnen ihrer eigenen Lebensgeschichte betrachtet werden. In der Forschungsliteratur wird zwischen InterviewpartnerInnen, bei denen die Lebensgeschichte bzw. Ausschnitte daraus im Zentrum des Interesses stehen, und Interviews mit ExpertInnen unterschieden. Bei Letzteren wird der Fokus auf die Eigenschaft einer Person als SpezialistIn für bestimmte Handlungsfelder gerichtet. Ihre Aussagen und Erläuterungen werden repräsentativ für eine Gruppe, Institution, Organisation, Situation oder ähnliches in die Forschung einbezogen und nicht als Einzelfall ausgewertet (siehe Schütze 1983, 285).

Seckau, der steirischen HK, AK und Bau-Holz-Gewerkschaft, des Gastarbeiterbetreuungsvereins und von Bauunternehmen geführt.[586]

7.2 Kurzbiografien

»Der komplexe Charakter und die komplexen Motive von Wanderungen sind nur ein Aspekt, den Lebensgeschichten zu besserem Verständnis zu leisten in der Lage sind. Liest man in solchen Geschichten aufmerksam, so stößt man auf viele Einzelerlebnisse und Einzelerfahrungen, die vielleicht über den individuellen Fall hinaus Bedeutung haben (...)« (Mitterauer 2002, 13). Das Ziel ist es, anhand der Kurzbiografien Übereinstimmungen, Ähnlichkeiten und Abweichungen in den Lebensverläufen der interviewten ArbeitsmigrantInnen sichtbar zu machen und biografisches Hintergrundwissen für die thematische Auswertung zu liefern.[587]

586 Es folgt eine namentliche Auflistung der Experten mit Angaben über ihre Tätigkeiten im zu untersuchenden Zeitraum für die in Klammer stehenden Institutionen/Vereine/Betriebe: Friedrich Hager (Caritas): Diözesansekretär und Vorsitzender der KAJ, Mitglied des Arbeitskreises für Gastarbeiterfragen der Diözese Graz-Seckau; Prälat Leopold Städtler (Diözese Graz-Seckau): Priester und Generalvikar der Diözese Graz-Seckau, stellvertretender Obmann des Gastarbeiterbetreuungsvereins; Dr. Fabian Haintz (Wirtschaftskammer Steiermark): Sekretär der Bauinnung und Geschäftsführer der Sektion »Gewerbe«; Peter Gottlieb (Bau-Holz-Gewerkschaft): Sekretär und Landesgeschäftsführer der Bau-Holz-Gewerkschaft Steiermark; Dr. Josef Zacharias (AK Steiermark): Jurist AK Steiermark, Unterausschuss für Ausländerbeschäftigung, Direktor der Arbeiterkammer Steiermark; Mirko Baric (Gastarbeiterbetreuungsverein): Geschäftsführer des Vereins; Ing. Max Treiber (Baumeister): technischer Leiter, Geschäftsführer Treiber-Webern; DI Alexander Pongratz (Baumeister): Bautechniker und Geschäftsführer Pongratz Bau.

587 Die interviewten Männer berichteten vorwiegend über ihre Arbeit und ihr aktives Handeln in bestimmten Situationen. Sie bezogen sich in ihren Erzählungen stärker auf allgemeine Ereignisse und Fakten. Im Gegensatz dazu gingen Frauen näher darauf ein, wie sich bestimmte Ereignisse auf ihre persönlichen Lebensrealitäten ausgewirkt hatten, und beschrieben ihre Erfahrungen und Gefühle in bestimmten Situationen detaillierter. Das Arbeitsleben nahm in den Erzählungen von Frauen und Männern einen großen Stellenwert ein. Frauen berichteten zudem vermehrt über ihr Familienleben. In den Erzählungen der interviewten Frauen wurde, im Vergleich zu den Männern, häufiger die indirekte Rede verwendet. Sie sprachen öfter von »Wir« und »Uns«, um auf das Netz von Beziehungen zu verweisen, in das die eigene Person eingebettet ist. Die interviewten Männer hingegen stellten in ihren Erzählungen die eigene Person in den Mittelpunkt, indem sie fast ausschließlich die Personalpronomen »Ich« und »Mich« einsetzten. Diese Erkenntnis kann aber nicht als Indiz dafür gewertet werden, dass männliche und weibliche Erinnerungsfunktionen verschieden seien. Des Weiteren ist zu beachten, dass sich nicht nur die Erzählformen von Männern und Frauen unterscheiden, sondern auch zwischen den Geschlechtern, Kulturen oder Ethnizitäten. Das in den westlichen Ländern angewandte lineare bzw. chronologische Erzählmuster eignet sich weniger für InterviewpartnerInnen mit anderen kulturellen Erzähltraditionen. Es gibt keine Forschungsergebnisse, die zeigen, dass

»Ich musste hier in Graz schwer arbeiten« (Jovanka R.)[588]

Jovanka R. ist 1950 im heutigen Zentral-Bosnien geboren und Mutter von drei Kindern. Ihr damaliger Ehemann kam 1969 in die Steiermark, um einer Erwerbsarbeit nachzugehen. Im gleichen Jahr wurde auch ihr erstes Kind geboren. Jovanka R. blieb circa 1,5 Jahre in Bosnien und erfuhr von einem Bekannten, dass ihr Mann sie betrog. Auf Anraten ihrer Familie beantragte sie einen Reisepass und kam nach Graz. Ihren Sohn ließ sie in der Zwischenzeit in der Obhut ihres Bruders in Jugoslawien. Das war eine sehr belastende Situation für Jovanka R. Die Ehe verlief nicht gut und nach drei Monaten kehrte Jovanka R. nach Bosnien zurück. Nach einigen Monaten in Jugoslawien entschied sie sich, erneut nach Graz zu gehen. Als sie ankam, fand sie sogleich eine Arbeitsstelle in einer Schneiderei. Anschließend war sie in einer Süßwarenfabrik in Graz beschäftigt. In dieser Zeit kam auch ihr zweites Kind im Jahr 1973 zur Welt. Als ihr drittes Kind 1979 geboren wurde, war Jovanka R. bei einer Grazer Druckerei zusammen mit ihrem Ehemann tätig. Die Ehe empfand sie als sehr belastend. Nach 13 Ehejahren ließ sich Jovanka R. Anfang der 1980er Jahre scheiden. Sie entschied sich, als alleinerziehende Mutter von drei Kindern in Graz zu bleiben. Ihr erstes Kind holte sie, als dieses im schulpflichtigen Alter war, zu sich nach Graz. Jovanka R. hatte viele unterschiedliche Arbeitsstellen in ihrem Leben. Sie war in diversen Gasthäusern als Küchenhilfe, im Reinigungsbereich und als Hausmeisterin beschäftigt. Auch arbeitete sie einige Jahre als Reinigungskraft im bischöflichen Ordinariat in Graz und war zwei Jahre lang im Grazer Schlachthof tätig. Zudem war sie unangemeldet bei verschiedenen Familien für den Haushalt verantwortlich. Den Schritt, nach Graz zu kommen, bereut Jovanka R. nicht, obwohl es für sie als Alleinerzieherin sehr schwer war. Am Beginn der 1990er Jahre lernte sie ihren heutigen Lebensgefährten, einen gebürtigen Kroaten, kennen. Gemeinsam leben sie in einer Eigentumswohnung. Heiraten will Jovanka R. nicht mehr. Den Urlaub und die Feiertage verbringen die beiden gerne in Kroatien, nach Bosnien kommt sie nur mehr selten. Seit den 1990er Jahren

---

Männer und Frauen unterschiedliche Erinnerungsfunktionen aufweisen. Alle empirischen Beweise auf etwaige Differenzen deuten lediglich auf Unterschiede in der Phase der Kodierung hin. Frauen und Männer kodieren ihre Erinnerungen möglicherweise aufgrund ihrer Sozialisation unterschiedlich. Auch gilt es, den kulturellen Unterschied zu berücksichtigen. In westlichen Kulturen gelten Frauen generell als Beziehungsexpertinnen und Expertinnen für ›Zwischenmenschliches‹. Frauen tendieren aufgrund ihrer Sozialisation dazu, besser über ihre Gefühle und Emotionen sprechen zu können als Männer. Dabei handelt es sich aber nicht um Unterschiede zwischen männlichen und weiblichen Erinnerungsmustern auf kognitiver Ebene, sondern um Ausdrücke von Mustern geschlechtlicher Sozialisation (Abrams 2010, 91–92, 120).

588 Interview, 15.9.2011 und 13.10.2011.

besitzt sie die österreichische StaatsbürgerInnenschaft und kann sich nicht vorstellen, jemals woanders zu leben.

»Ich bin einfach so hierhergekommen« (Ljublica P.)[589]

Die im Jahr 1952 im heutigen Bosnien geborene Ljublica P. lebt seit September 1973 in Graz. Sie ist geschieden und hat zwei Töchter, die 1972 und 1974 geboren worden sind. Des Weiteren hat sie zwei Söhne, die 1978 und 1986 zur Welt kamen. Die erste Tochter ist in Bosnien geboren und lebte, bis sie 1,5 Jahre alt war, bei den Eltern von Ljublica P. in der Nähe von Sarajevo. Ljublica P. folgte ihrem damaligen Ehemann einige Monate später nach Graz. Die erste Arbeitsstelle der gelernten Schneiderin, die in Bosnien als Krankenpflegerin tätig gewesen war, war im Gastgewerbe, wo sie als Küchenhelferin arbeitete. Ursprünglich wollte die streng römisch-katholisch erzogene Ljublica P., die bei ihren Großeltern aufgewachsen war, Försterin werden. Aber für die Ausbildung reichte das Geld der Familie nicht aus. In der Anfangszeit war Ljublica P. bei unterschiedlichen gastgewerblichen Betrieben und Reinigungsunternehmen beschäftigt. Im Jahr 1981 nahm sie eine Stelle im bischöflichen Ordinariat in Graz an, wo sie bis zu ihrer Pensionierung im Jahr 2012 als Reinigungskraft arbeitete. Daneben hatte Ljublica P. mehrere Hausmeistereien und war unangemeldet in zahlreichen privaten Haushalten als Haushaltshilfe tätig. Ihre Ehe verlief sehr unglücklich. Sie und ihre Kinder wurden von ihrem Exmann misshandelt. Dieser war laut Auskunft von Ljublica P. auch in kriminelle Handlungen involviert. Außerdem erfuhr sie, dass er bereits verheiratet war und sie unter falschem Namen und mit gefälschten Papieren geehelicht hatte. Schließlich wurde er aufgrund seiner kriminellen Aktivitäten im Juni 1979 aus Österreich abgeschoben und die Ehe für ungültig erklärt. Es war keine leichte Zeit für Ljublica P., die sich dazu entschloss, mit ihren drei Kindern in Graz zu bleiben. Vor allem da ihr Mann zahlreiche Schulden hatte, die sie begleichen musste. Unterstützung fand sie durch ihre ArbeitgeberInnen. 1984 begann sie mit ihrem Ersparten ein Haus in Bosnien zu bauen. Dieses wurde durch den Krieg Anfang der 1990er Jahre zerstört. Heute besitzt Ljublica P. eine Wohnung in der Umgebung von Sarajevo sowie eine Wohnung und einen Schrebergarten in Graz. Zurückkehren nach Bosnien möchte sie nicht mehr. Für sie ist Graz zur Heimat geworden. Alle ihre sieben Geschwister sind in das Ausland gegangen. Drei Schwestern leben in Graz, zwei Brüder in der Schweiz, eine Schwester und ein Bruder in Italien.

589 Interview, 13.7.2012 und 15.2.2014.

»Nach dem Krieg war alles kaputt« (Anica M.)[590]

Anica M. ist im Jahr 1955 als Tochter einer Hausfrau und eines Zimmermanns im heutigen Bosnien geboren worden. Sie ist verheiratet und hat vier Kinder. Zwei wurden 1974 und 1976 in Graz, zwei 1982 und 1984 in Bosnien geboren. Anica M. kam zum ersten Mal im Jahr 1973 in die Steiermark. Ihr Ehemann war bereits einige Monate zuvor nach Graz gereist. Die gelernte Köchin arbeitete insgesamt acht Jahre lang als Küchenkraft in zwei Grazer Krankenhäusern. Das Ziel des Paars war es, so viel Geld wie möglich zu verdienen und dann nach Bosnien zurückzukehren. Nach achtjähriger Erwerbstätigkeit in Graz hatten die beiden ihr Sparziel erreicht und remigrierten. In Bosnien bauten sie mit ihren Ersparnissen ein Haus. Ihre Kinder besuchten dort die Schule. Anica M. war nach ihrer Rückkehr nicht berufstätig. Ihr Mann fand eine Anstellung als Busfahrer. Als im Jahr 1991 der Krieg in Jugoslawien ausbrach, entschied sich die Familie, wieder nach Österreich zu gehen. In Graz fand Anica M. erneut eine Anstellung als Köchin in einem Krankenhaus. Diesmal kam auch ihre Mutter mit und lebte bis zu ihrem Tod bei der Familie. Ihr Vater, der heute in Serbien lebt, blieb in Bosnien. Die Familie entschloss sich, ihren Lebensmittelpunkt dauerhaft nach Österreich zu verlegen. Ende der 1990er Jahre nahm Anica M. die österreichische StaatsbürgerInnenschaft an. Sie schildert, dass sie mehr Zeit in Österreich verbrachte als in Bosnien und Graz zu ihrer Heimat wurde. Eine Remigration ist für sie ausgeschlossen. Zu Beginn ihres zweiten Aufenthaltes in Österreich am Anfang der 1990er Jahre erwarben sie und ihr Mann ein Haus in Graz-Gösting. Als die Kinder erwachsen waren und auszogen, verkauften sie dieses und investierten in eine Eigentumswohnung. Des Weiteren erwarben sie ein Gasthaus am Grazer Griesplatz, um ihren Töchtern den Einstieg ins Berufsleben zu erleichtern. Nachdem die Töchter geheiratet bzw. eine andere Arbeitsstelle gefunden hatten, verkauften sie das Gasthaus und investierten in einen Bus, mit dem Herr M. wöchentlich Personen und Waren nach Bosnien transportiert. Anica M. ist mittlerweile in Pension.

»Damals war es leicht, eine Arbeit zu finden« (Ruza S.)[591]

Die 1944 im heutigen Serbien geborene Ruza S. ist mit 24 Jahren das erste Mal nach Österreich gekommen. In ihrer Heimat absolvierte sie die Berufsschule. Ihre erste Arbeitsstelle war in Wien als Reinigungskraft in einer Brückenbaufirma, in der auch ihr damaliger Ehemann arbeitete. Er war bereits ein halbes

590 Interview, 17.12.2013.
591 Interview, 20.5.2011 und 8.9.2011.

Jahr vor Ruza S. über die offiziellen Anwerbestellen der BWK nach Wien vermittelt worden und hatte für sie einen Arbeitsplatz in derselben Firma organisiert. Im Mai 1969 besuchte das Ehepaar die Familie in Jugoslawien und machte auf der Heimreise einen Stopp bei Bekannten in Graz. Gemeinsam mit ihren Bekannten entschieden sie, nach ihrem Heimaturlaub nach Graz zu ziehen. Ihre erste Anstellung fand Ruza S. als Abwäscherin in einem Restaurant am Grazer Hauptbahnhof. Aufgrund der schweren körperlichen Tätigkeit wechselte sie nach kurzer Zeit zu einer Natronpapierfabrik. Damals kamen auch ihre Mutter und Ziehschwester nach Graz. Anfänglich lebte die ganze Familie zusammen in einer kleinen Wohnung. Nachdem die Firma in Konkurs gegangen war, fand die gelernte Bettwarenerzeugerin in einer Schneiderei eine Anstellung. Bis circa 1971 war sie dort beschäftigt, dann wollte ihr Ehemann nach Serbien zurückkehren. Die beiden remigrierten. Allerdings blieb Ruza S. nur circa drei Monate in Serbien, da ihr Mann sich weigerte, eine Arbeit anzunehmen. Sie zog zu ihrer Mutter nach Graz. Einige Wochen darauf folgte ihr Mann. Kurze Zeit später ging die Ehe in die Brüche. Ruza S. ließ sich scheiden, obwohl sie schwanger war. Ihr erster Sohn kam 1974 zur Welt. Nach ihrer Karenzzeit hatte sie diverse Arbeitsstellen, unter anderem in einer Lebensmittelfabrik und 1,5 Jahre als Küchenkraft in einem Grazer Gasthaus. Anschließend war sie 13 Jahre lang ›Mädchen für alles‹ in einem Sanatorium in Graz. Während dieser Zeit lernte sie auch ihren heutigen Ehemann, einen Arbeitsmigranten aus dem heutigen Bosnien, kennen und brachte 1981 ihren zweiten Sohn zur Welt. Nach ihrer Tätigkeit im Sanatorium war Ruza S. bis zu ihrer Pensionierung im Jahr 2000 als Reinigungskraft in der Steirischen Gebietskrankenkasse beschäftigt. Gemeinsam mit ihrem Ehemann besitzt sie ein Haus in Bosnien. Sie erzählt, dass sie gerne dorthin auf Besuch fahren. Leben möchten die beiden aber ausschließlich in Graz bei ihren Kindern und Enkelkindern. 1995 nahm Ruza S. die österreichische StaatsbürgerInnenschaft an. Bedauert hatte sie ihren eingeschlagenen Weg nie.

»Ein Kind ohne Papa auf die Welt zu bringen, war eine Schande« (Slavica T.)[592]

Slavica T. ist 1952 im heutigen Serbien in der Nähe von Beograd geboren. Ihr Vater war Offizier und ihre Mutter Hausfrau. Slavica T. hatte vier Geschwister. Sie absolvierte eine Lehre als Konditorin in Jugoslawien und wurde mit 19 Jahren schwanger. Aus diesem Grund entschied sich Slavica T., alleine nach Vorarlberg zu migrieren. Ihren Sohn ließ sie in der Obhut ihrer Mutter in Serbien. Slavica T. arbeitete als Abwäscherin in einem Gasthaus und später als Zimmermädchen. In

592 Interview, 27.10.2011.

Vorarlberg lernte sie einen gebürtigen Grazer kennen. Sie heirateten und zogen 1977 gemeinsam nach Graz. In diesem Jahr kam auch ihr zweites Kind, eine Tochter, zur Welt. Außerdem entschied sie sich dazu, ihren Sohn nach Graz zu holen. Ihre Ehe verlief sehr schlecht. Ihr Mann war ein Alkoholiker und misshandelte nicht nur sie, sondern auch ihren Sohn. Sie erfuhr von der Möglichkeit, in einem Mutter-Kind-Heim Zuflucht zu finden, und ließ sich von ihrem Ehemann scheiden. Neben ihrer anfänglichen Tätigkeit in einer chemischen Reinigung hatte Slavica T. zahlreiche Hausmeistereien und private Haushalte, die sie unangemeldet betreute. 1980 nahm sie einen Kredit auf und erwarb eine Eigentumswohnung in Graz. In den 1980er Jahren lernte sie ihren jetzigen Ehemann kennen, mit dem sie »wesentlich« glücklicher ist. Heute leidet sie gesundheitlich sehr unter den Folgen ihrer schweren körperlichen Arbeit. Nach Serbien zurückzukehren, kann sie sich nicht mehr vorstellen, obwohl sie mit zunehmendem Alter eine gewisse »Nostalgie« zu ihrem Herkunftsland entwickelt hat.

»Dadurch hat sich ein Fenster geöffnet« (Ivanka G.)[593]

Ivanka G. wurde 1940 im heutigen Slowenien geboren und lebte seit Juni 1967 in Graz. Sie hatte sechs Geschwister. Ihre Eltern stammten aus ärmlichen Verhältnissen. Dennoch besuchte Ivanka G. ein Gymnasium, wusste aber nach ihrem Abschluss nicht genau, was sie machen sollte. Sie befolgte den Rat eines Priesters und ging nach Zagreb. Er stellte den Kontakt zu einer Frau her, bei der sie wohnen konnte. Im Gegenzug erledigte Ivanka G. diverse Besorgungen für sie. Sie berichtete, dass es ihr nicht schwer gefallen war, nach Zagreb zu gehen, und sie kaum Heimweh gehabt hatte. Trotzdem nutzte sie jede Gelegenheit, ihre Eltern in Slowenien zu besuchen. In Zagreb bewarb sie sich für einen Ausbildungsplatz als Kinderkrankenpflegerin an einem Krankenhaus. Ivanka G. wurde angenommen und erhielt für die zweijährige Ausbildung ein Stipendium. Die einzige Auflage war, dass sie nach Abschluss ihrer Lehrzeit für zwei Jahre dort bleiben musste. Im Jahr 1967 erfuhr sie, dass es eine Anfrage für Krankenschwestern von österreichischen Krankenhäusern gab, da in Österreich ein Mangel an medizinischem Personal herrschte. Sie entschloss sich, nach Graz zu gehen. Nach ihrer Ankunft in Graz begann sie umgehend mit ihrem Dienst auf der Kinderklinik des Landeskrankenhauses (LKH). Sie erhielt ein Zimmer im Schwesternwohnheim, für Verpflegung war gesorgt. Die Entlohnung erfolgte laut ihren Angaben immer pünktlich. Kurze Zeit danach meldete sie sich für die Abendschule an und schloss das vierjährige Bundesgymnasium für Berufstätige

593 Interview, 11.1.2011 und 12.1.2011.

mit Auszeichnung ab. Zudem machte sie eine Ausbildung als akademisch geprüfte Übersetzerin für Serbokroatisch-Deutsch und schloss im Jahr 2006 ihr Studium als Übersetzerin für Slowenisch-Deutsch ab. Dennoch blieb sie bis zu ihrer Pensionierung im Dienst des LKH. Ivanka G. heiratete einen gebürtigen Grazer und erhielt Anfang der 1980er Jahre die österreichische StaatsbürgerInnenschaft. Zu ihrer in Slowenien lebenden Schwester hatte sie ein enges Verhältnis und besuchte diese regelmäßig. Zurückzukehren kam für Ivanka G. aber nie infrage. Sie engagierte sich sehr im slowenischen Klub »*Triglav*« in Graz. Nachdem dieser 1991 aufgelöst worden war, gründete sie einen eigenen Verein, dessen Ziel die Vermittlung sowie der künstlerische und kulturelle Austausch zwischen Österreich und Slowenien ist. Ivanka G. verstarb im Sommer 2015.

»Ich habe meine sieben Sachen eingepackt und bin gefahren« (Hilde L.)[594]

Hilde L. ist 1945 im heutigen Slowenien geboren. Sie absolvierte die Handelsschule in Maribor. Ihr Vater starb kurz nach ihrer Geburt. Ihre Mutter, Leiterin einer Seidenfabrik, zog die Kinder alleine auf. Hilde L. lebt bereits seit 1966 in der Steiermark. Bis zu ihrer Abreise war sie in Slowenien im Sekretariat einer großen Eisenfabrik tätig. Sie wollte in Österreich mehr Geld verdienen und entschloss sich daher zur Arbeitsmigration. Ihre erste Arbeitsstelle war in Rottenmann, wo sie im Gastgewerbe arbeitete. Wohnen konnte Hilde L. in einem Zimmer über dem Lokal. Sie wurde kurze Zeit nach ihrer Ankunft schwanger. 1970 kam ihr erster Sohn zur Welt. Er lebte bis zu seinem dritten Lebensjahr bei ihrer Mutter in Slowenien, da sie keine Möglichkeit sah, das Kind neben der Arbeit zu betreuen. Einmal in der Woche fuhr Hilde L. nach Slowenien, um ihr Kind zu besuchen. Als ihr Sohn im kindergartenfähigen Alter war, holte sie ihn 1973 zu sich nach Rottenmann. In dieser Zeit ging auch ihre Chefin in Pension. Aus dem Lokal mit Kegelbahn wurde ein Lebensmittelgeschäft. Hilde L. fand dort als Kassiererin eine neue Anstellung. Ihren jetzigen Mann, einen Arbeitsmigranten aus dem heutigen Kroatien, lernte sie in Rottenmann kennen. 1978 kam ihr zweiter Sohn auf die Welt. Danach blieb Hilde L. zu Hause bei ihren Kindern, die mittlerweile die österreichische StaatsbürgerInnenschaft besitzen. Hilde L. ist heute kroatische Staatsbürgerin. Zurückkehren möchte sie aber nicht mehr.

594 Interview, 7.5.2013.

»Ich wollte Slowenien nicht verlassen« (Katja J.)[595]

Die angelernte Schneiderin ist 1952 im heutigen Slowenien geboren. Sie lebte zum Zeitpunkt der Interviews seit 1972 in Graz und plante ihre Remigration. Ihr Ehemann, ebenfalls ein gebürtiger Slowene, ist bereits in ihr gemeinsames Haus nach Slowenien zurückgekehrt, wo er seine eigene Computer-Firma betreibt. Katja J. stammt aus einer Bauernfamilie und hat vier Geschwister. Ihr Vater war bereits in den 1960er Jahren in Deutschland und in Österreich als Bauarbeiter tätig, um das Familienbudget aufzubessern. Da für eine weitere schulische Laufbahn kein Geld vorhanden war, begann Katja J. in einer Schneiderei zu arbeiten. Ihren Ehemann, der bereits seit 1970 in Graz lebte und eine Ausbildung zum Spengler absolviert hatte, lernte sie in Slowenien kennen. Es fiel ihr zwar schwer, Slowenien zu verlassen, aber aus Liebe entschied sie sich zur Migration. Gemeinsam mit ihrer Schwester zog sie zu ihrem heutigen Ehemann nach Graz. Die beiden Frauen fanden in einem Jugendgästehaus eine Anstellung, wo sie auch wohnen konnten. Ihre Schwester war rund zwei Jahre lang in Graz, ging dann nach Deutschland und anschließend in die Schweiz. Dort lebt sie noch heute. Die Familie ihres Mannes war gegen die Verbindung. Trotzdem heirateten die beiden im Jahr 1974 in Graz. In diesem Jahr kam auch ihr erstes gemeinsames Kind, eine Tochter, zur Welt. Bis ungefähr 1976 war Katja J. im Jugendgästehaus beschäftigt. Dann führte sie unterschiedliche Heimarbeiten aus. Im Jahr 1977 wurde ihre zweite Tochter geboren. Zwei Jahre später gebar sie einen Sohn, der kurz nach seiner Geburt verstarb. Danach blieb sie zwei Jahre zu Hause und verdiente ihr Geld erneut mit Heimarbeit und privaten Näh- und Haushaltungsaufträgen. 1984 wurde ihr viertes Kind, ein Sohn, geboren. 1986 trat sie eine Stelle als Hausmeisterin in der Österreichischen Wohnbaugenossenschaft an. 25 Jahre lang war sie dort beschäftigt gewesen, bis sie 2015 in Pension ging und zu ihrem Mann nach Slowenien zurückkehrte.

»Ich wollte nur weg« (Ivanka S.)[596]

Ivanka S. ist 1954 in Slowenien geboren und lebt seit 1969 fast durchgehend in Graz. Sie ist Mutter eines Sohns, der 1973 in Slowenien zur Welt gekommen ist, und einer im Jahr 1983 in Graz geborenen Tochter. Ivanka S. zog ihre Kinder alleine auf. Sie stammt aus schwierigen Familienverhältnissen. Ihr Vater war Alkoholiker. Die Familie hatte wenig Geld. Sie waren fünf Kinder, von denen nur ein Sohn einen Beruf erlernen konnte, da ihn seine Lehrerin finanziell unter-

595 Interview, 12.4.2011 und 19.5.2011.
596 Interview, 27.1.2011 und 24.2.2011.

stützte. Ivanka S. brach vor ihrem 15. Lebensjahr die Schule ab. Ihre Schwester vermittelte ihr eine Arbeitsstelle als Hausmädchen bei einer Familie in Pula (heutiges Kroatien). Sie arbeitete dort fast zwei Jahre lang. Sie war sehr glücklich, von ihrer Familie wegzukommen, und lernte dort sehr viel. Nach ihrer Rückkehr in ihren Heimatort wurde sie von einem Bekannten gefragt, ob sie nach Österreich mitkommen wolle. Kurz nach ihrer Ankunft in Graz lernte sie den Bruder ihres Bekannten kennen und wurde schwanger. Aufgrund ihrer Schwangerschaft verlor sie ihre damalige Arbeitsstelle. Mit knapp 18 Jahren kehrte die hochschwangere Frau nach Slowenien zurück, wo sie bei ihrer Schwester wohnte. Die Zeit in Jugoslawien empfand Ivanka S. als sehr schwierig. Für viele DorfbewohnerInnen war es unvorstellbar, dass eine Frau ein lediges Kind zur Welt brachte. Als ihr Sohn ungefähr neun Monate alt war, entschied sich Ivanka S., nach Österreich zurückzukehren, da sie für sich und ihr Kind keine Zukunftsperspektiven in Slowenien sah. Sie fand gleich eine Anstellung in einem Privatsanatorium und erhielt eine Arbeits- und Aufenthaltsbewilligung. Als ihr Sohn drei Jahre alt war, holte sie ihn zu sich nach Graz. Mit 17 Jahren entschied ihr Sohn, zu seinem Vater, einem gebürtigen Montenegriner, der heute in Kanada lebt, zu ziehen. Dort wohnt er noch heute. Nach sechs Jahren im Sanatorium war Ivanka S. zehn Jahre lang als Reinigungskraft in einer Grazer Firma tätig. Anschließend hatte sie als Bürokraft in diversen Firmen gearbeitet, bis sie Ende der 1980er Jahre einen Arbeitsplatz als Köchin in einem Kindergarten annahm. Im Jahr 2000 absolvierte Ivanka S. eine Ausbildung zur Kinderbetreuerin und eröffnete ihren eigenen Kindergarten. Seit 1988 besitzt sie die österreichische StaatsbürgerInnenschaft. Nach Slowenien fährt sie gerne »auf Besuch«, aber Österreich ist heute ihr Zuhause.

»Am Anfang wäre ich schon gerne zurückgekehrt« (Veronika B.)[597]

Veronika B., Angehörige der ungarischen Minderheit in der Vojvodina und Tochter eines Maurers und einer Hausfrau, ist 1956 in der Vojvodina geboren. Sie lebt seit 1974 mit ihrem Ehemann in der Steiermark. Die Grundschule absolvierte sie in Jugoslawien. Berufsausbildung hat Veronika B. keine. Abenteuerlust und wirtschaftliche Aspekte waren für sie und ihren Ehemann die Hauptgründe für die Arbeitsmigration. Ursprünglich planten sie, zu ihrem Schwager nach Kanada zu migrieren. Als ›Zwischenstation‹ bot sich Graz an, wo bereits ein anderer Bruder ihres Mannes arbeitete. Außerdem gingen sie und ihr Mann davon aus, dass die Migration nach Kanada leichter von Österreich als von Jugoslawien aus zu bewerkstelligen sei. Ihr Schwager vermittelte ihrem Ehe-

597 Interview, 27.2.2012.

mann einen Arbeitsplatz und eine Wohnmöglichkeit. Veronika B. fand schnell eine Anstellung als Reinigungskraft in Graz. Ein Jahr nach ihrer Ankunft in Graz kam ihr erster Sohn auf die Welt. 1979 folgte der zweite und 1983 ihr dritter. Nach der Geburt ihres ersten Kindes nahm Veronika B. eine Hausmeisterei an, um Kinderbetreuung und Erwerbstätigkeit besser verbinden zu können. Außerdem arbeitete sie unangemeldet als Reinigungskraft und Haushälterin. Nach ihrem dritten Kind blieb Veronika B. sechs Jahre lang zu Hause. Ende der 1980er Jahre nahm sie dann eine Stelle als Reinigungskraft an. Mitte der 1980er Jahre bezog die Familie ihr neu errichtetes Haus in der Nähe von Graz. Den Traum, nach Kanada zu gehen, gaben sie und ihr Mann im Laufe der Zeit auf. Ihr Auswanderungsantrag wurde von der kanadischen Botschaft abgelehnt. Einen weiteren Versuch unternahm die Familie nicht. Nach dem Einzug in ihr Haus entschied sie sich, die österreichische StaatsbürgerInnenschaft anzunehmen, um auch ihren Kindern das Leben in Österreich zu vereinfachen. Heute ist Veronika B. in Pension. Neben Österreich wurde auch Ungarn zu einem weiteren Lebensmittelpunkt. Seit den 1990er Jahren besitzt die Familie ein Wochenendhaus am Plattensee, wo sie einen Großteil ihrer Freizeit verbringt.

»Die Arbeit selber hat mir nicht so gefallen« (Mirko H.)[598]

Der gelernte Asphaltleger ist 1941 im heutigen Bosnien geboren. Das erste Mal kam er 1969 nach Österreich. Sein Bruder, der bereits bei einer Baufirma in Rottenmann beschäftigt war, vermittelte ihn an eine Baufirma in Trieben. Dort war er nicht ordnungsgemäß angemeldet, weswegen er nach vier Monaten zu einem anderen Bauunternehmen wechselte. Vier Jahre später bot ihm ein Arbeitskollege an, bei ihm in seiner Firma in Slowenien zu arbeiten. Aus rein wirtschaftlichen Überlegungen entschloss er sich, nach Ljubljana zu gehen. 17 Jahre lang hatte Mirko H. in Slowenien gelebt und gearbeitet, bevor er wieder nach Österreich kam. Außerdem führte er über die ganzen Jahre hinweg eine Fernbeziehung. Er heiratete 1975. 1976 wurde der erste und 1980 der zweite Sohn in Bosnien geboren, wo beide bei der Mutter aufwuchsen. Mit dem verdienten Geld baute Mirko H. ein Haus für seine Familie in Bosnien. Wegen des Kriegs in Jugoslawien entschied er sich, von Ljubljana wieder nach Österreich zurückzukehren, und nahm im Jahr 1990 eine Stelle als Spengler in Linz an. Ein Jahr später vermittelte ihn sein damaliger Chef zu einer Baufirma in St. Michael in der Steiermark. Dort besuchten ihn im Jahr 1991 erstmals seine Frau und

598 Interview, 13.2.2014. Das Interview wurde im Rahmen des von Spectro finanzierten Forschungsprojektes »Lebensrealitäten ehemaliger ArbeitsmigrantInnen in der Steiermark« geführt.

seine Kinder. Sie entschlossen sich für ein gemeinsames Leben in der Steiermark. Kurz nachdem seine Familie nach Bosnien zurückgereist war, brach dort der Krieg aus. Drei Jahre lang hatte er nur telefonischen Kontakt zu seiner Frau und seinen Kindern. 1994 konnte er sie schließlich nach Österreich holen. Alle vier leben heute in der Steiermark. Er ist seit 2005 in Pension und wohnt mittlerweile in seinem eigenen Haus in Feldkirchen bei Graz.

»1976 bin ich wieder zurück nach Österreich gekommen« (Milutin D.)[599]

Milutin D., 1952 im heutigen Bosnien geboren, kam 1969 das erste Mal aus wirtschaftlichen Gründen nach Österreich. Er stammt aus ärmlichen Verhältnissen. Milutin D. hatte neun Geschwister. Sein Vater arbeitete nicht viel. Er sah keine Zukunftsperspektive für sich in Jugoslawien und entschloss sich daher zur Arbeitsmigration. Seine erste Arbeitsstelle war als Holzarbeiter in Schwarzau in Kärnten. Er hatte dort circa vier Jahre lang gearbeitet, bevor er für 2,5 Jahre nach Deutschland ging, wo er unterschiedliche Tätigkeiten in verschiedenen Städten ausübte. 1976 kehrte er nach Österreich zurück. Er fand eine Anstellung in einer Eisenfabrik in Graz, wechselte dann aber zu einer Grazer Reinigungsfirma. Elf Jahre lang hatte Milutin D. in Graz gearbeitet und gelebt, bis er aus familiären Gründen für zwei Jahre in das heutige Serbien zog. Er hatte dort eine Frau und zwei Kinder. Nach der Trennung kehrte er 1989 nach Graz zurück, wo er seither ununterbrochen lebt. Seine erste Frau, eine Bosnierin, mit der er ebenfalls zwei Kinder hat, ist vor einigen Jahren verstorben. Laut Milutin D. wollte keine der beiden Frauen nach Österreich kommen. Beide hatten ihre Arbeitsstellen, Familien und Haushalte in Jugoslawien. Seine Kinder blieben ebenfalls in Bosnien bzw. in Serbien. Heute lebt er zusammen mit seiner kroatischen Lebensgefährtin, die 1992 infolge der Kriege in Jugoslawien nach Österreich gekommen ist, in einer Wohnung in Graz. Bis zu seiner Pensionierung im Jahr 2012 arbeitete er fast 12 Jahre lang in der gleichen Reinigungsfirma in Graz. Trotz der Entscheidung, dauerhaft in Graz zu bleiben, hat Milutin D. nicht um die österreichische StaatsbürgerInnenschaft angesucht, sondern bleibt bosnischer Staatsbürger.

599 Interview, 11.2.2014. Das Interview wurde im Rahmen des von Spectro finanzierten Forschungsprojektes »Lebensrealitäten ehemaliger ArbeitsmigrantInnen in der Steiermark« geführt.

»Ich war jung und die Nostalgie zum Geburtsort war groß« (Mehio S.)[600]

Mehio S. ist im Jahr 1953 im heutigen Bosnien geboren. Er hatte vier Geschwister und besuchte die Volks- und Hauptschule in seiner Heimatgemeinde. Anschließend besuchte er zwei Jahre lang eine kaufmännische Schule, musste diese aber nach dem Tod seines Vaters abbrechen und die Familie finanziell unterstützen. Im Jahr 1974 kam Mehio S. nach Graz und begann in der gleichen Baufirma, in der auch sein Onkel beschäftigt war, zu arbeiten. Er war insgesamt 3,5 Jahre für diese Firma tätig gewesen, bevor sie in Konkurs ging. Er remigrierte dann nach Bosnien und wollte nicht mehr in die Steiermark zurückkehren, da er ein Arbeitsangebot in Split (Kroatien) hatte. Für einige abschließende Erledigungen kam er noch einmal nach Graz. Dort traf er einen ehemaligen Arbeitskollegen, der ihn für eine Baufirma in dieser Stadt anwarb. Sein Chef machte ihm nach zwei Jahren das Angebot, die Berufsschule in Graz zu besuchen. Nach anfänglichem Zögern entschloss sich Mehio S. zu diesem Schritt. Im Jahr 1978 lernte er seine heutige Frau, eine Arbeitsmigrantin aus dem heutigen Serbien, kennen. Diese brachte einen Sohn aus erster Ehe in die Beziehung mit. Ihr zweiter Sohn kam 1981 zur Welt. Mehio S. engagierte sich in seiner Freizeit sehr im jugoslawischen Klub in Graz und wurde 1985 zum Obmann dieses Vereins gewählt. Mitte der 1990er Jahre nahm er gemeinsam mit seiner Frau und seinen Söhnen die österreichische StaatsbürgerInnenschaft an. Die Familie besitzt ein kleines Haus in Bosnien, das für Heimatbesuche genutzt wird. Zurückkehren möchte Mehio S. nicht mehr.

»Ich bin dann hier geblieben« (Stefan L.)[601]

Stefan L. ist 1948 in Kroatien geboren und lebt seit 1970 in der Steiermark. Er beendete den Militärdienst in Jugoslawien und wurde dann von seiner Schwester und ihrem Ehepartner zu einer Baufirma in Steinach in der Obersteiermark vermittelt. Auch seine Eltern unterstützten sein Vorhaben, in das Ausland zu gehen. Sie besaßen einen kleinen Bauernhof und waren auf die finanzielle Unterstützung ihrer Kinder angewiesen. Die Baufirma in Steinach stellte ihm zusammen mit einem Arbeitskollegen eine Wohnung zur Verfügung und erledigte alle Formalitäten für ihn. Als die Firma in Konkurs ging, fand der gelernte Maurer eine neue Arbeitsstelle in einer Firma für Innenausbau, bei der er bis zu seiner Pensionierung tätig war. Dort hatte er die Möglichkeit, eine Ausbildung als Stuckateur zu absolvieren. Kurz darauf lernte er seine heutige Frau kennen,

600 Interview, 6.5.2011.
601 Interview, 7.5.2013.

die ihm in ihrer Wohnung »Unterschlupf« gewährte, als er aus der Firmenunterkunft seiner ersten Arbeitsstelle ausziehen musste. Aus der freundschaftlichen Hilfe wurde Liebe. Seit damals leben die beiden gemeinsam in derselben Wohnung und heirateten in den 1970er Jahren. Im Jahr 1978 kam ihr gemeinsamer Sohn zur Welt, ein lediges Kind hatte seine Frau in die Beziehung mitgebracht. Stefan L. besitzt noch immer die kroatische StaatsbürgerInnenschaft, möchte aber nicht mehr zurückkehren.

»Wenn man jung ist, hat man so viel Kraft« (Geza B.)[602]

Der gelernte Zimmermann ist 1954 in der Vojvodina geboren. Er gehört zur dort ansässigen ungarischen Minderheit. 1974 entschied er, gemeinsam mit seiner Ehefrau nach Graz zu kommen. Er hatte zwei Brüder, wovon einer in Kanada und einer in Graz arbeitete und lebte. Als er den Militärdienst in Jugoslawien absolviert hatte, entschied sich das Ehepaar zur Arbeitsmigration. Einen Monat nach ihrer Ankunft in Graz reisten er und seine Verlobte nach Serbien und heirateten dort standesamtlich. Die kirchliche Hochzeit folgte in Graz. Der ursprüngliche Plan war, zuerst in Österreich Geld zu verdienen und dann zu seinem Bruder nach Kanada zu migrieren. Anfänglich unterstützte ihn sein anderer Bruder, der bereits in Graz lebte, finanziell sowie bei der Arbeits- und Wohnungssuche. Circa ein Jahr nach ihrer Ankunft in Graz wanderte dieser mit seiner Familie ebenfalls nach Kanada aus. Das Ziel war es, seinen beiden Brüdern in zwei Jahren zu folgen. Aber das war nicht möglich, da in Kanada kein Bedarf an Zimmerleuten bzw. Holzarbeitern bestand. Geza B. fand eine Anstellung als Zimmermann in einer Firma in Graz. Bei dieser blieb er bis zur Pensionierung seines damaligen Chefs im Jahr 1987. Insgesamt wechselte er vier Mal seinen Arbeitsplatz. In seiner jetzigen Firma ist er schon fast 20 Jahre lang tätig. Nach einigen Jahren in Österreich hatte die Familie so viel Geld gespart, dass sie ein Grundstück in der Nähe von Graz erwerben und dort ein Haus bauen konnte. 1987 nahm er die österreichische StaatsbürgerInnenschaft an. Seit den 1990er Jahren besitzt Geza B. gemeinsam mit seiner Frau ein Wochenendhaus in Ungarn am Plattensee, wo er in seiner Freizeit seinem liebsten Hobby, dem Fischen, nachgeht.

602 Interview, 27.2.2012.

7.3 Lebenswelt und individuelle Erfahrungen

In diesem Unterkapitel wird der Fokus auf das Alltagsleben jener 15 ArbeitsmigrantInnen aus Jugoslawien gerichtet, die im vorherigen Abschnitt vorgestellt wurden. Ihre Erzählungen, mit anderen Quellen kombiniert und ergänzt, sollen dazu beitragen, ein umfassendes Verständnis für die Lebenswelten von GastarbeiterInnen in den 1960er und 1970er Jahren in der Steiermark zu erhalten.[603]

7.3.1 Arbeit

Die meisten ArbeitsmigrantInnen waren in Österreich wie auch in der Steiermark in der Bauwirtschaft, der Leder- und Textilindustrie, dem Tourismussektor, dem Gastgewerbe sowie im Bereich der persönlichen Dienstleistungen beschäftigt (Matuschek 1985, 175). Kennzeichnend für diese Branchen war, dass es sich dabei vorwiegend um Arbeiten handelte, »bei denen sich die Attribute ›unangenehm‹, ›schlechte Bezahlung‹ und ›geringes Prestige‹« (Fassmann/Münz 1995, 66) überschnitten. Zudem waren diese Branchen durch hohe Fluktuationen und saisonale Schwankungen geprägt, was sich vor allem auf ArbeitsmigrantInnen negativ auswirkte, da ihre Aufenthaltserlaubnis an ein gültiges Arbeitsverhältnis gebunden war (Fassmann/Münz 1995, 66). Außerdem handelte es sich dabei vorwiegend um körperliche Tätigkeiten mit keinen klar definierten Arbeitszeiten, wenig Freizeit und einem hohen Unfallrisiko (Fassmann/Münz 1995, 66).

Arbeitsaufnahme

Die meisten der interviewten Personen reisten nicht über die offiziellen Anwerbestellen der BWK ein, wie auch die geringe Anzahl an Anwerbeanträgen steirischer Firmen an die BWK belegt. Sie kamen »einfach so«[604] nach Österreich und suchten sich vor Ort eine Arbeitsstelle oder wurden über Bekannte und Verwandte vermittelt. Mehio S. erzählt: »Ich bin nicht durch das ganze System gekommen, ich bin einfach mit dem Zug gekommen.«[605] Eine gängige Praxis vieler Unternehmen war, dass man weitere Arbeitskräfte über bereits im Betrieb beschäftigte ArbeitsmigrantInnen rekrutierte. Stefan L. führt dazu aus: »Die Firmen haben damals Arbeiter gebraucht und da hat einer den anderen gefragt,

603 Zur besseren Verständlichkeit sind einzelne Wörter oder Satzteile der wörtlichen Zitate an die deutsche Sprache angepasst. Unverständliche Passagen werden sinngemäß wiedergeben.

604 Interview Stefan L., 7.5.2013.

605 Interview Mehio S., 6.5.2011.

ob man mitgehen will. (…) Einer hat den anderen geholt.«[606] Eine Vorgehensweise, die auch Hilde L. bestätigt.[607] Bei Heimatbesuchen fragte man in den Herkunftsregionen, ob jemand nach Österreich mitkommen möchte, und vermittelte die Arbeitskräfte an österreichische Firmen.

Die meisten InterviewpartnerInnen wurden über Bekannte oder Verwandte angeworben und kamen »praktisch privat«[608] nach Österreich. Stefan L. erfuhr von einem Bekannten von den besseren Verdienstmöglichkeiten in Österreich und entschied sich zur Arbeitsmigration. Er erzählt: »Weil ich ungebunden war, bin ich dann hierher gekommen und dann bin ich hier geblieben.«[609] Ivanka S. wurde auch von einem Freund gefragt, ob sie nicht in Österreich arbeiten möchte. Sie schildert die Situation folgendermaßen: »Natürlich habe ich ja gesagt! Nur weg, weil ohne Ausbildung kriegt man in Slowenien keinen Job.«[610] Auch Anica M. und ihr Ehemann erhielten über ihren Schwager einen Arbeitsplatz in Graz.[611] Ebenso fuhren VertreterInnen steirischer Firmen nach Jugoslawien und warben vor Ort ArbeiterInnen an. Friedrich Hager, Vorsitzender der Katholischen Arbeiter Jugend (KAJ) und damaliges Mitglied des Diözesanen Arbeitskreises für Gastarbeiterfragen, bestätigt diese Anwerbepraxis: »Die Firmen sind in die Dörfer gefahren, haben im Wirtshaus die Leute angeworben und sie dann mit Bussen hergebracht.«[612] DI Pongratz, ein Grazer Baumeister, beschreibt die Anwerbepraxis seiner Firma: »Wir sind aber auch teilweise mit Bussen zur Grenze gefahren, haben die Leute dort abgeholt und haben sie zu den Baustellen gebracht.«[613] Peter Gottlieb, damaliger Sekretär der Bau-Holz-Gewerkschaft, berichtet von ähnlichen Erfahrungen: »Die Firma (…) hatte einen Bus, mit dem haben sie am Sonntagabend oder Montag in der Früh in Kroatien oder Slowenien die Leute abgeholt und am Freitag am Abend wieder runtergeführt.«[614]

Nur zwei der interviewten Personen wurden über die Anwerbestellen der BWK angeworben. Milutin D. war einer von ihnen. Er wurde bei der Überprüfung seines gesundheitlichen Zustandes »von den Zehen bis zum Kopf«[615] untersucht. Er erinnert sich: »Wenn du schlechte Zähne hattest, bist du nicht durchgekommen. Das war sehr streng. Alles ist untersucht worden, wirklich alles. Wie die Figur vom Mann war, das Gewicht oder ob du dick bist. Sie haben

606 Interview Mehio S., 6.5.2011.
607 Interview Hilde L., 7.5.2013.
608 Interview Mehio S., 6.5.2011.
609 Interview Stefan L., 7.5.2013.
610 Interview Ivanka S., 21.1.2011.
611 Interview Anica M., 17.12.2013.
612 Interview Mirko H., 7.2.2012.
613 Interview DI Alexander Pongratz, 1.8.2012.
614 Interview Peter Gottlieb, 16.8.2012.
615 Interview Milutin D., 11.2.2014.

überall nachgeschaut und alles abgemessen, wie beim Bundesheer.«[616] Milutin D. vergleicht diese Überprüfung mit einem »Service beim Auto«[617]. Für die Anwerbung nach Deutschland waren die Untersuchungen laut seinen Aussagen noch strenger. Es wurde nicht nur in Jugoslawien sein gesundheitlicher Zustand festgestellt. In Osnabrück wurde er in einer Spezialklinik erneut getestet. Auch Hilde L. wurde durch das jugoslawische Arbeitsamt an einen österreichischen Betrieb vermittelt. Der Sohn ihrer damaligen Chefin kam sie in Slowenien abholen und brachte sie direkt nach Rottenmann, wo sie am nächsten Tag in einem Abendlokal mit Kegelbahn zu arbeiten begann. Eine weitere Möglichkeit, zur Arbeitsaufnahme einzureisen, beschreibt Ruza S.: »Wie ein Tourist. Zuerst gehst du dich zur Polizei anmelden und nachher suchst du dir eine Arbeit und die Firma gibt beim Arbeitsamt die Bewilligung ab. Die hat man leicht bekommen.«[618]

Arbeitsalltag

Ljublica P., die als Touristin einreiste, fand anfänglich eine Anstellung im Gastgewerbe. Sie beschreibt ihre Arbeitsaufgaben: »Dort habe ich geputzt und in der Küche (gearbeitet), also Küchenhelferin kann man sagen. (...) Was die Chefin gesagt hat, dass musste ich machen.«[619] Mirko H. beschreibt seine ersten Lebens- und Arbeitserfahrungen in der Steiermark folgendermaßen:

> Wir sind von Zagreb nach Trieben mit dem Zug gefahren, die ganze Nacht. In der Früh sind wir dann aus dem Zug ausgestiegen. Dann sind wir in die Wohnung und um neun Uhr haben wir angefangen zu arbeiten. Gleich ausgestiegen, Sachen abgestellt und zur Arbeit. Ich kann mich noch gut erinnern, wir haben ein Altersheim gebaut (...) es waren viele Menschen von unten, unsere Leute, die auch die Sprache teilweise gekonnt haben, wo ich mich dann leichter zurechtfinden konnte.[620]

Mirko H. war bei seiner ersten Baufirma nur für einige Stunden offiziell angemeldet. Als er dies nach einigen Monaten erfuhr, wechselte er zu einem anderen Bauunternehmen. Dort machte er bessere Erfahrungen. Mirko H. schildert, dass dort »alle sehr korrekt mir gegenüber waren, da habe ich damals so ca. 3.000 Schilling[621] verdient«[622]. Er war auch in einem großen stahlverarbeitenden Unternehmen beschäftigt. Die Arbeit dort bereitete ihm viel Freude. Er erinnert sich:

616 Interview Milutin D., 11.2.2014.
617 Interview Milutin D., 11.2.2014.
618 Interview Ruza S., 20.5.2011.
619 Interview Ljublica P., 15.2.2014.
620 Interview Mirko H., 13.2.2014.
621 3.000 Schilling entsprechen circa 218 Euro.
622 Interview Mirko H., 13.2.2014.

> Die Menschen waren auch so nett und dort hat man eben mit Eisen gearbeitet und da gab es diese großen Behälter, wo das Eisen gekocht wurde, also erhitzt wurde. Und ich habe zwei Arbeiten gemacht. Entweder das Eisen in diese Behälter reingegeben, wo das dann gekocht wurde. Und danach, wenn man das dann hinausnimmt, dann bleibt so eine Schicht zurück, die man dann putzen muss. Manchmal habe ich auch diese Schicht hinunter putzen müssen. Also das waren halt die zwei Arbeiten, die ich dort gemachte habe. Aber dort war es wirklich schön.[623]

Katja J., die in Jugoslawien als Schneiderin arbeitete, beschreibt ihren Arbeitsalltag in einem Jugendgästehaus folgendermaßen:

> Das war schwer, es war nicht leicht. Wie haben wir da gearbeitet? Wenn die Kinder gekommen sind, manchmal drei Busse auf einmal, mussten wir das Frühstück richten und dann war das alles wegzuräumen. Da waren tausende von Brösel, das habe ich früher daheim nie gesehen! So viele Kinder. Dann haben wir zusammengekehrt und wieder alles für die Jause und das Mittagessen vorbereitet. Inzwischen haben wir die drei Stockwerke aufgeräumt. Also Zimmer putzen, dann oben in der Waschküche die Bettwäsche waschen. Das ist immer so weiter gegangen. Und dann wieder Essen austeilen. Es war nicht leicht für mich.[624]

Katja J. führte diese Tätigkeit auch während ihrer Schwangerschaft aus. Sie erzählt: »Ich war dann inzwischen schon schwanger. Ich kann mich erinnern, ich bin dann mit zwölf Salaten gegangen und mir ist schlecht geworden und ich habe diese zwölf Salate umgeschmissen. Das werde ich nie vergessen, das hat so gescheppert.«[625] Unterstützt wurde Katja J. von ihrer damaligen Chefin, die eine »ganz liebe Frau«[626] war. Ihr Ehemann war beim Arbeitsamt angestellt. Er erledigte alle Formalitäten für das junge Paar. Im Jugendgästehaus hatten die beiden auch die Möglichkeit zu wohnen. Nach der Geburt ihrer zweiten Tochter entschied sich Katja J. für eine Heimarbeit, um ihre Kinder leichter betreuen zu können und dennoch ein wenig Geld zu verdienen. Aber die Situation verlief anders als erwartet. Katja J.. erinnert sich: »Ich habe nichts verdient (…) aber Tag und Nacht gearbeitet. Den ganzen Sonntag. Mein Mann hat dann gekocht und alles. Er war schon ganz wahnsinnig. Und zum Schluss habe ich 1.200 Schilling[627] (verdient).«[628] Von diesem Betrag mussten noch die Stromkosten beglichen werden, sodass kaum etwas übrig blieb. Sie gibt an, dass es mit dem zweiten Kind immer schwerer wurde, die Familie zu ernähren:

> Und eben dann beim zweiten Kind haben wir gesagt, wie sie zwei Jahre alt war, eine geht in den Kindergarten, die zweite in die Krabbelstube und ich bin nähen gegangen. Zum

623 Interview Mirko H., 13.2.2014.
624 Interview Katja J., 12.4.2011.
625 Interview Katja J., 12.4.2011.
626 Interview Katja J., 12.4.2011.
627 1.200 Schilling entsprechen circa 87 Euro.
628 Interview Katja J., 12.4.2011.

> Schluss habe ich gesehen, es bleibt mir gar nichts übrig, wie ich den Kindergarten und die Krabbelstube bezahlt habe. Alle sind hungrig nach Hause, ich war – das werde ich nie vergessen – ich war schon ganz schwindelig.[629]

Besser verdiente Ivanka G. als Krankenschwester auf der Kinderstation im Landeskrankenhaus. Sie gibt an: »Wenn Sie gesehen haben, dass du fähig bist, haben sie dich behalten.«[630] Von ihrem ersten Lohn gab sie viel zu viel aus. Ivanka G. ergänzt: »Es war eine zu große Freude so viel Geld zu verdienen, da habe ich viel zu viel gekauft!«[631]

Unbezahlte Überstunden gehörten für Hilde L. zum Arbeitsalltag. Sie erzählt von ihrer Tätigkeit als Kellnerin in einem Lokal in der Obersteiermark: »Die Chefin hat gesagt: ›Heute ist viel los. Du musst hier bleiben.‹ Wir haben durchgearbeitet, aber ich habe das nie bezahlt bekommen. Ich habe Essen bekommen, aber die Stunden wurden nie bezahlt. Ich hatte mein Fixum, aus basta. Das war nicht nur einmal so, dass war x-mal so.«[632] Auch Jovanka R. erging es ähnlich. Sie musste in der Druckerei, in der sie anfänglich beschäftigt war, regelmäßig Nachtdienst leisten. Sie führt dazu aus: »Immer von sechs bis sechs in der Früh. Normal war das für Frauen verboten, aber wir mussten arbeiten.«[633] Trotz der unbezahlten Überstunden erhielt Hilde L. viel Unterstützung von ihrer damaligen Chefin und pflegte ein enges Verhältnis zu ihrer Vorgesetzten. Die meisten interviewten ArbeitsmigrantInnen unterhielten freundschaftliche Verhältnisse zu ihren ArbeitgeberInnen. Geza B. beschreibt: »Unser Chef hat damals auf uns geschaut. Er hat zum Beispiel unsere Kinder, wie sie auf die Welt gekommen sind, vom Spital heimgeführt. Nur, dass wir arbeiten können. Ja, sonst hätte ich freinehmen müssen.«[634]

Schwere körperliche Arbeit prägte den Arbeitsalltag von Ruza S., die heute durch Bandscheibenprobleme und Abnutzungen der Hand- und Fingergelenke gesundheitlich eingeschränkt ist. Ihr erster Arbeitsplatz in Graz war in einer Küche in einem Gasthaus am Hauptbahnhof:

> Ich war für das Geschirr zuständig und die Häferl waren so groß. Das war ganz schwer für mich. Da habe ich zwei Monate Geschirr abgewaschen und dort war eine Frau, so wie eine Chefin und sie hat gekocht. Und sie war auch von unten. Und sie hat dann den Chef gebeten, dass sie mir etwas Leichteres geben, weil ich das ja nicht schaffte. Am Abend hatte ich immer Kreuzschmerzen und so.[635]

629 Interview Katja J., 12.4.2011.
630 Interview Ivanka G., 11.1.2011.
631 Interview Ivanka G., 11.1.2011.
632 Interview Hilde L., 7.5.2013.
633 Interview Jovanka R., 15.9.2011. Zur damaligen Regelung der Nachtarbeit für Frauen siehe BGBl. Nr. 237/1969, Nachtarbeit der Frauen.
634 Interview Geza B., 27.2.2012.
635 Interview Ruza S., 20.5.2011.

Es war für Ruza S. einfach, eine neue Arbeitsstelle zu erhalten. Sie erinnert sich: »Damals war es leicht, eine Arbeit zu finden, da haben sie uns gebraucht.« Ähnliche Erfahrungen machte auch Anica M. Bereits an ihrem zweiten Tag in Graz erhielt sie einen Arbeitsplatz als Köchin in einem Grazer Spital. Ruza S. fand anschließend eine Arbeitsstelle in einer Natronpapierfabrik, später auch in einer Schneiderei, wo sie Akkordarbeit leisten musste. Sie berichtet von den damaligen Lohnbedingungen: »Wie viel du gearbeitet hast, so viel hast du bezahlt bekommen. Wenn du weniger gearbeitet hast, hattest du weniger Geld. Aber wenn du mehr gearbeitet hast, dann hast du auch mehr Geld bekommen. Das war schon schön in der Firma.«[636] Nach ihrer Karenzzeit war sie 13 Jahre in einem Sanatorium beschäftigt gewesen, bis sie bei der Steiermärkischen Gebietskrankenkasse eine Stelle als Reinigungskraft erhielt, die sie bis zu ihrer Pension im Jahr 2000 ausübte. Gerne denkt Ruza S. an ihre Arbeit im Sanatorium zurück: »Ja für mich war es die schönste Zeit im Sanatorium, wo ich die Patienten betreut habe. Das war für mich schön, also die Patienten aufbauen, reden und so.«[637]

Beruflich war Stefan L. in ganz Österreich unterwegs und beschloss, eine Ausbildung zum Stuckateur zu machen. Obwohl die Arbeit als Stuckateur eine »schwere Arbeit, eine Kopfüber-Arbeit«[638] war, entschloss er sich zu diesem Schritt, um zukünftig im Innenausbau eingesetzt zu werden. Er begründet diese Entscheidung folgendermaßen: »Warum soll ich als Maurer arbeiten, da bist du im Winter oder im Herbst, ob es schneit oder regnet draußen. Beim Innenausbau bist du drinnen, obwohl am Anfang keine Fenster drinnen sind, es wie im Vogelhaus zieht, aber bist du trotzdem drinnen.«[639] Stefan L. entschied sich bewusst für eine Ausbildung, um seine berufliche Situation zu verbessern. So auch Mehio S., der den Rat seines damaligen Chefs folgte, und die Berufsschule in Graz besuchte. Er schildert: »Es war für mich schwierig, in bin damals der einzige Ausländer in der Berufsschule gewesen.«[640] Ivanka G. meldete sich bereits kurz nach ihrer Ankunft in Graz bei einer Abendschule an und erwarb die österreichische Reifeprüfung. Sie entschloss sich dann für eine universitäre Ausbildung. Sie gibt an, dass sie durch den Schulbesuch viele neue Personen kennenlernte. Es begann sich dadurch, für sie »ein Fenster zu öffnen«[641]. Neben ihrer Tätigkeit im Krankenhaus machte sie zunächst eine Ausbildung zur akademisch geprüften Übersetzerin für Serbo-Kroatisch. Anschließend absolvierte sie den ersten Abschnitt eines Kunstgeschichtestudiums und schloss das Di-

636 Interview Ruza S., 20.5.2011.
637 Interview Ruza S., 20.5.2011.
638 Interview Stefan L., 7.5.2013.
639 Interview Stefan L., 7.5.2013.
640 Interview Mehio S., 6.5.2011.
641 Interview Ivanka G., 11.1.2011.

plomstudium Übersetzen und Dolmetschen für Slowenisch und Deutsch an der Karl-Franzens-Universität ab. Im LKH Graz blieb Ivanka G. dennoch bis zu ihrer Pensionierung beschäftigt. Bis Ende der 1980er Jahre war sie auf der Kinderstation tätig, dann erhielt sie den lang ersehnten Posten in der Verwaltung. Sie beschreibt den Weg dorthin:

> Zum Schluss ist es dann gelungen, dass ich in die Verwaltung gekommen bin. Was ich dann eigentlich sehr bereut habe. Es war wunderschön mit den Kindern zu arbeiten, wunderschön. Und diesen Papierkram habe ich zuerst dann Tag und Nacht einarbeiten müssen. Dann ist der Computer gekommen, da musste ich mich auch einarbeiten. (...) diese neue Umstellung in der Verwaltung ist mir sehr schwer gefallen. Gut, dass habe ich dann durchgehalten und mich eingearbeitet.[642]

Auch Ivanka S. entschied sich für eine Weiterbildung, um ihre Lage am Arbeitsmarkt zu verbessern. Im Jahr 2000 absolvierte sie eine Ausbildung zur Kinderbetreuerin und eröffnete im Folgejahr ihren eigenen Kindergarten.

Die Annahme einer Hausmeisterei stellte für viele ledige und verheiratete Frauen aus Jugoslawien eine Möglichkeit dar, Berufstätigkeit mit Kinderbetreuung zu verbinden sowie den hohen Mieten für Substandardwohnungen zu entgehen. Zwar waren die sich dadurch ergebenden Wohnmöglichkeiten nicht immer besser, jedoch in finanzieller Hinsicht erleichterte diese Art der Beschäftigung das Leben vieler ArbeitsmigrantInnen. Die meisten Hausmeistereien und unangemeldeten Reinigungsaufträge erhielt Slavica T. durch Vermittlung über Bekannte oder durch Zeitungsinserate.[643] Zwischen ihr und ihren ArbeitgeberInnen entwickelte sich im Laufe der Zeit eine »Vertrauensbasis«[644]. Sie erinnert sich: »Ich habe sogar den Schlüssel bekommen. Ich konnte gehen und kommen, wann ich wollte. Ich habe mir zum Essen und zum Trinken nehmen können. Am Anfang geht das nicht.«[645] Bezahlt wurde Slavica T. für ihre Arbeitsleistungen immer pünktlich, aber sie musste »sehr gründlich und viel arbeiten«[646]. Heute leidet sie an den Folgen der schweren körperlichen Tätigkeiten. Sie hat zahlreiche Gelenksabnützungen und ist in keiner guten gesundheitlichen Verfassung. Ein Schicksal, das sie mit vielen GastarbeiterInnen teilt.

Für Veronika B. bot die Anstellung als Hausmeisterin ebenfalls eine Möglichkeit, Erwerbstätigkeit mit Kinderbetreuung zu verbinden. Durch das Zusatzeinkommen konnten sie und ihr Mann, der im Baugewerbe beschäftigt war,

642 Interview Ivanka G., 11.1.2011.

643 Neyer stellt fest, dass für Frauen die Möglichkeit der zusätzlichen Erwerbstätigkeit, vor allem als Hausbesorgerinnen oder im Reinigungsbereich bestand. Dies trifft auch für die Steiermark zu. (Neyer 1986, Seite 438–455).

644 Interview Slavica T., 27.10.2011.

645 Interview Slavica T., 27.10.2011.

646 Interview Slavica T., 27.10.2011.

in den 1980er Jahren ein Grundstück in der Nähe von Graz erwerben und ein eigenes Haus bauen. Sie erzählt:

> Also wie der erste Sohn schon auf der Welt war, habe ich dann nachher eine Hausmeisterei angenommen. Und dort habe ich gearbeitet, also ich war angemeldet. Und wie der (zweite Sohn) auf die Welt gekommen ist (…) sind wir in ein anderes Haus umgezogen. Dort hatte ich auch eine Hausmeisterei. Und nebenbei bin ich natürlich ein bisschen schwarzarbeiten gegangen. Und wie dann der dritte Sohn auf die Welt gekommen ist, da war ich sechs Jahre bei ihm zu Hause. Und wie er mit der ersten Klasse angefangen hat, dann habe ich wieder angefangen zu arbeiten.[647]

Katja J. arbeitete ebenfalls als Hausbesorgerin. Ende der 1980er Jahre professionalisierte sie ihre Tätigkeit und wurde, laut eigenen Angaben, als erste Ausländerin bei der Österreichischen Wohnbaugenossenschaft (ÖWG) in Graz eingestellt.

Eine Bekannte vermittelte der alleinerziehenden Jovanka R. ebenfalls eine Hausmeisterei. Sie war sehr glücklich über diese Stelle, wie sie berichtet: »Die Wohnung war frei und ich habe 1.300 Schillinge für das Hausputzen bekommen. Dann war das Leben gleich leichter. Dann noch die Kinderbeihilfe und dann geht es.«[648] Anschließend war sie als Küchen- und Reinigungskraft in einem Grazer Gasthaus beschäftigt. Von ihrem dortigen Chef erhielt sie viel Unterstützung. Sie schildert:

> Ich hatte so einen guten Chef. Jeden Sonntag in der Früh habe ich auch bei ihm zu Hause geputzt. Dafür hat er nichts bezahlt, aber er hat immer zu mir gesagt: »Für dich und deine Kinder nimmst du im Lokal, was du brauchst.« Und damit war ich einverstanden. Ich habe 10 Eier und ein bisschen Schinken für das Wochenende genommen. Das musste ich dann nicht kaufen. Und das vergesse ich bis heute noch nicht. Und wenn meine Kinder zu mir gekommen sind, dann haben wir Palatschinken und Pizza bekommen und nichts gezahlt.[649]

Zuvor war Jovanka R. in einem anderen Gasthaus in Mariatrost beschäftigt gewesen, wo sie schwere körperliche Arbeiten hatte verrichten müssen. Vom Tragen und Spülen der schweren Teller hatte sie am Abend Schmerzen in den Händen. Später erhielt Jovanka R., ebenfalls durch Vermittlung einer Bekannten, eine Arbeitsstelle als Reinigungskraft im bischöflichen Ordinariat, die sie bis zu ihrer Pensionierung ausübte. Dort war sie für die Reinigung der Büroräume zuständig. Als Jovanka R. noch jung war, musste sie in der Landwirtschaft ihrer Eltern mithelfen. Den Weg nach Österreich sieht sie als äußerst positiv. Zum einen hat sie hier als Frau, laut eigenen Angaben, mehr Möglichkeiten der persönlichen Entfaltung. Zum anderen erzählt sie Folgendes über das Leben

647 Interview Veronika B., 27.2.2012.
648 Interview Jovanka R., 15.9.2011.
649 Interview Jovanka R., 15.9.2011.

hier, im Vergleich zu jenem in Bosnien, mit einem Augenzwinkern: »(Hier) muss ich weniger arbeiten und habe ein bisschen Geld. Und beim Vater zu Hause bekommst du gar nichts! Er schimpft nur und du musst hart arbeiten. (...) Hier gehe ich arbeiten, verdiene Geld und kann mir kaufen was ich will.«[650]

Erfahrungen

Mehio S. kam im Jahr 1974 das erste Mal nach Graz und fing gleich an, bei einer Baufirma zu arbeiten, »wo gesamt zirka 50 Leute waren und zirka die Hälfte aus dem ehemalige Jugoslawien war«[651]. Er führt weiter aus:

> Das Büro (der Baufirma) war in der Prankergasse. Dadurch, dass viele Ausländer gekommen sind, war es auch am Sonntag geöffnet. Dann ist es so passiert, dass du in den ersten paar Tagen dem Chef deinen Reisepass gegeben hast für das Visum. Der war damals so gescheit, wie viele Firmenchefs. Du hast den Reisepass sechs Monate nicht zurückbekommen. (...) Das alles habe ich später erfahren. Das Visum war eigentlich schnell zu machen, aber jede Firma hatte Angst, dass du wegen der Nostalgie wieder zurückgehst, dass du es hier nicht aushältst. In den sechs Monaten hast du ein bisschen was verdient, das Leben dreht sich um und du hast auch mehr Geld. Du hast die erste Überlebenszeit in Österreich, die am schwierigsten ist, hinter dir und nach sechs Monaten wurde es langsam ein bisschen leichter. Und deswegen ist der Reisepass sechs Monate (eingezogen worden).[652]

Vielen ArbeitsmigrantInnen ging es ähnlich, so auch Hilde L. Sie schildert: »Der Reisepass ist mir am Anfang schon weggenommen worden, damit ich nicht dahin bin.«[653] Bei ihrem Antrag auf Pension erfuhr Hilde L., dass ihre Chefin sie insgesamt drei Jahre nicht ordnungsgemäß angemeldet hatte. Verärgert erzählt sie: »Alle wissen, dass ich in Rottenmann gearbeitet habe«[654], was aber an ihrer Situation nichts ändert. Auch ihrem heutigen Ehemann, Stefan L., ging es ähnlich. Seine Firma teilte ihm nicht mit, dass sie ihn in der Anfangszeit während seiner Heimatbesuche zu den Weihnachtsfeiertagen wie auch im Sommer abmeldete. Er erfuhr erst bei seinem Pensionsantrag von der Vorgehensweise seiner Firma. Enttäuscht von seinem Arbeitgeber berichtet er: »Das ist damals bei den Baufirmen ›in‹ gewesen. Du gehst, du fährst Urlaub, du weißt nicht einmal, dass du nicht versichert bist. Passiert dir irgendwas, du weißt es ja nicht. Das ist traurig, dass du das erst 20, 30 Jahre später erfährst.«[655] Stefan L. führt weiter aus: »Ja, das ist das einzige, was traurig war (...) Natürlich, weil als junger

650 Interview Jovanka R., 15.9.2011.
651 Interview Mehio S., 6.5.2011.
652 Interview Mehio S., 6.5.2011.
653 Interview Hilde L., 7.5.2013.
654 Interview Hilde L., 7.5.2013.
655 Interview Stefan L., 7.5.2013.

Bub oder Mädchen bist du hierhergekommen und dann kommst drauf, dass dich viele ausgenutzt haben. Das ist halt dann traurig.«[656]

Ivanka G., die als Krankenschwester für das LKH Graz angeworben wurde, hatte anfänglich ein gutes Verhältnis zu ihren ArbeitskollegInnen. Als diese erfuhren, dass sie eine Abendschule besuchte, erfuhr Ivanka G., laut eigenen Aussagen, zahlreiche Diskriminierungen. Sie führt aus: »Als sie bemerkt haben, dass ich in die Abendschule gehe, haben sie mich länger auf der Station behalten, absichtlich, angeblich war das und das noch zu machen. Das habe ich gespürt. Wo sie konnten, haben sie mir Steine in den Weg gelegt. Aber ich habe es trotzdem geschafft.«[657] Von einer Diskriminierungserfahrung, einem negativen Erlebnis bei einem Vorstellungsgespräch, berichtet auch Veronika B. Als der Chef bemerkte, dass sie aus Jugoslawien kam, unterstellte er ihr, als Ausländerin unverlässlich zu sein, und lehnte sie deshalb ab.[658]

Mehio S. war bei seiner ersten Baufirma drei Jahre beschäftigt. Nach einem kurzen Aufenthalt in Bosnien wechselte er zu einer anderen Baufirma. Für diese ist Mehio S. zum Zeitpunkt des Interviews bereits seit 34 Jahren als Maurer tätig. Er führt aus: »Ich muss sagen, dass ich keine Schwierigkeiten hatte. Wir haben gleich wie die Österreicher für ihre Arbeit als Maurer oder Helfer verdient und alles hat funktioniert, (...) ich hatte nie Nachteile.«[659] Gleiche positive Erfahrungen machte Geza B.: »Nein, ich hatte nie Probleme. Kein einziges Mal. (...) Wir haben auch immer offiziell gearbeitet und dafür haben wir eigentlich auch immer schöne Löhne bekommen.«[660] Weder erhielt er den Lohn zu spät, noch wurden geleistete Überstunden nicht ordnungsgemäß entlohnt. Laut eigenen Angaben hatte Geza B. aber Glück, dass er »in einer anständigen Firma«[661] arbeitete. Denn er erinnert sich, dass viele seiner Bekannten aus Jugoslawien, die auch in der Steiermark tätig waren, weniger gute Erfahrungen machten. Nur mit den Arbeitskollegen gab es hin und wieder Spannungen, »blöde Aussagen von einzelnen Menschen«[662], wie Mehio S. beschreibt. Die meisten Schwierigkeiten hatte er damit, dass »früher die ganzen Jugoslawen in einen Topf geschmissen«[663] wurden. Trotz dieser negativen Erfahrungen beschreibt er seine Arbeits- und Lebenserfahrungen in Graz durchwegs positiv.

Peter Gottlieb, damaliger Sekretär der Bau-Holz-Gewerkschaft, führt den großen Bedarf an ausländischen Bauarbeitern zur damaligen Zeit vor allem auf

656 Interview Stefan L., 7.5.2013.
657 Interview Ivanka G., 11.1.2011.
658 Interview Veronika B., 27.2.2012.
659 Interview Mehio S., 6.5.2011.
660 Interview Geza B., 27.2.2012.
661 Interview Geza B., 27.2.2012.
662 Interview Mehio S., 6.5.2011.
663 Interview Mehio S., 6.5.2011.

folgenden Umstand zurück: »Im Bauhauptgewerbe, wo die meisten unqualifizierten Arbeitskräfte beschäftigt waren, hat man viel händisch gearbeitet. Weil vor 50 Jahren der Maschineneinsatz nicht so groß war wie heute. Und diese minderwertigen Arbeiten haben die damaligen Gastarbeiter gemacht.«[664] Der frühere Geschäftsführer des Gastarbeiterbetreuungsvereins, Mirko Baric, erklärt, dass viele »jede Arbeit angenommen haben. Sie hatten Angst, dass die Papiere nicht verlängert werden. Sie haben alles angenommen, nur damit die Aufenthalts- bzw. Arbeitsbewilligung nicht hinfällig wird«[665]. Katja J. berichtet von dieser für sie sehr belastenden Situation: »Das war jedes Jahr das Gleiche. Immer wieder neu beantragen (…) dann zitterst du, ob du sie bekommst oder nicht.«[666] Um die Arbeitserlaubnis nicht zu verlieren nahm Milutin D. bei seinem Job als Fensterputzer auch unzureichende Sicherheitsbestimmungen in Kauf. Er erinnert sich, dass er nur mit einem Strick gesichert die Fenster im 20. Stock reinigte.[667] Im Jahresbericht der AK Steiermark wurde für das Jahr 1973 festgehalten, dass die Unfallhäufigkeit bei GastarbeiterInnen etwas höher war, da diese vor allem in »schweren und gefährlichen Berufen vor allem in der Bauwirtschaft«[668] beschäftigt waren. Die steigende Zahl an Arbeitsunfällen bei ArbeitsmigrantInnen war auch Thema in einem Artikel mit dem Titel »Gastarbeiter – Unfallopfer«[669] in der KZ vom 12.1.1973. In diesem werden vor allem Sprachschwierigkeiten und mangelnde Einschulungsmaßnahmen für die hohen Zahlen verantwortlich gemacht. Außerdem wird festgestellt, dass es kaum Hinweise und Sicherheitsvorkehrungen in serbokroatischer Sprache gab und viele ArbeitsmigrantInnen die »wahren Gründe des Unfalls nicht angeben ›wollen‹, um den Arbeitgeber nicht zu belasten«[670], aus Angst, ihre Arbeitsstelle zu verlieren. Zudem wissen viele nicht, »dass Unfälle am Weg oder Heim von der Arbeit auch als Arbeitsunfälle zählen«[671].

Ausländische Beschäftigte hatten kaum Möglichkeiten, sich an betrieblichen Entscheidungen in Unternehmen, die gewerkschaftlich vertreten waren, zu beteiligen. Sie hatten selbst nicht das Recht, BetriebsrätInnen zu stellen. Ihnen

664 Interview Friedrich Hager, 16.8.2012.

665 Interview Mirko Baric, 6.3.2014. Das Interview wurde im Rahmen des von Spectro finanzierten Forschungsprojektes »Lebensrealitäten ehemaliger ArbeitsmigrantInnen in der Steiermark« geführt.

666 Interview Katja J., 12.4.2011.

667 Interview Milutin D., 11.2.2014.

668 AK Jahresbericht 1973, 117–118.

669 KZ, 12.1.1973, 23.

670 KZ, 12.1.1973, 23.

671 KZ, 12.1.1973, 23.
Laut Angaben des Arbeitsinspektorates betrug der Anteil an ausländischen Beschäftigten bei tödlichen Arbeitsunfällen im Jahr 1974 rund 14,3 %. Davon standen im Jahr 1974 18,5 % und im Jahr 1975 rund 12 % im unmittelbaren Zusammenhang mit dem Betrieb (AK Jahresbericht 1976, 39).

wurde nur ein aktives Wahlrecht bei Betriebsratswahlen zuerkannt. Das passive erhielten Drittstaatsangehörige in Österreich erst im Jahr 2006.[672] Mehio S. führt aus: »Die Firma ist ÖGB-Mitglied gewesen und alle Leute, ob Österreicher oder Ausländer, wollten mich als Betriebsrat. Aber damals hatte ich noch keine österreichische Staatsbürgerschaft und dann durfte ich nicht.«[673] Stefan L. erging es ähnlich: »Da haben sie zu mir gesagt, als Ausländer darfst du einfach nicht dabei sein.«[674]. Obwohl beide sich aktiv an der Beschäftigungspolitik ihrer Betriebe beteiligen wollten, war es ihnen rechtlich nicht erlaubt zu partizipieren. Peter Gottlieb gibt an, dass es damals »vielfach kein Verständnis von den einfachen Arbeitern gab. Diese erkannten die Zusammenhänge nicht und es gab auch oft Widerstände von den eigenen Funktionären«[675]. BetriebsrätInnen nahmen eine maßgebliche Rolle bei der Willensbildung ein. Dr. Zacharias, Jurist und ehemaliger Direktor der AK Steiermark, stellt fest, dass »die Situation natürlich eine andere war, wenn der Betriebsrat gesagt hat, wir brauchen ausländische Arbeitskräfte«[676]. Im Dezember 1970 wurden Beschäftigungsbedingungen für ausländische Arbeitskräfte in einem neuen Kollektivvertrag festgelegt. Demzufolge war es ihnen zwar möglich, SprecherInnen für ihre Anliegen zu stellen. Allerdings waren weder ArbeitgeberInnen dazu verpflichtet, diese anzuhören oder deren Vorschläge umzusetzen, noch besaßen sie einen Kündigungsschutz. Peter Gottlieb bestätigt, dass es in einigen steirischen Betrieben solche SprecherInnen gab. Er führt dazu aus: »Die hatten dann im Rahmen des Betriebsrates und mit der Firma und mit uns Kontakt. Weil wenn man 50 oder 60 Gastarbeiter beschäftigt, war es wichtig, dass man Sprecher hatte.«[677]

Hinsichtlich der Lohn- und Arbeitsbedingungen bestanden laut den Anwerbeverträgen keine Unterschiede zwischen österreichischen und ausländischen ArbeitnehmerInnen in einem Betrieb. Auch hatten ausländische Arbeitskräfte gemäß diesen dieselbe Möglichkeit wie österreichische DienstnehmerInnen, sich bei Streitigkeiten im Zusammenhang mit dem Dienstverhältnis an die zuständigen österreichischen Verwaltungsbehörden und Gerichte zu wenden.[678] Dr. Zacharias vertrat im Laufe seiner juristischen Tätigkeit bei der AK Steiermark zahlreiche ArbeitsmigrantInnen. Dabei handelte es sich vorwiegend um »Lohnklagen bzw. Klagen auf Aufrechterhaltung des Bestandsver-

672 Zum Vergleich: In Deutschland erhielten ArbeitsmigrantInnen im Jahr 1972 das passive Wahlrecht bei Betriebsratswahlen. Die katholische Kirche forderte bereits 1974 die Gewährung des passiven Wahlrechts für ausländische Arbeitskräfte (Sekretariat des ÖSV 1974, 57).

673 Interview Mehio S., 6.5.2011.

674 Interview Stefan L., 7.5.2013.

675 Interview Peter Gottlieb, 16.8.2012.

676 Interview Dr. Josef Zacharias, 14.11.2013.

677 Interview Friedrich Hager, 16.8.2012.

678 BGBl. Nr. 193/1962; BGBl. Nr. 164/1964; BGBl. Nr. 42/1966.

hältnisses oder Schadenersatzklagen bei ungerechtfertigten fristlosen Entlassungen oder Auflösungen des Dienstverhältnisses«[679]. Dennoch drohte ArbeitsmigrantInnen, die aktiv ihre Rechte einforderten und sich gegen bestehende Ungerechtigkeiten auflehnten, oftmals die Abschiebung. Diese Praxis kann anhand eines Streiks jugoslawischer Arbeiter in Admont im Jahr 1966 veranschaulicht werden: Jugoslawische Arbeitsmigranten fühlten sich gegenüber steirischen Arbeitskräften in der gleichen Position benachteiligt. Daraufhin erschienen die bei einer Baufirma tätigen und nach Kollektivvertrag entlohnten jugoslawischen Arbeitskräfte nicht zur Arbeit und »ließen den Arbeitgeber durch einen Mittelsmann wissen, daß sie nur bei einer Lohnerhöhung bereit seien, die Arbeit wiederaufzunehmen«[680]. In dem Zeitungsartikel wird darauf hingewiesen, dass die jugoslawischen Arbeitskräfte »allerdings nicht mit einem österreichischen Gesetz gerechnet (hatten), das Fremdarbeiter, die ›unangenehm auffallen‹, mit der Ausweisung bedroht. Von der Ausländerpolizei wurde der Streik als Arbeitsverweigerung gewertet, und das war nach der augenblicklichen, an vergangene Zeiten erinnernden Gesetzeslage Grund genug, die in die Heimat abzuschieben«[681]. Die kritische Anmerkung des Journalisten lässt darauf schließen, dass die Abschiebung von Arbeitskräften eine gängige Praxis darstellte, und bezog sich auf die deutsche »Verordnung über ausländische Arbeitnehmer« aus dem Jahr 1933, die 1945 mittels Rechtsüberleitungsgesetz in den Rechtsbestand der Zweiten Republik übernommen wurde und bis zur Einführung des AuslBG am 1.1.1976 gültig war.[682]

Arbeitsbiografien alleinerziehender Frauen

Ivanka S. nahm das Angebot eines Bekannten an und reiste mit ihm nach Graz. Ihr erster Arbeitsplatz war bei einer Süßwarenfabrik in der Nähe von Graz, bei der, wie Ivanka S. berichtet, viele Personen aus dem heutigen Kroatien, Serbien und Bosnien beschäftigt waren. Die ersten Arbeitserfahrungen in der Steiermark beschreibt sie als weniger gut. Sie leistete Schichtdienst und erzählt, dass sie sich dort weniger »wohl gefühlt (hat), weil da war eine Chefin, also die nicht gut auf Ausländer zu sprechen war. Also nur arbeiten, nur arbeiten. Ich habe bei den Firnbonbons die Verpackungen gemacht und das war ja natürlich schnell, schnell, schnell verpacken und die Etiketten drauf (…) die hat uns nur getrieben«[683]. Sie führt weiter aus: »Ich habe gesagt: ›Mir ist das jetzt egal. Okay, da muss ich halt durch und fertig aus.‹ Hauptsache, ich arbeite und verdiene Geld

679 Interview Dr. Josef Zacharias, 14.11.2013.
680 Arbeiter-Zeitung, 18.6.1966, 7.
681 Arbeiter-Zeitung, 18.6.1966, 7.
682 Siehe Kapitel 2.2.
683 Interview Ivanka S., 27.1.2011.

und alles andere war mir nicht wichtig. Ich meine, ich war da die ganze Woche alleine und am Freitag bin ich dann nach Hause (nach Slowenien) gefahren.«[684] Nachdem Ivanka S. schwanger geworden war, kündigte man sie. Sie erklärt: »Damals habe ich mich selbst nicht ausgekannt und wusste nicht, welche Rechte ich habe.«[685] Ivanka S. sah sich als ledige Mutter gezwungen, wieder nach Slowenien zurückzukehren, wo sie bei ihrer Schwester wohnen konnte. Das Leben als alleinerziehende Frau in der Dorfgemeinschaft in Slowenien beschreibt sie als schwierig. Sie erzählt: »Also zur damaligen Zeit, das war ein kleiner Ort, von wo ich komme, also das war damals ja eine Katastrophe eine alleinerziehende Mutter.«[686] Ivanka S. beschloss, ihr Kind in Slowenien bei ihrer Mutter zu lassen und erneut in der Steiermark eine Arbeitsstelle anzunehmen, um Geld zu verdienen. Durch Unterstützung einer Bekannten fand sie eine Stelle in einem Sanatorium. Sie beschreibt das Bewerbungsprozedere folgendermaßen: »Und dann hat sie (ihre Freundin) für mich angerufen und dann ging ich mich vorstellen. Ich bin reingegangen, dreimal raus und dann das vierte Mal hat mich die Sekretärin erwischt. (…) sie hat gesagt: ›Sie kommen jetzt mit mir.‹ Das habe ich sofort verstanden.«[687] Ivanka S. wurde eingestellt und war im Sanatorium für den Küchendienst zuständig. Sie arbeitete sechs Jahre dort. Zurückblickend beschreibt sie die Zeit im Sanatorium als sehr positiv. Wegen eines Wechsels der Leitung beschloss Ivanka S., sich eine neue Arbeitsstelle zu suchen. Über eine Zeitungsannonce fand sie einen Job bei einer Reinigungsfirma, bei der sie die folgenden zehn Jahre beschäftigt war. Sie erzählt: »Die Chefin war wirklich ganz eine Gute. Also ich habe zu ihr gesagt, wie ich hingekommen bin, dass ich zwei Kinder habe und ich von acht bis drei Uhr arbeiten kann und mehr geht nicht. Und das hat sie voll akzeptiert.«[688] Anschließend übte Ivanka S. diverse Bürotätigkeiten aus, bis sie eine Stelle als Köchin in einem Kindergarten erhielt. Die dortigen schlechten Arbeitserfahrungen und die Begeisterung für die Arbeit mit Kindern waren für sie letztendlich der Auslöser, eine Ausbildung zur Kindergärtnerin zu absolvieren und ihren eigenen Kindergarten zu eröffnen. Seit 2001 betreibt sie diesen und ist damit laut eigenen Aussagen sehr glücklich und zufrieden.

Als alleinerziehende Mutter in Jugoslawien machte Slavica T. ähnliche Erfahrungen wie Ivanka S. Sie führt dazu aus:

> Also, ich habe ein Kind bekommen, da war ich relativ jung. Ich war 19 Jahre alt. Und der Mann hat mich verlassen. Er hat gesagt, dass es nicht sein Kind ist. Und das war eine

684 Interview Ivanka S., 27.1.2011.
685 Interview Ivanka S., 27.1.2011.
686 Interview Ivanka S., 27.1.2011.
687 Interview Ivanka S., 27.1.2011.
688 Interview Ivanka S., 27.1.2011.

> Schande in den 70er Jahren. 1971 war das eine Schande, ein Kind auf die Welt zu bringen ohne Papa und ohne verheiratet zu sein. Und das war eine kleine Provinz, wo ich gelebt habe, und da musste ich weggehen. Ich habe mich geniert, die Leute haben mich böse angesehen.[689]

Ihre Mutter schlug ihr vor, ins Ausland zu gehen und das Kind in ihrer Obhut zu lassen. Aufgrund guter Kontakte ihrer Mutter nach Vorarlberg migrierte Slavica T. zuerst nach Bregenz und ließ ihren sechs Monate alten Sohn im heutigen Serbien zurück. Zu Beginn ihres Aufenthaltes in Vorarlberg arbeitet sie in einem Gasthaus mit Gästezimmern als Zimmermädchen und Küchenhilfe. Eine neue Beschäftigung fand Slavica T. in einer Fabrik, die Elektrogeräte herstellte. Dort musste sie in Akkordarbeit »kleine Drähte für die Elektrogeräte zusammenklemmen«[690]. Anschließend war sie in einem Textilbetrieb als Knüpferin tätig. In Vorarlberg lernte sie auch ihren damaligen Ehemann, einen gebürtigen Grazer, kennen. Mitte der 1970er Jahre zogen die beiden nach Graz und Slavica T. holte ihren Sohn zu sich. Die Ehe verlief nicht gut und von der Zeit nach der Scheidung berichtet sie:

> Dann fing ich das Leben von vorne an. Alles neu. Gearbeitet habe ich sehr viel. Ich war eine alleinerziehende Frau mit zwei Kinder (…) ich habe in der chemischen Reinigung gearbeitet und hatte dazu viele private Hausmeistereien. (…) Im tiefsten Winter schneeräumen, die Häuser putzen und alles machen. (…) Krank durftest du nie sein, du hast ja das Geld gebraucht.[691]

Die alleinerziehende Ljublica P. hatte neben ihrer Hauptbeschäftigung als Reinigungskraft zahlreiche Hausmeistereien und übte unangemeldete Reinigungs- und Betreuungsarbeiten aus. Sie erzählt: »Mir ist es egal, was ich mache. Hauptsache, dass ich eine Arbeit habe.«[692] Karenzurlaub nahm sie kaum in Anspruch. Sie führt aus: »Ich habe immer bis zur Geburt durchgearbeitet. Wie ich meine Tochter auf die Welt gebracht habe, habe ich bis abends gearbeitet. Bis zum Abend habe ich auch gearbeitet, wie ich meinen Sohn auf die Welt gebracht habe. Und gleich drei Wochen später fing ich wieder an zu arbeiten.«[693] Ihren Arbeitsalltag als alleinerziehende Frau bei einem Reinigungsunternehmen in Graz beschreibt sie folgendermaßen:

> Ich habe alles alleine gemacht. In der Früh habe ich bei der Uni geputzt. Ich musste in der Früh um vier Uhr zur Uni gehen und bis sechs Uhr habe ich dort gearbeitet. Und dann bin ich nach Hause gekommen, habe die Kinder aufgeweckt, Frühstück vorbereitet und sie dann in den Kindergarten und in die Schule gebracht. Und dann ging ich

689 Interview Slavica T., 27.10.2011.
690 Interview Slavica T., 27.10.2011.
691 Interview Slavica T., 27.10.2011.
692 Interview Ljublica P., 15.2.2014.
693 Interview Ljublica P., 15.2.2014.

> weiter putzen. Von der Schule gingen die Kinder in den Hort und abends habe ich sie abgeholt.[694]

Sie gab dann den Kindern Essen und legte sie zu Bett, um im Anschluss wieder zu arbeiten. Sie war in einem Restaurant beschäftigt, wo sie des Öfteren bis zwei Uhr nachts tätig war. Sie schildert weiter: »Dann komme ich nach Hause, konnte mich bis halb vier ein bisschen ausrasten und dann musste ich schnell zu Fuß wieder zur Universität putzen gehen.«[695]

Die angeführten Arbeitserfahrungen von Frauen verdeutlichen, dass das Bild des männlichen Gastarbeiters nicht der Realität entspricht. Frauen kamen ebenso wie Männer zwecks Arbeitsaufnahme in die Steiermark. Mirko H. erinnert sich: »Wir Burschen sind oft nach Rottenmann gefahren, weil dort viele Frauen aus Jugoslawien gearbeitet haben. Viele haben in so Baracken gewohnt, vier sicher in einem Zimmer. (…) Die haben alle in einer Firma gearbeitet, wo Herde und Kühlschränke hergestellt wurden. (…) Darunter waren sicher auch 30 Frauen aus meiner Gegend aus Kroatien.«[696]

Viele Frauen betreuten neben ihrer Vollzeitbeschäftigung auch private Haushalte.[697] Durch das Dienstverhältnis entwickelten sich freundschaftliche Beziehungen und ArbeitgeberInnen wurden zu wichtigen AnsprechpartnerInnen wie auch UnterstützerInnen bei Problemen. So half der Arbeitgeber von Jovanka R. ihr bei ihrer Scheidung und im Sorgerechtsstreit um ihre Kinder. Auch Ljublica P. berichtet, dass ihre ArbeitgeberInnen, bei denen sie als Haushaltshilfe arbeitete, ihr immer behilflich waren: »Also am Samstag, wenn ich zu ihnen gekommen bin zum Kochen und Putzen, dann hat sie (die Arbeitgeberin) immer meine Kinder genommen und ist mit denen spazieren gegangen und ich konnte putzen. Es ist wie meine eigene Familie. Oder sie sind mit mir in den Kindergarten oder den Schülerhort mitgegangen, wenn ich etwas gebraucht habe.«[698] Slavica T. pflegte ebenso ein sehr freundschaftliches Verhältnis zu ihrer Vorgesetzten. Ljublica P. beschreibt ihre Chefin bei der Putzfirma als sehr nett und hilfsbereit.[699] Diese half ihr in der Anfangszeit vor allem bei der Übersetzung und dem Spracherwerb. Aber auch tiefe Freundschaften zwischen ArbeitsmigrantInnen entstanden und man unterstützte sich in jeder Lebenslage. Gerade für alleinerziehende Frauen waren freundschaftliche Beziehungen sehr wichtig. Nicht nur bei der Vermittlung von Arbeitsstellen und der Hilfe bei

694 Interview Ljublica P., 15.2.2014.
695 Interview Ljublica P., 15.2.2014.
696 Interview Mirko H., 13.2.2014. Dabei handelte es sich um die Firma Bauknecht, die Anfang der 1970er Jahre einen erheblichen Arbeitskräftebedarf hatte (LAA Jahresbericht 1970, XI–XV).
697 Dabei handelte es sich vor allem um informelle Tätigkeiten.
698 Interview Ljublica P., 13.7.2012.
699 Interview Ljublica P., 15.2.2014.

rechtlichen Fragestellungen, sondern auch bei der Betreuung der Kinder wie auch auf emotionaler Ebene. Man war füreinander da und unterstützte sich gegenseitig, um die Herausforderungen eines Lebens in der Steiermark gemeinsam zu meistern.

7.3.2 Wohnen

Wohnen zählt zu den grundlegenden menschlichen Bedürfnissen. Der Wohnbereich erfüllt dabei mehrere Funktionen. Er bietet Schutz, Sicherheit sowie Identifikation und es kann ihm auch eine Reproduktions-, Gemeinschafts-, Sozialisations- und Bildungsfunktion zugeschrieben werden. Außerdem wird über den Wohnraum auch der soziale Status der BewohnerInnen definiert (Gartner/Müller 1998, 7–9). Kennzeichnend für den österreichischen Wohnungsmarkt ist, dass dieser in mehrere Teilmärkte unterteilt ist, für die unterschiedliche Zugangsbedingungen, Preise und institutionelle Strukturen gelten. So gibt es neben privaten Mietwohnungen Genossenschafts- und Gemeindewohnungen sowie Eigenheime und Eigentumswohnungen. Im Bereich des sozialen Wohnbaus, der sich aus Gemeinde, Genossenschafts- und geförderten Mietwohnungen zusammensetzt, entscheiden die Gemeinden, ob MigrantInnen aufgenommen werden. Lange Zeit war es ihnen nicht erlaubt, soziale Wohnbauten zu beziehen. Erst ab den 1990er Jahren erfolgte eine Lockerung der Zugangsbestimmungen. Außerdem herrschen am österreichischen Wohnungsmarkt hinsichtlich der Wohnkosten starke regionale Unterschiede. In Vorarlberg, Salzburg und Tirol ist das Wohnen am teuersten, in Kärnten, Niederösterreich und Burgenland am günstigsten. Aufgrund der sozioökonomischen Situation von ArbeitsmigrantInnen waren diese häufiger gezwungen, kostengünstigere Altbaumietwohnungen zu beziehen, was zu einer Konzentration ausländischer Familien in Substandardwohnungen in den Großstädten Österreichs führte.[700] Das ist auch noch heute so.

Die meisten ArbeitsmigrantInnen wohnten in den 1960er und 1970er Jahren in Österreich zur Untermiete oder waren in Werkswohnungen bzw. Firmenunterkünften untergebracht. Zur Hauptmiete, als rechtlich gesicherte Wohnform, lebten im Jahr 1983 nur 15,2 % der ArbeitsmigrantInnen (Kohlbacher/Reeger 2003, 87–92; Fassmann/Münz 1995, 59).[701] Die Mehrzahl wohnte unter unsicheren Rechtsverhältnissen in Substandardwohnungen der Kategorie D.[702]

700 Kohlbacher/Reeger 2003, 87–92; Fassmann/Münz 1995, 59.

701 Die meisten in den Bundesländern Wien und Oberösterreich.

702 Wohnungen der Kategorie D sind »in brauchbarem Zustand«, ohne WC, aber mit Wasserentnahme innerhalb der Wohnung. Im Vergleich dazu besteht in Wohnungen der Ka-

Die einzige Möglichkeit, die eigene Wohnsituation zu verbessern und die Wohnkosten zu senken, stellte der Wohnungswechsel dar. Somit wiesen ArbeitsmigrantInnen eine hohe Mobilität am österreichischen Wohnungsmarkt auf (Wimmer 1986, 282–292). Im Jahr 1991 lebten nach wie vor 76 % der türkischen und 69 % der jugoslawischen Familien in Wohnungen der Kategorie D, mit hoher Wohndichte und schlechter Wohnqualität. Zudem fielen für diese Substandardwohnungen überproportional hohe Mietkosten an, da dieses Segment am österreichischen Wohnungsmarkt stark limitiert war und eine große Nachfrage bestand.[703] Daran hat sich bis heute nichts Wesentliches geändert. Jene Wohnungen, die ArbeitsmigrantInnen und ihre Familien bewohnten, hatten eine geringe Wärmedämmung und Schallisolierung, waren in einem mangelhaften Bauzustand oder wiesen schlechte Lichtverhältnisse auf. Des Weiteren waren ArbeitsmigrantInnen während der Wohnungssuche mit zahlreichen Diskriminierungen konfrontiert und erhielten in der Regel nur befristete Mietverträge. Werkswohnungen waren im Vergleich zu Unterkünften auf dem privaten Wohnungsmarkt besser ausgestattet, mussten aber im Falle eines Arbeitsplatzwechsels aufgegeben werden und waren oftmals nicht für ein Zusammenleben mit Familie ausgerichtet (Kohlbacher/Reeger 2003, 95; Fassmann/Münz 1995, 72; Wimmer 1986, 284–285).

Ab den 1980er Jahren, als »immer mehr GastarbeiterInnen aus ihrer Wohnsegregation in Firmenunterkünften heraustraten und als NachfragerInnen auf dem Wohnungsmarkt erschienen« (Kohlbacher/Reeger 2003, 93), wurde die Zuwanderung unter einem räumlichen Aspekt diskutiert. In zahlreichen Zeitungsartikeln und Studien wurden die vorherrschenden Wohnbedingungen für MigrantInnen thematisiert. Wimmer fasst in seinem Beitrag »Wohnverhältnisse der ausländischen Arbeitsnehmer« mögliche Lösungen für eine Verbesserung der Wohnsituation und Wohnintegration zusammen. Dazu zählen: die Erweiterung des Förderungsanspruchs auf ausländische Arbeitskräfte, ihr Zugang zu Gemeinde- und Genossenschaftswohnungen sowie eine verbesserte Beratung vonseiten der Mietervereinigung, des Konsumentenschutzes, der AK und des Gewerkschaftsbundes (Wimmer 1986, 304).

Regionale Arbeitsmärkte trugen zur ungleichen räumlichen Verteilung von ArbeitsmigrantInnen bei. Rund die Hälfte lebte in den Landeshauptstädten Wien, Graz, Linz, Salzburg und Innsbruck. Herausforderungen, die diese Kon-

tegorie E keine Möglichkeit der Wasserentnahme innerhalb der Wohnung. Wohnungen der Kategorie C verfügen über eine Toilette in der Wohnung, aber über keine Bade- oder Duschgelegenheit (Gartner/Müller 1998, 29).

703 Auch für Graz kann ein geringes Angebot an billigen Mietwohnungen bei einer großen Nachfrage festgestellt werden. Dies führt zu einer Erhöhung der Mietpreise für schlecht ausgestattete Wohnungen. MigrantInnen erfüllen die Funktion als ›lukrative Einnahmequelle‹ (Gartner/Müller 1998, 45).

zentrationen mit sich brachten, führten zu Diskussionen um das »Wie der Wohnintegration« (Kohlbacher/Reeger 2003, 93). Vielfach wurden diese durch das Aufdecken prekärer Wohnverhältnisse von ArbeitsmigrantInnen öffentlich angeregt. Helena Wallner weist in ihrem Artikel in der KZ vom 20. März 1983 auf die prekären Wohnverhältnisse von ausländischen Arbeitskräften hin. Unter dem Titel »Sie hausen meist in Kellerlöchern« präsentiert sie die Ergebnisse einer Untersuchung über die Wohnsituation von GastarbeiterInnen in Wien und beschreibt die schlechten Wohnverhältnisse und Diskriminierungen von ArbeitsmigrantInnen am steirischen Wohnungsmarkt.[704] In Graz lebten die meisten MigrantInnen in Mietwohnungen, die auf dem privaten Wohnungsmarkt vergeben wurden, da dort, im Vergleich zu anderen Teilsegmenten des Wohnmarktes, kaum Zutrittsrestriktionen herrschten. Nur ein geringer Teil lebte in Dienst- bzw. Werkswohnungen oder Eigenheimen. 61 % der MigrantInnen aus dem damaligen Jugoslawien wohnten laut einer Erhebung aus dem Jahr 1998 in Graz in Altbauwohnungen, die als Substandardwohnungen kategorisiert werden können. Nur ein geringer Anteil lebte in Neubauwohnungen. Dadurch entfällt auf jene Bezirke, die einen hohen Anteil an Substandardwohnungen haben, auch ein höherer Anteil an MigrantInnen (Gartner/Müller 1998, 25–34).

Firmenunterkünfte

Viele ArbeitsmigrantInnen waren anfänglich in Werkswohnungen und Firmenunterkünften untergebracht. Die als Krankenschwester angeworbene Ivanka G. erhielt eine Wohnmöglichkeit im Schwesternwohnheim des LKH Graz. Sie erzählt: »Die waren vergünstigt, ja die Miete ist ganz minimal gewesen.«[705] Auch Ivanka S. hatte die Möglichkeit, bei ihrer ersten Arbeitsstelle in Graz-Umgebung in einer Firmenunterkunft unterzukommen. Sie schildert die damalige Situation folgendermaßen: »Die hatten nebenan ein eigenes Haus und das haben sie an die Arbeiter vermietet.«[706] Des Weiteren führt sie aus, dass man zu zweit in einem Zimmer wohnte und sie zwischen 300 und 400 Schilling[707] für die Unterkunft bezahlte. »Das war natürlich günstig«[708], wie Ivanka S. sich erinnert. Sie resümiert: »Damals hatte ich auch keine Ansprüche. Das war für mich normal (...) ich habe mir keine Villa mit 20 Zimmer oder irgendwas erwartet. Das war halt so. Das war ein Zimmer mit so einer Kochplatte und draußen am

704 KZ, 20.3.1983, 8–9.
705 Interview Ivanka G., 11. 1 2011.
706 Interview Ivanka S., 27.1.2011.
707 300 bis 400 Schilling entsprechen circa 22 bis 29 Euro.
708 Interview Ivanka S., 27.1.2011.

Gang war ein WC.«[709] Bei ihrem zweiten Aufenthalt in Graz konnte Ivanka S. anfänglich bei einer Bekannten wohnen. Aus Kostengründen war es ihr nicht möglich, eine eigene Wohnung zu beziehen. Sie führt aus: »Ich habe mir zur damaligen Zeit überhaupt keine Ein- oder Zweizimmerwohnung mit Dusche und WC leisten können. Also da ist eigentlich nur ein Zimmer infrage gekommen.«[710] Aus diesem Grund gründete die alleinerziehende Ivanka S. mit einer steirischen Arbeitskollegin eine zweckdienliche Wohngemeinschaft. Ihre Arbeitskollegin, ebenfalls eine alleinerziehende Frau, die gerade in Scheidung lebte, schlug ihr damals vor, zusammen eine Wohnung zu beziehen und »eine geht Vormittag arbeiten und eine geht Nachmittag arbeiten, sodass die Kinder versorgt sind«[711]. In der Grazer Innenstadt fanden die beiden Frauen eine geeignete Wohnung, die sie mit ihren Kindern bezogen. Diese Wohngemeinschaft erleichterte Ivanka S., ihren Beruf mit der Betreuung ihrer Kinder zu verbinden.

Hilde L. bekam ebenfalls eine Wohnmöglichkeit in der Steiermark zur Verfügung gestellt. Das Zimmer bot wenig Komfort, wie sie berichtet: »In dem Haus, wo wir arbeiteten, hatte ich ein Zimmer. Da war ein Waschbecken drinnen, ein Bett, ein kleines Kästchen und ein Kasten. Klo und Bad hatten wir gar keines. Wir haben uns mit dem Waschlappen im Waschbecken gewaschen.«[712] Bis zur Geburt ihres Kindes lebte Hilde L. in diesem Zimmer. Dann bezog sie eine eigene Wohnung, in der sie bis heute mit ihrem Ehemann lebt. Stefan L. erging es hingegen bei seiner Ankunft besser. Er bezog auf Firmenkosten gemeinsam mit einem Arbeitskollegen eine Zweizimmerwohnung, die zur damaligen Zeit bereits über ein eigenes Badezimmer verfügte. Bei seiner Ankunft in Trieben erklärte man Milutin D.: »Das ist die Wohnung, das ist dein Zimmer, das dein Bett.«[713] Er führt weiter aus: »Ich habe meine Sachen abgestellt und bin zur Arbeit gegangen. Wir waren zwei oder drei in einem Zimmer.«[714] Nach seinem Arbeitsplatzwechsel verbesserte sich seine Wohnsituation. Er gibt an: »Das war auch eine Firmenwohnung, aber die war ein bisschen schöner, einfach ein bisschen besser.«[715] Ähnlich gestaltete sich die Situation bei Mehio S., der anfänglich auch in Firmenunterkünften untergebracht war. Von seiner ersten Firma in Graz-Puntigam erzählt er: »Es war nicht so schlecht. Wir hatten ein gemeinsames Bad, eine gemeinsame Küche und weiß ich nicht wie viele Zimmern. Sechs oder sieben waren es, aber maximal zwei bis drei Leute waren in

709 Interview Ivanka S., 24.2.2011.
710 Interview Ivanka S., 27.1.2011.
711 Interview Ivanka S., 27.1.2011.
712 Interview Hilde L., 7.5.2013.
713 Interview Mirko H., 13.2.2014.
714 Interview Mirko H., 13.2.2014.
715 Interview Mirko H., 13.2.2014.

einem Zimmer.«[716] Nach dem Wechsel zu einer anderen Baufirma wohnte Mehio S. in dem im Jahr 1974 errichteten Bauarbeiterwohnheim in der Kärntner Straße in Graz. Die Firma übernahm die gesamten Kosten für die Unterkunft. Mehio S. beschreibt das Wohnheim folgendermaßen: »Da war es ehrlich super. Da gab es in jedem Stockwerk eine große Küche für alle und ein Gemeinschaftsbad. Da waren viele Arbeiter von Baufirmen. (...) und Wäsche waschen, Bett machen, putzen und alles war nicht unsere Sache.«[717]

Ein Grund für den Bau des Wohnheims war die Tatsache, dass die meisten Massenunterkünfte für ArbeitsmigrantInnen in einem sehr schlechten Zustand waren und nur ungenügend Kochmöglichkeiten wie auch sanitäre Einrichtungen boten. Zudem stand den untergebrachten Arbeitskräften kaum Privatsphäre zur Verfügung. In den desolaten und schlecht ausgestatteten Massenunterkünften kam es auch immer wieder zu Bränden. Beispielsweise bemerkte ein Zeitungsausträger im Jahr 1967 in Graz den Brand in einer Arbeiterwohnbaracke in der Fischergasse und rettete den BewohnerInnen das Leben. Im Jahr 1973 brannten in Leoben zwei Wohnbaracken nieder und 40 jugoslawische und türkische GastarbeiterInnen schwebten nach dem Großbrand in Lebensgefahr.[718]

Die Sozialpartner einigten sich im »Raab-Olah-Abkommen« von 1961 darauf, dass Betriebe nur dann eine Beschäftigungsbewilligung erhielten, wenn sie die Unterbringung der ausländischen Arbeitskräfte gewährleisten konnten.[719] Um die Kosten für die Unterbringung so gering wie möglich zu halten, errichteten viele Betriebe am Firmengelände günstige Massenunterkünfte. DI Pongratz erinnert sich: »Das war so wie ein Barackenlager, kann man sagen. Also das waren Holzhütten, allerdings nicht so kleine wie die Container heutzutage, sondern eigentlich Holzgebäude, eingeschossig, nicht besonders gut gedämmt. (...) Also es waren Gemeinschaftsräume und keine Zweizimmer-Räume. Also zehn, 15 Leute haben sicherlich in einem Raum geschlafen.«[720] Peter Gottlieb, damaliger Sekretär der Bau-Holz-Gewerkschaft, führt dazu aus:

> Das waren ja unmenschliche Bedingungen. Man hat sie in Bretterverschlägen auf den Baustellen untergebracht, ohne Waschmöglichkeiten, ohne Klo. (...) Laut Arbeitsvertrag mussten die Firmen für die Unterkünfte aufkommen, aber die haben halt auch gespart. Ich glaube, die Quartiere waren am Anfang das größte Problem. Ich meine, Quartiere ist ein schöner Ausdruck dafür. Das waren eher Elendsunterkünfte.[721]

716 Interview Mehio S., 6.5.2011.
717 Interview Mehio S., 6.5.2011.
718 NZ, 7.4.1967, 5; NZ, 29.10.1973, 2.
719 Siehe Kapitel 2.2.1.
720 Interview DI Alexander Pongratz, 1.8.2012.
721 Interview Peter Gottlieb, 16.8.2012.

Dr. Haintz, der damalige Geschäftsführer der Sektion »Gewerbe und Handel« der Handelskammer Steiermark, berichtet ebenfalls von den unzureichenden Wohnverhältnissen der ArbeitsmigrantInnen:

> Das war ein wunder Punkt damals, die Unterbringung. Die Firmen waren gar nicht darauf vorbereitet, so eine große Anzahl an Unterkünften bereitzustellen (...) Es hat einige Baufirmen gegeben, die haben Heime für die Gastarbeiter gebaut. Da haben sie dann 50 bis 60 Leute untergebracht. Dort war kein Wohnkomfort. Im Sommer heiß, im Winter kalt und kaum Möglichkeiten, sich eine Mahlzeit zuzubereiten. Die hygienischen Voraussetzungen waren natürlich auch nicht ideal.[722]

Um diese schlechten Wohnverhältnisse zu verbessern, gründeten die HK, das LAA und die Bau-Holz-Gewerkschaft den Verein »Wohnheimförderung für Bauarbeiter« in der Steiermark, der im Jahr 1974 für die Errichtung eines Wohnheimes in Graz mit 115 Betten verantwortlich war. Dr. Haintz führt dazu aus:

> Das war vor allem für die Gewerkschaft, aber auch für uns von der Bauinnung, ein dringendes Anliegen, hier einzugreifen und ein Heim zu bauen, das den Gastarbeitern zur Verfügung steht, wo die Firmen ihre Leute unterbringen können. Und die Baugewerkschaft und die Bauinnung haben da die Initiative ergriffen. (...) Es ist uns dann ein glücklicher Zufall in die Hände gekommen, dass die Lazarettfeld-Kaserne in der Kärntner Straße frei geworden ist. (...) Und die war zu mieten. Und jetzt haben wir, nachdem das Landesarbeitsamt auch ein Interesse hatte, dass die Arbeitskräfte ordentlich untergebracht werden, haben wir auch das Landesarbeitsamt ins Boot geholt und diese drei Institutionen haben dann die Kaserne von der Republik Österreich zu einem Schilling[723] pro Quadratmeter gemietet.[724]

Der Bau wurde zu einem Vorzeigeprojekt und bot Platz für über 100 Arbeitskräfte, die vorwiegend in Zweibettzimmer untergebracht waren. Dr. Haintz berichtet, dass es in jedem Stockwerk eine gemeinsame Wasch- und Duschgelegenheit wie auch eine Küche gab. Außerdem verfügte jede Etage über einen Aufenthaltsraum mit einem Fernseher. Frühstück und Abendessen konnten bei Bedarf in der hauseigenen Kantine eingenommen werden. Dieses Gemeinschaftsprojekt bot nur wenigen in der Steiermark beschäftigten ArbeitsmigrantInnen die Möglichkeit, einer entsprechenden Unterbringung. Trotzdem wollte man dadurch, laut Auskunft von Dr. Haintz, ein Exempel statuieren und auf die prekäre Wohnsituation von ArbeitsmigrantInnen aufmerksam machen. Vor allem Baufirmen sollten durch das Wohnheim angeregt werden, adäquate Unterkünfte für ihre Arbeitskräfte zu schaffen. Ing. Treiber, ein Grazer Baumeister, nutzte das Bauarbeiterwohnheim nicht zur Unterbringung seiner aus-

722 Interview Dr. Fabian Haintz, 20.7.2012.

723 Ein Schilling entspricht circa 0,07 Euro.

724 Interview Dr. Fabian Haintz, 20.7.2012.

ländischen Beschäftigten. Er errichtete eigene Unterkünfte. Aber er gibt an, dass »dieser Bau mitentscheidend war, dass dann bei den Privatquartieren gewisse Verbesserungen vorgenommen wurden«[725]. Firmen, die keine Wohnbaracken auf dem Firmengelände errichteten bzw. ihre Arbeitskräfte im Bauarbeiterwohnheim unterbrachten, suchten auch per Zeitungsannonce nach geeigneten Unterkünften. Die Firma Steyr-Daimler-Puch AG Werke Graz schaltete in der KZ vom 7. März 1970 folgendes Inserat: »Zur Unterbringung unserer jugoslawischen Gastarbeiter suchen wir Quartiere kurzfristig und für längere Dauer. Benötigt werden ab sofort Schlafstellen, Einzelzimmer, wobei Sammelquartieren der Vorzug gegeben wird.«[726] Auch eine Grazer Baufirma suchte 1971 mit folgendem Inserat nach geeigneten Wohnmöglichkeiten für ArbeitsmigrantInnen: »Jahres-Unterkunft möbliert oder leer, mit sanitären Einrichtungen für bis zu 50 Gastarbeiter Graz oder Umgebung, ab sofort gesucht.«[727]

Privater Wohnungsmarkt

Ausländische Arbeitskräfte hatten auch die Möglichkeit, sich selbst eine Unterkunft zu suchen. Diesen Weg wählten vor allem Arbeitskräfte, die nicht über die offiziellen Anwerbestellen der BWK nach Österreich kamen bzw. mit ihren Familien zusammenleben wollten. In diesem Fall mussten die ArbeitsmigrantInnen ihre Wohnadresse in der Steiermark beim zuständigen Arbeitsamt durch einen polizeilichen Meldezettel nachweisen. Die Situation auf dem privaten Wohnungsmarkt gestaltete sich ebenfalls prekär. Zum einen war es für ausländische Arbeitskräfte sehr schwer, eine Wohnung zu finden, da einige VermieterInnen sich weigerten, Wohnungen an AusländerInnen zu vermieten. In zahlreichen Wohnungsinseraten wurde explizit darauf hingewiesen, dass Wohnungen oder Zimmer nicht an GastarbeiterInnen vermietet werden.[728] Zum anderen wurden vorwiegend überteuerte Substandardwohnungen an sie vermietet.

Die erste Arbeitsstelle von Ruza S. war in Wien bei einer großen Brückenbaufirma, die Wohnmöglichkeiten »für Alleinstehende und für Familien«[729] zur Verfügung stellte. Zusammen mit ihrem Ehemann bewohnte sie ein Zimmer mit zwei Betten, einem Kasten und einer kleinen Kochmöglichkeit. Nachdem das Ehepaar nach Graz gekommen war, wandte Ruza S. eine einfache, aber durchaus effiziente Strategie an, um für sich und ihren Mann eine Wohnung zu finden. Vor allem da sie die Wohnungsanzeigen in den Tageszeitungen aufgrund mangeln-

725 Interview Ing. Max Treiber, 3.8.2012.
726 KZ, 7.3.1970, 44.
727 KZ, 20.3.1971, 44.
728 KZ, 17.5.1975, 44.
729 Interview Ruza S., 20.5.2011.

der Sprachkenntnisse nicht nutzen konnte und noch kaum Kontakte zu migrantischen Netzwerken oder Unterstützungseinrichtungen bestanden. Sie beschreibt ihre Vorgehensweise bei der Wohnungssuche: »Ich bin in dieser Gegend immer durch die Straßen gegangen und habe geschaut, wo keine Vorhänge sind. Dann bin ich ins Haus hineingegangen und habe gefragt. (...) Und, Gott sei Dank, haben wir schnell eine Einzimmerwohnung gefunden.«[730] Im Jahr 1969 zahlte Ruza S. rund 1.200 Schilling[731] für die Wohnung. Sie erzählt:

> Das war schon viel, aber wir waren froh, dass wir momentan etwas bekommen haben. Du kannst dann ja später etwas anderes suchen. (...) wir hatten nicht so viel Geld, dass wir uns was kaufen konnten oder so. Zuerst haben wir auf Matratzen geschlafen und zum Kochen hatte ich den kleinen Kocher, so groß wie die Kochplatte. Zwei Monate haben wir uns so durchgebissen und dann hat uns die Hausmeisterin einen E-Herd und dann etwas zum Schlafen besorgt. Die war sehr lieb zu uns. Und das war wirklich wahr, da waren wir wie eine Familie mit der Frau.[732]

Ruza S. erinnert sich an den anfänglich desolaten Zustand der Wohnung:

> Ich fing an die Wohnung zu putzen. Ausgemalt war sie schon und Strom gab es auch schon. (...) Alles war so dreckig. Und dann mussten wir auf der alten Matratze schlafen, weil du ja nicht am Boden schlafen kannst. Jetzt habe ich über die Matratzen einen Karton gegeben und dann Zeitungen und dann habe ich die Decke drüber gegeben und dann das Leintuch und so haben wir geschlafen. Aber schlafen konntest du irgendwie nicht, weil man hatte ein schlechtes Gefühl. (...) Aber das war vielleicht zwei, drei Wochen so und dann haben wir von der Hausmeisterin ein Bett bekommen.[733]

Weniger Unterstützung erhielt Katja J. von ihren VermieterInnen. Sie berichtet von ihren schlechten Wohnerfahrungen vor allem in der Anfangszeit:

> Wir (Katja J. und ihr Ehemann) hatten dann zwei oder drei Wohnungen ohne Fenster. (...) Das war nicht zum Aushalten. Und sehr teuer und ohne Fenster. Wie kann man da leben? (...) Und dann haben wir auch in so einer Kellerwohnung gewohnt. Da war es im Sommer wunderschön kühl, im Winter war es schrecklich. Und eben, da war ich dann das zweite Mal schwanger.[734]

Auch erwähnt sie die negativen Erfahrungen die sie mit VermieterInnen machte: »Nur Geld war wichtig, alles andere nicht. Wenn man sich aufgeregt hat, waren gleich diese Drohungen, dass man ja ausziehen kann.«[735]

Eine Vielzahl der ArbeitsmigrantInnen war mit Diskriminierungen bei der Wohnungssuche konfrontiert. Ihre Mietverträge beinhalteten oftmals keinen

730 Interview Ruza S., 20.5.2011.
731 1.200 Schilling entsprechen circa 87 Euro.
732 Interview Ruza S., 20.5.2011.
733 Interview Ruza S., 20.5.2011.
734 Interview Katja J., 12.4.2011.
735 Interview Katja J., 19.5.2011.

Kündigungsschutz, die Mieten waren überhöht, die Wohnungen verfügten über ein niedriges Ausstattungsniveau und wiesen gravierende Baumängel auf. Zudem machten viele ArbeitsmigrantInnen diskriminierende Erfahrungen bei der Wohnungssuche (Wimmer 1986, 282, 294). Vielfach lehnten VermieterInnen ArbeitsmigrantInnen ab, wie folgendes Zeitungsinserat aus der Rubrik »Kleine Anzeigen – Zu vermieten« in der KZ aus dem Jahr 1975 belegt: »Untermietzimmer, möbliert, Heiß- und Kaltwasser, keine Gastarbeiter.«[736] Besonders negative Erfahrungen machten Familien mit Kindern. Auch für die schwangere Katja J. und ihren Mann war die Wohnungssuche nicht einfach. Vielfach wurden sie mit der Begründung abgewiesen: »Nein, Schwangere brauchen wir nicht.«[737] Ähnliche Erfahrung machte Mehio S. mit seiner jetzigen Ehefrau. Er erinnert sich:

> Sie hatte bereits ein Kind (…) und das zweite war schon unterwegs. Dann mussten wir eine gemeinsame Wohnung suchen. Da muss ich eine kleine Ungerechtigkeit erzählen, es waren so viele Wohnungen frei. Wir haben viele Wohnungen angeschaut, aber ich habe selbst gemerkt und das war so, dass ein Ausländer mit einem Kind oder zwei Kindern schwieriger eine Wohnung bekommen hat. (…) Wir haben vielleicht 50 Wohnungen angeschaut, aber bei allen hat es nicht geklappt. (…) Ab und zu habe ich gehört, dass unsere Kinder viele Schäden in der Wohnung machen würden. Zweitens, dass damals, glaube ich, die Wohnungsbesitzer Angst hatten, wenn sie eine Familie mit Kindern drinnen haben, dass sie die schwerer wieder hinausbekommen.[738]

Milutin D. fasst die damalige Situation für viele ArbeitsmigrantInnen folgendermaßen zusammen: »Wir Ausländer haben nur das bekommen, was niemand gebraucht hat. Keller, Garage oder unter dem Dach.«[739] Der Gastarbeiterbetreuungsverein in Graz versuchte, im Zeitraum zwischen 1974 und 1976 durch Inserate geeignete Wohnungen für ArbeitsmigrantInnen zu finden.[740] Im Jahr 1974 konnte der Verein in 170 Fällen erfolgreich ein Zimmer oder eine Wohnung an ArbeitsmigrantInnen vermitteln und bei der Einrichtung der Unterkünfte half die Caritas mit Möbeln aus.[741] Mirko Baric, Geschäftsführer des Vereins, erzählt, dass die meisten in Einzimmerwohnungen ohne Bad oder Dusche lebten. Er führt dazu aus: »In einer Schüssel hat man sich gewaschen. Meistens war das Wasser am Gang zu holen. Und am Gang draußen war ein gemeinsames Klo. Viele waren froh, wenn sie ein Zimmer mit einer Kochmöglichkeit hatten. (…) Mit der Wohnung war es schwieriger als mit der Arbeit.«[742]

736 KZ, 17.5.1975, 44.
737 Interview Katja J., 19.5.2011.
738 Interview Mehio S., 6.5.2011.
739 Interview Milutin D., 11.2.2014.
740 KZ, 9.3.1974, 43; KZ, 24.9.1976, 84.
741 KZ, 19.12.1974, 20.
742 Interview Mirko Baric, 6.3.2014.

Katja J. erhielt schließlich eine Stelle als Hausmeisterin. Dies ermöglichte ihrer Familie, in eine andere Wohnung zu ziehen, in der sie fast zehn Jahre lebte. Sie beschreibt diese Zeit in der Wohnung wie folgt: »Das waren die wunderschönsten zehn Jahre. (…) und da hatte ich (…) eine Hausmeisterei. Und ich kann mich noch erinnern, 1.700 Schilling[743] haben wir dazu zahlen müssen.»[744] Durch ihre folgende Anstellung in der ÖWG konnte die Familie ihre Wohnsituation nochmals verbessern. Sie berichtet: »Dann habe ich eine Wohnung mit Zentralheizung bekommen. Und vorher musste ich selber heizen und so. Und da habe ich auch einen guten Lohn bekommen.«[745] Mithilfe der Annahme einer Stelle als HausbesorgerIn verbesserte sich zwar die Wohnsituation von Veronika B. nicht wesentlich, aber sie und ihr Mann konnten zumindest mietfrei wohnen. Der Schwager von Veronika B. vermittelte ihr und ihrem Mann die erste Wohnmöglichkeit in Graz. Dabei handelte es sich um ein Zimmer in einem Wohnheim. Sie erinnert sich: »Ein Zimmer und am Gang war eine gemeinsame Dusche und ein WC für alle.«[746] Gemeinsam entschieden die beiden, mit ihrem Ersparten ein Grundstück in der Nähe von Graz zu erwerben, und begannen mit dem Hausbau. Geza B. schildert den Hausbau: »Das habe ich ziemlich alles machen können. Und deswegen konnten wir uns das auch leisten. Wir brauchten nur ein bisschen Geld und Zeit. (…) Wenn man so jung ist, hat man so viel Kraft, dass glaubt man gar nicht.«[747] Mitte der 1980er Jahre konnten sie das Haus fertigstellen. Seitdem lebt Familie B. dort.

Jovanka R. erging es ganz anders. Ihr damaliger Ehemann wollte nicht, dass sie mit ihm gemeinsam in Graz lebt. Er versuchte alles, damit sie wieder nach Bosnien zurückkehrte. Er bezog mit ihr ein Zimmer in einem Keller in Pirka bei Graz. Sie beschreibt ihre damalige Erfahrung: »Und dann war es den ganzen Tag kalt. Silvester bin ich das erste Mal gekommen. Und es war nicht geheizt. Den ganzen Tag zitterst du, ganz zugedeckt und so.«[748] Nach der Scheidung war es für Jovanka R. finanziell sehr schwer, eine Wohnmöglichkeit zu finden. Sie erzählt: »Schwer, sehr schwer. Nur teure Wohnungen hat es gegeben. Ich konnte nicht das ganze Geld für die Wohnung ausgeben. Das war teuer und darum habe ich immer eine Hausmeisterei gemacht.«[749] In der Literatur wird in diesem Zusammenhang darauf verwiesen, dass die »Hausbesorgerwohnung im Großen und Ganzen eine besondere Wohnform in Wien« (Wimmer 1986, 283) ist. Diese Form des Wohnens ist kein Spezifikum Wiens, sondern trifft auch für die Stei-

743 1.700 Schilling entsprechen circa 124 Euro.
744 Interview Jovanka R., 12.4.2011.
745 Interview Jovanka R., 12.4.2011.
746 Interview Veronika B., 27.2.2012.
747 Interview Geza B., 27.2.2012.
748 Interview Jovanka R., 19.9.2011.
749 Interview Jovanka R., 13.10.2011.

ermark zu. Die Annahme einer Hausmeisterei stellte für viele ArbeitsmigrantInnen in Graz eine Strategie dar, Beruf und Kinderbetreuung zu verbinden und die Mietkosten zu senken. Die meisten HausbesorgerInnenwohnungen zählten zu den Substandardwohnungen und waren aufgrund ihrer Lage im Keller oder Erdgeschoß dunkel und feucht. Sie bildeten eine wesentliche Nische für ArbeitsmigrantInnen am Wohnungsmarkt. Vor allem geringe Deutschkenntnisse, qualifiziertere berufliche Tätigkeiten, eine längere Aufenthaltsdauer und Netzwerke wirkten sich positiv auf die Erlangung einer Hausmeisterei aus (Wimmer 1986 284–285; Leitner 1983, 205–209). Lichtenberger weist darauf hin, dass Stellen als HausbesorgerIn »bereits in der Gründerzeit eine Chance für Neuzuwanderer« (Lichtenberger 1984, 327) darstellten. In den 1960er und 1970er Jahren nutzten ArbeitsmigrantInnen ebenfalls diese Wohnform, »als keine Nachfrage vonseiten österreichischer Bewerber bestand« (Lichtenberger 1984, 327).

Auch für Slavica T. war die Beschäftigung als Hausbesorgerin eine Möglichkeit, ihre Lebenshaltungskosten zu senken. Sie wechselte durch diese Tätigkeit immer wieder ihre Unterkünfte. Sie erinnert sich, dass sie »zehn Wohnsitze, einmal dort, einmal da«[750] hatte. Oftmals waren es Kellerwohnungen, in denen man aufgrund des schlechten Zustandes nicht dauerhaft wohnen konnte. In den 1980er Jahre ergab sich die Möglichkeit, eine Eigentumswohnung am Geidorfplatz in Graz zu erwerben. Sie erzählt davon: »Ich habe geweint vor lauter Glück. Vor lauter Freude, (…) für mich hat ein komplett neues Leben angefangen.«[751] Ähnlich gestaltete sich die Wohnsituation bei Ljublica P. Nach ihrer Scheidung konnte sie durch diverse Stellen als Hausmeisterin die Wohnkosten minimieren und dadurch die Betreuung ihrer Kinder mit einer Erwerbstätigkeit verbinden. Heute besitzt Ljublica P. eine Eigentumswohnung, mit der sie sehr zufrieden ist.

Ganz anders war die Lebensplanung von Anica M. Sie arbeitete gemeinsam mit ihrem Mann von 1973 bis 1981 in Graz. Ihr Ziel war es, Geld zu sparen, um ein Haus in Jugoslawien zu bauen. Sie schildert: »Dann haben wir zwei fleißig gespart, ein Haus unten gebaut, ein schönes Haus gebaut.« Bis zu seiner Remigration wechselte das Ehepaar zwei- bis dreimal seine Wohnungen. Die erste Wohnung war sehr klein und bestand aus nur einem Zimmer mit Dusche und Küche. Sie berichtet: »Dann habe ich eine Hausmeisterwohnung bekommen. Das war eine schöne Wohnung, zwei Zimmer, Küche und so. Aber diese Wohnung habe ich verloren, wie ich wieder zurückgegangen bin. Das war eine Dienstwohnung.«[752] Eigentlich planten die beiden, nicht wieder nach Österreich zurückzukommen, aber der Krieg im ehemaligen Jugoslawien änderte ihre Le-

750 Interview Slavica T., 27.10.2011.
751 Interview Slavica T., 27.10.2011.
752 Interview Anica M., 17.12.2013.

benssituation. Seit dem Jahr 1991 lebt Anica M. mit ihrer Familie wieder in Graz. Sie fasst die Ereignisse folgendermaßen zusammen: »Aber mein Haus ist wegen dem Krieg kaputt. Ganz, alles was ich in den 20 Jahren gespart habe, habe ich in 20 Minuten verloren. Leider, aber es ist so. Früher weinte ich auch, aber später dachte ich, mein Gott bin ich zufrieden, dass meine Kinder leben.«[753] Ein Schicksal, das Anica M. mit vielen ehemaligen ArbeitsmigrantInnen und RemigrantInnen teilt. So wurde auch das Haus von Ljublica P. im Krieg teilweise zerstört. Heute besitzt sie eine Wohnung in Bosnien, die sie und ihre Kinder als Urlaubsunterkunft nutzen.

7.3.3 Freizeit

ArbeitsmigrantInnen hatten nur wenig Freizeit. Sie waren vorwiegend in jenen Branchen beschäftigt, deren Kennzeichen unregelmäßige Arbeitszeiten und Überstunden waren. Außerdem nutzten sie häufig jede Möglichkeit zur Mehrarbeit, um möglichst viel Geld zu verdienen. Aus diesen Gründen blieb vielen ArbeitsmigrantInnen, speziell in der Anfangszeit, wenig Zeit für Freizeitaktivitäten. Man investierte daher kaum Energie in die aktive Gestaltung der eigenen Freizeit. Katholische ArbeitsmigrantInnen nutzten die Gelegenheit, den slowenischen und kroatischen Gottesdienst in Graz zu besuchen. Dadurch konnten erste Kontakte geknüpft werden und Unterstützungsnetzwerke entstanden.[754] Einhergehend mit der Verschiebung des Rückkehrdatums bzw. dem Entschluss zur dauerhaften Zuwanderung wurde der Frage der aktiven Freizeitgestaltung mehr Bedeutung zugemessen. In Graz entstanden drei Zentren für GastarbeiterInnen, in denen man seine Freizeit verbrachte: der Klub jugoslawischer Arbeiter – Brüderlichkeit und Einigkeit (»*Bratstvo i jedinstvo*«) in Graz mit Zweigstellen in Leoben und Kapfenberg, die kroatische Gastarbeiterseelsorge mit dem 1975 neu eröffneten kroatischen Zentrum, die slowenische Seelsorge mit Gründung des slowenischen Klubs »*Triglav*« im Jahr 1982.[755]

Mehio S. erinnert sich an seine Zeit im jugoslawischen Klub, der von der österreichischen Gewerkschaft unterstützt wurde. »Der ÖGB hat uns alles gegeben, Räume, Fernseher und Telefon. Nur finanziell haben wir nichts bekommen. Aber dadurch, dass das alles gratis war, haben wir gut funktioniert.«[756] Zudem musste bei Veranstaltungen in den Kammersälen der AK Steiermark keine Saalmiete entrichtet werden und für Vereinsausflüge wurde ein Autobus

753 Interview Anica M., 17. 12. 2013.
754 Erst im Laufe der 1970er Jahre wurde in einigen obersteirischen Gemeinden ein kroatischer Gottesdienst angeboten.
755 Siehe Kapitel 6.2 und 6.3.
756 Interview Mehio S., 6. 5. 2011.

kostenlos zur Verfügung gestellt. Mehio S. gibt an, dass man beispielsweise an Titos Geburtstag, am 7. Mai, einen Ausflug mit dem Bus in seinen Geburtsort Kumrovec im heutigen Kroatien machte oder zu den Muttertagen regelmäßige Ausflüge auf das Gaberl organisierte. Ruza S. beschreibt die Räumlichkeiten des Vereins näher: »Wir haben einen Raum bekommen, um ein bisschen zusammenzukommen. Und da hatten wir am Südtiroler Platz einen ganz großen Raum und einen kleineren Raum für das Büro. Der andere war ein riesengroßer Raum, wo sich unsere Leute getroffen haben. (…) Und da mussten wir nichts bezahlen. Das haben wir alles gratis bekommen.«[757] In diesen Räumlichkeiten wurde der muttersprachliche Unterricht abgehalten und man bereitete mit den Kindern und Jugendlichen Lieder, Gedichte oder Tänze zu den jugoslawischen Feiertagen vor. Parallel zu den jährlich stattfinden Arbeitersportspielen[758] in Österreich veranstaltete man auch ein Quiz für Kinder, das jedes Jahr in einem anderen österreichischen Bundesland stattfand. Dabei konnten die Kinder ihr Wissen über Jugoslawien unter Beweis stellen. Ziel dieser Veranstaltung war es, dass »die Kinder nicht vergessen, woher sie und ihre Eltern und Großeltern kommen«[759], und die Bindung zum jugoslawischen Staat gestärkt wird. Ljublica P., Kinder- und Jugendreferentin im jugoslawischen Klub, brachte den Kindern jugoslawische Tänze bei oder unterrichtete die Mädchen in Handarbeiten. Im Vereinslokal hatten ArbeitsmigrantInnen die Möglichkeit, sehr kostengünstige Getränke »vom Bier bis zum Kracherl[760] und später dann auch Kaffee« zu konsumieren. Ein Konzept, das den Sparzielen vieler ArbeitsmigrantInnen entsprach. Der Verein verfügte auch über einen Billardtisch. Mit den Einnahmen aus dem Getränkeverkauf und bei Veranstaltungen finanzierte man hauptsächlich Trainingsanzüge für die Sportsektion des Vereins. Mehio S. betont, dass Politik im Verein keine Rolle spielte. Er führt aus: »Das haben wir ausgeschlossen.«[761] In der Vereinsorganisation wurde darauf geachtet, dass Mitglieder aller Republiken und Provinzen Jugoslawiens im Vorstand vertreten waren. Mehio S. führt dazu aus: »Wir haben ungefähr gewusst, wie viele Mazedonier, wie viele Slowenen, Kroaten, Serben oder Bosnier in Graz sind. Und im Verein haben wir darauf geachtet, dass von überall Vertreter dabei sind, dass nichts Unkorrektes passieren kann.«[762]

Der Einfluss jugoslawischer Gewerkschaften und des jugoslawischen Staates auf die Vereinsführung und -aktivitäten kam nicht nur durch die finanzielle Unterstützung zum Ausdruck, sondern zeigte sich auch in der ideologischen

757 Interview Ruza S., 20.5.2011.
758 Siehe Kapitel 6.3.2.
759 Interview Mehio S., 6.5.2011.
760 Limonade.
761 Interview Mehio S., 6.5.2011.
762 Interview Mehio S., 6.5.2011.

Ausrichtung des Vereins.[763] Zudem erfolgten ein reger Austausch und Beteiligung an unterschiedlichen Vereinsaktivitäten. Der jugoslawische Generalkonsul wirkte unterstützend bei der Vereinsgründung. Außerdem bestand auch ein Austausch zwischen dem Verein und jugoslawischen Gewerkschaften sowie zwischen diesen und der steirischen AK. Mehio S. erinnert sich, dass er Ende der 1980er Jahre insgesamt vier Mal an Seminaren teilnahm, die für Vertreter der jugoslawischen Verbände aus allen europäischen Ländern in Sarajevo, Celje, Zagreb und Ljubljana von den jugoslawischen Gewerkschaften organisiert wurden.

Milutin D., ein aktives Klubmitglied, erzählt:

> Jeden Samstag und Sonntag haben wir im Klub verbracht. (...) Dort konnten wir Schach spielen und Musik hören. Die Frauen haben unsere Tänze getanzt, die Männer Schach gespielt. Das war wie eine Familie in der Zeit. Das war das einzige, wo wir hingehen konnten. Dann sind auch Leute von unserem Konsulat, von der Arbeiterkammer und der Gewerkschaft gekommen und haben mit uns geredet, was gut und was nicht gut ist.[764]

In den Kammersälen fand jedes Jahr zu Ehren Titos eine Festveranstaltung statt. Ivanka S. führt dazu aus: »Jedes Jahr gab es ein Fest in den Kammersälen. Da haben wir Musik von allen Ländern, also von Slowenien bis Mazedonien gehabt. Von jedem Land ist ein Sänger gekommen.«[765] Diese jährlichen Festveranstaltungen blieben vielen interviewten Personen besonders positiv in Erinnerung. Man feierte ausgelassen und das Zusammentreffen bot die Möglichkeit, neue Menschen kennenzulernen und seine privaten Netzwerke zu erweitern. Wie Ivanka S. berichtet, nahmen nicht nur Leute aus Graz, sondern aus der ganzen Steiermark an den Veranstaltungen teil. Sie erzählt: »Es war immer voll. Es sind auch viele Österreicher dabei gewesen. Sie hatten Interesse, das zu sehen. Und das war für jeden offen. Es hat jeder hingehen können.«[766]

Auch das Angebot des kroatischen Zentrums war vielfältig. Jeden Sonntag wurde eine kroatische Messe gelesen und man veranstaltete »sehr viele Feste«[767], wie Ljublica P. ausführt. Daneben organisierte das Zentrum mehrmals wöchentlich Treffen. Bei diesen konnten ArbeitsmigrantInnen sich mit Gesellschaftsspielen beschäftigen, tanzen oder jugoslawische Zeitungen und Bücher lesen. Ljublica P. erzählt, dass »damals im kroatischen Klub auch viele Orthodoxe und Moslems waren«[768]. Durch eine von der AK Steiermark und der Ge-

763 Siehe Kapitel 6.3.2.
764 Interview Milutin D., 11.2.2014.
765 Interview Ivanka S., 27.1.2011.
766 Interview Ivanka S., 24.2.2011.
767 Interview Ljublica P., 13.7.2012.
768 Interview Ljublica P., 13.7.2012.

werkschaft Bau-Holz gestiftete HiFi-Anlage war es auch möglich, Musik aus den Herkunftsregionen zu spielen.[769] Des Weiteren wurden Glaubensstunden für Erwachsene, Gesangsproben, Handarbeitskurse oder auch Jugendgespräche angeboten. Laut Aussagen von Ljublica P. organisierte das Zentrum auch zahlreiche Ausflüge für Kinder von ArbeitsmigrantInnen. Viele von ihnen erhielten dort ihre Erstkommunion oder wurden im kroatischen Zentrum gefirmt. Sonntagabend veranstaltete man Informationsveranstaltungen oder Diavorträge und um den Kontakt mit GrazerInnen zu fördern, organisierte das Zentrum auch literarische Abende, Ausflüge oder Wallfahrten.

Ein weiterer wichtiger Treffpunkt für ArbeitsmigrantInnen war der slowenische Verein »*Triglav*«, der seinen Vereinssitz im Monoritenkonvent am Mariahilferplatz in Graz hatte, wo der slowenische Gottesdienst abgehalten wurde.[770] Ivanka G., damalige Kulturreferentin des Vereins, beschreibt: »Unten im Foyer hatten wir Kulturabende, Gespräche geführt oder Kinder haben zum Muttertag und jugoslawischen Nationalfeiertagen etwas aufgeführt.«[771] Der Verein organisierte einmal im Monat einen Musikabend. Die Geburtstage der Mitglieder wurden gefeiert und zu jugoslawischen Feiertagen trugen Kinder Gedichte, Lieder oder Tänze aus den Herkunftsregionen vor. Im Verein herrschte ein starkes Zusammengehörigkeitsgefühl, wie Ivanka S. ausführt: »Wir waren wirklich Eins. Einer für alle, alle für einen. Also da haben wirklich alle zusammengehalten und deshalb hat das auch so gut funktioniert.«[772] Auch Katja J. denkt gerne an diese »schöne Zeit«[773] zurück: »Das war wie eine zweite Familie. Wir haben so zusammengehalten und das war schön. Das sehe ich jetzt erst (...) und mit was für einer Liebe wir das gemacht haben.«[774] Zu vielen Mitgliedern des Klubs pflegt Katja J. heute noch ein freundschaftliches Verhältnis. Der anfänglich nur aus slowenischen Mitgliedern bestehende Verein entwickelte sich bald zu einem beliebten Treffpunkt für ArbeitsmigrantInnen aus allen Republiken und Provinzen Jugoslawiens. Ivanka G. erzählt: »Da sind immer alle gekommen.«[775] Ähnlich beschreibt Ivanka S. die Situation im slowenischen Klub: »Das

769 NZ, 1.5.1973, 7; KZ, 1.5.1973, 8.

770 Die slowenische Seelsorge, die seit dem Jahr 1970 in der Gemeinde Mariahilf in Graz angesiedelt ist und von Pfarrer Martin Belej betreut wurde, war ein wichtiger Treffpunkt für ArbeitsmigrantInnen aus Slowenien. Das dabei entstandene Netzwerk begünstigte die Gründung eines slowenischen Vereins, der 1982 ins Leben gerufen wurde. Der Zeitpunkt der Vereinsgründung liegt zwar außerhalb des zu untersuchenden Zeitraums, aber da Mitgliedschaft und Teilnahme an den Vereinsaktivitäten in den Biografien vieler interviewter Personen wichtig und prägend waren, wird dieser in der vorliegenden Arbeit behandelt.

771 Interview Ivanka G., 11.1.2011.

772 Interview Ivanka S., 27.1.2011.

773 Interview Katja J., 12.4.2011.

774 Interview Katja J., 12.4.2011.

775 Interview Ivanka G., 11.1.2011.

heißt nicht, dass im slowenischen Klub nur Slowenen gewesen sind. Weil wir waren sowieso zu wenige, also da sind alle Nationen gewesen.«[776] Trotz des regen Austauschs und der Vernetzung zwischen den Vereinen weist Ivanka S. darauf hin, dass im jugoslawischen Klub »nicht dieses Flair war wie bei uns im slowenischen Klub«[777]. Katja J. beschreibt die Situation im slowenischen Klub als sehr harmonisch und fühlte sich durch die verschiedenen Vereinsaktivitäten und die Teilnahme von ArbeitsmigrantInnen aus allen Teilen Jugoslawiens wie auch von ÖsterreicherInnen integriert.[778]

Einen Namen machte sich der slowenische Verein vor allem durch seine sportlichen Aktivitäten. Einmal in der Woche traf man sich zum Kegeln im »Alle Neune«, einer Kegelbahn in Graz. Katja J. schildert: »Das war fix. Wir haben jeden Montag von sieben bis eins durchgekegelt.«[779] Nicht nur ArbeitsmigrantInnen aus Slowenien nahmen an den regelmäßigen Kegelabenden teil. Ljublica P. beschreibt, dass dort »alle zusammengekommen«[780] sind. Auch Ivanka G. erzählt: »Dort haben Slowenen, Kroaten und alle immer zusammen gekegelt. Ich erinnere mich, dass ich auch ab und zu dabei war. Ich habe aber nicht gekegelt, aber ich habe gewusst, dass ich dort alle treffe, die ich brauche.«[781] Jovanka R. erinnert sich an das gesellige Zusammentreffen. Sie schildert: »Dort haben wir jede Woche ein paar Stunden gekegelt, getrunken und gelacht.«[782] Es war eine Möglichkeit, den Arbeitsalltag hinter sich zu lassen und das Leben zusammen mit FreundInnen zu genießen. Denn wie Katja J. ausführt, war das Leben »für einen Ausländer im Großen und Ganzen nicht leicht. Jeder nimmt dich als zweite Ware wahr«[783]. Eine Gruppe des Vereins nahm sogar an zahlreichen Kegelturnieren in ganz Österreich und Jugoslawien teil. Laut Angaben von Katja J. berichteten slowenische Zeitungen des Öfteren über die Erfolge der KeglerInnen des Vereins »*Triglav*«. Sie führt dazu aus: »Wir sind dann durch ganz Ex-Jugoslawien Kegeln gefahren. Einmal nach Zagreb, einmal nach Ljubljana und auch durch ganz Österreich.«[784] Zur Vorbereitung für Wettkämpfe sei man »regelmäßig trainieren gegangen«[785], wie Ivanka S. berichtet.

Ihre Aufgaben im Verein beschreibt sie folgendermaßen: »Getränke ausschenken, kassieren, Musik und Essen vorbereiten und alles. Und zum Schluss

776 Interview Ivanka S., 24.2.2011.
777 Interview Ivanka S., 24.2.2011.
778 Interview Katja J., 12.4.2011.
779 Interview Katja J., 12.4.2011.
780 Interview Ljublica P., 15.2.2011.
781 Interview Ivanka G., 12.1.2011.
782 Interview Jovanka R., 15.9.2011.
783 Interview Katja J., 12.4.2011.
784 Interview Katja J., 12.4.2011.
785 Interview Ivanka S., 27.1.2011.

dann die ganze Halle zusammenkehren und zusammenräumen.«[786] Sie ergänzt: »Also wir waren auch die letzten, die oft um zwei Uhr in der Früh heimgegangen sind.«[787] Katja J., ebenfalls Mitglied im slowenischen Verein, gibt an, dass die meisten Veranstaltungen am Mittwoch stattgefunden haben, da viele ArbeitsmigrantInnen aus Slowenien am Wochenende in ihre Herkunftsregionen fuhren. Sie beschreibt ihren Arbeits- und Lebensalltag wie folgt: »Wir haben alle bis fünf oder sechs Uhr gearbeitet. Dann sind wir schnell nach Hause, haben uns gewaschen und dann sind wir in den Klub. Dort waren wir bis zwei in der Früh, bis drei haben wir geputzt und bis vier die Musiker nach Hause gebracht. Das war Wahnsinn. Wenn man jetzt zurückdenkt, so viel Arbeit, so viele Sorgen und so. Aber es war so schön.«[788] Jovanka R. erinnert sich, dass sie im slowenischen Verein auch das Tanzen lernte.[789]

Die Vereine waren nicht nur Treffpunkte für ArbeitsmigrantInnen, sondern auch wichtige Anlaufstellen bei Problemen und Anliegen. Man erhielt dort Informationen und Hilfestellungen. Des Weiteren konnte man sich an das jugoslawische Generalkonsulat in Graz wenden. Der jugoslawische Generalkonsul nahm auch regelmäßig an Veranstaltungen der einzelnen Vereine teil. Ivanka S. führt aus: »Der Generalkonsul ist oft gekommen. (...) Und wenn wir etwas gebraucht haben, haben wir uns immer an das Generalkonsulat gewandt, also wenn irgendetwas gewesen ist.«[790] Zudem fanden regelmäßige Treffen zwischen den Vorständen der Vereine statt. Man vernetzte sich, um gemeinsame Ziele, zum Beispiel die Einführung eines slowenischen und kroatischen Zusatzunterrichts, zu forcieren. Ivanka G. berichtet davon: »Wir hatten dann gemeinsame Sitzungen (...) Weil wir sind dann gemeinsam aufgetreten.«[791] Alle interviewten Personen legten großen Wert darauf, dass ihre Kinder die Muttersprache lernten. Neben dem slowenischen bot auch der jugoslawische Verein muttersprachlichen Unterricht für Kinder und Jugendliche an. Die Kinder von Ruza S. besuchten diesen. Sie erzählt: »Einmal oder zweimal die Woche sind die Kinder zum Lernen in den Verein gegangen. Da haben sie lesen und schreiben in der Muttersprache gelernt.«[792]

Neben den Vereinen und Zentren gab es einige Lokale in Graz, die beliebte Treffpunkte für ArbeitsmigrantInnen waren. Auch der Hauptbahnhof war ein solcher. Ruza S. erinnert sich: »Jeden Sonntag haben sich viele von unseren

786 Interview Ivanka S., 24.2.2011.
787 Interview Ivanka S., 27.1.2011.
788 Interview Katja J., 12.4.2011.
789 Interview Jovanka R., 15.9.2011.
790 Interview Ivanka S., 27.1.2011.
791 Interview Ivanka G., 12.1.2011.
792 Interview Ruza S., 20.5.2011.

Leuten dort gesammelt. (...) Man hat Kaffee getrunken, geredet und so.«[793] Neben dem Grazer Hauptbahnhof waren, laut Angaben einiger InterviewpartnerInnen, Lokale in der Babenbergerstraße, der Kalvarienbergerstraße oder der Vinzenz-Muchitsch-Straße beliebte Treffpunkte für ArbeitsmigrantInnen. Die dadurch entstandenen sozialen Netzwerke boten Hilfe in allen Lebenslagen und stellten eine wichtige Stütze im Leben vieler ArbeitsmigrantInnen dar. Ivanka S. erzählt, dass sie kaum in die Gasthäuser ging, wo viele männliche Arbeitsmigranten aus Jugoslawien waren. Sie schildert die Situation aus weiblicher Perspektive: »Die sind alle irgendwie alleine da gewesen und wenn du als Frau hineingekommen bist, dann haben sie geglaubt, dass sie dich leicht haben können oder so. Und dann sind blöde Sprüche und alles gekommen. Das habe ich vermieden.«[794]

Mehio S. nutzte diese Treffpunkte regelmäßig. Besonders in einem Lokal in der Triester Straße, das von einem Kroaten betrieben wurde, hielt er sich des Öfteren auf. Er erzählt: »Für uns war es wichtig, dass man hineingehen konnte und irgendetwas auf Serbokroatisch reden konnte. Zweitens war für uns wichtig, dass dort mehr unsere Küche gekocht wurde. Und das war für uns wichtig. Es war nicht schlecht, von der Bohnensuppe auf das Wienerschnitzel umzustellen, trotzdem wollte ich hin und wieder unsere Sachen essen.«[795] Das Gasthaus war, wie sich Mehio S. erinnert, in den 1970er Jahren das einzige in ganz Graz mit jugoslawischer Küche. Man ging dorthin »wegen dem Essen, zum Trinken oder zum Karten spielen«[796]. Erst in den 1980er und 1990er Jahren standen mehr Lokale mit jugoslawischer Küche zur Auswahl. Mehio S. berichtet: »Viele haben nachher angefangen, kleine Gasthäuser zu führen. Jetzt gibt es viele, von türkischen bis ex-jugoslawischen.«[797]

In den restlichen steirischen Bezirken gab es weniger Angebote zur Freizeitgestaltung. Jugoslawische Klubs wurden nur in Graz, Kapfenberg und Leoben gegründet.[798] In den anderen steirischen Regionen gab es jedoch einige Lokale, die vermehrt von ArbeitsmigrantInnen aufgesucht wurden. Mirko H. schildert die Situation in der Obersteiermark in den 1970er Jahren folgender-

793 Interview Ruza S., 20.5.2011.

794 Interview Ivanka S., 24.2.2011.

795 Interview Mehio S., 6.5.2011.

796 Interview Mehio S., 6.5.2011.

797 Interview Mehio S., 6.5.2011.

798 Pater Hugo, der Betreuer der kroatischen Seelsorge in Graz, bittet im Jahr 1971 das bischöfliche Ordinariat, einen Raum für GastarbeiterInnen in Leoben zu mieten. Er weist darauf hin, dass es dort keine Möglichkeit gibt, sich außerhalb der Kirche zu treffen. Aus diesem Grund besuchen viele ArbeitsmigrantInnen Gasthäuser, was zu häufigem Alkoholkonsum führt. Leider blieben seine Bemühungen erfolglos, da keine passenden Räume zur Verfügung standen (Diözesanarchiv Graz-Sekau, Ordinariatskanzlei, Gastarbeiter Seelsorge 1968–1982, 15 GA 2 1971; 15 GA 2 1971; 15 GA 2/2 1971).

maßen: »Nach der Arbeit ist man in ein Gasthaus gegangen. In eine Kneipe, hat getrunken, etwas geredet und es gab auch ab und zu Streit. (…) Das war unter der Woche. Ja, am Wochenende sind die meisten dann nach Hause gefahren.«[799] In Trieben gab es ein Gasthaus, eine österreichische Kneipe, wie Mirko H. ausführt, in der man sich traf. Er erzählt, dass es dort »recht laut und immer viel los«[800] war. Er führt weiter aus: »Wir haben uns einfach dort getroffen. Wir haben auch manchmal dort gegessen und es gab Musik und alles.«[801] Trotz weniger Freizeitangebote bewertet Hilde L. das Leben in einer Kleinstadt in der Obersteiermark im Vergleich zu Graz positiv. Sie erklärt: »Da trifft man sich jeden Tag. Du begegnest den Menschen öfters wie in so einer Großstadt, wo du den Nachbarn vielleicht einmal im Monat siehst. Wenn du hier in die Stadt einkaufen gehst, dann triffst du jeden Tag fast die gleichen Leute. Das ist dann leichter. Man hat mehr Kontakte zu den Leuten.«[802]

Der kroatische Gottesdienst bot eine Möglichkeit, sein privates Netzwerk zu erweitern und neue Kontakte zu knüpfen. Dieser wurde, laut Auskunft von Prälat Städtler, in Graz, Kapfenberg und in Donawitz sowie im Ennstal, wo auch viele jugoslawische Frauen in der Tourismusbranche beschäftigt waren, abgehalten.[803] Hilde L. erzählt, dass es in Rottenmann »nichts gegeben hat. Erst später dann hat es in Liezen eine kroatische Messe gegeben«[804]. Für muslimische ArbeitsmigrantInnen gab es jedoch weder in Graz noch in anderen steirischen Bezirken Möglichkeiten zur Religionsausübung. Erst in den 1990er Jahren entstanden erste Gebetsräume. Mirko H. gibt in diesem Zusammenhang an, dass »es in den 1970er Jahren keine Gebetshäuser gab«[805].

Hilde L. fasst die damalige Situation für ArbeitsmigrantInnen zusammen: »Wir waren damals wirklich uns alleine überlassen. Kein Mensch hat sich eigentlich um uns gekümmert. (…) Wir haben unser Leben immer selbst in die Hand nehmen müssen und das Beste draus machen müssen. Darum kann man das dann auch schätzen. Alles das, was du gemacht hast. Was du dir selbst geschaffen hast, weil du hast von keinem etwas geschenkt bekommen.«[806]

Infolge der Kriege im ehemaligen Jugoslawien zerbrachen die jugoslawischen Vereine (Bratic 2003, 400). Ivanka G. schildert die Situation:

> Vor den Kriegswirren 1991 sind, wenn was los war, immer alle in unseren Verein gekommen, auch Kroaten, Serben oder Bosniaken. Es gab immer Musik und auch

799 Interview Mirko H., 13.2.2014.
800 Interview Mirko H., 13.2.2014.
801 Interview Mirko H., 13.2.2014.
802 Interview Hilde L., 7.5.2013.
803 Interview Prälat Leopold Städtler, 4.4.2012.
804 Interview Hilde L., 7.5.2013.
805 Interview Mirko H., 13.2.2014.
806 Interview Hilde L., 7.5.2013.

> kulturelle Begebenheiten haben sie interessiert und sie haben uns auch ihre Kultur mitgebracht und Tänze oder Lieder und so gezeigt. Wir haben uns gut verstanden. Dann als diese Kriegswirren begonnen haben, ist auch eine Diskrepanz hier entstanden und wir mussten den Klub zusperren.[807]

Auch Ivanka S. bestätigt, dass der Krieg der Auslöser war, den slowenischen Klub zu schließen. Sie führt aus: »Die Jahre waren wunderschön und wenn es am schönsten ist, soll man aufhören. Weil das hätte dann nicht mehr funktioniert. Da waren dann Schlägereien und auch die Kriminalpolizei in Zivil war anwesend.«[808]

7.3.4 Sprache

Das Erlernen der deutschen Sprache stellte für die meisten interviewten Personen eine große Herausforderung dar, zumal es anfänglich keine staatlichen Unterstützungsmaßnahmen gab. Das Motto lautete daher für viele: *Learning by doing*. Die meisten erwarben im Rahmen ihrer beruflichen Tätigkeiten erste Sprachkenntnisse. Unterstützung fand man in beruflichen und privaten Netzwerken, dem slowenischen und kroatischen Zentrum oder dem jugoslawischen Klub. Des Weiteren konnten sich ArbeitsmigrantInnen bei Sprachschwierigkeiten an den Gastarbeiterbetreuungsverein wenden.[809] Milutin D. erinnert sich: »Herr Krismanic hat uns mit den Anträgen für das Finanzamt oder der Kinderbeihilfe[810] geholfen.«[811] Erste Sprachkurse für ArbeitsmigrantInnen[812] wurden in der Steiermark vom Landesarbeitsamt in Kooperation mit dem Berufs-

807 Interview Ivanka G., 11. 1. 2011.

808 Interview Ivanka S., 27. 1. 2011.

809 Siehe Kapitel 6.2.1.

810 In Bezug auf die Kinderbeihilfe kam es immer wieder vor, dass für ein Kind in beiden Staaten eine Beihilfe beantragt wurde. Aus diesem Grund wurde sehr genau darauf geachtet, dass nicht für dasselbe Kind von beiden Staaten eine Beihilfe ausbezahlt wurde. ArbeitsmigrantInnen hatten Anspruch auf Familienbeihilfe, wenn sie über eine AE verfügten und länger als drei Monate in Österreich beschäftigt waren. Eine Tatsache, über die viele nicht ausreichend informiert waren (Diözesanarchiv, Katholische Aktion, Überdiözesane Arbeitsgemeinschaft, Ordner 290, Protokoll Vorstandssitzung 12. 5. 1976, 5–6; BGBl. Nr. 289/1966, Schlussprotokoll, 12).

811 Interview Milutin D., 11. 2. 2014.

812 Die Datenmenge dazu ist sehr gering. Rudolf de Cilla führt dies darauf zurück, dass es keine zentrale Institution gibt, die das Erwachsenenbildungsangebot erfasst und steuert. Des Weiteren führt er an, dass man zwischen zwei Arten von Anbietern von Sprachkursen unterscheiden kann. Zum einen die Volkshochschulen (VHS), das Wirtschaftsförderungsinstitut (WIFI) und das BFI, die Sprachkurse seit 1972 anbieten, und zum anderen privatwirtschaftlich ausgerichtete ›freie‹ Erwachsenenbildungseinrichtungen (Cilla 2003, 133–134).

förderungsinstitut (BFI) ab dem Jahr 1973 angeboten[813] und sollten zur Erleichterung der Berufsausübung für ArbeitsmigrantInnen beitragen.[814] Ausnahmen stellten einzelne steirische Betriebe dar, wie in einem Zeitungsbericht aus dem Jahr 1966 geschildert wird: »In Österreich hingegen tut man für die Fremdarbeiter noch wenig. Eine Ausnahme bildet etwa die Maschinenfabrik Andritz, die für diese Männer einen eigenen Sprachkurs laufen läßt, in dem sie nicht nur Umgangssprache, sondern auch Fachausdrücke aus ihrem Arbeitsleben lernen.«[815]

Für ArbeitsmigrantInnen standen ab Ende 1972 Sprachkurse unter dem Titel »Deutsch für Sie« in serbokroatischer und türkischer Sprache in Form von Tonbildschauen bei den Wirtschaftsförderungsinstituten der Landeskammern zur Verfügung.[816] Im Jahr 1973 gab das steirische Landesarbeitsamt erstmals einen »Sprachenführer in deutscher, slowenischer und serbokroatischer Sprache in Form einer kleinen Broschüre«[817] mit dem Titel »*Dobrsodosli u Stajersku*« heraus. Diese sollte dazu beitragen, dass »Einleben«[818] von ArbeitsmigrantInnen zu erleichtern, und als »Orientierungshilfe im Verkehr mit Behörden, Ämtern und Dienstgebern«[819] dienen. Die Broschüre war kostenlos in allen Arbeitsämtern erhältlich und wurde an steirische Betriebe versandt, die eine höhere Zahl an ArbeitsmigrantInnen beschäftigten. Sie beinhaltete wichtige Informationen über das tägliche Leben, Adressen von Behörden und eine Übersicht über die Grazer Verkehrsbetriebe. In der KZ wurde kritisch angemerkt, dass sich »kleine Fehler eingeschlichen«[820] hatten, vor allem Verwechslungen zwischen Slowenisch und Serbokroatisch[821].

Ab dem 28.1.1973 richtete diese Zeitung jeden Sonntag eine Rubrik für GastarbeiterInnen in ihrem Lokalteil ein. Fritz Csoklich wies in seiner Reihe »Im Vertrauen gesagt« auf diese neue Rubrik mit folgendem Text hin:

> Da die meisten Gastarbeiter in unserem Verbreitungsgebiet aus Jugoslawien stammen, werden wir uns vorerst darauf beschränken in unserer Rubrik die Arbeiter, die aus diesem Land kommen, anzusprechen. Die Informationen für diese jugoslawischen Gastarbeiter werden in serbokroatischer und slowenischer Sprache erfolgen (…) In

813 NZ, 12.5.1973, 7; NZ, 31.8.1973, 6.

814 Am 26.3.1975 wurde beispielsweise in der KZ berichtet, dass 28 jugoslawische Gastarbeiter einen Deutsch-Sprachkurs in Knittelfeld erfolgreich beendet hatten. Daraus kann abgeleitet werden, dass im Laufe der 1970er Jahre die Schulungsangebote für ArbeitsmigrantInnen auch in den steirischen Regionen ausgebaut wurden (KZ, 26.3.1973, 14).

815 KZ, 9.7.1966, Beilage, 9.

816 Mitteilungsblatt der Handelskammer Steiermark, 17.6.1972, o. S.

817 NZ, 14.7.1973, 6.

818 NZ, 14.7.1973, 6.

819 NZ, 14.7.1973, 6.

820 KZ, 15.7.1973, 8.

821 Heute als Bosnisch/Kroatisch/Serbisch (BKS) bezeichnet.

einer ersten Ankündigung, die wir auf Seite 8 in deutscher und serbokroatischer Sprache publizieren, legen wir unseren Lesern in großen Zügen das Konzept der neuen Rubrik vor, die in Zusammenarbeit mit allen zuständigen Stellen, Ämtern und Behörden gestaltet wird. Außerdem werden wir in unserer Rubrik für die jugoslawischen Gastarbeiter auch wichtige Sportergebnisse aus Jugoslawien und ähnliche interessante Informationen veröffentlichen, um damit wenigstens ansatzweise zu einem Brückenschlag zwischen der Heimat der Gastarbeiter und unserem Land beizutragen. (…) Auf Ihr Verständnis, noch mehr: Auf Ihre Zustimmung hofft dabei Ihr Fritz Csoklich.[822]

Die Reihe stieß bei vielen LeserInnen auf heftige Kritik und zahlreiche LeserInnenbriefe dazu erreichten die Zeitungsredaktion. Am 4.2.1973 reagierte Csoklich auf die geäußerte Kritik mit folgenden Worten:

Ich muß gestehen: Gerade die wilden Briefe, die wir in den letzten Tagen erhalten haben, beweisen eindringlich, wie notwendig eine solche Rubrik für die Gastarbeiter ist, die übrigens in ihrer Mehrheit aus Gebieten kommen, die noch vor wenigen Jahrzehnten zum alten Österreich gehörten. Es ist zutiefst ungerecht und einfach nicht wahr, diese Gastarbeiter – sozusagen »in einem Aufwaschen« – als Messerstecher, Wirbelmacher und Stinker zu bezeichnen. Freilich in jedem Volk gibt's angenehme und weniger angenehme Typen. Gibt's Gauner und schiefe Figuren. Woher nehmen wir aber die Eingebildetheit, solche »schrägen Vögel« nur bei den anderen zu suchen? Das fragt Sie heute, etwas verstört angesichts solcher Primitiven-Einwände Ihr Fritz Csoklich.[823]

Die LeserInnenbriefe verweisen auf die ablehnende Haltung vonseiten der steirischen Gesellschaft, die mit dem Höhepunkt der Beschäftigung von ArbeitsmigrantInnen und der Rezession infolge der Ölkrise Anfang der 1970er Jahre zunahm. Ein Wandel, den auch ArbeitsmigrantInnen in den Interviews bestätigten.

Hinsichtlich des Spracherwerbs wird in der Ausgabe der KZ vom 25.2.1973 in der Rubrik für GastarbeiterInnen darauf aufmerksam gemacht, dass bei einigen Institutionen die Möglichkeit besteht, Deutschkurse zu absolvieren, und ArbeitsmigrantInnen werden darauf hingewiesen, dass durch das Beherrschen der deutschen Sprache das »berufliche und gesellschaftliche Fortkommen«[824] verbessert werden kann.

Im Laufe der 1970er Jahre stellten die meisten Behörden DolmetscherInnen zur Verfügung. Katja J. berichtet, dass bereits Anfang dieses Jahrzehnts ein Dolmetscher bei der Steiermärkischen Gebietskrankenkasse verfügbar war. 1973 beschäftigte auch das Arbeitsamt Graz einen Dolmetscher, 1974 war eine Dolmetscherin zweimal wöchentlich im Arbeitsamt Leoben anwesend und

822 KZ, 28.1.1973, 2.
823 KZ, 4.2.1973, 2.
824 KZ, 25.2.1973, 8.

ab 1976 auch im Arbeitsamt Liezen.[825] Die AK Steiermark beschäftigte bereits seit Anfang der 1960er Jahre eine Dolmetscherin in Graz und Leoben, die für die Betreuung von GastarbeiterInnen verantwortlich war. Laut Angaben des AK Pressereferates Steiermark betreute sie diese auch »kulturell und freizeitmäßig«[826]. Im Jahr 1974 baute die AK Steiermark ihr Service für ausländische Arbeitskräfte aus, indem auch in den Amtsstellen in Liezen und Leoben[827] DolmetscherInnen eingesetzt wurden. Außerdem druckte sie erstmalig Informationsmaterial für ArbeitsmigrantInnen in slowenischer und serbokroatischer Sprache, um sie über geltende österreichische Rechtsvorschriften zu informieren. Ab 1967 gab die slowenische Zeitung »*Večer*« eine Österreich-Ausgabe heraus. Diese erschien monatlich in slowenischer und serbokroatischer Sprache. Sie enthielt Beiträge über Ereignisse in Jugoslawien, Wissenswertes über das ›Gastland‹ Österreich, arbeitsrechtliche Informationen für ArbeitsmigrantInnen sowie die Rubrik »Kurzer Sprachkurs: Sprechen Sie deutsch?«. Die steirische AK verteilte den *Večer* an Betriebsräte jener Firmen, die eine höhere Anzahl an ArbeitsmigrantInnen beschäftigten.[828] Darüber hinaus gestaltete sie eine Radiosendung für ArbeitsmigrantInnen. Jeden Dienstag und Donnerstag sendete der ORF-Steiermark von 19.45 Uhr bis 19.50 Uhr Nachrichten auf Slowenisch und Serbokroatisch.[829]

Spracherwerb

Neben diesen offiziellen Möglichkeiten der Sprachunterstützung stellt sich die Frage, wie sich der Spracherwerb auf individueller Ebene gestaltete? Ivanka G. begründet ihre Motivation, die Sprache zu erlernen, folgendermaßen:

> Ich habe kein Wort Deutsch verstanden und das hat mich wahnsinnig gestört, weil sie mir nichts sagen konnten und ich auch nichts verstanden habe. Sie haben mir nur alles so mit dem Finger gezeigt und das hat mich irgendwie so erniedrigt. Deswegen musste ich die Sprache lernen (…) Ich habe mir die Kleine Zeitung gekauft, kein Wort verstanden, ein Wörterbuch genommen und übersetzt. Dann habe ich durch die Kleine

825 LAA Jahresbericht 1973, 104–106; LAA Jahresbericht 1974, 37–40, LAA Jahresbericht 1976, 57–65.

826 KZ, 17.7.1973, 18.

827 In Leoben betreute, laut Angaben von Peter Gottlieb, Grete Schnitzer ansässige und durchreisende ArbeitsmigrantInnen. Sie wurde als »Engel der Gastarbeiter« bezeichnet, da sie sich sehr für ihre Anliegen einsetzte. Zu ihren wöchentlichen Sprechtagen kamen deshalb ArbeitsmigrantInnen aus ganz Österreich.

828 Ab 1977 erschien diese nur mehr in unregelmäßigen Abständen und wurde Ende der 1970er Jahre gänzlich eingestellt (AK Steiermark Tätigkeitsberichte 1974 bis 1977; Večer, 7.12. 1968, 9).

829 AK Steiermark Tätigkeitsbericht 1974, 110–111. Die Radiosendung bestand bis in die 1990er Jahre.

> Zeitung von einer Abendschule erfahren, dass es da eine Möglichkeit gibt, und da habe ich mich eingeschrieben, obwohl ich nicht Deutsch konnte.[830]

Ivanka S. lernte in der Schule Englisch. Sie gibt an, dass es für sie »ohne Deutschkenntnisse irrsinnig schwierig war«[831]. In der ersten Firma, in der sie arbeitete, waren vor allem jugoslawische Arbeitskräfte beschäftigt. Ivanka S. erwarb deshalb dort kaum deutsche Sprachkenntnisse. Sie erinnert sich: »Da konnte ich ›Guten Morgen‹, ›Gute Nacht‹ und ›Auf Wiedersehen‹ sagen. Das war alles, was ich dort gelernt habe.«[832] Ihren Arbeitsalltag ohne Sprachkenntnisse beschreibt sie folgendermaßen: »Wenn man die Sprache nicht kann, kann man sich nicht wehren. Man versteht nichts. Man versteht nur, wenn sie einem das zeigen. Sie haben mir gezeigt, wie man das verpackt und alles. Aber es war irrsinnig schwierig, wenn man sich irgendwie nicht richtig verstanden fühlt.«[833] Bei ihrem zweiten Aufenthalt in Graz versuchte sie, so schnell wie möglich die deutsche Sprache zu lernen. Sie führt dazu aus: »Wenn man die Sprache beherrscht, dann kann man sich erkundigen. Und das ist ganz was anderes. Dann weiß ich, zu welchem Amt ich gehen muss und wie man das alles macht.«[834] Bei einem Behördenweg machte Ivanka S. trotz guter Deutschkenntnisse eine negative Erfahrung. Sie erzählt: »Da war mein Deutsch schon ganz gut und dann bin ich hingekommen und dann sagte der Beamte zu mir: ›Du warten.‹ Ich habe geantwortet: ›Nix du warten. Ich kann inzwischen gut Deutsch. Sie können normal mit mir reden.‹ Der war dann sehr erstaunt.«[835]

Gleich wie Ivanka G. versuchte auch Ivanka S., durch das Lesen von Zeitungen Sprachkenntnisse zu erwerben. Sie erklärt: »Weil es mir auch wichtig war, wenn ich in diesem Land bin, dann möchte ich diese Sprache lernen. Weil ich möchte mich auch mit den Österreichern unterhalten und nicht nur mit unseren Leuten. Die Sprache zu lernen, das war wirklich an erster Stelle.«[836] Auch Mehio S. versuchte, über das Lesen steirischer Tageszeitungen die deutsche Sprache zu erlernen. Anfangs hatte er »nur die Bilder angeschaut«[837], bevor er im Selbststudium schreiben und lesen lernte. Er gibt an, dass in seiner Firma viele Personen aus Jugoslawien arbeiteten. Deshalb fehlt ihm die Sprechpraxis, lesen und schreiben kann er hingegen einwandfrei.

Ivanka S. arbeitete in einem Sanatorium fast ausschließlich mit ÖsterreicherInnen zusammen. Dadurch lernte sie »innerhalb von einem halben Jahr

830 Interview Ivanka G., 11.1.2011.
831 Interview Ivanka S., 27.1.2011.
832 Interview Ivanka S., 27.1.2011.
833 Interview Ivanka S., 24.2.2011.
834 Interview Ivanka S., 24.2.2011.
835 Interview Ivanka S., 27.1.2011.
836 Interview Ivanka S., 27.1.2011.
837 Interview Mehio S., 6.5.2011.

Deutsch«[838]. Wie sie lernten viele ArbeitsmigrantInnen die deutsche Sprache bei der Ausübung ihrer beruflichen Tätigkeiten. Vorgesetzte oder ArbeitskollegInnen unterstützten sie vielfach dabei, wie folgendes Beispiel von Ruza S. zeigt: »Wie ich in der Natronpapierfabrik arbeitete, da hat der Chef oft die Maschine abgeschaltet und hat mir die Worte gelernt, sodass ich ein bisschen was weiß. Ich habe nur so vom Reden und so gelernt. Und im Sanatorium habe ich viel gelernt, weil du da mit den Patienten zu tun hattest. Und da kannst du irgendwie viel lernen.«[839] Auch Ljublica P. fand große Unterstützung beim Spracherwerb durch ihre damalige Chefin. Sie erzählt: »Sie hat zum Beispiel einen Besen gezeichnet und dann hat sie mir aufgeschrieben, dass es ›Besen‹ heißt. (...) Aber mehr zu lernen, begann ich dann in der Diözese. Dort war die Schwester S., sie war so streng und dann haben wir wirklich viel lernen müssen.«[840] Diese half ihr auch beim Übersetzen offizieller Schreiben und stand ihr bei allen Problemen unterstützend zur Seite.

Herausfordernd war die Situation für Hilde L. Sie wurde als Kellnerin angeworben und verfügte zum Zeitpunkt ihrer Einreise über keine Deutschkenntnisse. Ihre erste Aufgabe war es, den Inhalt der Speisekarte auswendig zu lernen. In der Anfangszeit kam es immer wieder zu Verwechslungen. Sie erzählt: »Vier war weniger wie acht. Wenn einer ein Achtel bestellt hat, hat er ein Viertel bekommen. Wenn einer ein Viertel bestellt hat, hat er ein Achtel bekommen, weil vier ist weniger und acht ist mehr! (...) Aber das haben sie mir alles verziehen. Die haben das alles mit Humor genommen.«[841] Aufgrund ihrer Tätigkeit im Gastgewerbe lernte Hilde L. innerhalb von drei Monaten die deutsche Sprache. Sie beschreibt: »Weil ich gezwungen war, ich habe mit den Menschen sprechen, mich unterhalten, mich verständigen müssen.«[842] Stefan L. hatte bereits geringe Deutschkenntnisse zum Zeitpunkt seiner Arbeitsaufnahme in der Steiermark. Er hatte schon in der Volksschule Deutschunterricht gehabt, so auch Veronika B. Sie beschreibt ihre damaligen Sprachkenntnisse: »Also so viel, dass man die Buchstaben kannte und lesen konnte.«[843] Zudem tat sich Stefan L. »gezwungenermaßen leichter«[844], da er kaum mit jugoslawischen Arbeitskräften zusammen arbeitete und somit Deutsch »lernen musste«[845]. So gestaltete sich auch die Situation bei Milutin D. Er arbeitete vor allem mit österreichischen Männern zusammen und hatte eine österreichische Freundin.

838 Interview Ivanka S., 27.1.2011.
839 Interview Ruza S., 20.5.2011.
840 Interview Ljublica P., 15.2.2014.
841 Interview Hilde L., 7.5.2013.
842 Interview Hilde L., 7.5.2013.
843 Interview Veronika B., 27.2.2012.
844 Interview Hilde L., 7.5.2013.
845 Interview Hilde L., 7.5.2013.

Geza B. entwickelte seine eigene Strategie, um seine Sprachfertigkeiten während der Arbeit zu verbessern. Er schrieb Wörter, die er während seiner Arbeit als Maurer von den KollegInnen erfuhr, auf Ziegelsteine. Dann brauchte er »nur ein paar Mal hinschauen«[846]. Bis zum Abend merkte er sich die neuen Begriffe und wiederholte diese am nächsten Arbeitstag.

Vielen erging es allerdings anders. Bei ihnen trug das Arbeitsumfeld nicht wesentlich zur Erweiterung deutscher Sprachkenntnisse bei. Sie arbeiteten vorwiegend mit ArbeitsmigrantInnen aus Jugoslawien zusammen. Mirko H., der anfangs über keine Sprachkenntnisse verfügte, empfand dies als sehr hilfreich. Er erzählt: »Es waren viele Menschen von unten, unsere Leute, die auch Deutsch gekonnt haben. Da konnte ich mich dann leichter zurechtfinden.«[847] Einige InterviewpartnerInnen geben an, dass sie es bereuen, dem Erlernen der deutschen Sprache weniger Bedeutung zugemessen zu haben. So auch Katja J., sie resümiert: »Ich habe nicht richtig Deutsch gelernt. Ich hätte damals in die Schule gehen können. Aber warum nicht, fragen sie mich nicht. Oder ich hätte damals mit den Kindern lernen können. Ich hatte es immer vor.«[848] Außerdem gibt sie an, dass sie damals mehr lesen hätte sollen. Sie führt aus:

> Ich hatte damals nur slowenische Bücher mit und slowenisch gelesen. Ich hätte dann müssen Deutsch lesen. Aber da war ich mir dem noch nicht bewusst. Ich war froh, dass ich wenigstens so können habe, wie ich konnte. Dass mich jeder ein bisschen versteht und so. Das war schade. (…) Und dann, wie die Kinder da waren – mit drei Kindern dann – und ich habe immer gearbeitet. Und dann habe ich noch schwarz genäht und bin putzen gegangen. Ich hatte keine freie Minute.[849]

Zudem plante Katja J., mit ihrem Ehemann und den Kindern wieder nach Slowenien zurückzukehren. Aus diesem Grund legte sie großen Wert darauf, dass ihre Kinder die slowenische Sprache lernen, um bei der Remigration keine Sprachschwierigkeiten zu haben. Später besuchte Katja J. einen Sprachkurs, den das kroatische Zentrum anbot. Sie führt dazu aus: »Drei Diplome habe ich bekommen. Die habe ich alle zu Hause.«[850]

Als der Sohn von Ljublica P. in die Schule kam, lernte sie »langsam mit ihm«[851]. Lesen stellt für sie heute kein Problem mehr dar, nur schreiben kann sie nicht fehlerfrei. Aus diesem Grund bat sie alle ihre Facebook-FreundInnen, sie zu korrigieren, um ihre Schreibkenntnisse zu verbessern. Sie erzählt: »Meine

846 Interview Geza B., 27.2.2012.
847 Interview Mirko H., 13.2.2014.
848 Interview Katja J., 12.4.2011.
849 Interview Katja J., 12.4.2011.
850 Interview Katja J., 12.4.2011.
851 Interview Ljublica P., 15.2.2014.

Schwester darf man nicht ausbessern. Sie ist sofort böse. Aber ich bin nicht böse. Es ist für mich besser.«[852]

Sprachgebrauch

Das Einkaufen stellte für viele interviewte Personen eine große Herausforderung dar. Damals gab es keine Selbstbedienungsgeschäfte. Man musste seine Einkaufswünsche dem Verkaufspersonal mitteilen. Ruza S. erinnert sich: »Da hast du alles mit dem Finger zeigen müssen.«[853] Genauso erging es Ljublica P. Auch sie empfand das Einkaufen als »nicht leichte Aufgabe«[854]. Wenn das Verkaufspersonal den Namen des Produktes gesagt hat, hat Ruza S. diesen »schnell aufgeschrieben«[855], sodass sie die richtige Bezeichnung bei ihrem nächsten Einkauf gewusst hat, erzählt sie. Sie gibt an, dass sie so die Sprache lernte, aber es »schon schwer war«[856]. Vor allem der Kauf von Produkten zur Körperhygiene war für Hilde L. »ganz schlimm«[857]. Sie berichtet: »Ich habe ja lesen können, aber ich habe nicht gewusst, was das ist. (…) Dann ist ein Mann mit mir mitgegangen. Er sagte zu mir, das ist zum Haare waschen, zum Gesicht waschen und so und so.«[858]

Einige ArbeitsmigrantInnen erwarben ihre Fahrerlaubnis in der Steiermark. Mirko H. und Milutin D. beherrschten zum Zeitpunkt ihrer Führerscheinprüfung Anfang der 1970er Jahre die deutsche Sprache nicht ausreichend. Aus diesem Grund stellte die Fahrschule ihnen einen Dolmetscher zur Verfügung. Auch Stefan L. schloss 1972 in Liezen seine Führerscheinprüfung mithilfe eines Dolmetschers positiv ab und war in Folge für seine Firma in ganz Österreich unterwegs. In den 1980er Jahren entschieden sich Jovanka R., Anica M. und Ljublica P., die Führerscheinprüfung in Graz abzulegen. Jovanka R. fiel es besonders schwer, da sie nur einige Jahre in Bosnien die Schule besucht hatte und nicht richtig lesen und schreiben konnte. Mithilfe ihrer Freundin und eines Dolmetschers gelang es ihr trotzdem, die Prüfung zu bestehen. Sie erzählt: »Meine Freundin hat mir alles übersetzt und alles in unserer Sprache geschrieben. Dann habe ich das alles gelernt und einen Dolmetscher habe ich (bei der Prüfung) gehabt.«[859]

Allen interviewten Personen war es wichtig, dass ihre Kinder mehrsprachig

852 Interview Ljublica P., 15.2.2014.
853 Interview Ruza S., 8.9.2011.
854 Interview Ljublica P., 15.2.2014.
855 Interview Ruza S., 8.9.2011.
856 Interview Ruza S., 8.9.2011.
857 Interview Hilde L., 7.5.2013.
858 Interview Hilde L., 7.5.2013.
859 Interview Jovanka R., 15.9.2011.

aufwuchsen. So sprachen sie mit ihnen vorwiegend bosnisch, kroatisch, slowenisch oder serbisch. Ruza S., zum Beispiel, sprach mit ihren Kindern in ihrer Muttersprache und im Kindergarten lernten sie Deutsch. In diesem Zusammenhang kann festgestellt werden, dass die Sprachkenntnisse eines der wichtigsten Integrationsmittel darstellen und eine ›solide Basis‹ in der Erstsprache das Erlernen der Zweitsprache wesentlich erleichtert. Eine Tatsache, die verdeutlicht, dass bezüglich der Alphabetisierung die Bilingualität berücksichtigt werden muss. Nur wenn der sprachlich-kulturellen Diversität Rechnung getragen wird, erhalten alle Kinder die gleichen Möglichkeiten, ihre Potenziale zu entfalten.[860] Mehio S. fasst die Sprachsituation vieler ArbeitsmigrantInnen zusammen:

> Und sowieso war es bei uns schwierig, wie unsere Kinder in die österreichische Schule gegangen sind und wir als Eltern nie helfen konnten, da wir nicht gut schreiben konnten, die Grammatik sowieso schlecht konnten und auch nicht lesen konnten. Sprechen ist auch sehr schwer gegangen, also, wie soll ich meinen Kindern helfen? Ich kann nur alles falsch machen, dass er nachher Probleme in der Schule hat. Und dadurch habe ich alles den Fachleuten in der Schule überlassen.[861]

Seine Kinder besuchten mit drei Jahren den Kindergarten und waren nach der Schule im Hort gemeldet, um schulische Unterstützung zu erhalten. Auch bei Ljublica P. wurde zu Hause serbokroatisch gesprochen und die Kinder lernten die deutsche Sprache im Kindergarten bzw. bei einer Tagesmutter, später dann in der Schule. Fast alle InterviewpartnerInnen geben an, dass mit dem Ausscheiden aus dem Arbeitsleben sich ihre Sprachkenntnisse verschlechtert haben, da ihnen die nötige Sprachpraxis fehlt. Ruza S. erzählt: »Nur jetzt merke ich, da ich ja nicht mehr so viele Kontakte zu Österreichern habe, dass ich so ein oder zwei Tage brauche, wenn ich deutsch reden soll, dass ich wieder hineinkomme.«[862]

7.3.5 Herkunftsbeziehungen

Die meisten der interviewten ArbeitsmigrantInnen hatten regelmäßigen Kontakt zu ihren Familien und FreundInnen in Jugoslawien. Die Häufigkeit der

860 Barbara Herzog-Punzenberger fordert aus diesem Grund den verstärkten Ausbau des zweisprachigen Unterrichts für die größten Sprachgruppen (Bosnisch/Kroatisch/Serbisch und Türkisch) (Herzog-Punzenberger 2009, 15–16). Mitte der 1970er Jahre betrug der Anteil an MigrantInnenkindern in den Pflichtschulen 1,5 %. Er stieg im Rahmen der geänderten Migrationspolitik und des einsetzenden Familiennachzugs bis in die 1990er Jahre auf über 10 % an und entwickelte sich zu einer zentralen Frage hinsichtlich der Integration von MigrantInnen (Cilla 2003, 135–136).

861 Interview Mehio S., 6.5.2011.

862 Interview Ruza S., 20.5.2011.

Heimatbesuche war von der Entfernung zu den Herkunftsgebieten abhängig. InterviewpartnerInnen aus dem heutigen Slowenien fuhren regelmäßiger und in kürzeren Abständen in ihre Herkunftsregionen im Vergleich zu jenen aus dem heutigen Serbien oder Bosnien. Ivanka G., zum Beispiel, besuchte ihre Eltern in Slowenien alle zwei Wochen. Sie reiste von Graz mit dem Zug nach Maribor und von dort weiter mit dem Bus in ihre Herkunftsgemeinde. Auch Hilde L. fuhr jede zweite oder dritte Woche zu ihren Eltern nach Slowenien. Hingegen war es für die aus dem heutigen Serbien stammende Ruza S. nur zwei bis drei Mal im Jahr möglich, ihre Eltern und Verwandten zu besuchen. Die meisten verfügten zum damaligen Zeitpunkt weder über ein Auto noch über einen Führerschein. Die Anreise mit dem Zug und dem Bus empfanden alle interviewten Personen als sehr beschwerlich. Zudem war sie mit erheblichen Kosten verbunden, wie Slavica T. ausführt: »Ich hatte nicht das Geld für das Hin- und Herfahren.«[863] Eine Ausnahme stellte Ljublica P. dar. Sie fuhr jede zweite Woche nach Bosnien, da ihr Kind dort bei ihrer Mutter lebte. Sie nutzte dabei die direkte Zugverbindung von Graz nach Sarajevo. Sie führt dazu aus: »Ich bin am Freitagabend mit dem Zug hinunter gefahren und am Samstag in der Früh angekommen. Dann habe ich meiner Mutter geholfen und dann bin ich wieder am Sonntagabend um neun Uhr weggefahren und um vier in der Früh in Graz angekommen. Und dann bin ich gleich auf die Uni putzen gegangen.«[864]

Erst die Anschaffung eines eigenen Fahrzeugs, nach einigen Jahren der Beschäftigung in der Steiermark, erleichterte für viele die Heimatbesuche. Das eigene Auto ermöglichte ein schnelleres und flexibleres Pendeln zwischen Herkunfts- und Zielregion. Für viele ArbeitsmigrantInnen waren die Besuche in Jugoslawien auch mit Arbeitseinsätzen verbunden. Sofern nicht ein eigenes Haus gebaut wurde, unterstützte man die Familien nicht nur in finanzieller Hinsicht, sondern auch bei ihrer Arbeit. Hilde L. schildert: »Dann haben wir bei meiner Mutter kurz einen Besuch gemacht in Marburg und dann sind wir zu meinen Schwiegereltern gefahren. Dort haben wir bei der Feldarbeit geholfen, Holz gearbeitet, bei der Maisernte mitgeholfen oder die Wiese gemäht. Es war immer etwas. Oder Wein machen.«[865] Auch die aus dem heutigen Slowenien stammende Katja J. musste jedes Wochenende im landwirtschaftlichen Betrieb ihrer Schwiegereltern mithelfen. Sie erzählt: »Und das war eben schwer, dann mit der Schwiegermutter zusammenleben. Das war für mich innerlich sehr schwer. Ich habe 20 Jahre gelitten.«[866] Am schwierigsten war für sie die Zeit, als ihre Kinder noch klein waren:

863 Interview Slavica T., 27.10.2011.
864 Interview Ljublica P., 13.7.2012.
865 Interview Hilde L., 7.5.2013.
866 Interview Katja J., 12.4.2011.

> Freitag nach der Arbeit musste ich schon alles bereit haben. Hinunter und Montag in der Früh zurück oder Sonntagnacht. Woche für Woche, Jahr für Jahr. Und dann, wie die Kinder gewachsen sind, das war schwer. Dann haben die Kinder unten Freundinnen gefunden. Das war okay mit den zwei Großen. Aber der D. wollte dann nicht mehr hinunter. Er hat sich da (in Graz) Freunde gesucht.[867]

Katja J. unterstütze ihre Schwiegermutter nicht nur im Betrieb, sondern auch im Haushalt: »Ich habe dann gekocht, geputzt und gebügelt.«[868] Am Wochenende lebte Katja J. zusammen mit ihrem Mann und ihren Schwiegereltern in ihrem kleinen Haus. Um etwas Privatsphäre für sich und ihre Kinder zu haben, entschlossen sie sich, ein eigenes Haus in Slowenien zu bauen. Sie konnten das Haus vor Kurzem fertigstellen und entschieden sich für eine Remigration. Katja J. resümiert über ihre Zeit, in der sie jedes Wochenende nach Slowenien fuhr: »Du warst nicht richtig da und nicht dort. So wie jetzt auch. Jetzt habe ich die Hälfte meiner Schuhe zu Hause oder die Jacke, die dazu passt (...) Darum freue ich mich, wenn ich heimkomme (nach Slowenien), meine sieben Sachen nehme und das ist jetzt mein letzter Umzug.«[869] Eigentlich wollte das Ehepaar bereits viel früher nach Jugoslawien zurückkehren. Katja J. erzählt: »Aber wenn man mit der Familie da lebt und du ein Auto hast und unten baust, ist der Verdienst nicht mehr das. Aber immerhin war es besser wie unten (in Jugoslawien). Das schon. Das auf jeden Fall. Nur hat man sich da nicht Millionen zusammensparen können.«[870] Aus diesem Grund verschoben viele ArbeitsmigrantInnen ihr Rückkehrdatum auf einen späteren Zeitpunkt. Katja J. schildert, dass die Situation bei ihrem Bruder anders war. Dieser migrierte, wie viele ArbeitsmigrantInnen, alleine und seine Frau und Kinder blieben in Slowenien. Von dem Lohn lebte die ganze Familie in Jugoslawien sehr gut. Zumal die Lebenshaltungskosten in Österreich gesenkt werden konnten, wie Katja J. ausführt: »Seine Frau hat ihm alles eingepackt (...) Er hat immer Wurst, Schweinsbraten für die ganze Woche mitgenommen (...) und mit dem Geld hat sie daheim schon was gemacht, meine Schwägerin.«[871] Bis auf Katja J. entschieden sich schließlich alle interviewten Personen, ihren Lebensmittelpunkt dauerhaft in die Steiermark zu verlegen. Sie kehrte mit Pensionsantritt 2015 nach Slowenien zurück. Auch ihr Bruder remigrierte nach einem 40-jährigem Aufenthalt in der Schweiz. Sie beschreibt die Entscheidung zur Remigration folgendermaßen: »Jetzt gehe ich gerne. Früher war ich noch nicht bereit (...) da habe ich mich nicht richtig gelöst, aber jetzt merke ich, dass es richtig ist.«[872]

867 Interview Katja J., 12.4.2011.
868 Interview Katja J., 12.4.2011.
869 Interview Katja J., 19.5.2011.
870 Interview Katja J., 12.4.2011.
871 Interview Katja J., 12.4.2011.
872 Interview Katja J., 19.5.2011.

Am häufigsten reisten jene ArbeitsmigrantInnen in ihre Herkunftsgemeinden, die anfänglich ihre Kinder dort ließen. Die Trennung von ihrem Sohn war für Ivanka S. sehr belastend. Sie erzählt: »Das kann man eigentlich nicht mit Worten beschreiben (...) Ich bin natürlich jeden Freitag nach Hause gefahren, obwohl ich wirklich total übermüdet gewesen bin (...) Ja und dann war ja das Problem mit meinem Sohn. Er hatte diese Angstzustände. Weil ich gekommen und wieder gegangen bin.«[873] Ivanka S. reiste jeden Sonntagnachmittag zurück nach Graz. Die Trennung war für ihren Sohn sehr traumatisch. Aus diesem Grund entschloss sie sich, in der Nacht von Sonntag auf Montag abzureisen, wenn ihr Sohn bereits schlief. Diese Art des Abschieds belastete ihn emotional weniger. Sie erklärt ihre Entscheidung: »Mir tut das in der Seele weh (...) Da habe ich gesagt: ›Okay, ich stehe lieber um vier in der Früh am Montag auf.‹ Dann bin ich mit dem Zug nach Maribor und dann mit dem Zug von Maribor nach Graz gefahren, weil am Montag habe ich um acht in der Früh arbeiten müssen.«[874]

Milutin D. fuhr aufgrund der größeren Distanz einmal im Monat nach Serbien. Neben dem Besuch seiner Frau und seiner Kinder kontrollierte er bei seinen Besuchen den Baufortschritt seines Hauses bzw. plante die nächsten Bauschritte. Er hatte damals noch kein Auto und mit dem Bus und Zug benötigte er für die Heimreise circa 17 Stunden. Er führt aus: »Die Leute (bei uns im Dorf) hatten weniger Geld. Sie hatten Essen und Nahrung und alles, aber weniger Geld. Und wenn wir gekommen sind (...) haben die Leute beim Gasthaus bei der Bushaltestelle gewartet.«[875] Dann zahlte Milutin D. den DorfbewohnerInnen ein Getränk und berichtete vom Leben im Ausland. Er wurde immer sehr freundlich aufgenommen und alle freuten sich über seine Besuche.

Mehio S. erinnert sich an die Reisen in seine Herkunftsgemeinde: »Damals hatte ich noch kein Auto. Wir sind mit dem Zug und dem Autobus hinunter gefahren.«[876] Die Zugverbindungen waren, laut Angaben von Mehio S., nicht sehr pünktlich, weswegen er nicht nur für ein Wochenende nach Jugoslawien reiste. Er befürchtete, am Montagmorgen nicht rechtzeitig in Graz anzukommen und dadurch seinen Arbeitsplatz zu verlieren. Aus diesem Grund besuchte er in den ersten Jahren, die er in der Steiermark verbrachte, seine Familie in Jugoslawien nur ein- bis zweimal im Jahr. Er verbrachte jedoch seinen gesamten Urlaub dort. Er erzählt von seinem Herkunftsdorf: »Die ersten zwei Jahre, die ich hier war, hat es nicht einmal Strom im Dorf gegeben, von einem Telefon brauchen wir gar nicht zu sprechen. Der einzige Kontakt war schriftlich mit Briefen

873 Interview Ivanka S., 27.1.2011.
874 Interview Ivanka S., 27.1.2011.
875 Interview Milutin D., 11.2.2014.
876 Interview Mehio S., 6.5.2011.

oder durch Bekannte (...) also, wenn man so Mittlerkontakte hatte.«[877] Das Dorf, aus dem Mehio S. stammt, umfasste circa 90 Haushalte, wovon, laut seinen Angaben, rund 45 Arbeiter in Österreich beschäftigt waren. Die Arbeitsmigration wirkte sich sehr positiv auf die Entwicklung des Dorfes aus. Durch die finanzielle Unterstützung der im Ausland arbeitenden Personen konnten Mitte der 1970er Jahre Stromleitungen im ganzen Dorf verlegt, Straßen gebaut und später Telefonanlagen angeschafft werden. An diesem Beispiel wird deutlich, dass die Arbeitsmigration auch positive Effekte auf die Entwicklung des Herkunftslandes hatte und zur Verbesserung der Lebenssituation in den Herkunftsgemeinden beitrug.[878]

Bei Heimatbesuchen versorgte man die Familie und FreundInnen mit Produkten, die »im damaligen Jugoslawien teuer waren oder die es gar nicht gab«[879]. Dabei handelte es sich, laut Angaben von Hilde L., vorwiegend um Kaffee, Kleidung oder auch Reis. Allerdings waren die Ein- und Ausfuhr von Lebensmitteln teilweise verboten. Stefan L. schildert: »Das war damals ein bisschen ein Problem, damit über die Grenze zu kommen.«[880] Er beschreibt die damalige Situation: »Die Leute unten hatten nicht so viel Geld. Jetzt haben wir Kaffee und so viele Sachen hinunter gebracht. Und dann schenkst du es den Leuten, aber die Menschen können dir nur das geben, was sie im Garten oder was sie zu Hause haben. Und mitnehmen haben wir nichts dürfen. Das ist uns an der Grenze weggenommen worden.«[881] Man brachte nicht nur Produkte, sondern nahm auch einiges zur Befriedigung der eigenen Bedürfnisse aus Jugoslawien mit. Jovanka R. erinnert sich, dass sie »damals immer von zu Hause das *Vegeta* (Gewürz) mitgenommen«[882] hat, da dieses in der Steiermark nicht erhältlich gewesen ist.

Veränderungen

Bei fast allen interviewten Personen nahm der Kontakt zur Herkunftsregion im Laufe der Jahre ab. Auch die Kriege im ehemaligen Jugoslawien verschlechterten die Beziehungen. Einige verloren Familienmitglieder oder Freunde und die errichteten Häuser wurden vielfach zerstört. Auch Milutin D. berichtet, dass die meisten im Ausland Geld verdienen wollten, um sich in den Herkunftsländern etwas schaffen zu können. Das war auch sein ursprüngliches Ziel. Er ist seit zwei Jahren in Pension und hat Wohnmöglichkeiten in Kroatien, Bosnien und Ser-

877 Interview Mehio S., 6.5.2011.
878 Siehe Kapitel 3.5.
879 Interview Hilde L., 7.5.2013.
880 Interview Stefan L., 7.5.2013.
881 Interview Stefan L., 7.5.2013.
882 Interview Jovanka R., 13.10.2011.

bien. Zurückkehren möchte er aber nicht mehr.[883] Ähnlich empfindet Mehio S. Er erzählt: »Und unten haben wir ein kleines Haus in Bosnien (…) Viele fragen mich und uns überhaupt, ob wir in der Pension zurückkommen. Zu 99 % bleiben wir hier wegen den Kindern und Enkelkindern.«[884] Außerdem meint er, dass er mit dem System in Bosnien nicht mehr zurechtkommen würde. Er erklärt: »Wir können nie mehr zusammenkommen. Es sind andere Interessen, andere Fragen, ein anderes Leben (…) das passt nicht mehr zusammen. Familie und Bekannte würden zusammenpassen, aber das ganze System passt mir nicht mehr. Das Haus unten haben wir nur als Wochenendhaus.«[885]

Auch Slavica T. beschreibt die Situation ähnlich: »Ich könnte mir das Leben zu Haus in Serbien nicht mehr vorstellen. Das hat sich alles geändert. Die Menschen und alles hat sich geändert.«[886] Dennoch vermisst sie, im Vergleich zu Österreich, die gelassene Lebensart. Slavica T. beschreibt diese mit nostalgischen Gefühlen: »Wenn nicht heute, dann morgen. Es gibt keinen Stress. Das ist hier nicht so. Das vermisse ich von unten. (…) Was wir nicht heute tun, tun wir morgen. Wenn nicht morgen, dann übermorgen und keinen Stress.«[887]

Milutin D. fasst die Lebensgeschichte vieler ArbeitsmigrantInnen folgendermaßen zusammen: »Viele dachten, dass sie nachher zurückkommen, dass sie einfach so weiterleben können wie vorher. Aber das geht nicht, (…) bei uns ist so viel passiert.«[888] Aber auch bei GastarbeiterInnen hat sich die Einstellung zur Remigration im Laufe der Zeit verändert. Veronika B. beschreibt ihre Situation folgendermaßen: »Am Anfang wäre ich gerne zurückgekehrt, aber nachher dann nicht mehr. Weil man eben gesehen hat, dass es doch ein anderer Lebensstandard hier in Österreich ist wie in Jugoslawien.«[889] Durch den Krieg veränderte sich die Situation für viele ehemalige GastarbeiterInnen. Jenes Jugoslawien, aus dem die interviewten Personen in den 1960er und 1970er Jahren ausreisten, existierte nicht mehr. Seit den Kriegen in Jugoslawien waren sie nicht mehr jugoslawische StaatsbürgerInnen. Sie waren nun, sofern sie nicht bereits die österreichische StaatsbürgerInnenschaft angenommen hatten, BürgerInnen der jeweiligen Nachfolgestaaten Jugoslawiens.[890] Mit dieser Entwicklung ging auch eine Änderung der Lebensverhältnisse in den Herkunftsregionen einher.

883 Interview Milutin D., 11.2.2014.
884 Interview Mehio S., 6.5.2011.
885 Interview Mehio S., 6.5.2011.
886 Interview Slavica T., 27.10.2011.
887 Interview Slavica T., 27.10.2011.
888 Interview Milutin D., 11.2.2014.
889 Interview Veronika B., 27.2.2012.
890 Karolina Novinšćak weist darauf hin, dass die Kategorie »ehemaliges Jugoslawien« bei Integrationsstudien unzureichend ist, diese aber bei der Erforschung der Arbeitsmigration einen wichtigen Relevanzrahmen bildet. Bis 1991 besaßen ArbeitsmigrantInnen einen jugoslawischen Pass (Novinšćak 2012, 134).

Die meisten der interviewten ArbeitsmigrantInnen können sich heute mit der geänderten Situation nicht mehr gänzlich identifizieren und schließen deshalb eine Remigration aus. Ljublica P., die mit ihrem Ersparten ein Haus in Bosnien baute erzählt: »Das neue Haus war Ende der 1980er Jahre fertig und 1991 wollte ich die Gleichungsfeier machen, aber leider ist der Krieg dazwischen gekommen (…) und dann war alles zerstört.«[891] Anica M. reiste vier Jahre nach Kriegsbeginn das erste Mal wieder nach Bosnien. Sie schildert:

> Was ich vorgefunden habe, dass konnte ich selbst kaum glauben. Früher war es ein sauberes, großes, neues Haus. Alle Leute in der Gegend haben gearbeitet und es war schön dort. Es gab ein Krankenhaus und eine neue Autostraße. Wie ich nach vier Jahren zurückkam, war alles kaputt. Kein Krankenhaus, keine Straße, kein Haus, keine Leute mehr. So viele sind im Krieg gestorben und unsere Leute sind weggegangen. (…) Ich habe jetzt dort keine Familie mehr.[892]

Auf die Frage, ob sie nach Slowenien zurückkehren möchte, antwortet Ivanka G.: »Nein, eigentlich nicht. Ich habe nicht den Wunsch (…) mein Wunsch war immer, dass ich am Meer irgendwo ein Haus, muss nicht eine Villa sein, habe. Aber mittlerweile will ich das auch nicht mehr, weil man dann so gebunden ist. Man muss hier und dort Zeit aufwenden.«[893] Von den interviewten Personen kehrten nur Katja J. und ihr Ehemann nach Slowenien zurück. Die anderen planen, ihren Lebensmittelpunkt zukünftig nicht in ihre Herkunftsländer zu verlegen, obwohl fast alle dort ein Haus oder eine Wohnung besitzen. Die meisten geben an, dass sie bereits längere Zeit in der Steiermark verbracht haben als in ihren Herkunftsregionen und es deshalb für sie kaum vorstellbar ist, zu remigrieren. Vor allem aufgrund der Tatsache, dass ihre Familien und FreundInnen in Österreich leben, wie Ruza S. erklärt: »Jetzt haben wir unten ein Haus und so, aber da fahren wir nur auf Urlaub hin. (…) Wir fahren schon gerne hinunter und machen ein bisschen Urlaub bei den Verwandten. Aber dass wir für immer hinunter gehen, das glaube ich nicht. Nie. Weil die Familie ist hier, die Kinder sind hier, die Enkelkinder sind hier. Das ist ja ein wichtiger Faktor für mich.«[894]

Ähnlich beschreibt Anica M. die Situation: »Österreich ist jetzt mein einziges Land. Ich lebte mehr in Österreich wie unten (in Bosnien).«[895] Ihr Mann hingegen hegt gelegentlich den Wunsch, nach Bosnien zurückzukehren. »Mein Mann hat ein bisschen Nostalgie«[896], erzählt sie, aber da ihre Familie in Graz lebt,

891 Interview Ljublica P., 15.2.2014.
892 Interview Anica M., 17.12.2013.
893 Interview Ivanka G., 12.1.2011.
894 Interview Ruza S., 20.5.2011.
895 Interview Anica M., 17.12.2013.
896 Interview Anica M., 17.12.2013.

kommt für Anica M. eine Remigration nicht infrage. Außerdem sind einige aufgrund ihrer gesundheitlichen Beeinträchtigungen infolge der schweren körperlichen Tätigkeiten auf regelmäßige ärztliche Versorgung angewiesen. Hilde L. fasst die Empfindungen vieler interviewter Personen zusammen:

> Diese Freunde, die ich hier habe, kann ich unten nicht mehr bekommen. (...) Ich habe Freunde daheim unten, die Nachbarn und so, aber das ist nicht das, was es hier ist. Die Zeit daheim unten war zu kurz. Ich habe jetzt das hier aufgebaut und das verstehen viele nicht. (...) Ich habe meine Familie hier. Ich kann nicht alles stehen und liegen lassen und nach Hause fahren. Außerdem habe ich ärztliche Pflichten, wo ich ins Spital muss. Kontrolle machen und das sind so Sachen, die für mich wichtig sind. (...) Der Freundeskreis, den ich hier habe, ist groß. Den habe ich daheim nicht mehr. (...) Ich war 21 Jahre, wie ich gekommen bin. Und der ganze Freundeskreis, den ich hatte, der verliert sich irgendwann.[897]

Stefan L. berichtet, dass er heute bei Besuchen seiner Familienangehörigen und FreundInnen in Kroatien, die sich nicht zur Arbeitsmigration entschlossen haben, hin und wieder mit Neid konfrontiert ist. Vor allem seine höhere Pension ist für viele Anlass des Anstoßes. Stefan L. hat gelernt, damit umzugehen, und erwidert dabei Folgendes: »Warum bist du nicht damals ins Ausland gegangen? Wir haben auf verdammt viel verzichten müssen. Ihr seid jeden Sonntag Fußball spielen gegangen und wir aber haben hinauf fahren müssen.«[898] Trotz dieser Erfahrungen ist er gerne in Kroatien und gibt an, dass er »hier wie unten zu Hause ist«[899] und sich »überall zu Hause«[900] fühlt. Auch Jovanka R. war mit Missgunst von Seiten ihrer Familie konfrontiert: Sie fasst zusammen: »Meine Brüder haben gut gelebt (in Bosnien). Alle hatten ein Haus, ein schönes Leben und alles. Und ich musste hier in Graz schwer arbeiten und habe alleine mit drei Kindern in einer Kellerwohnung gelebt. Das hat keiner von ihnen gesehen.«[901]

Zwar nahmen bei den meisten interviewten Personen die Besuche im Laufe der Zeit ab, dennoch waren sie weiterhin Teil der Herkunftsgemeinden und es herrschte große Freude über das Wiedersehen. Wenn Veronika B. ihre Mutter und ihren Bruder besuchte, konnte sie »sehr viel Energie auftanken«[902] und genoss die Zeit bei ihrer Familie. Einhergehend mit dem Hausbau und dem Aufbau eines Freundeskreises in der Steiermark nahmen der Kontakt und die Besuche zur Herkunftsgemeinde ab. Jovanka R. gibt an, dass, wenn sie heute von einem Urlaubsaufenthalt in Kroatien oder Bosnien zurückkehrt, sie mit Freude

897 Interview Hilde L., 7.5.2013.
898 Interview Stefan L., 7.5.2013.
899 Interview Stefan L., 7.5.2013.
900 Interview Stefan L., 7.5.2013.
901 Interview Jovanka R., 15.9.2011.
902 Interview Veronika B., 27.2.2012.

nach Hause kommt und, wenn sie die Tafel »Graz« sieht, ihr »Herz schneller klopft«[903].

Fast alle der interviewten Personen sind mittlerweile österreichische StaatsbürgerInnen. Mirko H. hat sich für die österreichische StaatsbürgerInnenschaft entschieden. Er erzählt:

> Natürlich zieht es einen dorthin zurück, wo man halt geboren wurde. Ja, das ist diese eine Heimat, wo man geboren wurde, und da will das Herz auch ein bisschen hin (...) aber heute würde ich sagen, dass ich eigentlich zwei Heimatländer habe. Ja, beide sind für mich Heimatländer und hier ist es, ich meine, ich verbringe einfach mehr Zeit hier. Hier habe ich alles, meine Familie ist da, meine Söhne sind da, meine Schwiegertöchter sind da, meine Enkelkinder sind da. Wenn man das nicht kennt, kann man das nicht beschreiben, aber es ist, es ist einfach so, dass ich hier auch sehr viel habe. Das hier auch meine Heimat ist, wie man so schön sagt.[904]

Ivanka S. geht davon aus, dass, »wenn man einmal 10 Jahre im Ausland ist, es kein Zurück mehr gibt«[905]. Sie fühlt sich in Graz »sehr wohl«[906] und stellt fest: »Das ist meine Heimat, meine zweite Heimat. Meine erste Heimat habe ich nicht mehr, weil die gibt es ja nicht mehr.«[907]

Alle InterviewpartnerInnen geben an, dass die verbesserten Verkehrswege heute einen fließenden Übergang zwischen einem Leben im Ziel- und Herkunftsland ermöglichen. Die Migration stellt keine Entweder-oder-Entscheidung dar. Man kann an mehreren Orten leben und die Vorteile der unterschiedlichen Lebensmittelpunkte nutzen. Alle InterviewpartnerInnen berichteten, dass es zu Beginn der Arbeitsmigration kein Telefon und teilweise keinen Strom in den Herkunftsgebieten gab. Der Brief stellte das einzige Kommunikationsmittel dar. Im Laufe der Zeit wurde das Telefon zu einem wichtigen Mittel, um den Kontakt mit den Zurückgebliebenen aufrechtzuerhalten. Neue technische Möglichkeiten erleichtern heute den Kontakt mit FreundInnen und Familienmitgliedern. Aktuell sind viele ArbeitsmigrantInnen durch Satellitenfernsehen und Internet mit ihren Herkunftsgebieten verbunden. Alle InterviewpartnerInnen empfinden diese neuen Kommunikationsmittel als positiv und nutzen diese aktiv zur Aufrechterhaltung der Kontakte zwischen den Familienmitgliedern und FreundInnen, die oftmals in ganz verschiedenen Regionen der Welt leben und arbeiten. Ljublica P. konnte beispielsweise über Facebook den Kontakt zu ihrer damaligen Jugendfreundin aus Jugoslawien herstellen, die mittlerweile in Australien lebt.

---

903 Interview Jovanka R., 15.9.2011.
904 Interview Mirko H., 13.2.2014.
905 Interview Ivanka S., 27.1.2011.
906 Interview Ivanka S., 27.1.2011.
907 Interview Ivanka S., 27.1.2011.

8. Zusammenfassung

In Österreich setzte die Diskussion über die Neuregelung der Beschäftigung von ArbeitsmigrantInnen Ende der 1950er Jahre ein, als durch die »Wirtschaftswunderjahre« und die Abwanderung von ÖsterreicherInnen ein Mangel an Arbeitskräften entstand. Die zentralen AkteurInnen dabei waren die Sozialpartner. Die BWK nahm die eindeutigste Position ein. Sie forderte, vermehrt ausländische Arbeitskräfte in Österreich zuzulassen, den staatlichen Einfluss auf den Arbeitsmarkt zu reduzieren und diesen zu liberalisieren. Die Interessensvertretungen der ArbeitnehmerInnen traten hingegen für den vermehrten Einsatz österreichischer Beschäftigter ein. Das sollte durch Erschließung der ›stillen‹ Arbeitsmarktreserve, Umschulungsmaßnahmen und eine aktive Arbeitsmarktpolitik erzielt werden.

Im Rahmen des »Raab-Olah-Abkommens« 1961 erfolgte eine Einigung zwischen den Sozialpartnern bezüglich der Öffnung des Arbeitsmarktes für ArbeitsmigrantInnen und der weiteren Zusammenarbeit. Ein Kontingentverfahren zur Regelung der temporären Beschäftigung von GastarbeiterInnen wurde beschlossen und der Prozess der Institutionalisierung der Sozialpartnerschaft eingeleitet. Aufgrund des informellen Charakters und der ›Verhandlungen hinter verschlossenen Türen‹ ist der Entscheidungsprozess der Sozialpartner in seiner Gesamtheit kaum nachvollziehbar. Dennoch konnten in der Forschungsarbeit die unterschiedlichen Positionen, Ziele und Strategien punktuell sichtbar gemacht und der Zusammenhang zwischen Fragen der AusländerInnenbeschäftigung und Institutionalisierung der Sozialpartnerschaft aufgezeigt werden. Die Kontingentregelung als Resultat sozialpartnerschaftlicher Verhandlungen regelte die Arbeitsmigration bis zur Einführung des AuslBG im Jahr 1976.

Auf transnationaler Ebene basierte die GastarbeiterInnenmigration auf bilateralen Anwerbeverträgen. Dadurch wurde der Anwerbeablauf geregelt, die dafür zuständigen Stellen definiert und die Grundrechte von ArbeitsmigrantInnen gesichert. Diese Verträge wurden geschlossen, um eine organisierte und steuerbare Migrationsbewegung zu initiieren. Zusätzliche Vereinbarungen auf nationalstaatlicher Ebene zielten darauf ab, die Kontrolle über die Arbeitsmigration sicherzustellen und diese an die eigenen wirtschaftlichen Bedürfnisse anzupassen. Österreich schloss Anwerbeabkommen mit Spanien, der Türkei und Jugoslawien. Ein Großteil der ArbeitsmigrantInnen in Österreich stammte aus Jugoslawien, ein Land das sich im Laufe der 1960er Jahre zu einem der wichtigsten Herkunftsländer von ArbeitsmigrantInnen für nord-, mittel- und westeuropäische Industriestaaten entwickelte.

Ein Grund für die Partizipation Jugoslawiens am europäischen Anwerbesystem war der Bruch mit Stalin im Jahr 1948. Dieser führte zur Öffnung in Richtung ›Westen‹. Mithilfe von Wirtschaftsreformen versuchte man, den Wandel von einem Agrar- zu einem Industriestaat einzuleiten. Steigende Arbeitslosenzahlen, Inflation und negative Handelsbilanz waren die Folgen dieser ökonomischen Umstrukturierungsmaßnahmen. Die Entsendung von Arbeitskräften in das Ausland stellte eine Möglichkeit dar, die Arbeitslosigkeit zu senken und Devisen zum Aufbau der eigenen Wirtschaft zu erhalten. Das Ziel war es, gering ausgebildete, arbeitslose ArbeiterInnen in das Ausland zu entsenden. Diese sollten dort eine Ausbildung erhalten und als qualifizierte Arbeitskräfte nach Jugoslawien zurückkehren. Ideologische Bedenken konnten durch die Betonung des temporären Charakters der Arbeitsmigration und die Vermittlung der Vorstellung, dass jugoslawische ArbeitsmigrantInnen weiterhin Teil der sozialistischen Gesellschaft bleiben würden, entkräftet werden.

Somit nahmen Jugoslawien und Österreich die Arbeitsmigration als kurzfristige Lösung wahr. Die österreichische Anwerbepolitik zielte darauf ab, ausländische Arbeitskräfte flexibel an die Bedürfnisse der österreichischen Wirtschaft anzupassen. Durch das Rotationsprinzip sollte eine strikte Kontrolle über den Arbeitsmarktzugang sichergestellt werden. Außerdem waren AE und BG zeitlich begrenzt, um eine dauerhafte Zuwanderung zu verhindern. Die schwache Rechtsstellung und geringen Partizipationsmöglichkeiten von ArbeitsmigrantInnen trugen dazu bei, dass sie als ›Konjunkturpuffer‹ eingesetzt wurden.

Für die Anwerbung der Arbeitskräfte war in Österreich die BWK verantwortlich. Dazu gründete sie Anwerbekommissionen in den Herkunftsländern und die AGA in Wien. Letztgenannte leitete die Arbeitskräfteanforderungen österreichischer ArbeitgeberInnen an die entsprechenden Anwerbekommissionen weiter, die dann vor Ort mit lokalen Arbeitsämtern in Verbindung traten, um die gewünschten Arbeitskräfte zu vermitteln. Mithilfe der Analyse der Anwerbeakten der BWK konnte veranschaulicht werden, dass ArbeitsmigrantInnen vorwiegend als ›Arbeitsobjekte‹ angesehen wurden und ihre ökonomische Verwertbarkeit im Mittelpunkt der Wahrnehmung stand. Man handelte sie in Form von ›Stückzahlen‹ und ›Restbeständen‹. Ihre fachliche und gesundheitliche ›Qualität‹ musste überprüft und ihr Eintreffen bei den ArbeitgeberInnen mittels »Übernahmebescheid« bestätigt werden. Auch Begriffe, die im unmittelbaren Kontext nationalsozialistischer Politik und Ideologie stehen, wie »Selektion«, »Transportnummer« oder »Fremdarbeiter«, wurden weiterhin verwendet.

Die Intention der österreichischen und jugoslawischen Migrationspolitik war es, eine organisierte Arbeitsmigration sicherzustellen. Die Analyse des Anwerbeprozesses zeigt jedoch ein anderes Bild. Der formal geplante Anwerbeprozess entsprach nicht der Realität. Ein kompliziertes Anwerbeverfahren mit langer Anwerbedauer, Fehlvermittlungen, hohen Anwerbekosten und Schwierigkeiten bei der transnationalen Zusammenarbeit führte dazu, dass ArbeitgeberInnen und ArbeitsmigrantInnen alternative Wege der Vermittlung und Einreise wählten. Die Beschäftigung von als TouristInnen eingereisten Arbeitskräften und die Selbstanwerbung durch österreichische Firmen entwickelten sich so am Ende der 1960er Jahre zu den Hauptinstrumenten der Arbeitskräfteanwerbung. Die meisten ArbeitsmigrantInnen wurden dabei über persönliche Netzwerke vermittelt. Die staatlich regulierte Arbeitsmigration trat in eine neue Phase der Verselbstständigung und eine weder von Jugoslawien noch von Österreich erwünschte Kettenmigration setzte ein. Die offiziellen Anwerbestellen der BWK verloren dabei an Bedeutung.

Vor allem die ›TouristInnenbeschäftigung‹ wurde in Österreich und Jugoslawien kontrovers diskutiert. Durch diese war es nicht mehr möglich, die Arbeitsmigration zu steuern, einzugrenzen oder zu kontrollieren. Aus diesem Grund forderte die jugoslawische Arbeitsmarktverwaltung, den Bedarf an jugoslawischen Arbeitskräften in Österreich laut Anwerbeabkommen ausschließlich über den offiziellen Weg zu decken. Erst die internationale Ölkrise 1973/74 führte zu einer geänderten Haltung Österreichs in Bezug auf die ›TouristInnenbeschäftigung‹. Diese Form der Einreise und Arbeitsaufnahme wurde eingeschränkt. Eine Entwicklung, die mit der Änderung der wirtschaftlichen Lage einherging.

Aufgrund der Ölkrise, der einsetzenden Rezension und der steigenden Zahl von ArbeitsmigrantInnen verhängten viele europäische Zielländer im Laufe der 1970er Jahre Anwerbestopps und führten restriktive Gesetze zur Regulierung der Arbeitsmigration ein. Auch in Österreich wurden die Kontingente für GastarbeiterInnen auf dem Stand von 1973 ›eingefroren‹ und im Jahr 1976 das AuslBG eingeführt. Damit leitete man eine Politik ein, die darauf abzielte, ArbeitsmigrantInnen vom österreichischen Arbeitsmarkt zu verdrängen und zur Rückkehr zu bewegen sowie inländische Arbeitskräfte am österreichischen Arbeitsmarkt zu bevorzugen.

Kennzeichnend für die Arbeitsmigration bis zu diesem Zeitpunkt war die Kombination aus zeitlich unterschiedlichen Arbeitsaufenthalten in Österreich und teilweise längeren Rückkehrperioden. Infolge der geänderten Gesetzeslage mussten ArbeitsmigrantInnen nun davon ausgehen, dass eine Wiedereinreise zu einem späteren Zeitpunkt nicht mehr möglich wäre. Sie standen also vor der Wahl, zu remigrieren oder dauerhaft in Österreich zu bleiben. Eine Remigration stellte für viele ArbeitsmigrantInnen keine Option dar. Die wirtschaftlichen Bedingungen hatten sich in Jugoslawien nicht wesentlich geändert. So gab es für diesen Personenkreis nicht genügend Arbeitsplätze. Viele entschieden sich daher für ein Leben in Österreich und Familienangehörige zogen nach. Durch den einsetzenden Familiennachzug wurde die staatlich forcierte Remigration zum Großteil ausgeglichen. Der Anteil von nicht erwerbsfähigen ausländischen Personen stieg. Dabei kommt deutlich zum Ausdruck, wie stark sich die Migrationspolitik auf den Migrationsprozess auswirkt.

Auch für den jugoslawischen Staat entwickelte sich die Arbeitsmigration nicht wie erhofft. Dieser profitierte nur anfänglich von den Devisenrückflüssen. Er verfolgte keine einheitliche Wirtschaftspolitik. Dies führte dazu, dass die meisten Ersparnisse nicht zum Aufbau der Wirtschaft eingesetzt wurden, sondern zur Befriedigung persönlicher Bedürfnisse, wie Anschaffung von Konsumgütern, Hausbau oder Motorisierung, dienten. Außerdem kam es zunehmend zum Kontrollverlust über die Ausreise von JugoslawInnen. Vielfach migrierten qualifizierte und in einem Beschäftigungsverhältnis stehende Personen, und nicht, wie vorgesehen, arbeitslose StaatsbürgerInnen. Die Arbeitsmigration führte zwar zur Verbesserung der Lebensverhältnisse in einigen Herkunftsgebieten. Sie trug aber auch dazu bei, dass die Konsumbewegung Einzug in das sozialistische Land fand. Ein Wettkampf um Arbeitsstellen im Ausland entstand. Eine Entwicklung, die sich negativ auf Dorfgemeinschaften auswirkte – die Solidarität untereinander nahm ab und Spannungen zwischen ArbeitsmigrantInnen und Zurückgebliebenen nahmen zu.

Auf die Bedeutung der Regionalgeschichte zur Erforschung von Wanderungsbewegungen konnte in der Forschungsarbeit ebenfalls verwiesen werden. Nicht nur, dass globale Entwicklungen sich auf lokaler Ebene ausdrücken und sich gegenseitig beeinflussen, auch wird auf regionaler Ebene erkennbar, wie Migrationsprozesse wirken. Die Merkmale der steirischen Wirtschaft waren ›Grundstofflastigkeit‹, industrielle Monokultur, Rückständigkeit, Dominanz der verstaatlichten Industrie und landwirtschaftliche Prägung. Demnach kamen in der Steiermark Wirtschaftskrisen und Konjunkturverflachungen wesentlich stärker zum Tragen. Konjunkturaufschwünge wirkten sich dort weniger positiv aus. Aus diesem Grund war die Nachfrage an ArbeitsmigrantInnen auch geringer als in anderen österreichischen Bundesländern. Vielfach konnte der Arbeitskräftebedarf durch jene SteirerInnen gedeckt werden, die der Agrarsektor abgab. Eine Entwicklung, die dazu führte, dass in den grenznahen landwirtschaftlichen Betrieben verstärkt jugoslawische GrenzgängerInnen diese Lücken schlossen.

Im Jahr 1973, dem Höhepunkt der Arbeitsmigration in Österreich, waren in der Steiermark 15.744 ArbeitsmigrantInnen tätig. Die meisten arbeiteten im Bauwesen, im verarbeitenden Gewerbe und in der Industrie, im Gaststätten- und Beherbergungswesen, in persönlichen, sozialen, öffentlichen Diensten und in der Haushaltung. In der Steiermark arbeiteten fast ausschließlich ArbeitsmigrantInnen aus Jugoslawien. Aufgrund der geografischen Lage an der Grenze zu Jugoslawien wurde die gesetzlich vorgeschriebene Anwerbung über die Anwerbestellen der BWK kaum genutzt. ›TouristInnenbeschäftigung‹, Selbstanwerbung durch steirische Firmen und die Vermittlung über private Netzwerke dominierten. Zudem unterhielt das steirische LAA gute Kontakte zu slowenischen Arbeitsmarktbehörden. So entstand ein funktionierender Vermittlungsdienst. Mithilfe der GastarbeiterInnenbeschäftigung konnte der Bedarf an Hilfsarbeitskräften in der Steiermark zum Großteil gedeckt werden, der Mangel an Facharbeitskräften blieb hingegen bestehen.

Die meisten GastarbeiterInnen waren in der Steiermark im Raum Graz und in der Obersteiermark beschäftigt. Entgegen dem in der öffentlichen und wissenschaftlichen Auseinandersetzung vorherrschenden Bild des ›männlichen Gastarbeiters‹ waren in der Steiermark, wie auch in ganz Österreich, zahlreiche Frauen beschäftigt. Ihr Anteil an der Arbeitsmigration betrug von 1961 bis 1971 zwischen 20 % und 30 %. Sie arbeiteten vorwiegend in Graz. Aber auch die Tourismusgebiete der Obersteiermark boten zahlreiche Beschäftigungsmöglichkeiten für jugoslawische Frauen.

Doch wer waren die Personen, die sich in den 1960er und 1970er Jahren zur Arbeitsmigration in die Steiermark entschlossen? Wie gestaltete sich ihr Leben in der Steiermark? Zur ganzheitlichen Sicht auf den Migrationsprozess trägt wesentlich die Erfassung der Arbeitsmigration aus der Perspektive ehemaliger GastarbeiterInnen bei. Mithilfe eines mikrogeschichtlichen Zugangs konnten ihre Lebenswelten in der Steiermark erfasst und vertiefende Einblicke in gelebte Migrationsprozesse gewonnen werden. Die Darstellung der persönlichen Ebene der Arbeitsmigration bildet dabei eine wichtige Gegenerzählung zur staatlichen Perspektive, die von ökonomischen und arbeitsmarktpolitischen Interessen geprägt war und ArbeitsmigrantInnen vielfach einen ›Objektstatus‹ zuschrieb. Mithilfe der Qualitativen Sozialforschung konnten Strategien aufgezeigt werden, die ArbeitsmigrantInnen entwickelt hatten, um dem Alltag und den Herausforderungen des Lebens in der Steiermark zu begegnen. Durch das Kombinieren mehrerer Erinnerungsbilder, das Gegenüberstellen verschiedener Aussagen und die Verbindung mit zusätzlichen Quellen konnten die Lebenswelten der ArbeitsmigrantInnen in der Steiermark in den 1960er und 1970er Jahren nachgezeichnet werden.

GastarbeiterInnen aus Jugoslawien waren keine homogene ›Gruppe‹. Sie unterschieden sich nicht nur hinsichtlich ihres Alters, ihres Geschlechts, ihrer Herkunftsregion und ihres Bildungsgrads, sondern auch in Bezug auf ihre ethnischen, religiös-kulturellen Charakteristika und politischen Positionen. Sie trugen so wesentlich zur Vielfalt der Gesellschaft bei. Fast alle interviewten Personen stammten aus armen Familienverhältnissen und hatten mehrere Geschwister. Bessere Verdienstmöglichkeiten, mangelnde Schulausbildungen, geringe Perspektiven in Jugoslawien, Abenteuerlust, Liebe, Flucht aus der Enge der Herkunftsgemeinschaft und individuelle Chancennutzung trugen dazu bei, sich für eine Arbeitsmigration zu entscheiden. Der Arbeitsmigration ging mehrfach eine Binnenmigration voraus. Die Migrationsbiografien verdeutlichen, dass diese keine ›Entweder-oder-Entscheidung‹ war. Beziehungen zum Herkunftsland wurden aufrechterhalten. Man war grenzüberschreitend in verschiedene familiäre, ökonomische, politische oder kulturelle Netzwerke und Organisationen eingebunden. Viele ArbeitsmigrantInnen führten also ein transmigrantisches Leben und partizipierten sowohl am Geschehen der Herkunfts- als auch der Zielländer.

Der Prozesscharakter der Migrationsbewegung wird vor allem dadurch erkennbar, dass bei vielen ArbeitsmigrantInnen die Wanderungsabsicht vom -ergebnis abwich. So kehrten manche nach kurzer Zeit in ihre Herkunftsregion zurück. Andere wanderten nach einer Phase der Remigration erneut ab. Einige migrierten immer dorthin, wo sie die besten Arbeits- und Einkommensbedingungen vermuteten. Die meisten InterviewpartnerInnen verschoben das Datum ihrer Rückkehr fortwährend. Aus einem temporär geplanten Aufenthalt entwickelte sich so im Laufe des Migrationsprozesses eine dauerhafte Zuwanderung. Anhand der heterogenen Migrationsbiografien wird sichtbar, wie fließend die Grenzen zwischen den unterschiedlichen Wanderungstypen sind und wie schwierig eine Kategorisierung ist. Dies bedeutet, dass Migrationsprozesse stets ergebnisoffen sind.

Viele ArbeitsmigrantInnen entschieden sich aufgrund der Nähe zu Jugoslawien für die Steiermark und pendelten regelmäßig zwischen Ziel- und Herkunftsregionen. Die Häufigkeit der Heimatbesuche war von der Entfernung zu den Herkunftsregionen abhängig. InterviewpartnerInnen aus dem heutigen Slowenien oder Kroatien fuhren fast jedes Wochenende nach Hause. Bessere Verkehrswege, Internet oder Satellitentelefon erleichtern heute die Verbundenheit zwischen Individuen, Regionen und Staaten.

Der Alltag von ArbeitsmigrantInnen war in der Anfangszeit von schweren körperlichen Tätigkeiten, schlechten Wohn- und Arbeitsbedingungen, Mangel an Informationen und Unterstützung, Sprachschwierigkeiten, Diskriminierungserfahrungen und kaum vorhandenen Möglichkeiten der Freizeitgestaltung geprägt. Zudem ging mit der Arbeitsmigration vielfach eine Dequalifikation einher. Vor allem die Tatsache, dass die AE an ein gültiges Arbeitsverhältnis gebunden war und die einzige Legitimation für den Aufenthalt darstellte, führte zur Abhängigkeit von ArbeitgeberInnen. Die Vertretung der eigenen Interessen im Betrieb war daher nur schwer möglich. Zudem war es ArbeitsmigrantInnen nicht erlaubt, BetriebsrätInnen zu stellen. Auch bei Streiks und Auflehnung gegen vorherrschende Bedingungen drohte die Abschiebung. Viele ArbeitsmigrantInnen machten zahlreiche Überstunden. Die geringe Freizeit wurde für zusätzliche Erwerbstätigkeiten genutzt. Einige unterhielten freundschaftliche Beziehungen zu ihren ArbeitgeberInnen und fanden in ihnen UnterstützerInnen bzw. FörderInnen. Das war oftmals im informellen Dienstleistungsbereich der Fall, in dem vor allem Frauen arbeiteten.

Weibliche Migrationsprozesse waren nicht einfach Spiegelbilder männlicher. Frauen waren mit anderen Herausforderungen, Ansprüchen und Rollenzuschreibungen konfrontiert, die ihr Arbeits- und Alltagsleben beeinflussten. Vor allem die Verbindung von Erwerbstätigkeit, Betreuung der Familie und Führung des Haushalts prägte ihren Alltag. Berufliche, soziale und religiöse Netzwerke erleichterten ihr Leben in der neuen Umgebung. Manche Frauen kamen alleine in die Steiermark, um eine Arbeit anzunehmen. Einige reisten vor, nach oder zusammen mit ihren Partnern oder Ehemännern ein. Andere migrierten im Familienverband oder gemeinsam mit Bekannten.

Die Wohnsituation von ArbeitsmigrantInnen war prekär. VermieterInnen weigerten sich, Wohnungen an ArbeitsmigrantInnen zu vermieten. Vor allem Familien und schwangere Frauen wurden häufig abgelehnt. Man bot ihnen vorwiegend überteuerte Substandardwohnungen mit geringem Wohnkomfort, niedrigem Ausstattungsniveau und teilweise gravierenden Baumängeln an. Die Annahme einer Hausmeisterei stellte vor allem für Frauen eine Möglichkeit dar, Berufstätigkeit und Kinderbetreuung zu verbinden und gleichzeitig die hohen Mietkosten zu senken. Zwar waren die sich dadurch ergebenden Wohnmöglichkeiten nicht immer besser, jedoch erleichterte diese Art der Beschäftigung in finanzieller Hinsicht das Leben vieler ArbeitsmigrantInnen. Bei Firmenunterkünften handelte es sich zumeist um günstige Massenquartiere mit eingeschränkten Möglichkeiten zur Körperhygiene und zum Kochen. Sie boten weder Wohnkomfort noch Privatsphäre. Einzelne Initiativen wie die Errichtung eines »Bauarbeiterwohnheimes« für ArbeitsmigrantInnen trugen jedoch begrenzt zur Verbesserung der Wohnsituation bei. An diesem Beispiel werden auch die unterschiedlichen Interessen der Sozialpartnerschaft auf Bundes- und Landesebene sichtbar. Unterstützung bei der Wohnungssuche erhielten ArbeitsmigrantInnen auch beim Gastarbeiterbetreuungsverein. Zudem half dieser bei Sprach- und Übersetzungsproblemen. Der Spracherwerb stellte für viele eine große Herausforderung dar. Am Beginn der Arbeitsmigration gab es kein Angebot an Sprachkursen oder staatlichen Unterstützungsmaßnahmen. Zudem beeinflusste das Arbeitsumfeld den Spracherwerb maßgeblich. Für ArbeitgeberInnen zählte vorwiegend die Arbeitsleistung, die Sprache war zweitrangig.

Die Absicht, nach Jugoslawien zurückzukehren, mangelnde Bildung und wenig Freizeit erschwerten den Spracherwerb zusätzlich.

Das Ziel der österreichischen Migrationspolitik war es, eine dauerhafte Zuwanderung mittels Rotationsprinzip zu verhindern. Weder Betreuung noch Integration von ArbeitsmigrantInnen waren demnach vorgesehen. Eine Wahrnehmung der Arbeitsmigration, die nicht der Realität entsprach. Aus diesem Grund schlossen vor allem kirchliche Einrichtungen und Betreuungsvereine diese Versorgungslücke. Österreichweit wurde die ÜDAG in das Leben gerufen, die sich mit der GastarbeiterInnenfrage befasste. Das Ziel dieser Zusammenschlüsse war es, Anlaufstellen und Einrichtungen zu schaffen, in denen ArbeitsmigrantInnen in rechtlichen und persönlichen Anliegen beraten sowie in religiöser Hinsicht betreut wurden. Aber auch Erfahrungsaustausch, Bewusstseinsbildung und Sensibilisierung der österreichischen bzw. steirischen Bevölkerung zählten zu ihren Aufgaben. So bezog die ÜDAG öffentlich Stellung gegen das »wirtschaftliche Rentabilitätsdenken« und die Wahrnehmung von ArbeitsmigrantInnen als »Produktionsfaktoren«. Sie gab auch eine kritische Stellungnahme zum AuslBG ab. Gemeinsame Aktionen wie der »Gastarbeiter-Sonntag« sollten das Thema »Gastarbeit« einer breiten Öffentlichkeit zugänglich machen. Außerhalb der einzelnen Unterstützungseinrichtungen wurden die Interessen von ArbeitsmigrantInnen allerdings kaum berücksichtigt. Diese blieben zumeist ein eigenständiger Bereich und wurden weder in die Agenden der Gesamtkirche noch in die der Interessensvertretungen der ArbeitgeberInnen und -nehmerInnen integriert.

Die kirchlichen Zentren und Betreuungsvereine waren wichtige Anlaufstellen und Treffpunkte für ArbeitsmigrantInnen. Dort traf man auf Menschen in einer ähnlichen Lebenssituation. Persönliche Netzwerke konnten aufgebaut werden. Man fand Hilfe und Unterstützung bei diversen Anliegen. Informationen wurden ausgetauscht und Wohnungen oder Arbeitsplätze untereinander vermittelt. Diese Zentren und Vereine erleichterten so das Leben vieler ArbeitsmigrantInnen und trugen dazu bei, dass persönliche Netzwerke und migrantische Selbstorganisationen entstanden.

In ganz Österreich kam es seit dem Ende der 1960er Jahre zur Gründung jugoslawischer Vereine. Aufgrund der Wahrnehmung der Arbeitsmigration als temporäres Phänomen forcierte die jugoslawische Regierung den Aufbau eines Netzwerkes aus Betreuungseinrichtungen für jugoslawische ArbeitsmigrantInnen in den westeuropäischen Zielländern. Dadurch sollte der antikommunistische Einfluss auf ArbeitsmigrantInnen minimiert, die Bindung zum jugoslawischen Staat gestärkt und die Remigration gefördert werden. Zudem wurden die jugoslawischen Klubs auch von den Interessensvertretungen der ArbeitnehmerInnen unterstützt. Damit erfolgte zwar in gewisser Weise eine Anbindung an den ÖGB. Jedoch erhielten ArbeitsmigrantInnen keine Möglichkeit, an der Politikgestaltung aktiv mitzuwirken oder ihre Anliegen und Interessen dort zu vertreten. Dennoch trugen die Sozialpartner auf regionaler Ebene zur Betreuung und Integration von ausländischen Arbeitskräften bei.

Der jugoslawische Klub in Graz wurde 1973 ins Leben gerufen. Dieser stellte eine weitere wichtige Stütze und Anlaufstelle für jugoslawische Arbeitskräfte dar. Er war die erste Selbstorganisation von GastarbeiterInnen in der Steiermark. Im Laufe der 1980er Jahre wurde auch der slowenische Verein »*Triglav*« gegründet. Bei den verschiedenen Vereinsaktivitäten konnte man den Arbeitsalltag hinter sich lassen. Es herrschte ein reger Austausch zwischen den einzelnen Vereinen und Zentren. So nahmen ArbeitsmigrantInnen an Veranstaltungen unterschiedlicher Einrichtungen teil.

Für viele ArbeitsmigrantInnen ist die Steiermark zum Lebensmittelpunkt geworden. Obwohl die meisten nach wie vor Immobilien in den heutigen Nachfolgestaaten Jugoslawiens besitzen, möchte die Mehrheit nicht remigrieren. Sie lebt gemeinsam mit ihren Kindern und Enkelkindern und bereitet sich auf das Älterwerden vor. Das altersbedingte Ausscheiden aus dem Erwerbsleben markiert auch das Ende des Projektes ›Arbeitsmigration‹. Die Spuren der ehemals angeworbenen Arbeitskräfte in der öffentlichen Wahrnehmung verlieren sich. Die auch heute noch temporäre Auffassung der Arbeitsmigration umfasst den Prozess des Alterns nicht. Er war weder von ArbeitsmigrantInnen noch von Ziel- und Herkunftsländern vorgesehen und bildet daher quasi eine ›Leerstelle‹ im Zusammenhang mit Arbeitsmigration. Dieser Entwicklung muss Rechnung getragen werden. Dazu gilt es, Grundlagenforschung zu betreiben und Strategien zur Betreuung und Unterstützung von älteren MigrantInnen zu entwickeln (Reinprecht 2007, 214–216).

Zusammenfassend lässt sich feststellen, dass es sich bei der Gastarbeit um einen hoch differenzierten Migrationsprozess handelt, der nur durch eine ganzheitliche Sicht erfasst werden kann. Mithilfe der Erhebung auf einer Makro-, Meso- und Mikroebene konnten die unterschiedlichen Facetten dieser spezifischen Form transnationaler Arbeitsmigration dargestellt werden. Dabei galt es, nicht nur das Wanderungsgeschehen und -verhalten zu beschreiben, sondern auch in Bezug zu wirtschaftlichen, politischen, gesellschaftlichen und sozialen Entwicklungen in den Ausgangs- und Zielräumen zu setzen. Damit soll die Arbeit einen Beitrag leisten, die Lebenswelten von GastarbeiterInnen in den 1960er und 1970er Jahren sichtbar zu machen und Arbeitsmigration in der Geschichtsschreibung sowie im kollektiven Gedächtnis zu verankern.

9. Abkürzungen

AE	Arbeitserlaubnis
AGA	Arbeitsgemeinschaft für Anwerbung ausländischer Arbeitnehmer
AK	Arbeiterkammer
AKO	Anwerbekommission
AuslBG	Ausländerbeschäftigungsgesetz
BdGJ	Bund der Gewerkschaften Jugoslawiens
BG	Beschäftigungsgenehmigung
BFI	Berufsförderungsinstitut
BMfaA	Bundesministerium für auswärtige Angelegenheiten
BMfHW	Bundesministerium für Handel und Wiederaufbau
BMfSV	Bundesministerium für soziale Verwaltung
BMI	Bundesministerium für Inneres
BS	Befreiungsschein
BWK	Bundeswirtschaftskammer
DPs	Displaced Persons
EFTA	Europäische Freihandelszone
ERP	European Recovery Programm
EU	Europäische Union
EWG	Europäische Wirtschaftsgemeinschaft
HK	Handelskammer
KZ	Kleine Zeitung
LAA	Landesarbeitsamt
LKH	Landeskrankenhaus
NZ	Neue Zeit
ÖGB	Österreichischer Gewerkschaftsbund
ÖWG	Österreichische Wohnbaugenossenschaft
ÜDAG	Überdiözesane Arbeitsgemeinschaft für Gastarbeiterfragen
VfGH	Verfassungsgerichtshof

10. Bibliographie

10.1 Quellen

Archive

Archiv Caritas der Diözese Graz-Seckau.
Archiv der Wirtschaftskammer Österreich.
Bruno Kreisky Archiv.
Diözesanarchiv Graz-Seckau.
Privatarchiv Mehio Sazic.
Steiermärkisches Landesarchiv.

Dokumentensammlungen

SEKRETARIAT DES ÖSV (Hrsg.), Österreichischer Synodaler Vorgang. Dokumente, Wien 1974.

Gesetze und Protokolle

BGBl. Nr. 193/1962, Abkommen zwischen Österreich und Spanien über die Anwerbung spanischer Arbeitskräfte und deren Beschäftigung in Österreich.

BGBl. Nr. 164/1964, Abkommen zwischen der Republik Österreich und der Türkischen Republik über die Anwerbung türkischer Arbeitskräfte und deren Beschäftigung in Österreich.

BGBl. Nr. 8/1966, Abkommen zwischen der Republik Österreich und dem Spanischen Staat über Soziale Sicherheit samt Schlußprotokoll und Zusatzprotokoll.

BGBl. Nr. 42/1966, Abkommen zwischen der Republik Österreich und der Sozialistischen Föderativen Republik Jugoslawien über die Regelung der Beschäftigung jugoslawischer Dienstnehmer in Österreich.

BGBl. Nr. 289/1966, Abkommen zwischen der Republik Österreich und der Sozialistischen Föderativen Republik Jugoslawien über Soziale Sicherheit.

BGBl. 209/1967, Äußere Rechtsverhältnisse der griechisch-orientalischen Kirchen in Österreich.
BGBl. Nr. 237/1969, Nachtarbeit der Frauen.
BGBl. Nr. 337/1969, Abkommen zwischen der Republik Österreich und der Türkischen Republik über Soziale Sicherheit samt Schlußprotokoll.
BGBl. Nr. 358/1970, Abkommen zwischen der Republik Österreich und dem Spanischen Staat über Soziale Sicherheit sowie Vereinbarung zur Durchführung des Abkommens.
BGBl. Nr. 218/1975, Ausländerbeschäftigungsgesetz (AuslBG).
BGBl. Nr. 892/1993, Durchführung des Fremdengesetzes.
Landtagsprotokolle (1961–1978).
StGBl. Nr. 6./1945, Verfassungsgesetz vom 1. Mai 1945 über die Wiederherstellung des Rechtslebens in Österreich.

Interviews – ArbeitsmigrantInnen

ANICA M., 17.12.2013.
GEZA B., 27.2.2012.
HILDE L., 7.5.2013.
IVANKA G., 11.1.2011 und 12.1.2011.
IVANKA S., 27.1.2011 und 24.2.2011.
JOVANKA R., 15.9.2011 und 13.10.2011.
KATJA J., 12.4.2011 und 19.5.2011.
LJUBLICA P., 13.7.2012 und 15.2.2014.
MEHIO S., 6.5.2011.
MILUTIN D., 11.2.2014.
MIRKO H., 13.2.2014.
RUZA S., 20.5.2011 und 8.9.2011.
SLAVICA T., 27.10.2011.
STEFAN L., 7.5.2013.
VERONIKA B., 7.5.2013.

Interviews – Experten

BARIC, Mirko, 6.3.2014.
GOTTLIEB, Peter, 16.8.2012.
HAGER, Friedrich, 16.8.2012.
HAINTZ, Fabian, Dr., 20 .7. 2012.
PONGRATZ, Alexander, DI, 1.8.2012.
STÄDTLER, Leopold, Prälat, 4.4.2012.
TREIBER, Max, Ing., 3.8.2012.
ZACHARIAS, Josef, Dr., 14.11.2013.

Jahrbücher, Jahresberichte und Tätigkeitsberichte

ARBEITERKAMMER STEIERMARK, Jahresbericht (1959–1970, 1976).
ARBEITERKAMMER STEIERMARK, Tätigkeitsbericht (1959, 1961, 1974–1977).
HANDELSKAMMER STEIERMARK, Jahrbuch (1961, 1962, 1964, 1966, 1967).
HANDELSKAMMER STEIERMARK, Jahresbericht (1969–1972).
LANDESARBEITSAMT STEIERMARK, Jahresbericht (1958–1986).

Statistiken und Volkszählungsdaten

AK WIEN (Hrsg.), Wirtschafts- und sozialstatistisches Handbuch 1980, Wien 1982.
AMT DER STMK. LANDESREGIERUNG, Abt. 17, Referat Statistik und Geoinformation 2016.
SCHIMMER, Gustav Adolf, Bevölkerung der im Reichsrathe vertretenen Königreiche und Länder. Auf der Grundlage der Zählung vom 31. December 1869, in: K. K. STATISTISCHE CENTRAL-COMMISSION (Hrsg.), Bevölkerung und Viehbestand der im Reichsrathe vertretenen Königreiche und Länder nach der Zählung vom 31. December 1869, V. Heft: Erläuterungen zu den Bevölkerungs-Ergebnissen, Wien 1872, V–XIV.
STATISTIK AUSTRIA, Volkszählungsdaten 1971. Bevölkerung in der Steiermark nach NUTS-III-Regionen, Alter, Religionsbekenntnis, Umgangssprache, Haushaltsgröße/-typ, Stellung in Kernfamilie, Bildungsstufe (15-und mehrjährige Bevölkerung), Geschlecht und Staatsangehörigkeit.
STATISTIK AUSTRIA, Volkszählungsdaten 1971. Erwerbspersonen in der Steiermark nach NUTS-III-Regionen, Geschlecht, Staatsangehörigkeit, Berufs- und Wirtschaftsabteilung.

Zeitungen und Mitteilungsblätter

Arbeiter-Zeitung (1966).
Die Presse (1968).
Kleine Zeitung (1961–1980, 1983).
Kronen Zeitung (1978).
Mitteilungsblatt der Handelskammer Steiermark (1972).
Neue Zeit (1961–1973).
Večer (1968).
Wiener Zeitung (1978).
Wochenpresse (1966).
»Zentrum« – Die Zeitung für die Grazer Innenstadt (1974).

10.2 Literatur

ABLEITINGER, Alfred/Dieter A. BINDER (Hrsg.), Steiermark. Die Überwindung der Peripherie (Geschichte der österreichischen Bundesländer seit 1945, Bd. 6/7), Wien–Köln–Weimar 2002.

ABRAMS, Lynn, Oral History Theory, London–New York 2010.

ALI-PAHLAVANI, Zohreh, Chancen für MigrantInnen am Arbeitsmarkt in Österreich, in: ARBEITSGRUPPE MIGRANTINNEN UND GEWALT (Hrsg.), Migration von Frauen und strukturelle Gewalt (Reihe Dokumentation, Bd. 27), Wien 2003, 41–53.

AMESBERGER, Helga, Doing Gender within Oral History, in: KURKOWSKA-BUDZAN, Marta/Krzysztof ZAMORSKI (Hrsg.), Oral History. The Challenges of Dialogue (Studies in Narrative 19), Amsterdam–Philadelphia 2009, 63–77.

AMSÜSS, Clemens, Die Auswirkungen von Migration und Segregation auf die Grazer Wohngebiete seit dem Ende des 20. Jahrhunderts, Dipl. Arbeit, Graz 2013.

APPELT, Erna, Frauen in der Migration - Lebensform und soziale Situation, in: FASSMANN, Heinz/Irene STACHER (Hrsg.), Österreichischer Migrations- und Integrationsbericht. Demographische Entwicklungen - sozio-ökonomische Strukturen - rechtliche Bestimmungen, Klagenfurt 2003, 144–171.

ARBEITERKAMMER STEIERMARK (Hrsg.), Migration und Arbeit in der Steiermark, Graz 2013.

ARBEITSKREIS FÜR ÖKONOMISCHE UND SOZIOLOGISCHE STUDIEN (Hrsg.), Gastarbeiter. Wirtschaftliche und soziale Herausforderung, Wien 1973.

ARLT, Elisabeth/Verena LORBER (Hrsg.), Lebenswege. Slowenische »Gastarbeiterinnen« in der Steiermark, Laafeld 2015.

AUFHAUSER, Elisabeth, Geschlecht und Migration. Zur Konstruktion und Rekonstruktion von Weiblichkeit und Männlichkeit in der internationalen Migration, in: HUSA, Karl/Christof PARNREITER/Irene STACHER (Hrsg.), Internationale Migration. Die globale Herausforderung des 21. Jahrhunderts? (Historische Sozialkunde 17), Frankfurt am Main 2000, 97–122.

BADE, Klaus J., Europa in Bewegung. Migration vom späten 18. Jahrhundert bis zur Gegenwart (Europa bauen), München 2000.

– (Hrsg.), Einwanderungskontinent Europa: Migration und Integration am Beginn des 21. Jahrhunderts (Beiträge der Akademie für Migration und Integration 4), Osnabrück 2001.

–, Historische Migrationsforschung, in: OLTMER, Jochen (Hrsg.), Migrationsforschung und Interkulturelle Studien: Zehn Jahre IMIS (IMIS-Schriften, Bd. 11), Osnabrück 2002, 55–75.

–, Migration und Ethnizität in der Historischen Migrationsforschung, in: SCHMIDT-LAUBER, Brigitta (Hrsg.), Ethnizität und Migration. Einführung in Wissenschaft und Arbeitsfelder, Berlin 2007, 115–135.

– /u.a. (Hrsg.), Enzyklopädie Migration in Europa. Vom 17. Jahrhundert bis zur Gegenwart, Paderborn–München–Wien–Zürich 2008.

BAKONDY, Vida, Bitte um 4 bis 5 türkische Maurer. Eine Analyse von Anwerbeakten der österreichischen Wirtschaftskammer, in: INITIATIVE MINDERHEITEN (Hrsg.), Viel Glück! Migration heute, Wien–Belgrad–Zagreb–Istanbul 2010, 68–80.

BARDAKCI, Sevgi/u. a. (Hrsg.), Dazugehören oder nicht? Ein Blick in die Lebenssituation türkischer ÖsterreicherInnen (Schulhefte 135), Innsbruck–Wien–Bozen 2009.

BAUBÖCK, Rainer, Nach Rasse und Sprache verschieden. Migrationspolitik in Österreich von der Monarchie bis heute (IHS Reihe Politikwissenschaft 31), Wien 1996.

BAUČIĆ, Ivo, Yugoslavia as a country of emigration, in: Options méditerranéennes, 22.1973, 56–66.

BAUER, Werner T., Zuwanderung nach Österreich, Wien 2008.

BECHMANN, Ulrike/Christian FRIEDL (Hrsg.), Mobilitäten. Beiträge von Vortragenden der Montagsakademien 2011/12, Graz 2012.

BECKER, Ruth/Beate KORTENDIEK (Hrsg.), Handbuch Frauen- und Geschlechtergeschichte: Theorie, Methoden, Empirie, Wiesbaden 2008.

BEIRAT FÜR WIRTSCHAFTS- UND SOZIALFRAGEN (Hrsg.), Möglichkeiten und Grenzen des Einsatzes ausländischer Arbeitskräfte, Wien 1976.

BERLINGHOFF, Marcel, Der europäische Anwerbestopp, in: OLTMER, Jochen/Axel KREIENBRINK/Carlos SANZ DIAZ (Hrsg.), Das »Gastarbeiter«-System. Arbeitsmigration und ihre Folgen in der Bundesrepublik Deutschland und Westeuropa (Schriftenreihe der Vierteljahreshefte für Zeitgeschichte, Bd. 104), München 2012, 149–167.

–, Das Ende der »Gastarbeit«. Europäische Anwerbestopps 1970–1974 (Studien zur Historischen Migrationsforschung, Bd. 27), Paderborn–München–Wien–Zürich 2013.

BIFFL, Gudrun, Zuwanderung und Segmentierung des österreichischen Arbeitsmarktes. Ein Beitrag zur Insider-Outsider-Diskussion, in: HUSA, Karl/Christoph PARNREITER/Irene STACHER (Hrsg.), Internationale Migration. Die globale Herausforderung des 21. Jahrhunderts? (Historische Sozialkunde 17), Frankfurt am Main–Wien 2000, 207–229.

BM FÜR SOZIALE VERWALTUNG (Hrsg.), Ausländische Arbeitskräfte in Österreich (Forschungsberichte aus Sozial- und Arbeitsmarktpolitik 9), Wien 1985.

BOMMES, Michael, Migration, Raum, Netzwerke. Über den Bedarf einer gesellschaftstheoretischen Einbettung der transnationalen Migrationsforschung, in: OLTMER, Jochen (Hrsg.), Migrationsforschung und Interkulturelle Studien: Zehn Jahre IMIS (IMIS-Schriften, Bd. 11), Osnabrück 2002, 91–105.

BÖHNING, Wolf-Rüdiger, Studies in International Labour Migration, London 1984.

BRATIC, Ljubomir, Soziopolitische Netzwerke der MigrantInnen aus der ehemaligen Sozialistischen Föderativen Republik Jugoslawien (SFRJ) in Österreich, in: FASSMANN, Heinz/Irene STACHER (Hrsg.), Österreichischer Migrations- und Integrationsbericht. Demographische Entwicklungen – sozio-ökonomische Strukturen – rechtliche Bestimmungen, Klagenfurt 2003, 395–412.

BRECKER, Jörg, Erdbeerpflücker, Spargelstecher, Erntehelfer. Polnische Saisonarbeiter in Deutschland – temporäre Arbeitsmigration im neuen Europa, Bielefeld 2010.

BRUNNBAUER, Ulf, Jugoslawische Geschichte als Migrationsgeschichte (19. und 20. Jahrhundert), in: BRUNNBAUER, Ulf/Andreas HELMEDACH/Stefan TROEBST (Hrsg.), Schnittstellen. Gesellschaft, Nation, Konflikt und Erinnerung in Südosteuropa. Festschrift für Holm Sundhaussen zum 65. Geburtstag (Südosteuropäische Arbeiten 113), München 2007, 111–131.

– /Andreas HELMEDACH/Stefan TROEBST (Hrsg.), Schnittstellen. Gesellschaft, Nation, Konflikt und Erinnerung in Südosteuropa. Festschrift für Holm Sundhaussen zum 65. Geburtstag (Südosteuropäische Arbeiten 113), München 2007.

–, Labour Emigration from Yugoslav Region from late 19th century until the End of Socialism: Continuities and Changes, in: BRUNNBAUER, Ulf (Hrsg.), Transnational Societies, Transterritorial Politics. Migrations in the (Post-) Yugoslav Region 19th–21th Century (Südosteuropäische Arbeiten 114), München 2009, 17–51.

– (Hrsg.), Transnational Societies, Transterritorial Politics. Migrations in the (Post-) Yugoslav Region 19th-21th Century (Südosteuropäische Arbeiten 114), München 2009.

BURKERT-DOTTOLO, Günther, Die Qual der Wahl: Urlaub am Bauernhof, Skilauf oder Wellness in der steirischen Toskana?, in: DESPUT, Joseph F. (Hrsg.), Vom Bundesland zur europäischen Region. Die Steiermark von 1945 bis heute (Geschichte der Steiermark, Bd. 10), Graz 2004, 375–389.

CALIC, Marie-Janine, Geschichte Jugoslawiens im 20. Jahrhundert (Europäische Geschichte im 20. Jahrhundert), München 2010.

CASTLES, Stephen/Mark J. MILLER, The Age of Migration, London 2003.

CASTRO VARELA, Maria do Mar, Zur Skandalisierung und Re-Politisierung eines bekannten Themas: Migrantinnen auf dem Arbeitsmarkt, in: CASTRO VARELA, Maria do Mar/Dimitria CLAYTON (Hrsg.), Migration, Gender, Arbeitsmarkt. Neue Beiträge zu Frauen und Globalisierung, Königstein im Taunus 2003, 8–30.

– /Dimitria CLAYTON (Hrsg.), Migration, Gender, Arbeitsmarkt. Neue Beiträge zu Frauen und Globalisierung, Königstein im Taunus 2003.

CHALOUPEK, Günther, Keynesianischer Grundkonsens in der Sozialpartnerschaft?, in: WIMMER, Hannes (Hrsg.), Wirtschafts- und Sozialpartnerschaft in Österreich, Wien 1984, 21–29.

CILLA, Rudolf de, Sprach- und bildungspolitische Rahmenbedingungen, in: FASSMANN, Heinz/Irene STACHER (Hrsg.), Österreichischer Migrations- und Integrationsbericht, Klagenfurt 2003, 131–143.

DESPUT, Joseph F. (Hrsg.): Geschichte der Steiermark. Vom Bundesland zur europäischen Region. Die Steiermark von 1945 bis heute (Geschichte der Steiermark, Bd. 10), Graz 2004.

DRETTAKIS, Emmanuel G., Yugoslav Migration to and from West Germany 1962–1973. An econometrics Analysis (Studies of the Institute of Geography, University of Zagreb 13, Series: External Migration Book 5), Zagreb 1975.

DUNAWAY, David K./Willa K. BAUM (Hrsg.), Oral History. An Interdisciplinary Anthology, 2. Aufl., Walnut Creek–London–New Delhi 1996.

DÜVELL, Frank, Europäische und internationale Migration. Einführung in historische, soziologische und politische Analysen (Europäisierung. Beiträge zur transnationalen und transkulturellen Europadebatte, Bd. 5), Hamburg 2006.

EHMER, Josef, Migrationen in der historischen Forschung – Themen und Perspektiven, in: FASSMANN, Heinz/Julia DAHLVIK (Hrsg.), Migrations- und Integrationsforschung – multidisziplinäre Perspektiven. Ein Reader (Migrations- und Integrationsforschung 1), Wien 2011, 89–103.

EISTERER, Klaus, Österreich unter alliierter Besatzung 1945–1955, in: STEININGER, Rolf/Michael GEHLER (Hrsg.), Österreich im 20. Jahrhundert. Ein Studienbuch in zwei Bänden. Vom Zweiten Weltkrieg bis zur Gegenwart, Bd. 2, Wien–Köln–Weimar 1997, 147–217.

FASSMANN, Heinz, A Survey of Patterns of Migration in Austria. 1850–1900, in: HOERDER, Dirk (Hrsg.), Labour Migrants in the Atlantic Economies. The European and North American Working Class during the Period of Industrialisation, London 1985, 69–94.

–, Immigration und Binnenwanderung in der österreichisch-ungarischen Monarchie, Wien 1988.

– /Rainer MÜNZ, Einwanderungsland Österreich? Historische Migrationsmuster, aktuelle Trends und politische Maßnahmen, Wien 1995.

– /Rainer MÜNZ/Wolfgang SEIFERT, Die Arbeitsmarktposition ausländischer Arbeitskräfte in Deutschland (West) und Österreich, in: Sonderdruck aus: Mitteilungen aus der Arbeitsmarkt- und Berufsforschung, 4(30).1997, 732–745.

– /Helga MATUSCHEK/Elisabeth MENASSE (Hrsg.), abgrenzen. ausgrenzen. aufnehmen. Empirische Befunde zu Fremdenfeindlichkeit und Integration, Klagenfurt 1999.

– /Christiane HINTERMANN/Josef KOHLBACHER/Ursula REEGER (Hrsg.), »Arbeitsmarkt Mitteleuropa«. Die Rückkehr historischer Migrationsmuster (ISR Forschungsberichte 18), Wien 1999.

– /Irene STACHER (Hrsg.), Österreichischer Migrations- und Integrationsbericht. Demographische Entwicklungen – sozio-ökonomische Strukturen – rechtliche Bestimmungen, Klagenfurt 2003.

–, Transnationale Mobilität. Konzept und Fallbeispiel, in: SWS-Rundschau, 4(43).2003, 429–449.

– (Hrsg.), 2. Österreichischer Migrations- und Integrationsbericht 2001–2006, Klagenfurt 2007.

– /Julia DAHLVIK (Hrsg.), Migrations- und Integrationsforschung – multidisziplinäre Perspektiven. Ein Reader (Migrations- und Integrationsforschung 1), Wien 2011.

FEINER, Daniela, Zuhause und doch fremd? Migrationserfahrungen von BosnierInnen in der Steiermark, Dipl. Arb., Graz 2010.

FISCHER, Wladimir, Vom »Gastarbeiter« zum »Ausländer«. Die Entstehung und Entwicklung des Diskurses über ArbeitsmigrantInnen in Österreich, in: ÖGL, 3(53).2009, 247–266.

GARSTENAUER, Rita/Anne UNTERWURZACHER (Hrsg.), Aufbrechen, Arbeiten, Ankommen. Mobilität und Migration im ländlichen Raum seit 1945, St. Pölten 2015.

GARTNER, Barbara/Annemarie MÜLLER, Wohnsituation von Ausländer/innen in Graz mit Fototeil, Graz 1998.

GÄCHTER, August/RECHERCHE-GRUPPE, Von Inlandarbeiterschutzgesetz bis EURODAC-Abkommen, in: GÜRSES, Hakan/Cornelia KOGOJ/Sylvia MATIL (Hrsg.), Gastarbajteri. 40 Jahre Arbeitsmigration, Wien 2004, 31–45.

–, Migrationspolitik in Österreich (Arbeitspapiere Migration und soziale Mobilität Nr. 12), o. O. 2008.

GEISEN, Thomas (Hrsg.), Beiträge zur Regional- und Migrationsforschung, Frankfurt 2001.

–, Arbeitsmigration. WanderarbeiterInnen auf dem Weltmarkt für Arbeitskräfte (Beiträge zur Regional- und Migrationsforschung, Bd. 5), Frankfurt am Main 2005.

–, Migration als Vergesellschaftungsprozess. Zur Konstruktion von Arbeitsmigration als Sonderfall, in: GEISEN, Thomas (Hrsg.), Arbeitsmigration. WanderarbeiterInnen auf dem Weltmarkt für Arbeitskräfte (Beiträge zur Regional- und Migrationsforschung, Bd. 5), Frankfurt am Main 2005, 19–37.

GLUCK, Sherna, What's So Special About Women? Women's Oral History, in: DUNAWAY, David K./Willa K. BAUM (Hrsg.), Oral History. An Interdisciplinary Anthology, 2. Aufl., Walnut Creek–London–New Delhi 1996, 199–215.

GOEKE, Pascal, Jugoslawische Arbeitswanderer in West-, Mittel- und Nordeuropa seit dem Ende des Zweiten Weltkriegs, in: BADE, Klaus J./u. a. (Hrsg.), Enzyklopädie Migration in Europa. Vom 17. Jahrhundert bis zur Gegenwart, Paderborn–München–Wien–Zürich 2008, 731–735.

GOODLETT, David E., Jugoslav Worker Emigration 1963–1973. Government Policy and Press Coverage, Lewiston–Queenston–Lampeter 2007.

GÜRSES, Hakan/Cornelia KOGOJ/Sylvia MATIL (Hrsg.), Gastarbajteri. 40 Jahre Arbeitsmigration, Wien 2004.

HABERL, Othmar Nikola, Die Abwanderung von Arbeitskräften aus Jugoslawien. Zur Problematik ihrer Auslandsbeschäftigung und Rückführung (Untersuchungen zur Gegenwartskunde Südosteuropas 13), München 1978.

HAHAMOVITCH, Cindy, Creating Perfect Immigrants. Guestworkers of the World in Historical Perspective, in: Labor History, 1(44).2003, 69–94.

HAHN, Sylvia, Wie Frauen in der Migrationsforschung verloren gingen, in: HUSA, Karl/Christof PARNREITER/Irene STACHER (Hrsg.), Internationale Migration. Die globale Herausforderung des 21. Jahrhunderts? (Historische Sozialkunde 17), Frankfurt am Main 2000, 77–97.

–, Migration – Arbeit – Geschlecht. Arbeitsmigration in Mitteleuropa vom 17. bis zum Beginn des 20. Jahrhunderts (Transkulturelle Perspektiven, Bd. 5), Göttingen 2008a.

–, Österreich, in: BADE, Klaus J./u. a. (Hrsg.), Enzyklopädie Migration in Europa. Vom 17. Jahrhundert bis zur Gegenwart, Paderborn–München–Wien–Zürich 2008b, 171–188.

–, Historische Migrationsforschung (Historische Einführungen, Bd. 11), Frankfurt am Main 2012a.

–, Migration, Geschlecht und Familieneinkommen (18.–20. Jahrhundert), in: HAUSBACHER, Eva/u. a. (Hrsg.), Migration und Geschlechterverhältnisse. Kann die Migrantin sprechen?, Wiesbaden 2012b, 83–102.

HARZIG, Christiane/Dirk HOERDER/Donna GABACCIA, What is migration history?, Cambridge 2009.

HAUER, Michael, African Community Business: die Entwicklung der Afrikanischen Community und des afrikanischen Unternehmertums in Graz, Dipl. Arbeit, Graz 2013.

HAUG, Sonja, Klassische und neuere Theorien der Migration (Arbeitspapiere Mannheimer Zentrum für Europäische Sozialforschung 30), o. O. 2000.

HAUSBACHER, Eva/u. a. (Hrsg.), Migration und Geschlechterverhältnisse. Kann die Migrantin sprechen?, Wiesbaden 2012.

HEBERLE, Rudolf, Zur Typologie der Wanderungen, in: KÖLLMANN, Wolfgang/Peter MARSCHALCK (Hrsg.), Bevölkerungsgeschichte, Köln 1972, 69–75.

HEITZER, Horst W., Oral history, in: SCHREIBER, Waltraud (Hrsg.), Erste Begegnungen mit Geschichte. Grundlagen historischen Lernens, Neuried 2004, 509–528.

HERWARTZ-EMDEN, Leonie, Einleitung, in: HERWARTZ-EMDEN, Leonie (Hrsg.), Einwandererfamilien: Geschlechterverhältnisse, Erziehung und Akkulturation, Osnabrück 2000, 9–53.

– (Hrsg.), Einwandererfamilien: Geschlechterverhältnisse, Erziehung und Akkulturation, Osnabrück 2000.

HERZOG-PUNZENBERGER, Barbara, Dazugehören oder nicht? Österreich und seine 2. und 3. (MigrantInnen-) Generation, in: BARDAKCI, Sevgi/u. a. (Hrsg.), Dazugehören oder nicht? Ein Blick in die Lebenssituation türkischer ÖsterreicherInnen (Schulhefte 135), Innsbruck–Wien–Bozen 2009, 9–27.

HINTERBERGER, Manuela, Ausländerbeschäftigung in Österreich, Dipl. Arb., Graz 2000.

HOERDER, Dirk/Jan LUCASSEN/Leo LUCASSEN, Terminologien und Konzepte in der Migrationsforschung, in: BADE, Klaus J./u. a. (Hrsg.), Enzyklopädie Migration in Europa. Vom 17. Jahrhundert bis zur Gegenwart, Paderborn–München–Wien–Zürich 2008, 28–53.

HOLLIFIELD, James F., Immigration, markets and states, Cambridge 1992.

HUBBARD, William H., Der Wachstumsprozess in österreichischen Gross-Städten 1986–1910: eine historisch-demographische Untersuchung, in: Soziologie und Sozialgeschichte: Aspekte und Probleme, Opladen 1972, 386–418.

–, Auf dem Weg zur Großstadt. Eine Sozialgeschichte der Stadt Graz 1850–1917, Wien 1984.

HUSA, Karl/Christof PARNREITER/Irene STACHER (Hrsg.), Internationale Migration. Die globale Herausforderung des 21. Jahrhunderts? (Historische Sozialkunde 17), Frankfurt am Main–Wien 2000.

HUTH-HILDEBRANDT, Christine, Das Bild von der Migrantin. Auf Spurensuche eines Konstrukts, Frankfurt am Main 2002.

INGELFINGER, Antonia, Migration – Mobilität – Geschlecht. Eine Einleitung, in: PENKWITT, Meike/Antonia INGELFINGER (Hrsg.), Migration – Mobilität – Geschlecht (Freiburger Geschlechter Studien 25), Leverkusen–Opladen 2011, 11–35.

INITIATIVE MINDERHEITEN (Hrsg.), Viel Glück! Migration heute, Wien–Belgrad–Zagreb–Istanbul 2010.

INTERNATIONAL MIGRATION REVIEW, 4(18).1992, special issue: Women in Migration.

IVANOVIĆ, Vladimir, Durch Ersparnisse zum Arbeitsplatz. Investitionen der Gastarbajteri in die Wirtschaft der Sozialistischen Föderativen Republik Jugoslawien, in: INITIATIVE MINDERHEITEN (Hrsg.), Viel Glück! Migration heute, Wien–Belgrad–Zagreb–Istanbul 2010, 90–104.

–, Die Beschäftigung jugoslawischer Arbeitskräfte in Österreich in den 1960er und 1970er Jahren, in: Zeitgeschichte, 1(40).2013, 35–48.

–, Der Traum von der Melange: Ein Beitrag zur Geschichte der Rückkehr der jugoslawischen ArbeitsmigrantInnen; in: GARSTENAUER, Rita/Anne UNTERWURZACHER (Hrsg.) Aufbrechen, Arbeiten, Ankommen Mobilität und Migration im ländlichen Raum seit 1945, St. Pölten 2015, 146–164.

JAGSCHITZ, Gerhard, Geschichte und Erinnern, in: ZIERLER, Theresia (Hrsg.), …und trotzdem gab es Hoffnung! »Trümmerfrauen« aus Österreich berichten, Graz 2006, 11–19.

JAWHARI, Reinhold, Wegen Überfremdung abgelehnt. Ausländerintegration und symbolische Politik (Studien zur politischen Wirklichkeit, Schriftenreihe des Institutes für Politikwissenschaft der Universität Innsbruck, Bd. 9), Wien 2000.

KARAKAYALI, Juliane, Transnational Haushalten. Biografische Interviews mit care workers aus Osteuropa, Frankfurt am Main 2010.

KARLHOFER, Ferdinand/Emmerich TÀLOS (Hrsg.), Zukunft der Sozialpartnerschaft. Veränderungsdynamik und Reformbedarf (Schriftenreihe des Zentrums für Angewandte Politikforschung, Bd. 19), Wien 1999.

– /Emmerich TÀLOS (Hrsg.), Sozialpartnerschaft. Österreichische und Europäische Perspektiven (Politik und Zeitgeschichte, Bd. 2), Wien 2005.

KARNER, Stefan, Die Steiermark in der österreichischen Wirtschaft, in: PICKL, Othmar (Hrsg.), 800 Jahre Steiermark und Österreich 1192–1992. Der Beitrag der Steiermark zu Österreichs Größe (Forschungen zur geschichtlichen Landeskunde der Steiermark, Bd. 35), Graz 1992, 527–561.

–, Die Steiermark im 20. Jahrhundert. Politik, Wirtschaft, Gesellschaft, Kultur, 2. Aufl., Graz 2005.

KOCH, Elisabeth/u. a., »Gastarbeiterinnen« in Kärnten. Arbeitsmigration in Medien und persönlichen Erinnerungen, Klagenfurt 2013.

KOHLBACHER, Josef/Ursula REEGER, Die Wohnsituation von AusländerInnen in Österreich, in: FASSMANN, Heinz/Irene STACHER (Hrsg.), Österreichischer Migrations- und Integrationsbericht. Demographische Entwicklungen – sozio-ökonomische Strukturen – rechtliche Bestimmungen, Klagenfurt 2003, 87–109.

KORINEK, Karl, Das System der österreichischen Sozialpartnerschaft. Skizze der Bedingungen, der Prinzipien und der Grenzen des Systems, in: SCHÖPFER, Gerald (Hrsg.), Phänomen Sozialpartnerschaft. Festschrift für Hermann Ibler zum 75. Geburtstag, Wien–Köln–Graz 1980, 9–23.

KORUN, Alev, Frauen in der Migration, in: GÜRSES, Hakan/Cornelia KOGOJ/Sylvia MATIL (Hrsg.), Gastarbajteri. 40 Jahre Arbeitsmigration, Wien 2004, 69–81.

KÖLLMANN, Wolfgang/Peter MARSCHALCK (Hrsg.), Bevölkerungsgeschichte, Köln 1972.

KREIENBRINK, Axel, Auswanderungslenkung und »asistencia al emigrante«: das Instituto Espanol de Emigración im franquistischen Spanien, in: OLTMER, Jochen/Axel KREIENBRINK/Carlos SANZ DIAZ (Hrsg.), Das »Gastarbeiter«-System. Arbeitsmigration und ihre Folgen in der Bundesrepublik Deutschland und Westeuropa (Schriftenreihe der Vierteljahreshefte für Zeitgeschichte, Bd. 104), München 2012, 103–119.

KRUMP, Barbara, Familien im Umbruch: Migrationsgeschichte im Zeitalter des Ersten Weltkrieges, phil. Diss., Graz 2008.

KURKOWSKA-BUDZAN, Marta/Krzysztof ZAMORSKI (Hrsg.), Oral History. The Challenges of Dialogue (Studies in Narrative 19), Amsterdam–Philadelphia 2009.

KÜNNE, Wilfried, Die Außenwanderung jugoslawischer Arbeitskräfte, Hanstein 1979.

LEE, Everett S., A Theory of Migration, in: Demography, 1(5).1966, 47–57.

LEITNER, Helga, Gastarbeiter in der städtischen Gesellschaft. Segregation, Integration und Assimilation am Beispiel jugoslawischer Gastarbeiter in Wien, Frankfurt am Main 1983.

LICHTENBERGER, Elisabeth, Gastarbeiter. Leben in zwei Gesellschaften, Wien–Köln–Graz 1984.

LORBER, Verena, »Wir sind gekommen, um zu arbeiten …«. Steirische Gastarbeiter/-innen vom Beginn der staatlichen Anwerbepolitik bis zur Einführung des »Ausländerbeschäftigungsgesetzes« 1976, in: BECHMANN, Ulrike/Christian Friedl (Hrsg.), Mobilitäten. Beiträge von Vortragenden der Montagsakademien 2011/12, Graz 2012, 143–153.

–, »Unsere Wirtschaft hat sie gebraucht«. ArbeitsmigrantInnen in der Steiermark von 1961 bis 1975, in: ARBEITERKAMMER STEIERMARK (Hrsg.), Migration und Arbeit in der Steiermark, Graz 2013, 32–46.

–, Auf Spurensuche ehemaliger »GastarbeiterInnen«. Lebensrealitäten ehemaliger ausländischer Arbeitskräfte in der Steiermark von 1961 bis zur Gegenwart, Projektbericht, Graz 2014.

LUCASSEN, Jan/Leo LUCASSEN, Migration, Migration History, History. Old Paradigms and New Perspectives, in: LUCASSEN, Jan/Leo LUCASSEN (Hrsg.), Migration, Migration History, History. Old Paradigms and New Perspectives, Bern 1997, 9–41.

LUCASSEN, Jan/Leo LUCASSEN (Hrsg.), Migration, Migration History, History. Old Paradigms and New Perspectives, Bern 1997.

LUTZ, Helma/Christine HUTH-HILDEBRANDT, Geschlecht im Migrationsdiskurs. Neue Gedanken über ein altes Thema, in: Das Argument, 1+2(224).1998, 159–173.

–, Differenz als Rechenaufgabe: Über die Relevanz der Kategorien Race, Class, Gender, in: LUTZ, Helma/Norbert WENNING (Hrsg.), Unterschiedlich Verschieden. Differenz in der Erziehungswissenschaft, Opladen 2001, 215–230.

– /Norbert WENNING (Hrsg.), Unterschiedlich Verschieden. Differenz in der Erziehungswissenschaft, Opladen 2001.

–, Migrations- und Geschlechterforschung: Zur Genese einer komplizierten Beziehung, in: BECKER, Ruth/Beate KORTENDIEK (Hrsg.), Handbuch Frauen- und Geschlechtergeschichte: Theorie, Methoden, Empirie, Wiesbaden 2008, 565–573.

MALAČIČ, Janez, Arbeitsmigration aus Ex-Jugoslawien, in: FASSMANN, Heinz/Rainer MÜNZ, Migration in Europa. Historische Entwicklungen, aktuelle Trends, politische Reaktionen, Frankfurt 1996, 231–245.

MATTES, Monika, Gastarbeiterinnen in der Bundesrepublik. Anwerbepolitik, Migration und Geschlecht in den 50er bis 70er Jahren (Geschichte und Geschlechter, Bd. 48), Frankfurt–New York 2005.

MATUSCHEK, Helga, Ausländerpolitik in Österreich 1962–1985. Der Kampf um und gegen die ausländische Arbeitskraft, in: Journal für Sozialforschung, 2(25).1985, 159–198.

MAUCH, Tanja, Mit Kopftuch in Graz: Empirische Untersuchung zur Thematik von in Graz lebenden Musliminnen, Dipl. Arbeit, Graz 2016.

MAYER, Max/Gerald SCHÖPFER, Krainers illustrierter Lebenslauf, in: Steirische Berichte, 1.2003, 4–25.

MEISTERL, Johann, »Italiener« in der Steiermark. Ein Beitrag zur Migrations-, Sozial- und Wirtschaftsgeschichte des 16. und 17. Jahrhunderts, phil. Diss., Graz 1997.

MITTERAUER, Michael, Wege nach Wien – Migration im Rückblick (Wiener Vorlesungen 86), Wien 2002.

MOCH, Leslie Page, Moving Europeans. Migration in Western Europe since 1650 (Interdisciplinary Studies in History), Bloomington 2003.

MOROKVASIC, Mirjana, Fortress Europe and Migrant Women, in: Feminist Review, 39.1991, 69–84.

MUTTONEN, Lena, Die Integration von Drittstaatsangehörigen in den österreichischen Arbeitsmarkt, Wien 2008.

MÜNZ, Rainer, Österreich: Marginalisierung von Ausländern – eine österreichische Besonderheit?, in: BADE, Klaus J. (Hrsg.), Einwanderungskontinent Europa: Migration und Integration am Beginn des 21. Jahrhunderts (Beiträge der Akademie für Migration und Integration 4), Osnabrück 2001, 61–66.

– /Peter ZUSER/Josef KYTIR, Grenzüberschreitende Wanderungen und ausländische Wohnbevölkerung: Struktur und Entwicklung, in: FASSMANN, Heinz/Irene STACHER (Hrsg.), Österreichischer Migrations- und Integrationsbericht. Demographische Entwicklungen – sozio-ökonomische Strukturen – rechtliche Bestimmungen, Klagenfurt 2003, 20–61.

NEUHAUSER, Gertrud, Die verbandsmäßige Organisation der österreichischen Wirtschaft. Systematische Gesamtdarstellung, in: PÜTZ, Theodor (Hrsg.), Verbände und Wirtschaftspolitik in Österreich, Berlin 1966, 3–120.

NEYER, Gerda, Jugoslawische und türkische Frauen in Österreich, in: WIMMER, Hannes (Hrsg.), Ausländische Arbeitskräfte in Österreich, Frankfurt am Main–Wien 1986, 433–459.

NIETHAMMER, Lutz (Hrsg.), Lebenserfahrung und kollektives Gedächtnis. Die Praxis der »Oral History«, Frankfurt am Main 1980.

NIKOLAUS, Walter/Kundeyt SURDUM, Landlos. Türken in Vorarlberg, Bregenz 1991.

NOVAK, Margit, Genderspezifische Migration aus Ex-Jugoslawien Ende des 20. Jahrhunderts, Dipl. Arbeit, Graz 2015.

NOVINŠĆAK, Karolina, The Recruiting and Sending of Jugoslav ›Gastarbeiter‹ to Germany: Between Socialist Demands and Economic Needs, in: BRUNNBAUER, Ulf (Hrsg.), Transnational Societies, Transterritorial Politics. Migrations in the (Post-) Yugoslav Region 19th–21th Century (Südosteuropäische Arbeiten 114), München 2009, 121–145.

–, Auf den Spuren von Brandts Ostpolitik und Titos Sonderweg: deutsch-jugoslawische Migrationsbeziehungen in den 1960er und 1970er Jahren, in: OLTMER, Jochen/Axel KREIENBRINK/Carlos SANZ DIAZ (Hrsg.), Das »Gastarbeiter«-System. Arbeitsmigration und ihre Folgen in der Bundesrepublik Deutschland und Westeuropa (Schriftenreihe der Vierteljahreshefte für Zeitgeschichte, Bd. 104), München 2012, 133–148.

NUSCHELER, Franz, Internationale Migration. Flucht und Asyl (Grundwissen Politik 14), Opladen 1995.

OLTMER, Jochen (Hrsg.), Migrationsforschung und Interkulturelle Studien: Zehn Jahre IMIS (IMIS-Schriften, Bd. 11), Osnabrück 2002.

–, Einführung: Europäische Migrationsverhältnisse und Migrationsregime, in: Geschichte und Gesellschaft, 1(35).2009, 5–27.

–, Migration im 19. und 20. Jahrhundert (Enzyklopädie Deutscher Geschichte, Bd. 86), München 2010.

– /Axel KREIENBRINK/Carlos SANZ DIAZ (Hrsg.), Das »Gastarbeiter«-System. Arbeitsmigration und ihre Folgen in der Bundesrepublik Deutschland und Westeuropa (Schriftenreihe der Vierteljahreshefte für Zeitgeschichte, Bd. 104), München 2012.

ÖZBAŞ, Ali/Joachim HAINZL/Handan ÖZBAŞ (Hrsg.), Avusturya Österreich. 50 Jahre türkische Gast (?) Arbeit in Österreich. Wissenschaftliche Analysen und Lebensgeschichten, Graz 2014.

PARNREITER, Christof, Migration und Arbeitsteilung. AusländerInnebeschäftigung in der Weltwirtschaftskrise, Wien 1994.

PAYER, Peter, »Gehen Sie an die Arbeit«. Zur Geschichte der »Gastarbeiter« in Wien 1964–1989, in: Wiener Geschichtsblätter, 59.2004, 1–19.

PELINKA, Anton/Sieglinde ROSENBERGER, Österreichische Politik. Grundlagen – Strukturen – Trends, Wien 2000.

PENKWITT, Meike/Antonia INGELFINGER (Hrsg.), Migration – Mobilität – Geschlecht (Freiburger Geschlechter Studien 25), Leverkusen-Opladen 2011.

PERCHINIG, Bernhard, Von der Fremdarbeit zur Integration, in: INITIATIVE MINDERHEITEN (Hrsg.), Viel Glück! Migration heute, Wien–Belgrad–Zagreb–Istanbul 2010, 142–160.

PFAFFENTHALER, Manfred, Die Gastarbeiterroute. Zur Geschichte eines transeuropäischen Migrationsweges, in: BECHMANN, Ulrike/Christian FRIEDL (Hrsg.), Mobilitäten. Beiträge von Vortragenden der Montagsakademien 2011/12, Graz 2012, 154–167.

–, Arbeitsmigration und transnationale Mobilität. Zur Bedeutung europäischer Migrationswege am Beispiel der Gastarbeiterroute zwischen Nürnberg und Istanbul (1961–1991), Graz 2014.

PFLEGERL, Siegfried, Gastarbeiter. Zwischen Integration und Abstoßung, Wien–München 1977.

PICKL, Othmar (Hrsg.), 800 Jahre Steiermark und Österreich 1192–1992. Der Beitrag der Steiermark zu Österreichs Größe (Forschungen zur geschichtlichen Landeskunde der Steiermark, Bd. 35), Graz 1992.

PRIBYL, Herbert, Sozialpartnerschaft in Österreich, Wien 1991.

PRIES, Ludger, Transnationalisierung. Theorie und Empirie grenzüberschreitender Vergesellschaftung, Wiesbaden 2010.

PRODOLLIET, Simone, Ohne Migrantinnen geht wirtschaftlich nichts. Frauen – der blinde Fleck in der Migrationsforschung, in: Widerspruch, 37(19).1999, 95–106.

PÜTZ, Theodor (Hrsg.), Verbände und Wirtschaftspolitik in Österreich, Berlin 1966.

RASS, Christoph, Bilaterale Wanderungsverträge und die Entwicklung eines internationalen Arbeitsmarktes in Europa 1919–1974, in: Geschichte und Gesellschaft, 1(35).2009, 98–134.

–, Institutionalisierungsprozesse auf einem internationalen Arbeitsmarkt. Bilaterale Wanderungsverträge in Europa zwischen 1919 und 1974 (Studien zur historischen Migrationsforschung 19), Paderborn 2010.

RATHKOLB, Oliver, Die Kreisky-Ära 1970–1983, in: STEININGER, Rolf/Michael GEHLER (Hrsg.), Österreich im 20. Jahrhundert. Ein Studienbuch in zwei Bänden. Vom Zweiten Weltkrieg bis zur Gegenwart, Bd. 2, Wien–Köln–Weimar 1997, 305–355.

RAVENSTEIN, Ernest G., The Laws of Migration, in: Journal of the Statistical Society of London, 2(48).1885, 167–235.

REICHEL, David, Fremdenrecht, soziale Diskriminierung und Integration. Die schwierige Situation der ehemaligen »GastarbeiterInnen« und ihres Familiennachzugs, in: SWS-Rundschau, 1(50).2010b, 56–76.

–, »Gastarbeit« und Fremdenrecht – ein kurzer Überblick, in: Wissenschaftliche Nachrichten, 138.2010a, 49–52.

REINPRECHT, Christoph, Nach der Gastarbeit. Prekäres Altern in der Einwanderungsgesellschaft (Sociologica, Bd. 9), Wien 2006.

ROM, Daniela, Arbeitsmigration aus Jugoslawien nach Österreich von 1966 bis in die 1980er Jahre. Wirtschaftspolitische Voraussetzungen und deren Einfluss auf die weibliche Migration, Dipl. Arb., Wien 2004.

ROSENTHAL, Gabriele, Interpretative Sozialforschung. Eine Einführung (Grundlagentexte Soziologie), 2. Aufl., Weinheim–München 2008.

RUPNOW, Dirk, Deprovincializing Contemporary Austrian History. Plädoyer für eine transnationale Geschichte Österreichs als Migrationsgesellschaft, in: Zeitgeschichte, 1(40).2013, 5–22.

SANDGRUBER, Roman, Ökonomie und Politik. Österreichische Wirtschaftsgeschichte vom Mittelalter bis zur Gegenwart, Wien 2005.

SANZ DIAZ, Carlos, Umstrittene Wege. Die irreguläre Migration spanischer Arbeitnehmer in die Bundesrepublik Deutschland, in: OLTMER, Jochen/Axel KREIENBRINK/Carlos SANZ DIAZ (Hrsg.), Das »Gastarbeiter«-System. Arbeitsmigration und ihre Folgen in der Bundesrepublik Deutschland und Westeuropa (Schriftenreihe der Vierteljahreshefte für Zeitgeschichte, Bd. 104), München 2012, 119–133.

SASSEN, Saskia, Die Immigration in die Weltwirtschaft, in: Journal für Entwicklungspolitik, 3(11).1995, 261–284.

SCHIERUP, Carl-Ulrik, Migration, socialism and the international division of labour. The Yugoslav experience, Aldershot 1990.

SCHMIDLECHER, Karin M., Oral-History als Methode der Historischen Frauenforschung, in: SCHMIDLECHNER, Karin M. (Hrsg.), Signale (Veröffentlichungen zur historischen und interdisziplinären Frauenforschung, Bd. 1), Graz 1994, 9–24.

– (Hrsg.), Signale (Veröffentlichungen zur historischen und interdisziplinären Frauenforschung, Bd. 1), Graz 1994.

–, Oral history: Considerations on a never ending story, in: TISCHERL, Ulrike (Hrsg.), From »milieu de memoire« to »lieu de momoire«. The cultural memory of Istanbul in the 20th century, München 2006, 124–138.

– /Annette SPRUNG/Ute SONNLEITNER (Hrsg.), Migration und Arbeit in der Steiermark (Wissenschaftliche Schriftenreihe der Kammer für Arbeiter und Angestellte für Steiermark, Bd. 1), Graz 2013.

–, Migrationstheorien und historischer Rückblick mit besonderer Berücksichtigung der Arbeitsmigration in der Steiermark, in: SCHMIDLECHER, Karin M./Annette SPRUNG/Ute SONNLEITNER (Hrsg.), Migration und Arbeit in der Steiermark (Wissenschaftliche Schriftenreihe der Kammer für Arbeiter und Angestellte für Steiermark, Bd. 1), Graz 2013, 19–32.

–, Aspekte der Migrationsforschung mit besonderer Berücksichtigung des Migrationsraumes Steiermark, in: ARLT, Elisabeth/Verena LORBER (Hrsg.), Lebenswege. Slowenische »Gastarbeiterinnen« in der Steiermark, Laafeld 2015, o. S.

SCHÖPFER, Gerald (Hrsg.), Phänomen Sozialpartnerschaft. Festschrift für Hermann Ibler zum 75. Geburtstag, Wien–Köln–Graz 1980.

–, Von der Nachkriegsbewirtschaftung auf dem Weg zur Vollbeschäftigung, in: DESPUT, Joseph F. (Hrsg.), Geschichte der Steiermark. Vom Bundesland zur europäischen Region. Die Steiermark von 1945 bis heute (Geschichte der Steiermark, Bd. 10), Graz 2004, 311–349.

SCHRAMMEL, Rene, Erzwungen oder/und freiwillig? Migrationen bosnischer Frauen in die Steiermark, Dipl. Arbeit, Graz 2013.

SCHREIBER, Waltraud (Hrsg.), Erste Begegnungen mit Geschichte. Grundlagen historischen Lernens, Neuried 2004.

SCHROVER, Marlou/Deirdre M. MOLONEY, Introduction. Making a difference, in: SCHROVER, Marlou/Deirdre M. MOLONEY (Hrsg.), Gender, Migration and Categorisation. Making Distinctions between Migrants in Western Countries, 1945–2010, Amsterdam 2013, 7–55.

– /Deirdre M. MOLONEY (Hrsg.), Gender, Migration and Categorisation. Making Distinctions between Migrants in Western Countries, 1945–2010, Amsterdam 2013.

SCHÜTZE, Fritz, Biographieforschung und narratives Interview, in: Neue Praxis, 3(13).1983, 283–293.

SENSENIG-DABBOUS, Eugène Richard, Von Metternich bis EU-Beitritt: Reichsfremde, Staatsfremde und Drittausländer. Immigration und Einwanderungspolitik, Salzburg 1998.

SETTELE, Verena/Verena SAUERMANN, »Guter Eindruck!«. Arbeitsmigration seit 1960 in österreichischen Firmenarchiven, in: Archiv und Wirtschaft, 2(47).2014, 78–86.

SIEDER, Reinhard, Erzählungen analysieren – Analysen erzählen. Narrativ-biographisches Interview, Textanalysen und Falldarstellung, in: WERNHART, Karl R./Werner ZIPS (Hrsg.), Ethnohistorie. Rekonstruktionen und Kulturkritik. Eine Einführung, Wien 2001, 145–172.

SKRIVANEK, Isabella/Lydia RÖSS/Anna FAUSTMANN, Die Erwerbsintegration von Migrantinnen in der ländlichen Steiermark im Kontext der Zuwanderungsgeschichte, in: GARSTENAUER, Rita/Anne UNTERWURZACHER (Hrsg.) Aufbrechen, Arbeiten, Ankommen. Mobilität und Migration im ländlichen Raum seit 1945, St. Pölten 2015, 199–224.

SONNLEITNER, Ute, Weibliche steirische Arbeitsmigration in die Schweiz während der Nachkriegszeit, in: Zeitgeschichte, 5(38).2011, 297–317.

–, Steirische Migrationen in die Schweiz 1945–1955. Bericht zum Projekt (unveröffentl.), Graz 2012a.

–, Widerstand gegen den »Austro-Faschismus« in der Steiermark 1933–1938, Graz 2012b.

STEINER, Michael, Vom Wandel in Vergangenheit und Gegenwart. Die wirtschaftliche Entwicklung der Steiermark seit 1945, in: ABLEITINGER, Alfred/Dieter A. BINDER (Hrsg.), Steiermark. Die Überwindung der Peripherie (Geschichte der österreichischen Bundesländer seit 1945, Bd. 6/7), Wien–Köln–Weimar 2002, 127–235.

STEININGER, Rolf/Michael GEHLER (Hrsg.), Österreich im 20. Jahrhundert. Ein Studienbuch in zwei Bänden. Von der Monarchie bis zum Zweiten Weltkrieg, Wien–Köln–Weimar 1997.

STUDNITZ, Cecilia, Gastarbeiterprobleme und Politische Bildung (Politische Bildung 22), Wien 1976.

SUNDHAUSSEN, Holm, Geschichte Jugoslawiens 1918–1980, Stuttgart–Berlin–Köln–Mainz 1982.

ŞAHIN, Hale, Unter unserem Seelenteppich. Lebensgeschichten türkischer Frauen in der Emigration (Psychoanalyse und qualitative Sozialforschung, Bd. 3), Innsbruck 2006.

TÀLOS, Emmerich, Entwicklung, Kontinuität und Wandel der Sozialpartnerschaft, in: TÀLOS, Emmerich (Hrsg.), Sozialpartnerschaft. Kontinuität und Wandel eines Modells (Österreichische Texte zur Gesellschaftskritik, Bd. 58), Wien 1993, 11–35.

– (Hrsg.), Sozialpartnerschaft. Kontinuität und Wandel eines Modells (Österreichische Texte zur Gesellschaftskritik, Bd. 58), Wien 1993.

– /Kai LEICHSENRING/Ernst ZEINER, Verbände und politischer Entscheidungsprozeß – am Beispiel der Sozial- und Umweltpolitik, in: TÀLOS, Emmerich (Hrsg.), Sozialpartnerschaft. Kontinuität und Wandel eines Modells (Österreichische Texte zur Gesellschaftskritik, Bd. 58), Wien 1993, 147–187.

– /Bernhard KITTEL, Sozialpartnerschaft und Sozialpolitik, in: KARLHOFER, Ferdinand/ Emmerich TÀLOS (Hrsg.), Zukunft der Sozialpartnerschaft. Veränderungsdynamik und Reformbedarf (Schriftenreihe des Zentrums für Angewandte Politikforschung, Bd. 19), Wien 1999, 137–165.

– /Christian STROMBERGER, Zäsuren in der österreichischen Verhandlungsdemokratie, in: KARLHOFER, Ferdinand/Emmerich TÀLOS (Hrsg.), Sozialpartnerschaft. Österreichische und Europäische Perspektiven (Politik und Zeitgeschichte, Bd. 2), Wien 2005, 79–109.

TÀLOS, Emmerich, Sozialpartnerschaft. Ein zentraler politischer Gestaltungsfaktor in der Zweiten Republik, Innsbruck–Wien–Bozen 2008.

THOMSON, Alistair, Moving Stories: Oral History and Migration Studies, in: The Journal of the Oral History Society, 1(27).1999, 24–38.

THRÄNHARDT, Dietrich/Jenni WINTERHAGEN, Der Einfluss der katholischen Migrantengemeinden auf die Integration südeuropäischer Einwanderergruppen in Deutschland, in: OLTMER, Jochen/Axel KREIENBRINK/Carlos SANZ DIAZ (Hrsg.), Das »Gastarbeiter«-System. Arbeitsmigration und ihre Folgen in der Bundesrepublik Deutschland und Westeuropa (Schriftenreihe der Vierteljahreshefte für Zeitgeschichte, Bd. 104), München 2012, 199–217.

THURNER, Erika, Der »goldene Westen«? Arbeitszuwanderung nach Vorarlberg seit 1945 (Studien zur Geschichte und Gesellschaft Vorarlbergs 14), Bregenz 1997.

TISCHERL, Ulrike (Hrsg.), From »milieu de memoire« to »lieu de momoire«. The cultural memory of Istanbul in the 20th century, München 2006.

TREIBEL, Annette, Migration in moderne Gesellschaften. Soziale Folgen von Einwanderung und Gastarbeit (Grundlagentexte Soziologie), Weinheim–München 1990.

VOLKSHILFE OBERÖSTERREICH/MIGRARE (Hrsg.), Gekommen und Geblieben. 50 Jahre Arbeitsmigration. Eine Wanderausstellung 2014–2014, Linz 2014.

VORLÄNDER, Herwart, Mündliches Erfragen von Geschichte, in: VORLÄNDER, Herwart (Hrsg.), Oral History. Mündlich erfragte Geschichte, Göttingen 1990, 7–28.

– (Hrsg.), Oral History. Mündlich erfragte Geschichte, Göttingen 1990.

WADAUER, Sigrid, Historische Migrationsforschung. Überlegungen zu Möglichkeiten und Hindernissen, in: ÖZG, 1(19).2008, 6–15.

WEIGL, Andreas, Migration – ein interdisziplinäres Forschungsfeld, in: ÖGL, 53.2009a, 211–212.

–, Migration und Integration. Eine widersprüchliche Geschichte (Österreich – Zweite Republik. Befund, Kritik, Perspektive, Bd. 20), Innsbruck–Wien–Bozen 2009b.

WERNHART, Karl R./Werner ZIPS (Hrsg.), Ethnohistorie. Rekonstruktionen und Kulturkritik. Eine Einführung, Wien 2001.

WIENER INTEGRATIONSFONDS (Hrsg.), Wir, die Zugvögel. Zehn Lebensgeschichten der ersten »GastarbeiterInnen« in Wien, Wien 2002.

WIMMER, Hannes (Hrsg.), Wirtschafts- und Sozialpartnerschaft in Österreich, Wien 1984.

– (Hrsg.), Ausländische Arbeitskräfte in Österreich, Frankfurt am Main–New York 1986.

–, Wohnverhältnisse der ausländischen Arbeitnehmer, in: WIMMER, Hannes (Hrsg.), Ausländische Arbeitskräfte in Österreich, Frankfurt am Main–New York 1986, 241–281.

–, Zur Ausländerbeschäftigungspolitik in Österreich, in: WIMMER, Hannes (Hrsg.), Ausländische Arbeitskräfte in Österreich, Frankfurt am Main–New York 1986, 5–33.

WLASAK, Petra Maria, Flucht als Chance? Verändernde Geschlechterrollen von alleinstehenden, alleinerziehenden, tschetschenischen Frauen mit anerkanntem Asylstatus in Graz, Dipl. Arbeit, Graz 2012.

WOLLNER, Eveline, Auf dem Weg zur sozialpartnerschaftlich regulierten Ausländerbeschäftigung in Österreich. Die Reform der AusländerInnenbeschäftigung und der Anwerbung bis Ende der 1960er Jahre, Dipl. Arb., Wien 1996.

–, Ausländer/innenbeschäftigungspolitik und Migration. Zur Rolle des österreichischen Gewerkschaftsbundes und zur Bedeutung von Migration aus Weltsystemperspektive, in: Grundrisse, 7.2003, o. S.

–, Maßnahmen Jugoslawiens und der Türkei zur Regulierung der Arbeitsmigration währende der 1960er Jahre, in: INITIATIVE MINDERHEITEN (Hrsg.), Viel Glück! Migration heute, Wien–Belgrad–Zagreb–Istanbul 2010, 80–87.

ZACHARIAS, Ines, Flucht in die Fremde: Frauenspezifische Migration nach Österreich im Zuge der Jugoslawienkriege der 90er Jahre, Dipl. Arbeit, Graz 2013.

ZIEGERHOFER-PRETTENTHALER, Anita, Vom Bundesland zur selbstbewussten Region Europas, in: DESPUT, Joseph F. (Hrsg.), Vom Bundesland zur europäischen Region. Die Steiermark von 1945 bis heute (Geschichte der Steiermark, Bd. 10), Graz 2004, 289–310.

– /Karin M. SCHMIDLECHNER/Ute SONNLEITNER (Hrsg.), »Haustochter gesucht«. Steirische Arbeitsmigrantinnen in der Schweiz, Graz 2010.

ZIERLER, Theresia (Hrsg.), …und trotzdem gab es Hoffnung! »Trümmerfrauen« aus Österreich berichten, Graz 2006.

10.3 Abgerufene Websites

http://homepage.univie.ac.at/philipp.ther/breslau/html/einfuehrung.html (abgerufen am 12.7.2013).

http://www.ssoar.info/ssoar/bitstream/handle/document/5675/ssoar-2002-rosenthal-biographische_forschung.pdf?sequence=1 (abgerufen am 14.8.2013).

http://www.bpb.de/gesellschaft/migration/laenderprofile/57918/entwicklung (eingesehen am 13.2.2014).
http://www.wirtschaftslexikon24.com/d/deficit-spending/deficit-spending.htm (abgerufen am 10.4.2014).
http://www.wirtschaftslexikon24.com/d/organisation-der-erdoel-exportierenden-laender/organisation-der-erdoel-exportierenden-laender.htm (abgerufen am 10.4.2014).
http://hsozkult.geschichte.hu-berlin.de/forum/2005-04-003 (abgerufen am 13.6.2014).
https://www.zsi.at/attach/p1208vukovic.pdf (abgerufen am 13.6.2014).
http://www.gemeindestrukturreform.steiermark.at/cms/ziel/114864047/DE/ (abgerufen am 18.4.2015).
http://www.wirtschaftslexikon24.com/d/bretton-woods-abkommen/bretton-woods-abkommen.htm (abgerufen am 20.4.2015).
http://www.obib.co.at/die-oebib/historie/ (abgerufen am 24.4.2015).
http://www.bmeia.gv.at/reise-aufenthalt/leben-im-ausland/gesundheit-und-soziales/abkommen-ueber-soziale-sicherheit/ (abgerufen am 25.5.2015).
http://www.bpb.de/politik/hintergrund-aktuell/172918/autofreier-sonntag-1973 (abgerufen am 9.6.2015).
http://www.ndu.edu.lb/lerc/publications/Von_Metternich_bis_EU_Beitritt.pdf (abgerufen am 12.6.2015).
http://www.sozialministerium.at//site2/Arbeit/Arbeitsrecht/Europarat_und_Europaeische_Sozialcharta/ (abgerufen am 12.6.2015).
http://www.landeshauptmann.steiermark.at/cms/beitrag/10188691/5304413 (abgerufen am 15.7.2015).
http://www.statistik.steiermark.at/cms/dokumente/10003178_109801486/1c4f971f/Publikation%206-2015-Internet.pdf (abgerufen am 11.8.2015).

11. Abbildungen

12. Tabellen